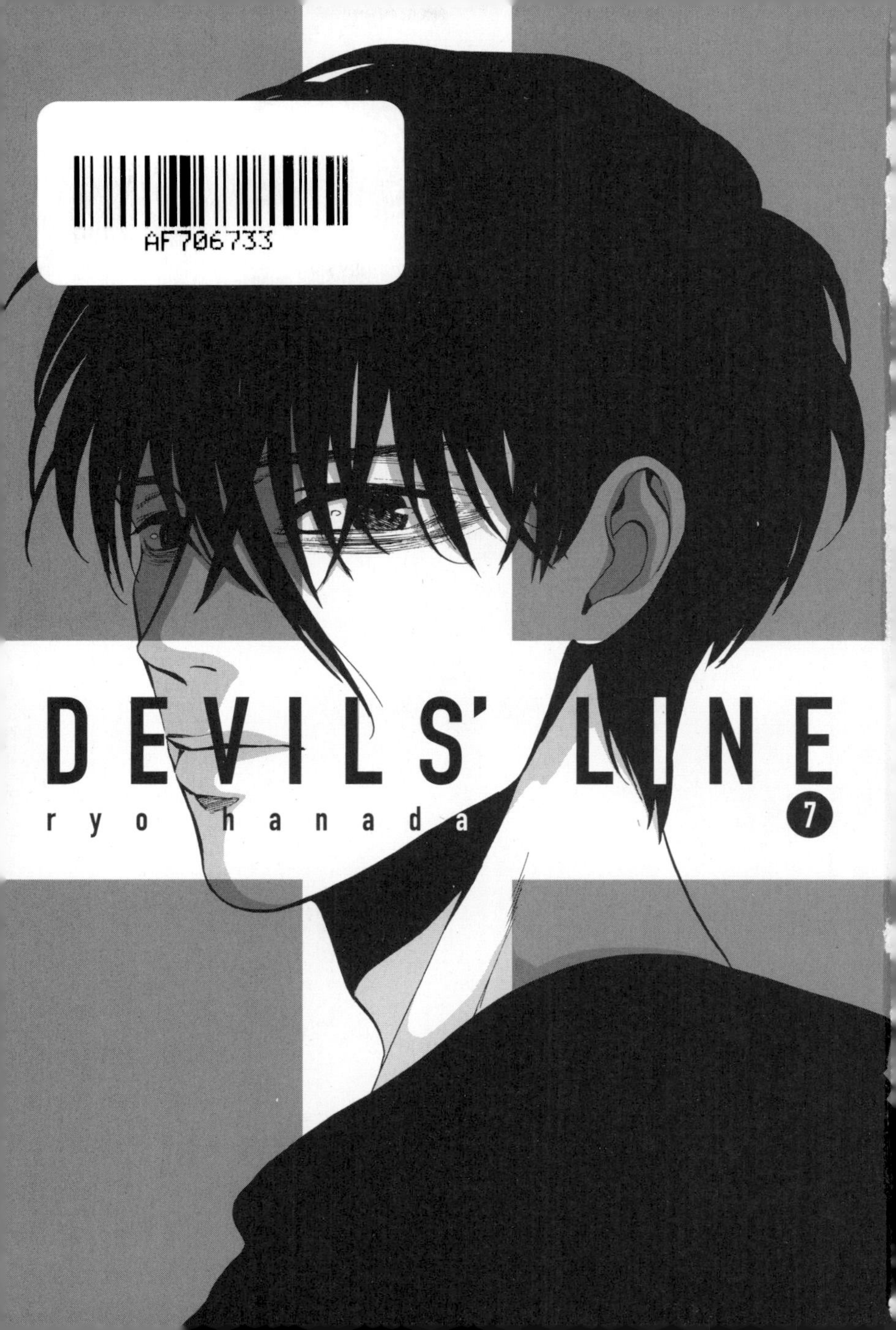
DEVILS' LINE
ryo hanada
7

FIGURENKONSTELLATION

POLIZEIPRÄSIDIUM

ÖFFENTLICHE SICHERHEIT DEZERNAT V

TEAM C

NAOYA USHIO
(05)

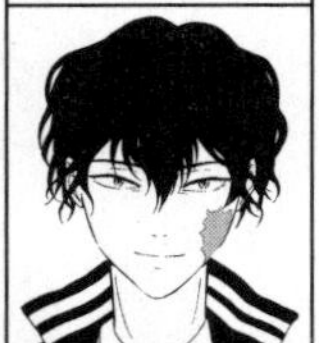

Gehört wie Kikuhara und Makimura zum CCC. Vor Kurzem versuchte er, Tsukasa zu erschießen.

TEAM B

TAKESHI MAKIMURA
(06)

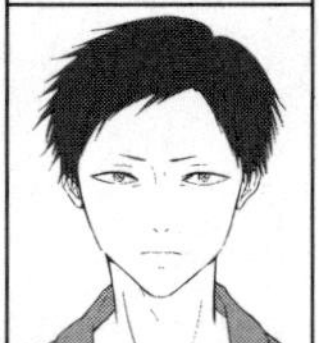

Ein ehemaliges Mitglied des CCC. Brachte 07 das Schießen bei.

TEAM A

KIRIO KIKUHARA
(02)

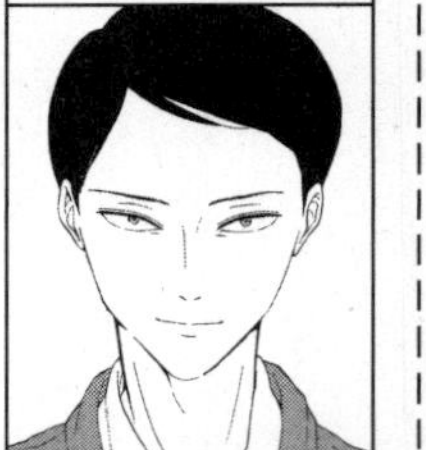

Er leitet das Team A, ist aber gleichzeitig Kommandant des CCC.

TEAM F

YUKI ANZAI

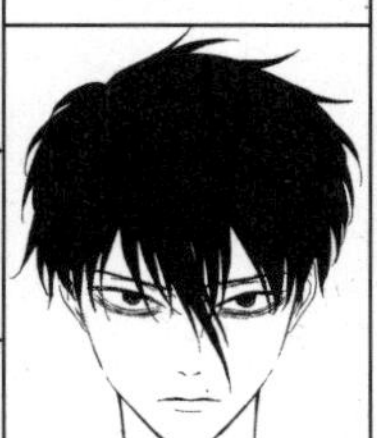

Halbvampirischer Officer. Dem Zusammenleben von Vampiren und Menschen konnte er nie viel abgewinnen. Durch seine Begegnung mit Tsukasa ändert er jedoch nach und nach seine Meinung.

MEGUMI ISHIMARU

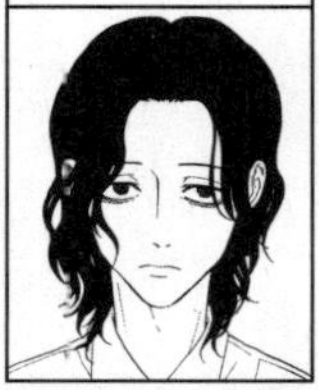

Neuer Leiter von Team F. Er kommuniziert heimlich mit Kikuhara.

TAKASHI SAWAZAKI

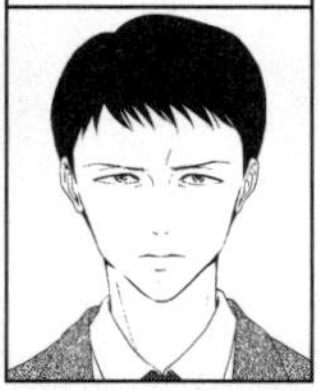

Ex-Teamleiter von Team F. Wurde wegen des Vorwurfs, er hätte seine vampirischen Kollegen nicht unter Kontrolle, degradiert.

YOSUKE ASAMI

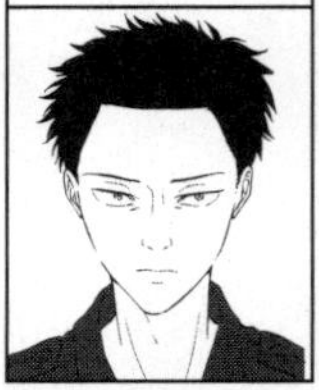

Officer des Dezernats I, der Yukis Team zur Unterstützung zugewiesen wurde.

JULIANA LLOYD

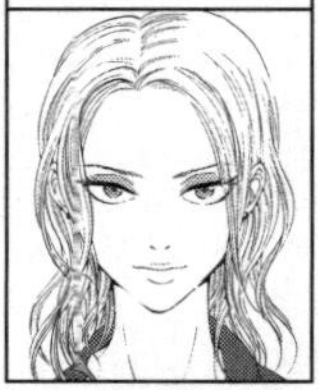

Vampirischer Officer. Lebt seit ihrer Geburt in Japan. Ihre Augenringe kann sie mit Make-up gut tarnen.

RYUSEI YANAGI

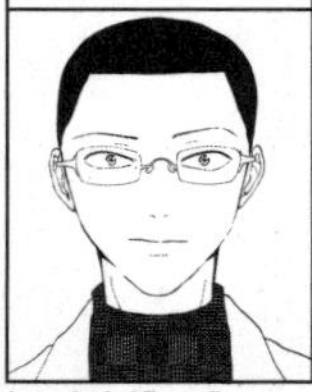

Internist bei Team F. Er unterstützt die Rotaugen. Früher war er angeblich in einer Straßengang.

alte Bekannte

AKIO KANO

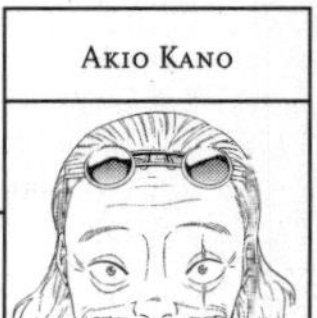

Facharzt für Psychosomatik. Ein Mitglied des R2PC, dem Komitee für die Rechte der Vampire.

Erweitertes Schaubild auf der Website von Ryo Hanada (Japanisch):
http://hanada.coln.biz/diagram/realpart/topmenu.html

CCC

AUF DER FLUCHT

Kenichi Yoshi
(09)

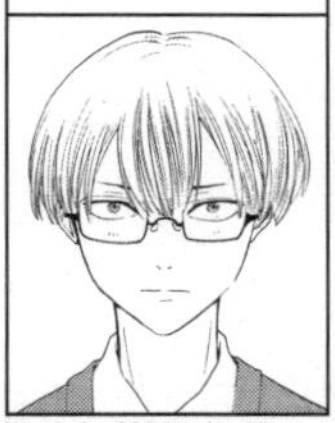

War beim CCC für den IT-Support zuständig. Er ist in 07 verliebt und flüchtet mit ihr vor dem CCC.

Nanako Tenjo
(07)

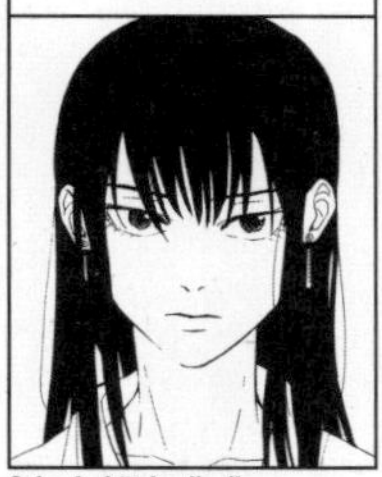

Scharfschützin, die die Organisation verlassen hat. Sie wird vom CCC und der Polizei gesucht.

Mayu Sumimori
(11)

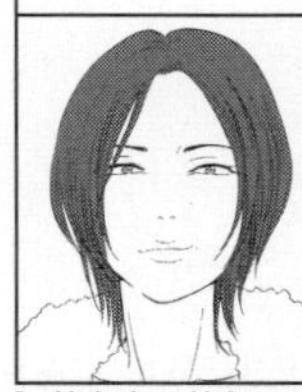

Buchhalterin und Informantin, allerdings leistet sie sich oft kleine Fehler. Sie verehrt Kikuhara.

DEVILS' LINE

Johannes Kleemann
(Hans Lee)

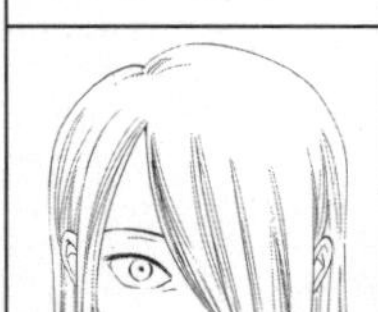

Halbvampir aus der Einrichtung ONLO. Momentan begleitet er die Ermittlungsarbeit von Team F.

— Freunde —

Tsukasa Taira

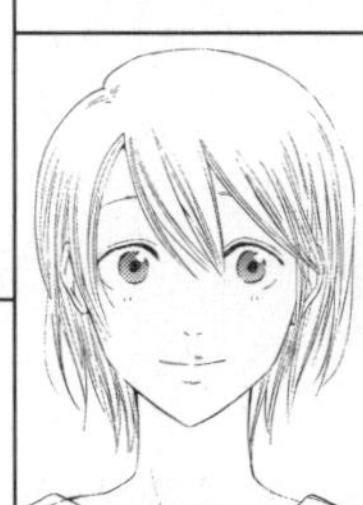

Promoviert an der KO-Universität. Sie kocht, strickt und näht gern. Ihr Leibgericht sind junge Sardinen mit geriebenem Rettich.

♥

im ONLO aufgewachsen

begleitet

Was bisher geschah:

Vampire, die eine Schwäche für Menschenblut hegen, leben als Minderheit unter uns. Die Studentin Tsukasa Taira lernt eines Tages den halbvampirischen Police Officer Yuki Anzai kennen und verliebt sich in ihn. Leider bleibt das junge Glück nicht lange ungestört, denn eine antivampirische Organisation namens CCC trachtet schon bald nach ihren Leben. Die beiden überleben einige kritische Situationen und lassen sich schließlich auf eine ernste Beziehung miteinander ein.
Team F, dem Yuki angehört, bekommt einen neuen Chef namens Megumi Ishimaru, der heimlich mit dem CCC verbunden ist. Der Informationskrieg zwischen Team F und dem CCC strebt seinem Höhepunkt entgegen …

Line. 33	005
CHILDREN	
Line. 34	043
OUTSIDER	
Line. 35	083
INFERNO	
Line. 36	131
OUROBOROS	
Line. 37	171
SECOND END	
Sonderkapitel Line. 3.5	218
CUT	

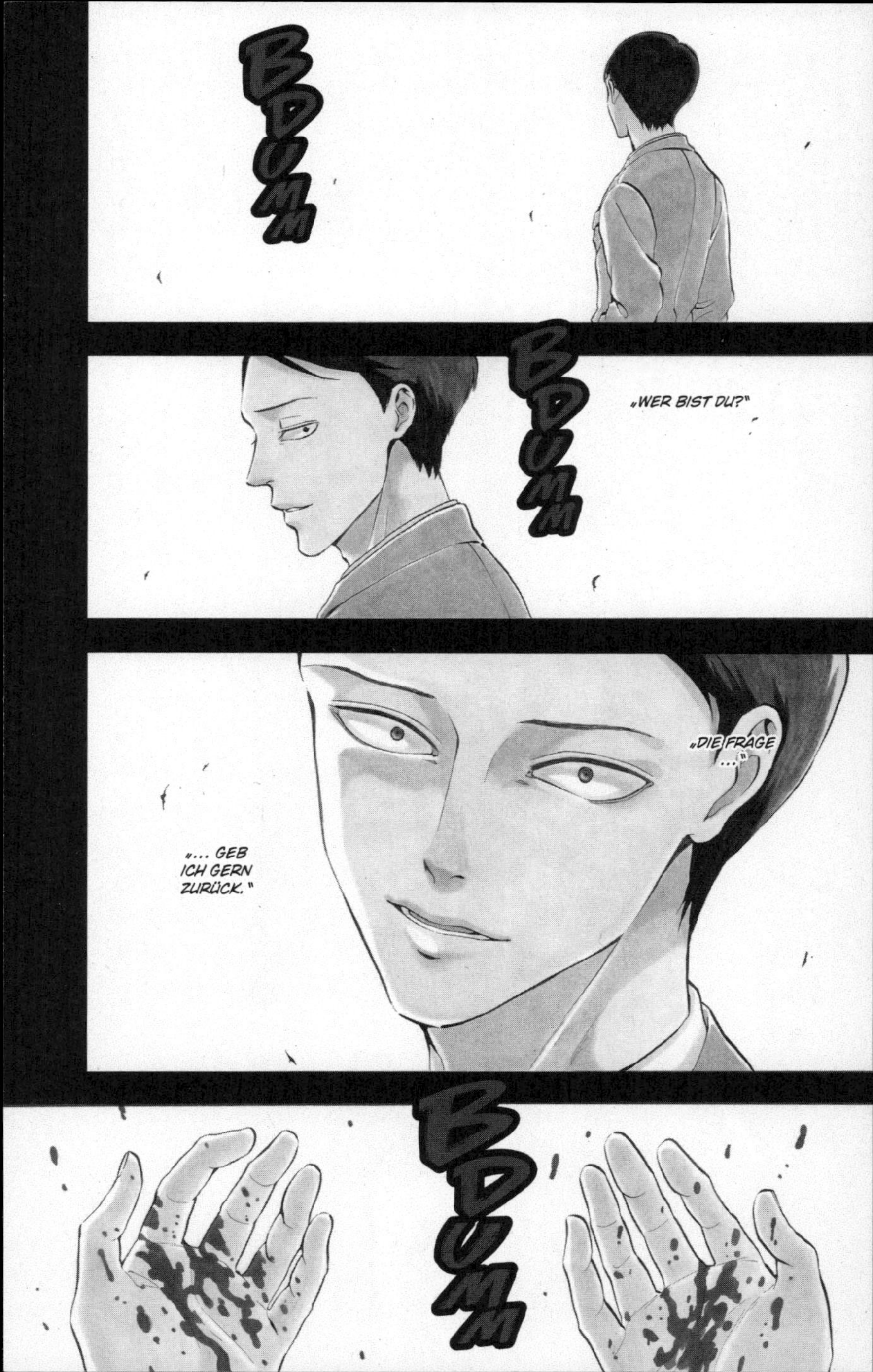
BDUMM
BDUMM
„WER BIST DU?"
„DIE FRAGE …"
„… GEB ICH GERN ZURÜCK."
BDUMM

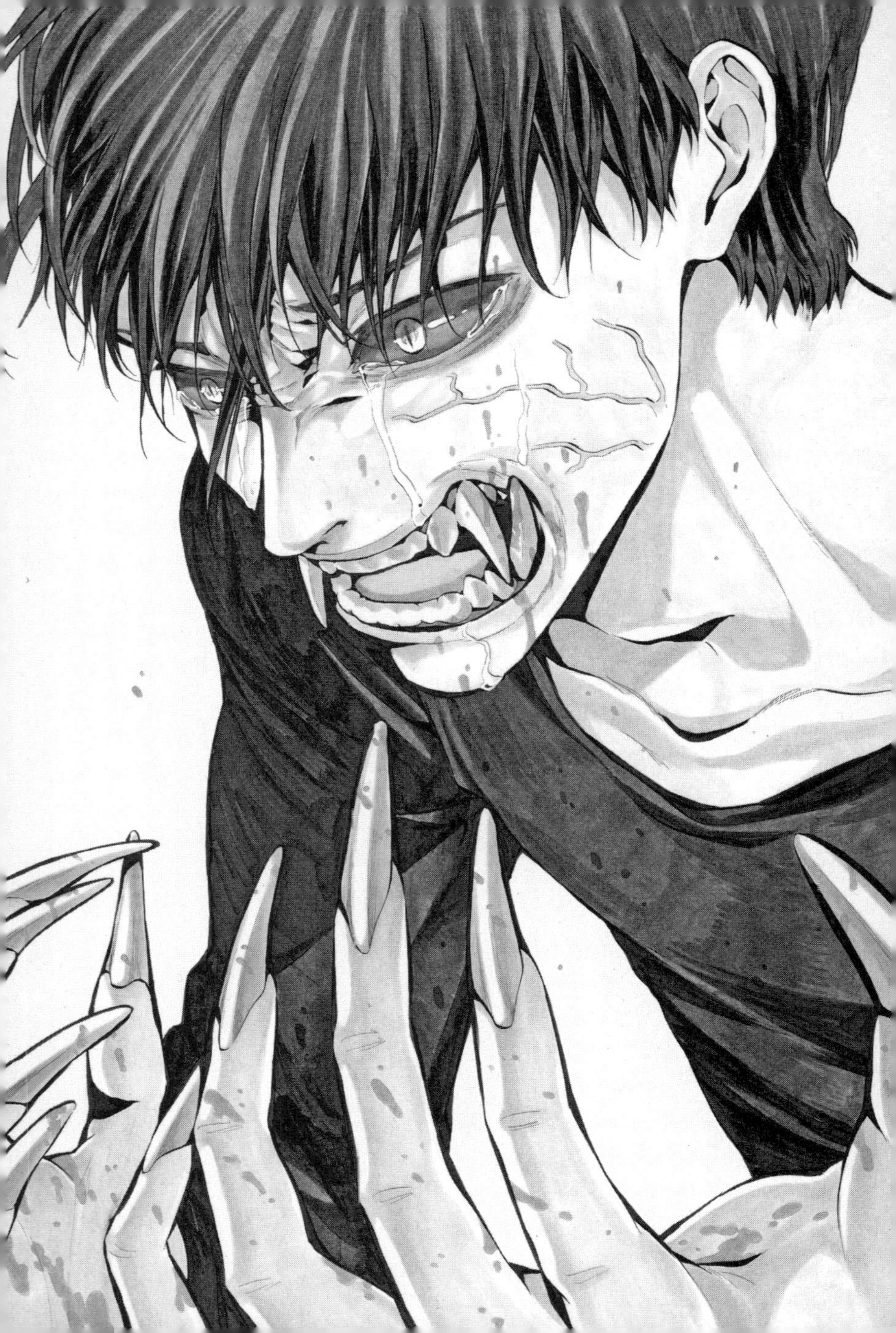

Line. 33

CHILDREN

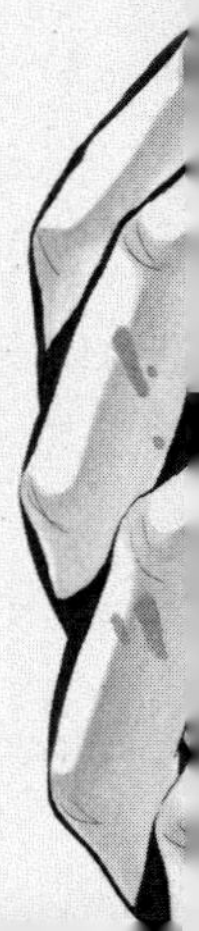

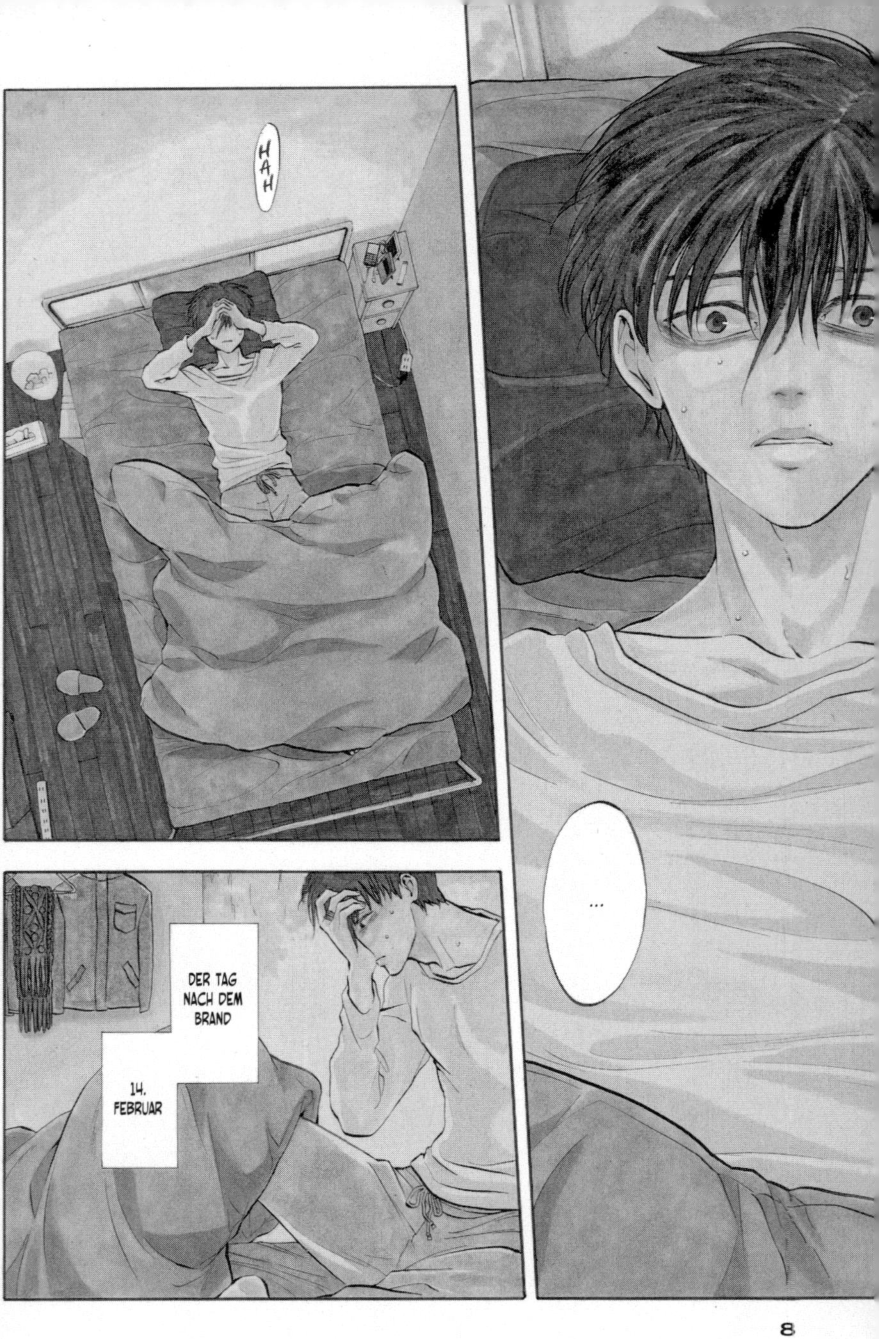
HAH
...
DER TAG NACH DEM BRAND
14. FEBRUAR

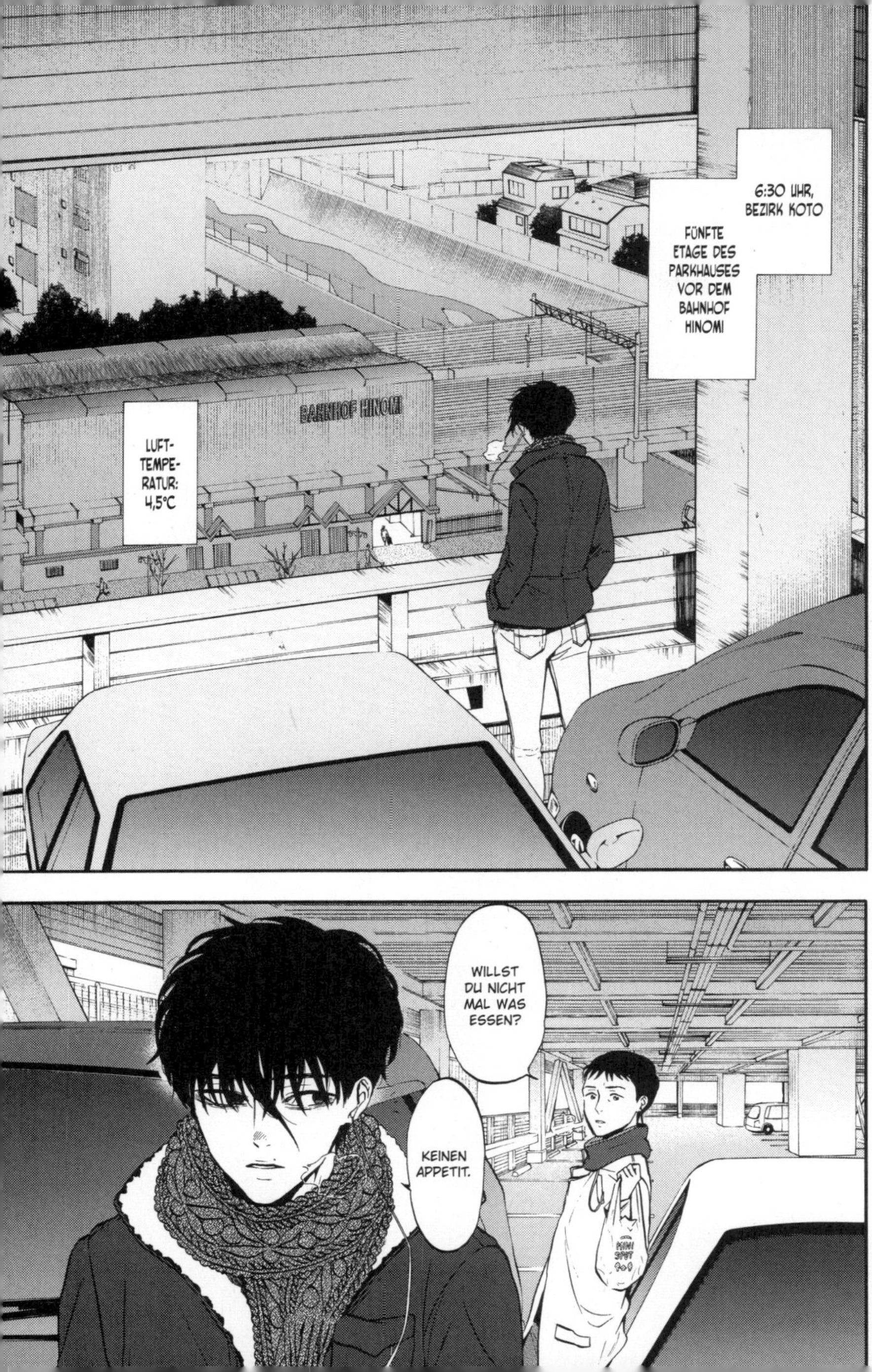

6:30 UHR, BEZIRK KOTO
FÜNFTE ETAGE DES PARKHAUSES VOR DEM BAHNHOF HINOMI
BAHNHOF HINOMI
LUFT-TEMPE-RATUR: 4,5°C
WILLST DU NICHT MAL WAS ESSEN?
KEINEN APPETIT.

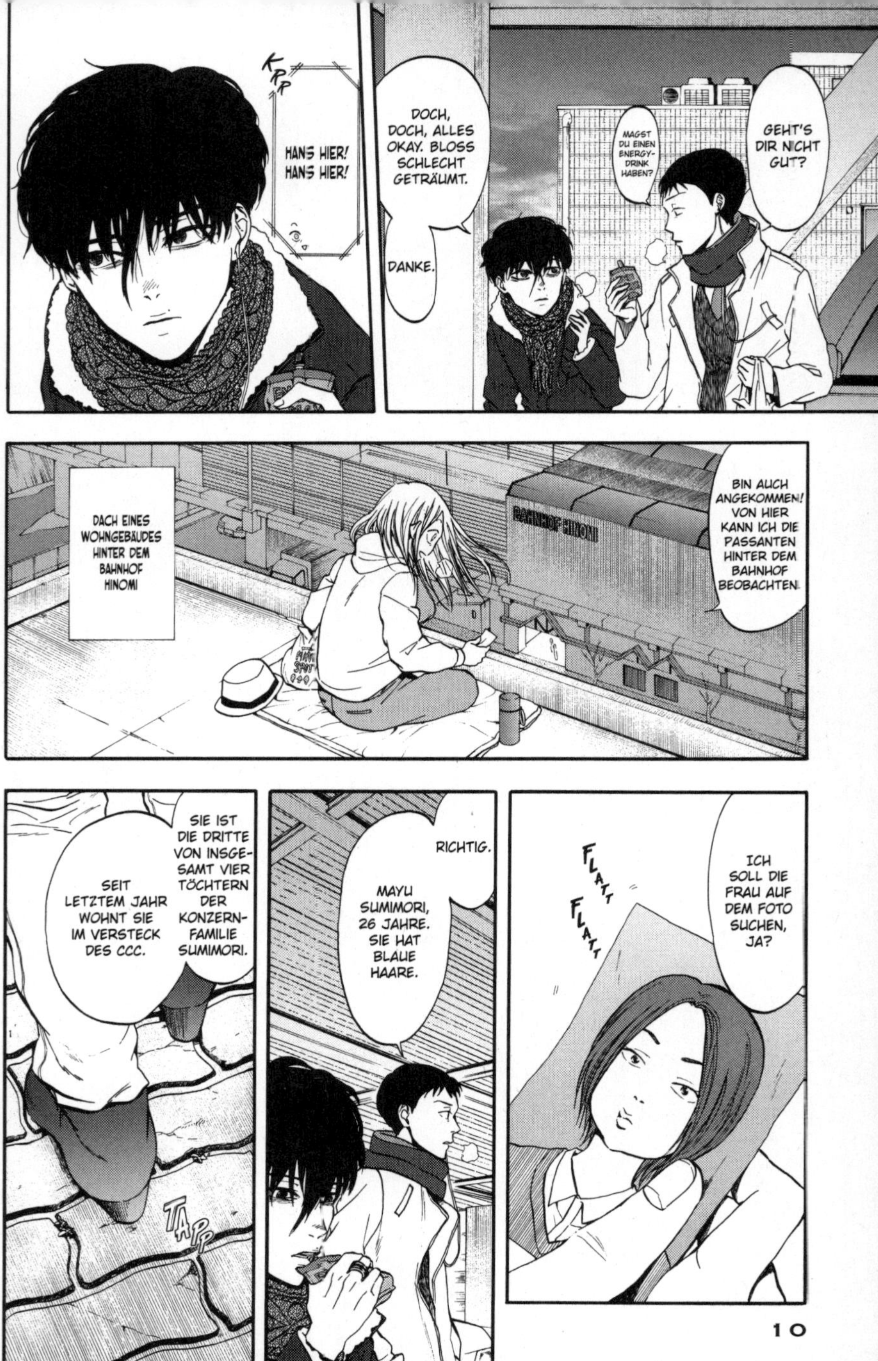
GEHT'S DIR NICHT GUT?
DOCH, DOCH, ALLES OKAY. BLOSS SCHLECHT GETRÄUMT.
MAGST DU EINEN ENERGY-DRINK HABEN?
DANKE.
KRR
HANS HIER! HANS HIER!
BIN AUCH ANGEKOMMEN! VON HIER KANN ICH DIE PASSANTEN HINTER DEM BAHNHOF BEOBACHTEN.
BAHNHOF HINOMI
DACH EINES WOHNGEBÄUDES HINTER DEM BAHNHOF HINOMI
ICH SOLL DIE FRAU AUF DEM FOTO SUCHEN, JA?
FLATT FLATT
RICHTIG.
MAYU SUMIMORI, 26 JAHRE. SIE HAT BLAUE HAARE.
SIE IST DIE DRITTE VON INSGESAMT VIER TÖCHTERN DER KONZERN-FAMILIE SUMIMORI.
SEIT LETZTEM JAHR WOHNT SIE IM VERSTECK DES CCC.
TAPP

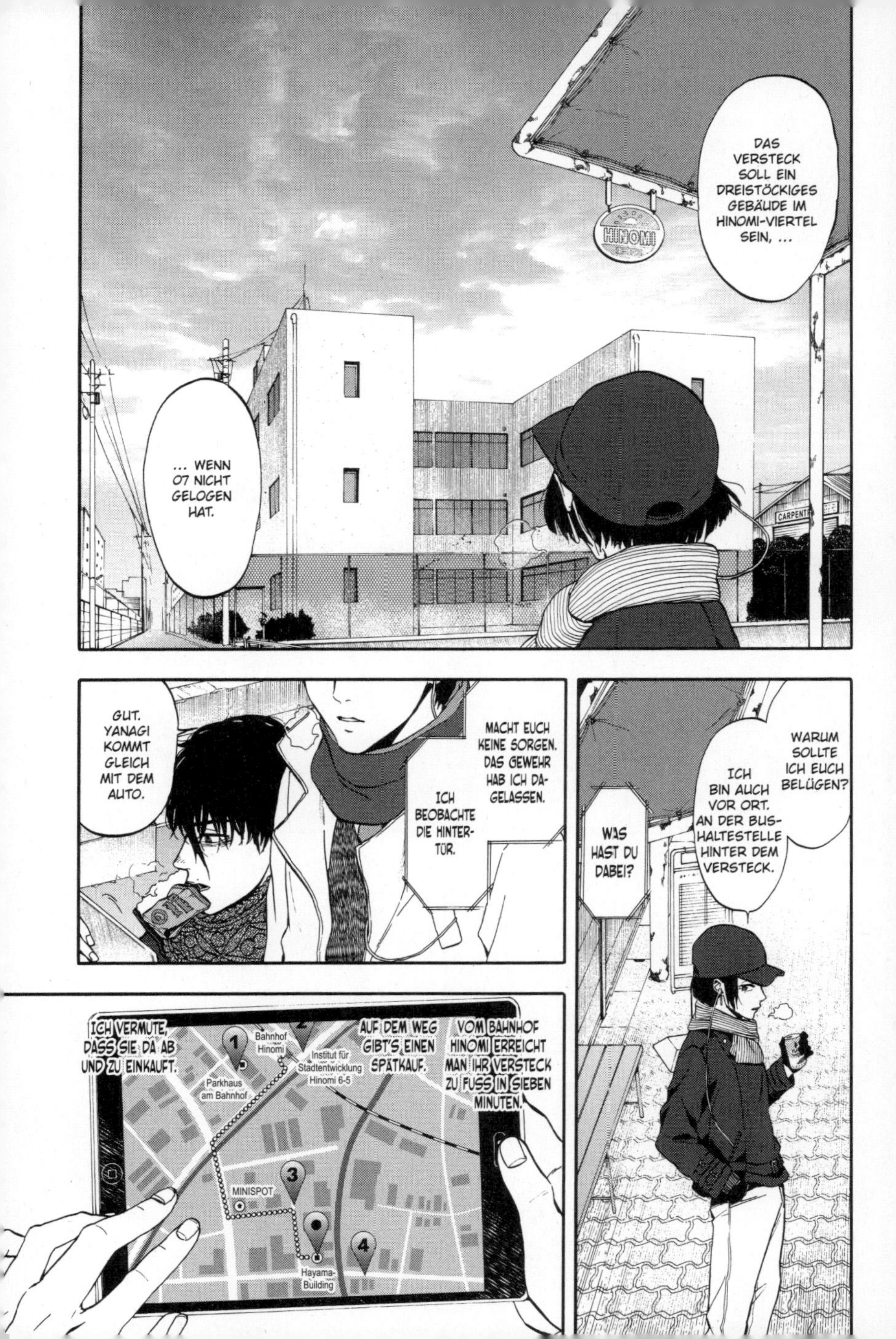
DAS VERSTECK SOLL EIN DREISTÖCKIGES GEBÄUDE IM HINOMI-VIERTEL SEIN, ...
HINOMI
... WENN 07 NICHT GELOGEN HAT.
WARUM SOLLTE ICH EUCH BELÜGEN?
ICH BIN AUCH VOR ORT. AN DER BUSHALTESTELLE HINTER DEM VERSTECK.
WAS HAST DU DABEI?
MACHT EUCH KEINE SORGEN. DAS GEWEHR HAB ICH DAGELASSEN.
ICH BEOBACHTE DIE HINTERTÜR.
GUT. YANAGI KOMMT GLEICH MIT DEM AUTO.
VOM BAHNHOF HINOMI ERREICHT MAN IHR VERSTECK ZU FUSS IN SIEBEN MINUTEN.
AUF DEM WEG GIBT'S EINEN SPÄTKAUF.
ICH VERMUTE, DASS SIE DA AB UND ZU EINKAUFT.
Bahnhof Hinomi
Institut für Stadtentwicklung Hinomi 6-5
Parkhaus am Bahnhof
MINISPOT
Hayama-Building

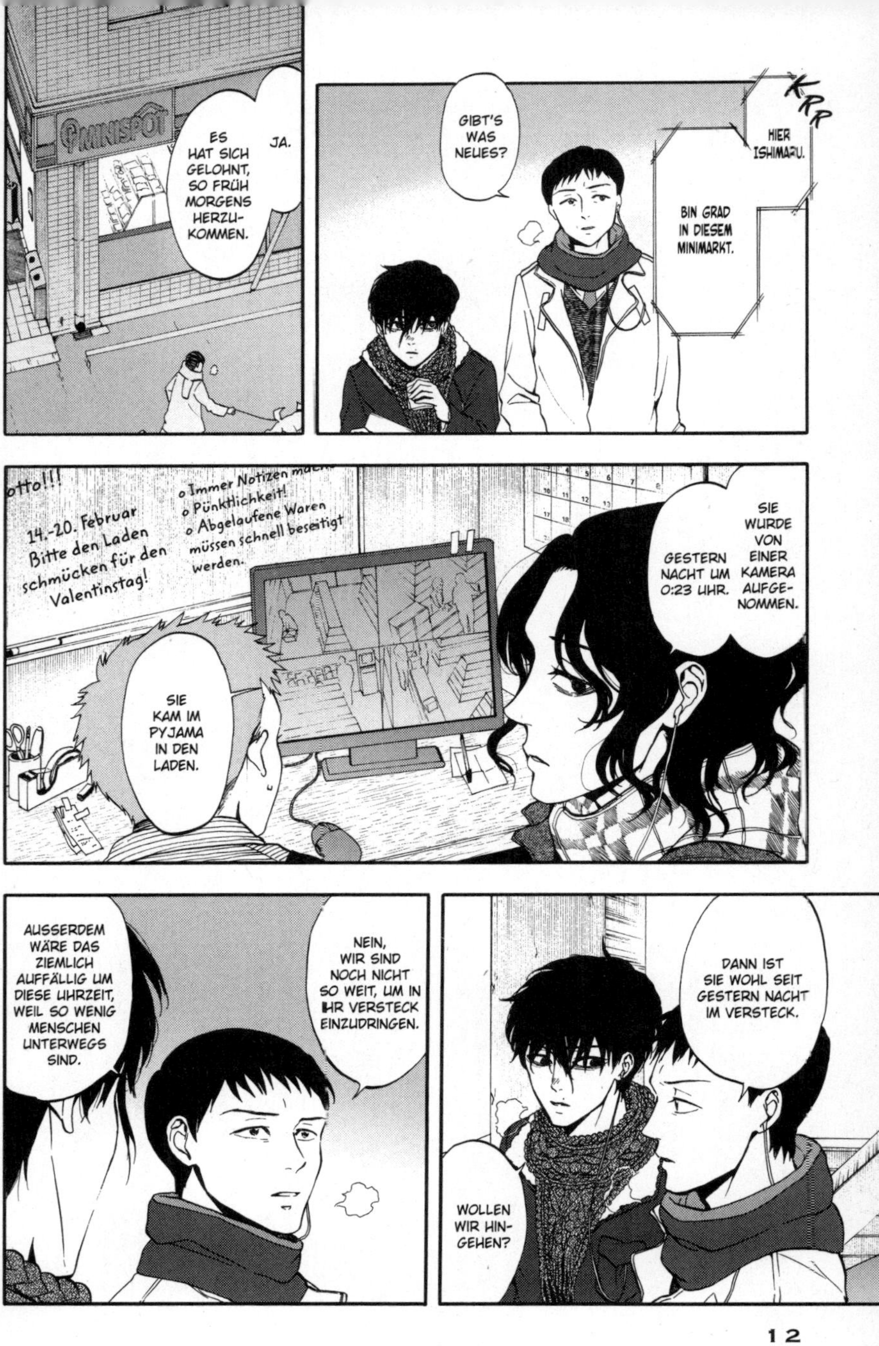
KRR
HIER ISHIMARU.
BIN GRAD IN DIESEM MINIMARKT.
GIBT'S WAS NEUES?
MINISPOT
JA.
ES HAT SICH GELOHNT, SO FRÜH MORGENS HERZUKOMMEN.
SIE WURDE VON EINER KAMERA AUFGENOMMEN.
GESTERN NACHT UM 0:23 UHR.
14.-20. Februar Bitte den Laden schmücken für den Valentinstag!
o Pünktlichkeit!
o Abgelaufene Waren müssen schnell beseitigt werden.
SIE KAM IM PYJAMA IN DEN LADEN.
DANN IST SIE WOHL SEIT GESTERN NACHT IM VERSTECK.
WOLLEN WIR HINGEHEN?
NEIN, WIR SIND NOCH NICHT SO WEIT, UM IN IHR VERSTECK EINZUDRINGEN.
AUSSERDEM WÄRE DAS ZIEMLICH AUFFÄLLIG UM DIESE UHRZEIT, WEIL SO WENIG MENSCHEN UNTERWEGS SIND.

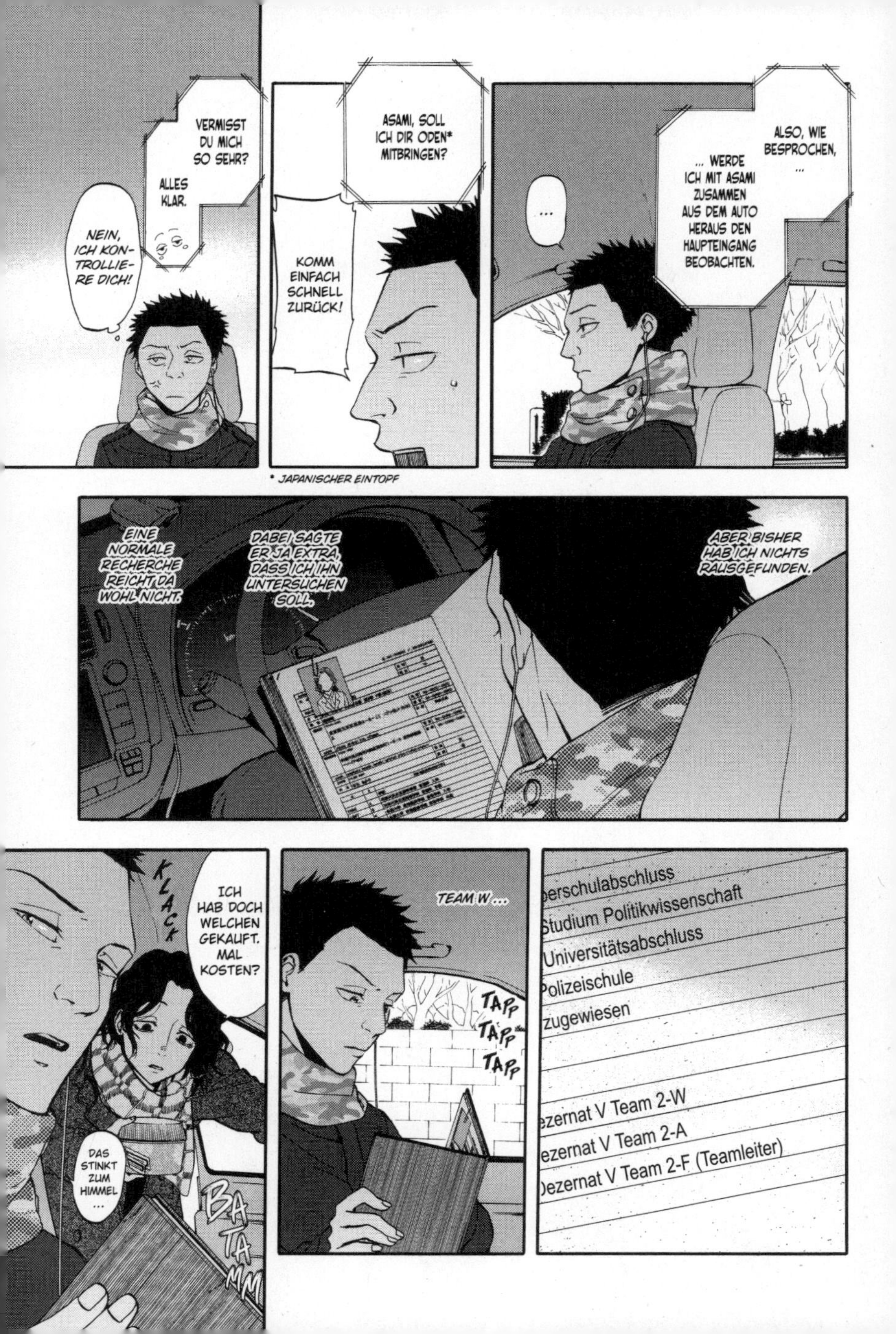

* JAPANISCHER EINTOPF

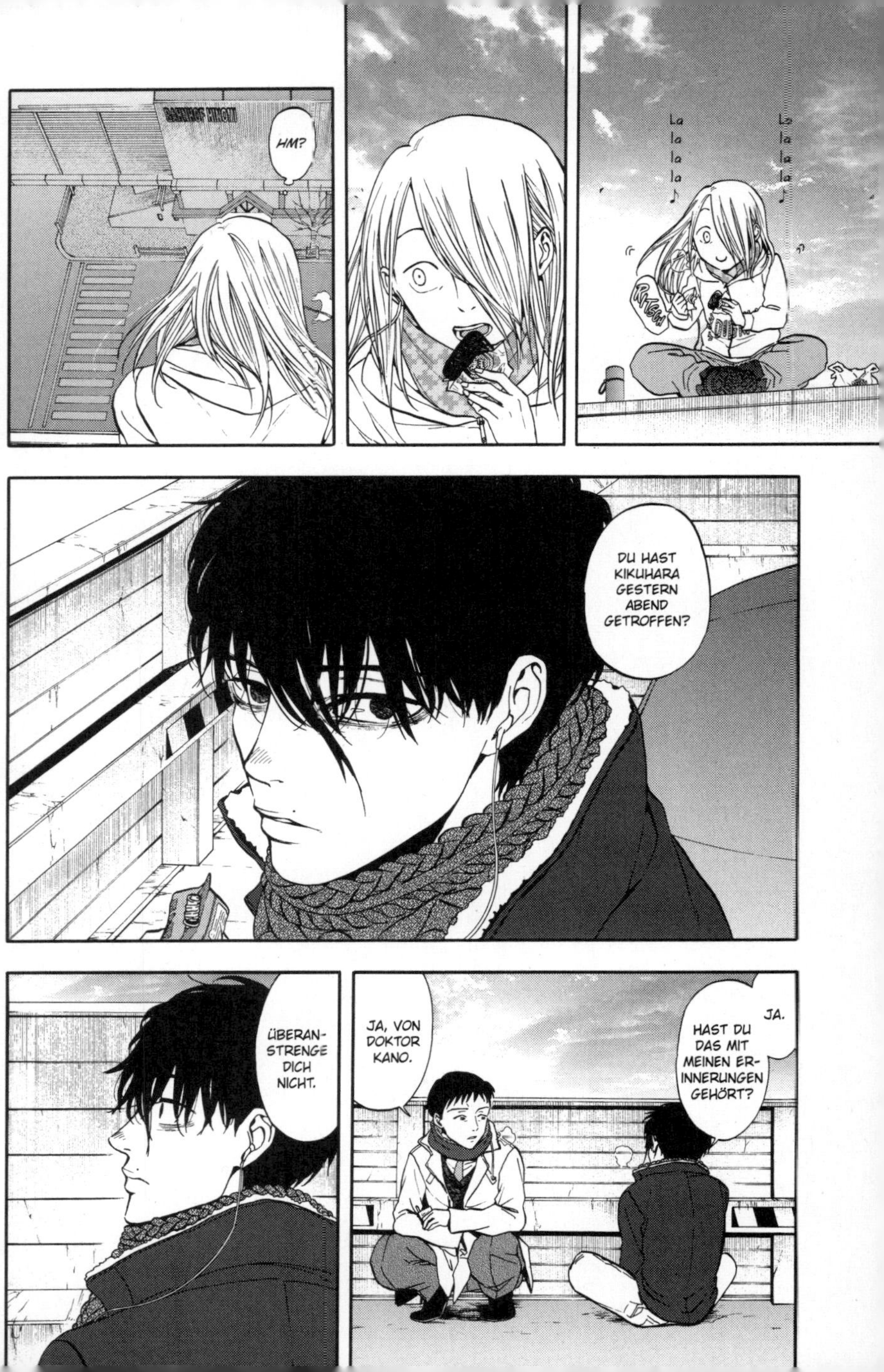
La la la la ♪
La la la la ♪
RITSCH
HM?
DU HAST KIKUHARA GESTERN ABEND GETROFFEN?
JA.
HAST DU DAS MIT MEINEN ER-INNERUNGEN GEHÖRT?
JA, VON DOKTOR KANO.
ÜBERAN-STRENGE DICH NICHT.

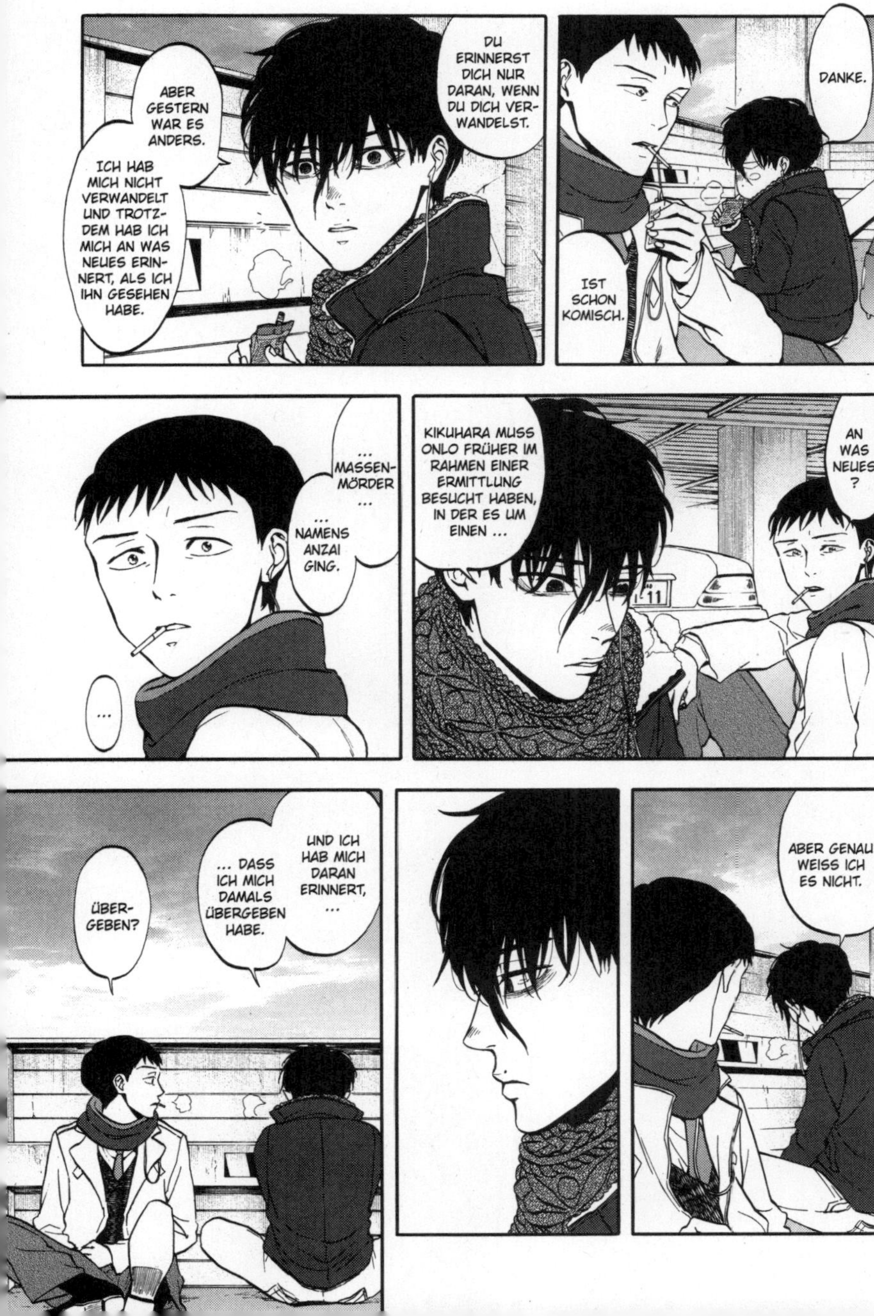
DANKE.
IST SCHON KOMISCH.
DU ERINNERST DICH NUR DARAN, WENN DU DICH VERWANDELST.
ABER GESTERN WAR ES ANDERS.
ICH HAB MICH NICHT VERWANDELT UND TROTZDEM HAB ICH MICH AN WAS NEUES ERINNERT, ALS ICH IHN GESEHEN HABE.
AN WAS NEUES?
KIKUHARA MUSS ONLO FRÜHER IM RAHMEN EINER ERMITTLUNG BESUCHT HABEN, IN DER ES UM EINEN …
… MASSENMÖRDER …
… NAMENS ANZAI GING.
…
ABER GENAU WEISS ICH ES NICHT.
UND ICH HAB MICH DARAN ERINNERT, …
… DASS ICH MICH DAMALS ÜBERGEBEN HABE.
ÜBERGEBEN?

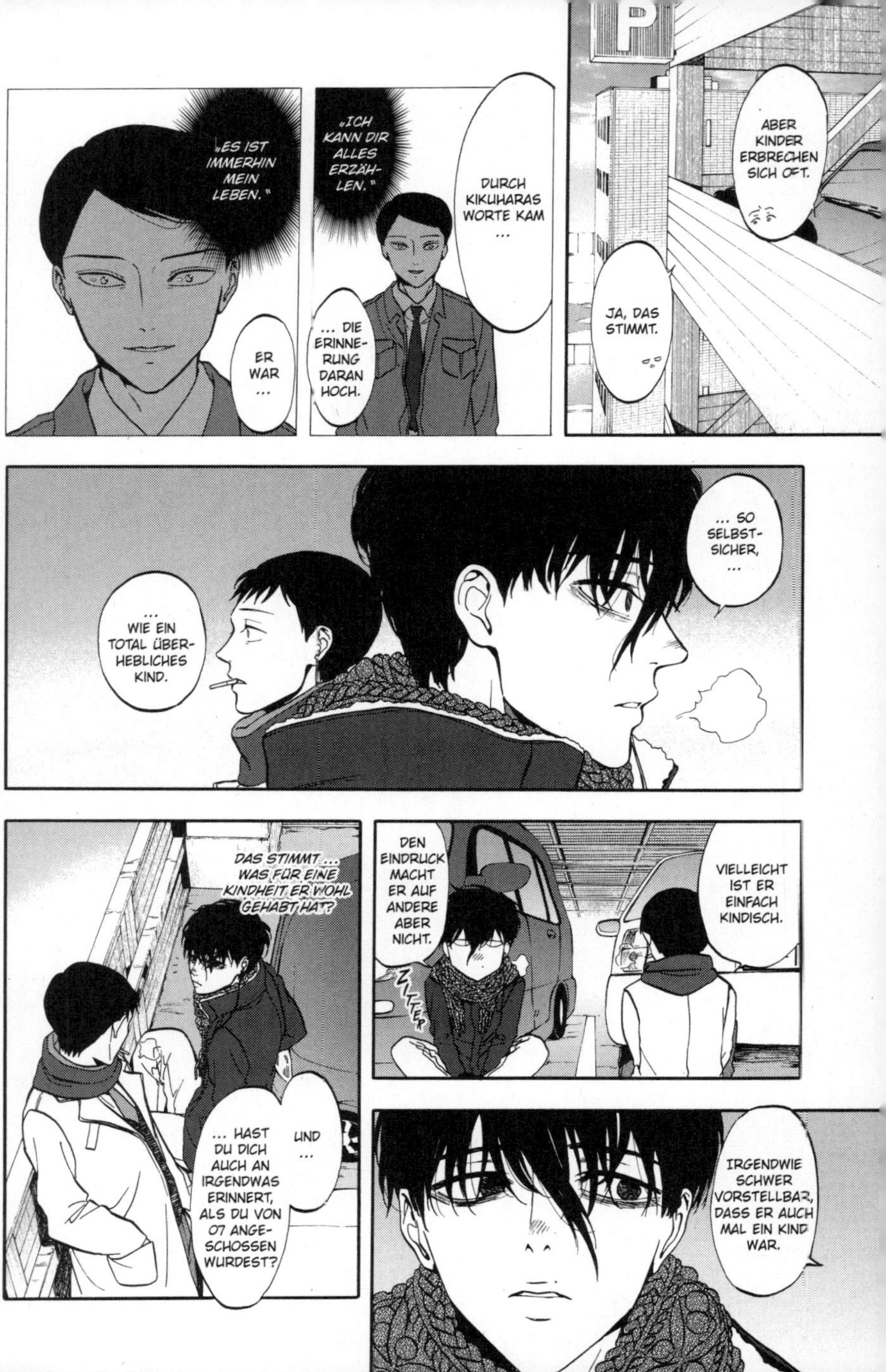
ABER KINDER ERBRECHEN SICH OFT.
JA, DAS STIMMT.
DURCH KIKUHARAS WORTE KAM ...
... DIE ERINNERUNG DARAN HOCH.
„ICH KANN DIR ALLES ERZÄHLEN."
„ES IST IMMERHIN MEIN LEBEN."
ER WAR ...
... SO SELBSTSICHER, ...
... WIE EIN TOTAL ÜBERHEBLICHES KIND.
VIELLEICHT IST ER EINFACH KINDISCH.
DEN EINDRUCK MACHT ER AUF ANDERE ABER NICHT.
ZITTER
IRGENDWIE SCHWER VORSTELLBAR, DASS ER AUCH MAL EIN KIND WAR.
DAS STIMMT ... WAS FÜR EINE KINDHEIT ER WOHL GEHABT HAT?
UND ...
... HAST DU DICH AUCH AN IRGENDWAS ERINNERT, ALS DU VON 07 ANGESCHOSSEN WURDEST?

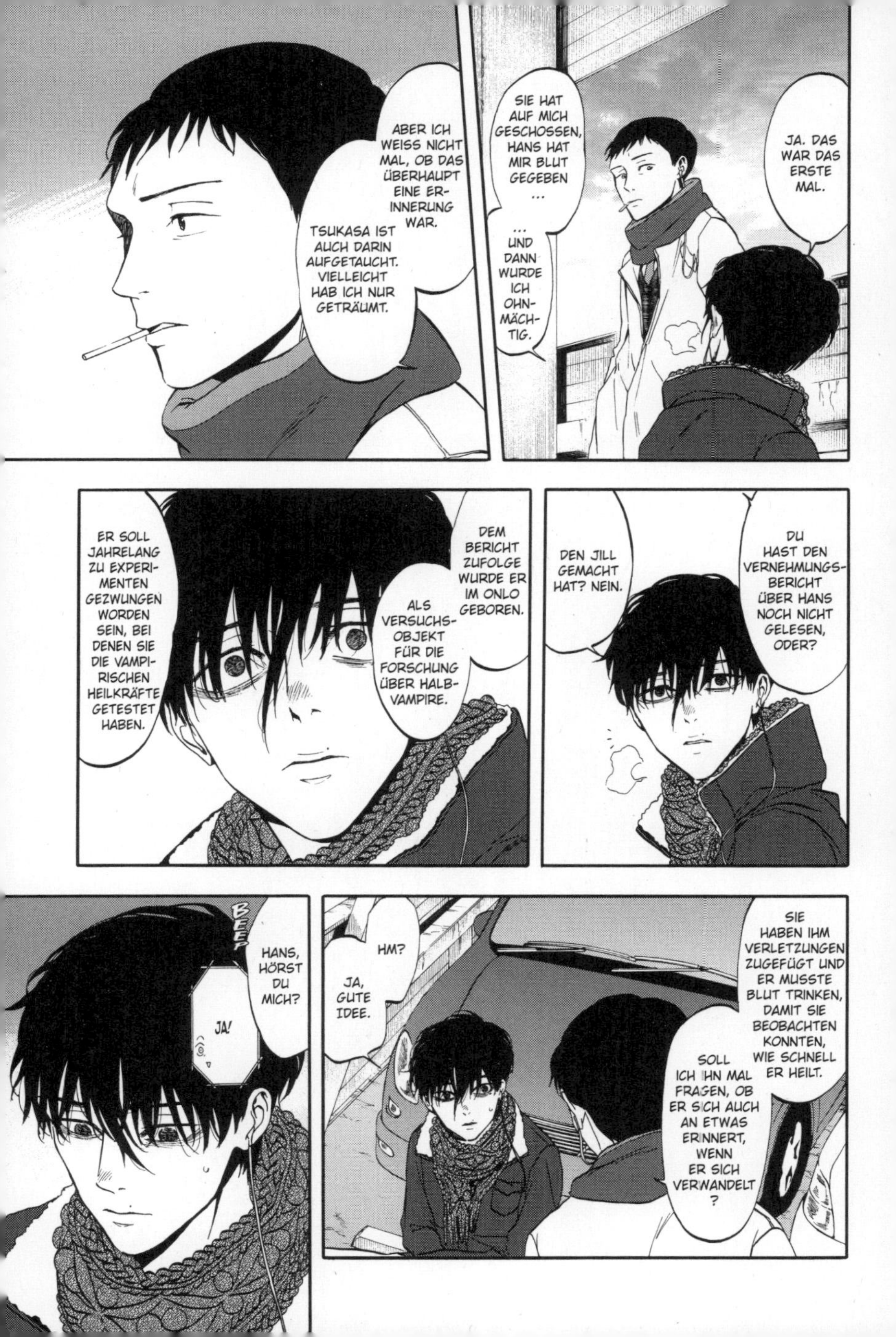
JA. DAS WAR DAS ERSTE MAL.
SIE HAT AUF MICH GESCHOSSEN, HANS HAT MIR BLUT GEGEBEN ...
... UND DANN WURDE ICH OHNMÄCHTIG.
ABER ICH WEISS NICHT MAL, OB DAS ÜBERHAUPT EINE ERINNERUNG WAR.
TSUKASA IST AUCH DARIN AUFGETAUCHT. VIELLEICHT HAB ICH NUR GETRÄUMT.
DU HAST DEN VERNEHMUNGSBERICHT ÜBER HANS NOCH NICHT GELESEN, ODER?
DEN JILL GEMACHT HAT? NEIN.
DEM BERICHT ZUFOLGE WURDE ER IM ONLO GEBOREN.
ALS VERSUCHSOBJEKT FÜR DIE FORSCHUNG ÜBER HALBVAMPIRE.
ER SOLL JAHRELANG ZU EXPERIMENTEN GEZWUNGEN WORDEN SEIN, BEI DENEN SIE DIE VAMPIRISCHEN HEILKRÄFTE GETESTET HABEN.
SIE HABEN IHM VERLETZUNGEN ZUGEFÜGT UND ER MUSSTE BLUT TRINKEN, DAMIT SIE BEOBACHTEN KONNTEN, WIE SCHNELL ER HEILT.
SOLL ICH IHN MAL FRAGEN, OB ER SICH AUCH AN ETWAS ERINNERT, WENN ER SICH VERWANDELT?
HM?
JA, GUTE IDEE.
BEEP
HANS, HÖRST DU MICH?
JA!

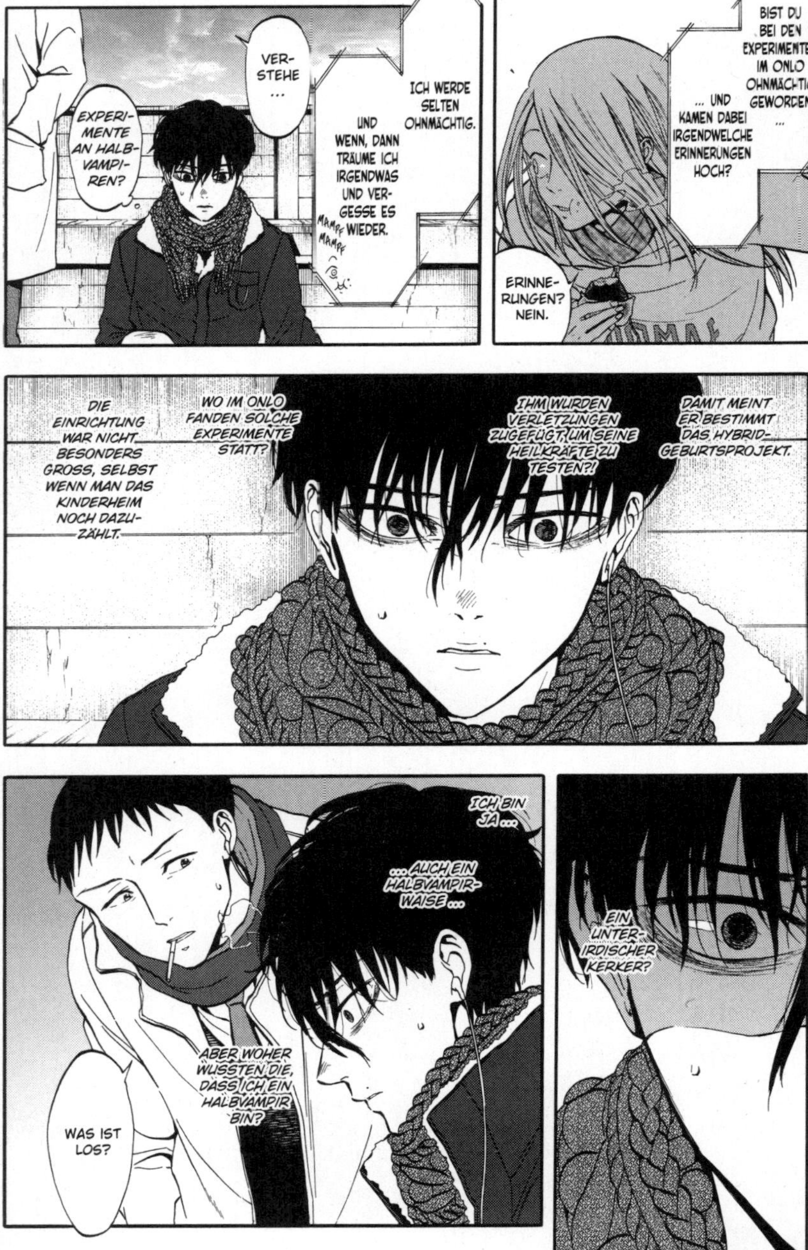
BIST DU BEI DEN EXPERIMENTEN IM ONLO OHNMÄCHTIG GEWORDEN ...
... UND KAMEN DABEI IRGENDWELCHE ERINNERUNGEN HOCH?
ERINNERUNGEN? NEIN.
ICH WERDE SELTEN OHNMÄCHTIG.
UND WENN, DANN TRÄUME ICH IRGENDWAS UND VERGESSE ES WIEDER.
MAMPF MAMPF
VERSTEHE ...
EXPERIMENTE AN HALBVAMPIREN?
DAMIT MEINT ER BESTIMMT DAS HYBRID-GEBURTSPROJEKT.
IHM WURDEN VERLETZUNGEN ZUGEFÜGT, UM SEINE HEILKRÄFTE ZU TESTEN?!
WO IM ONLO FANDEN SOLCHE EXPERIMENTE STATT?
DIE EINRICHTUNG WAR NICHT BESONDERS GROSS, SELBST WENN MAN DAS KINDERHEIM NOCH DAZUZÄHLT.
EIN UNTERIRDISCHER KERKER?
ICH BIN JA ...
... AUCH EIN HALBVAMPIR-WAISE ...
ABER WOHER WUSSTEN DIE, DASS ICH EIN HALBVAMPIR BIN?
WAS IST LOS?

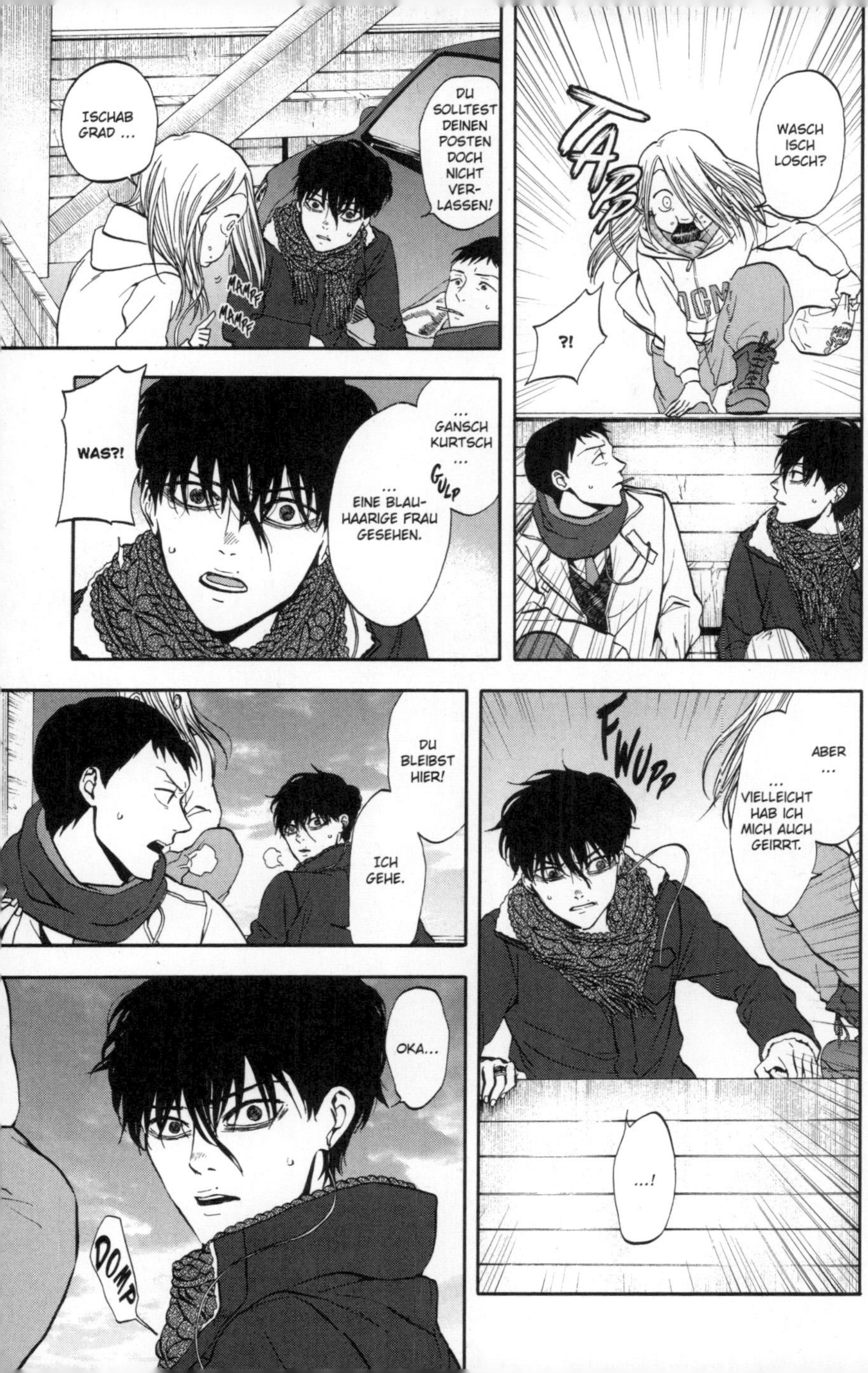
TAPP
WASCH ISCH LOSCH?
?!
DU SOLLTEST DEINEN POSTEN DOCH NICHT VER-LASSEN!
ISCHAB GRAD …
MAMPF MAMPF
… GANSCH KURTSCH …
GULP
… EINE BLAU-HAARIGE FRAU GESEHEN.
WAS?!
FWUPP
ABER …
… VIELLEICHT HAB ICH MICH AUCH GEIRRT.
DU BLEIBST HIER!
ICH GEHE.
…!
OKA…
DOMP

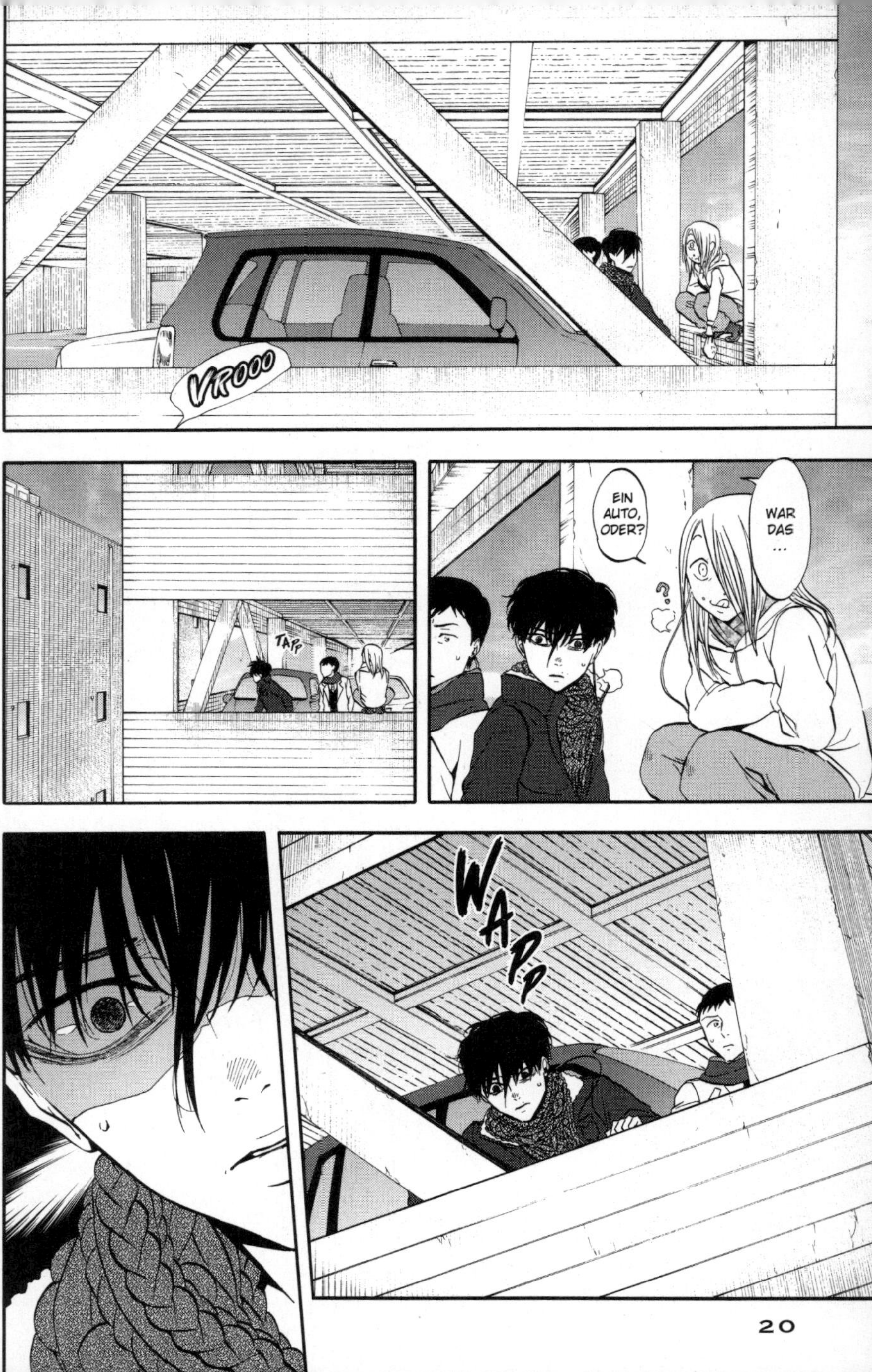
VROOO
TAPP
WAR DAS ...
EIN AUTO, ODER?
WAPP

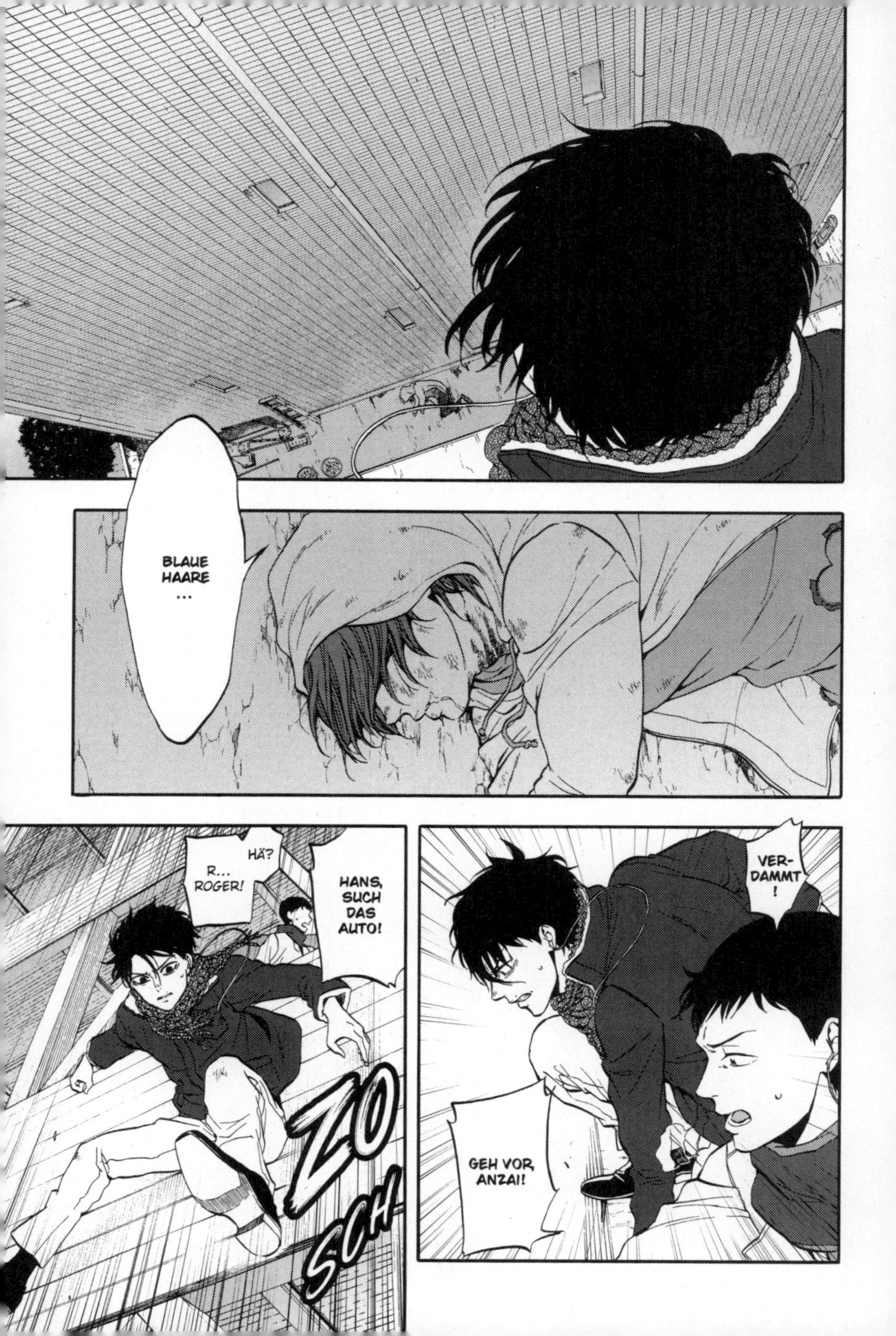
BLAUE HAARE …
VER-DAMMT!
GEH VOR, ANZAI!
HANS, SUCH DAS AUTO!
HÄ? R… ROGER!
ZOSCH

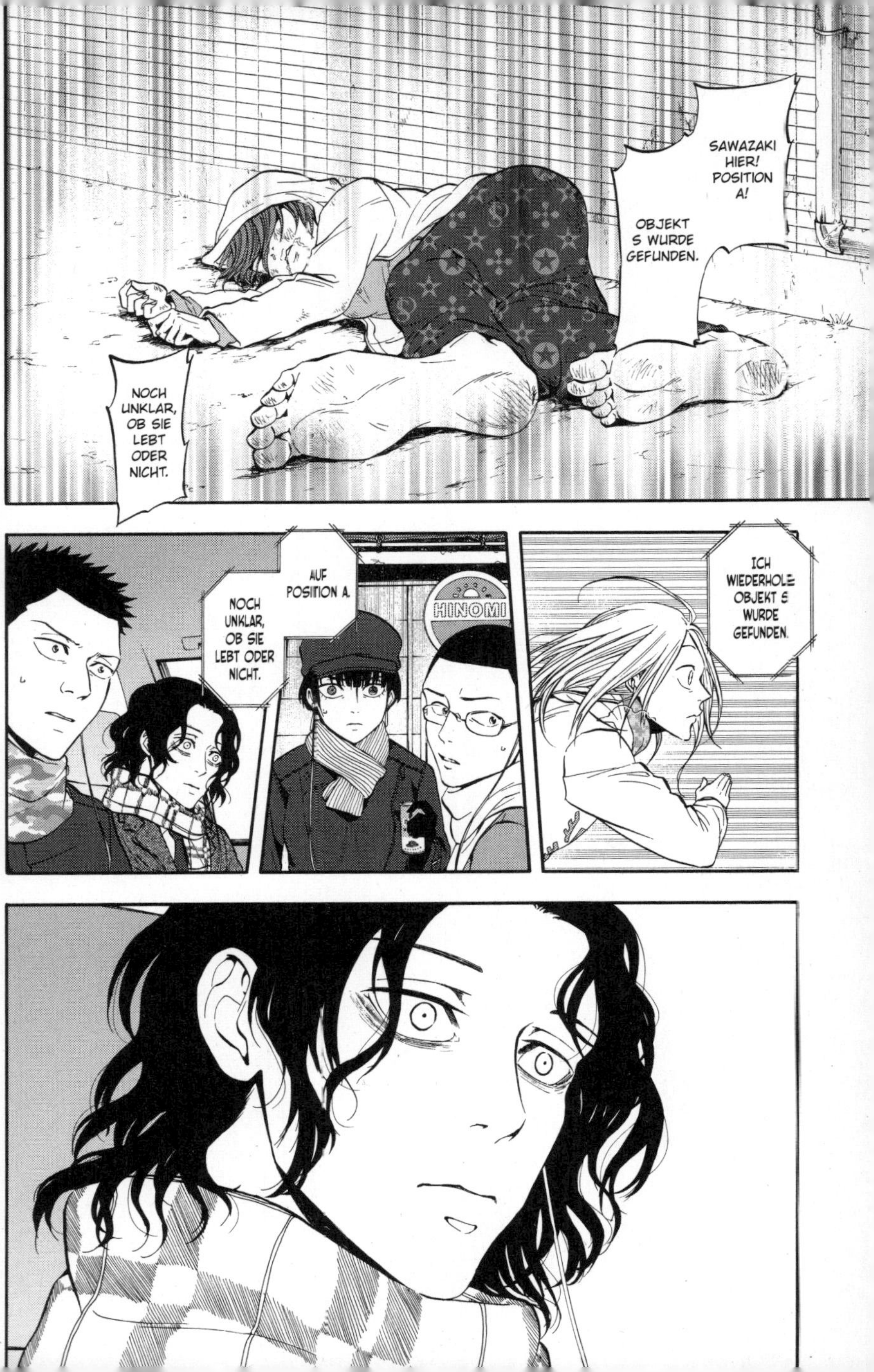
SAWAZAKI HIER! POSITION A!
OBJEKT S WURDE GEFUNDEN.
NOCH UNKLAR, OB SIE LEBT ODER NICHT.
ICH WIEDERHOLE OBJEKT S WURDE GEFUNDEN.
AUF POSITION A.
NOCH UNKLAR, OB SIE LEBT ODER NICHT.
HINOMI

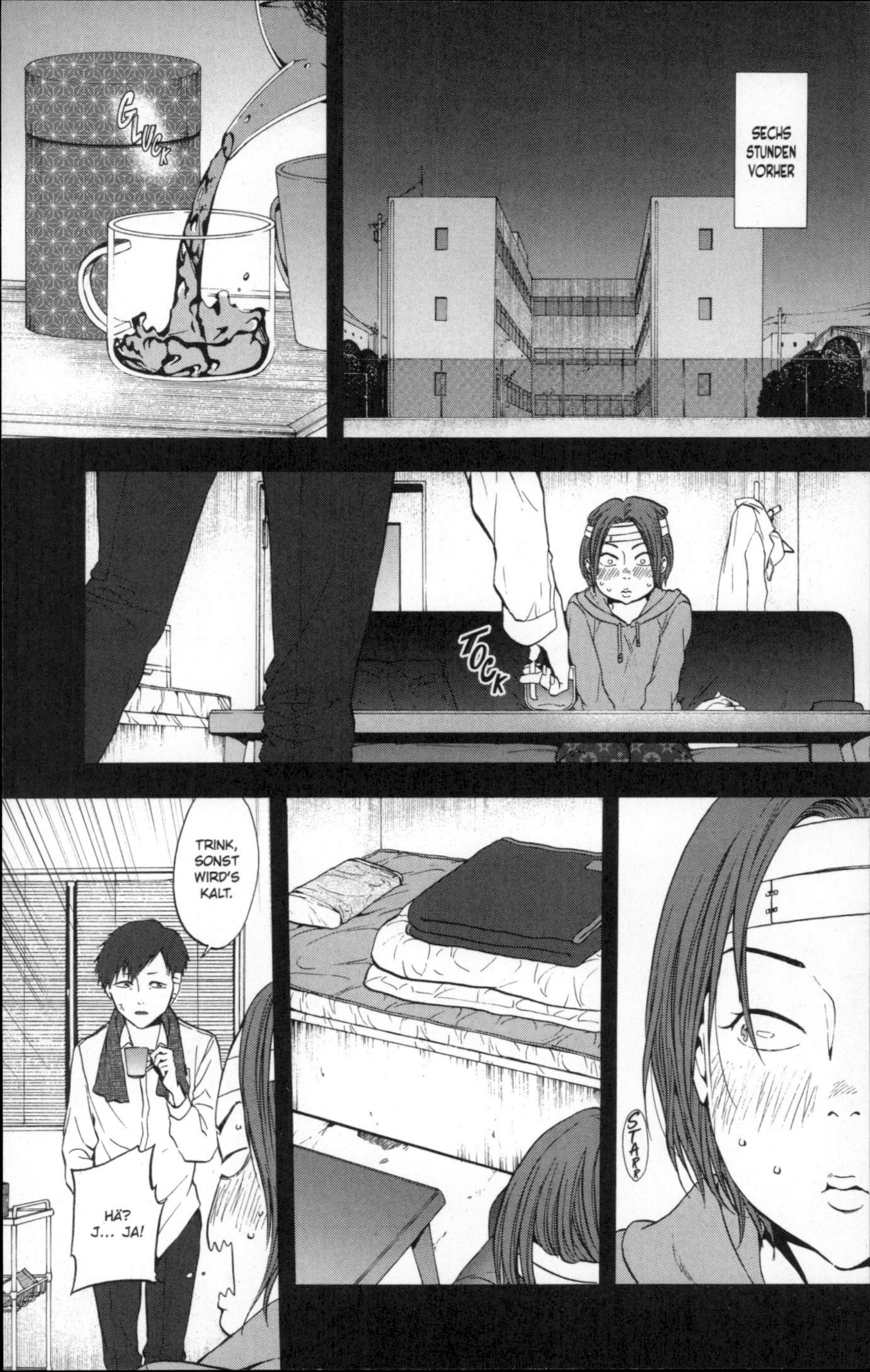
GLUCK
SECHS STUNDEN VORHER
TOCK
TRINK, SONST WIRD'S KALT.
HÄ? J… JA!
STARR

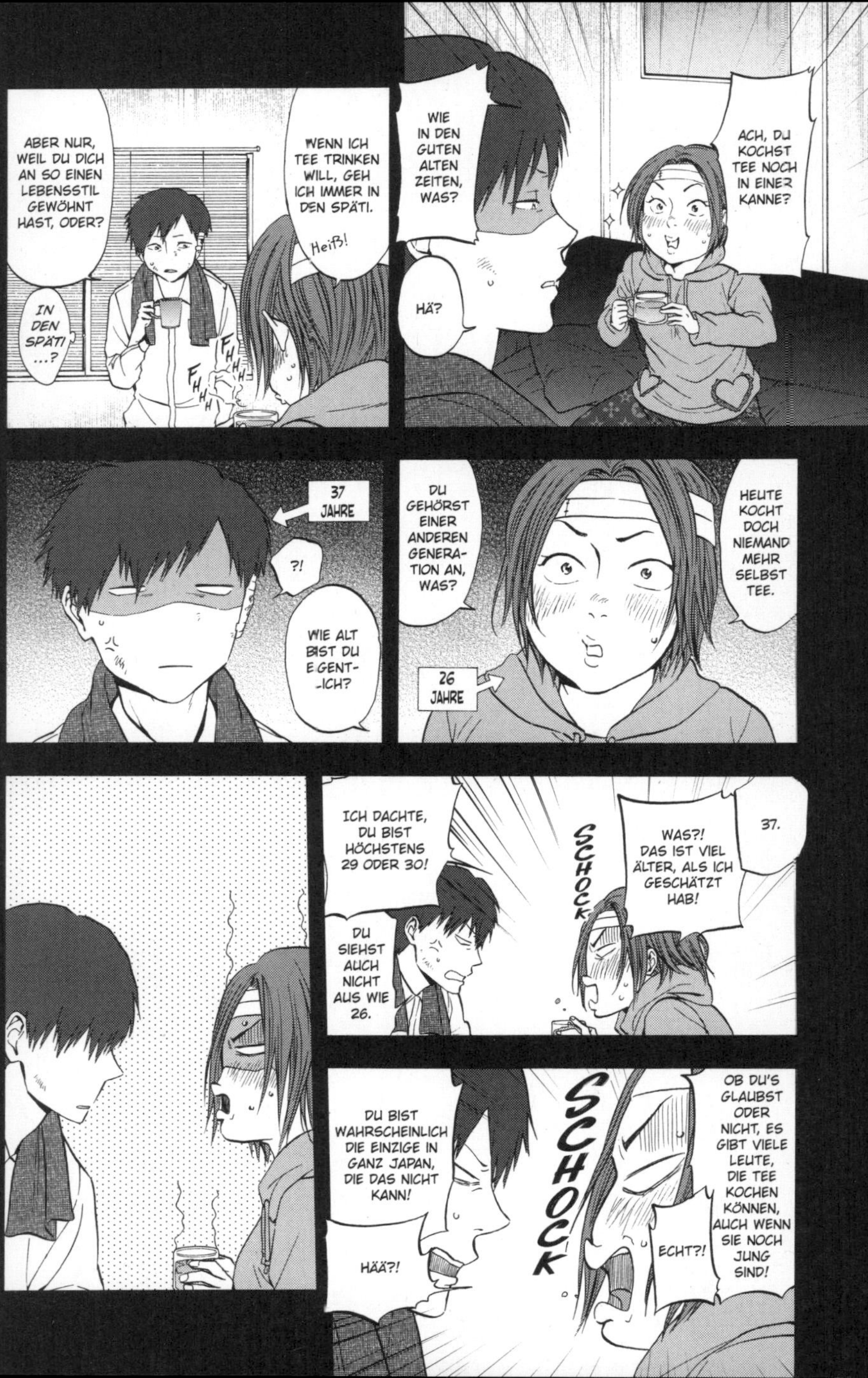
ACH, DU KOCHST TEE NOCH IN EINER KANNE?
WIE IN DEN GUTEN ALTEN ZEITEN, WAS?
HÄ?
WENN ICH TEE TRINKEN WILL, GEH ICH IMMER IN DEN SPÄTI.
Heiß!
ABER NUR, WEIL DU DICH AN SO EINEN LEBENSSTIL GEWÖHNT HAST, ODER?
IN DEN SPÄTI ...?
HEUTE KOCHT DOCH NIEMAND MEHR SELBST TEE.
DU GEHÖRST EINER ANDEREN GENERATION AN, WAS?
26 JAHRE
37 JAHRE
?!
WIE ALT BIST DU E GENT-ICH?
37.
WAS?! DAS IST VIEL ÄLTER, ALS ICH GESCHÄTZT HAB!
SCHOCK
ICH DACHTE, DU BIST HÖCHSTENS 29 ODER 30!
DU SIEHST AUCH NICHT AUS WIE 26.
OB DU'S GLAUBST ODER NICHT, ES GIBT VIELE LEUTE, DIE TEE KOCHEN KÖNNEN, AUCH WENN SIE NOCH JUNG SIND!
ECHT?!
SCHOCK
DU BIST WAHRSCHEINLICH DIE EINZIGE IN GANZ JAPAN, DIE DAS NICHT KANN!
HÄÄ?!

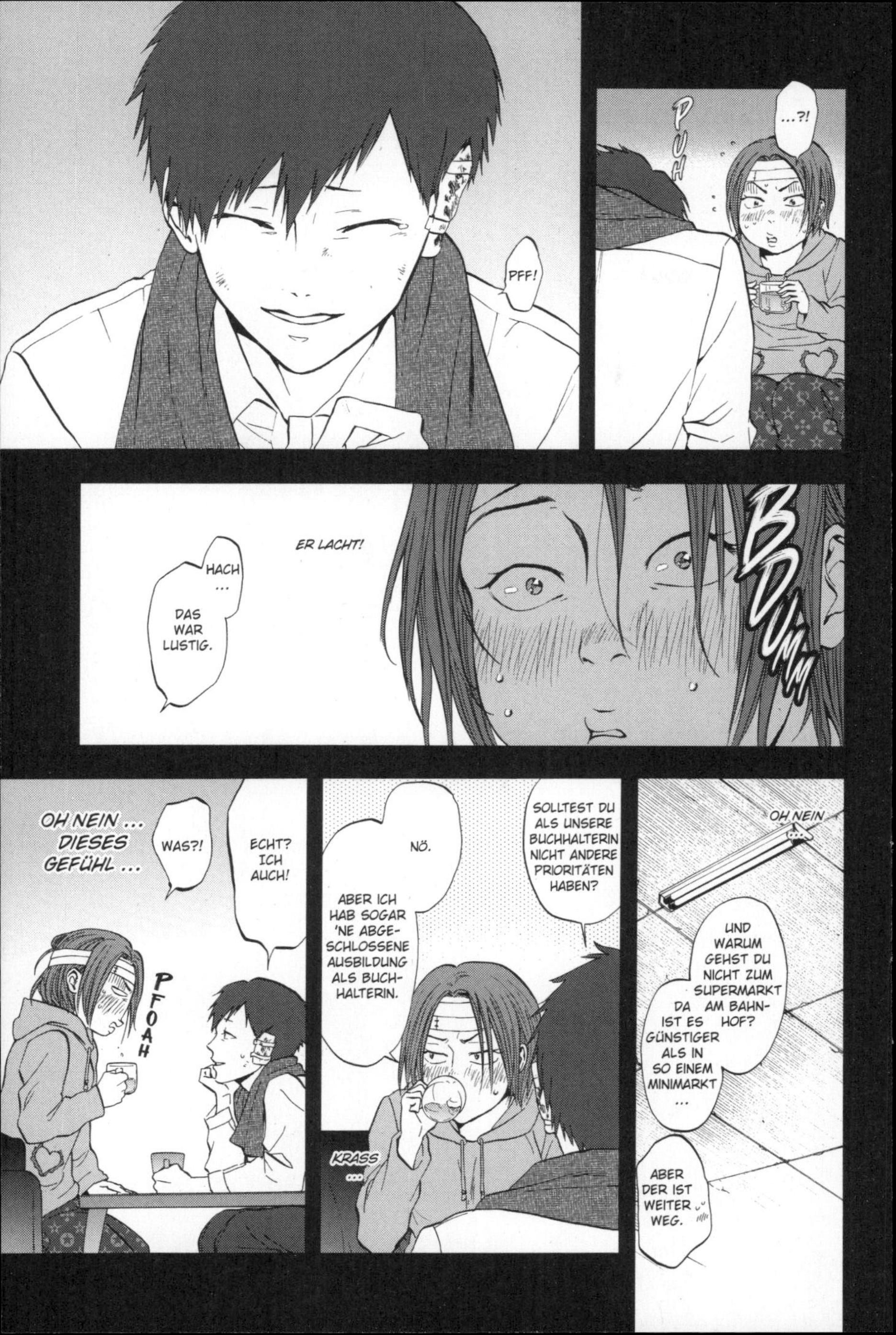
PUH
...?!
PFF!
BDUMM
ER LACHT!
HACH ... DAS WAR LUSTIG.
OH NEIN ...
UND WARUM GEHST DU NICHT ZUM SUPERMARKT AM BAHNHOF? DA IST ES GÜNSTIGER ALS IN SO EINEM MINIMARKT ...
ABER DER IST WEITER WEG.
SOLLTEST DU ALS UNSERE BUCHHALTERIN NICHT ANDERE PRIORITÄTEN HABEN?
NÖ.
ABER ICH HAB SOGAR 'NE ABGESCHLOSSENE AUSBILDUNG ALS BUCHHALTERIN.
KRASS ...
ECHT? ICH AUCH!
WAS?!
OH NEIN ... DIESES GEFÜHL ...
PFOAH

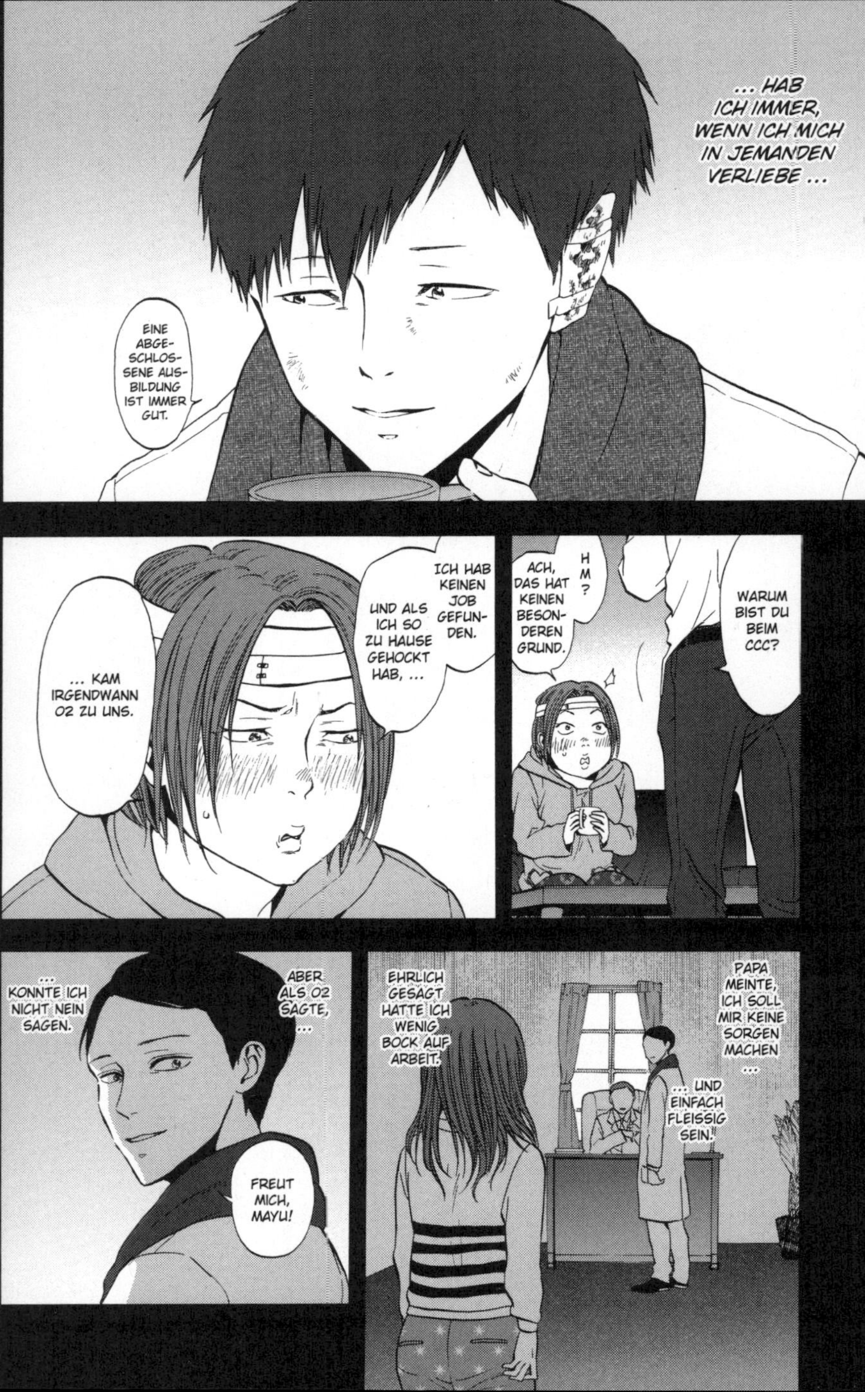
... HAB ICH IMMER, WENN ICH MICH IN JEMANDEN VERLIEBE ...
EINE ABGE-SCHLOS-SENE AUS-BILDUNG IST IMMER GUT.
WARUM BIST DU BEIM CCC?
HM?
ACH, DAS HAT KEINEN BESON-DEREN GRUND.
ICH HAB KEINEN JOB GEFUN-DEN.
UND ALS ICH SO ZU HAUSE GEHOCKT HAB, ...
... KAM IRGENDWANN O2 ZU UNS.
PAPA MEINTE, ICH SOLL MIR KEINE SORGEN MACHEN ...
... UND EINFACH FLEISSIG SEIN!!
EHRLICH GESAGT HATTE ICH WENIG BOCK AUF ARBEIT.
ABER ALS O2 SAGTE, ...
... KONNTE ICH NICHT NEIN SAGEN.
FREUT MICH, MAYU!

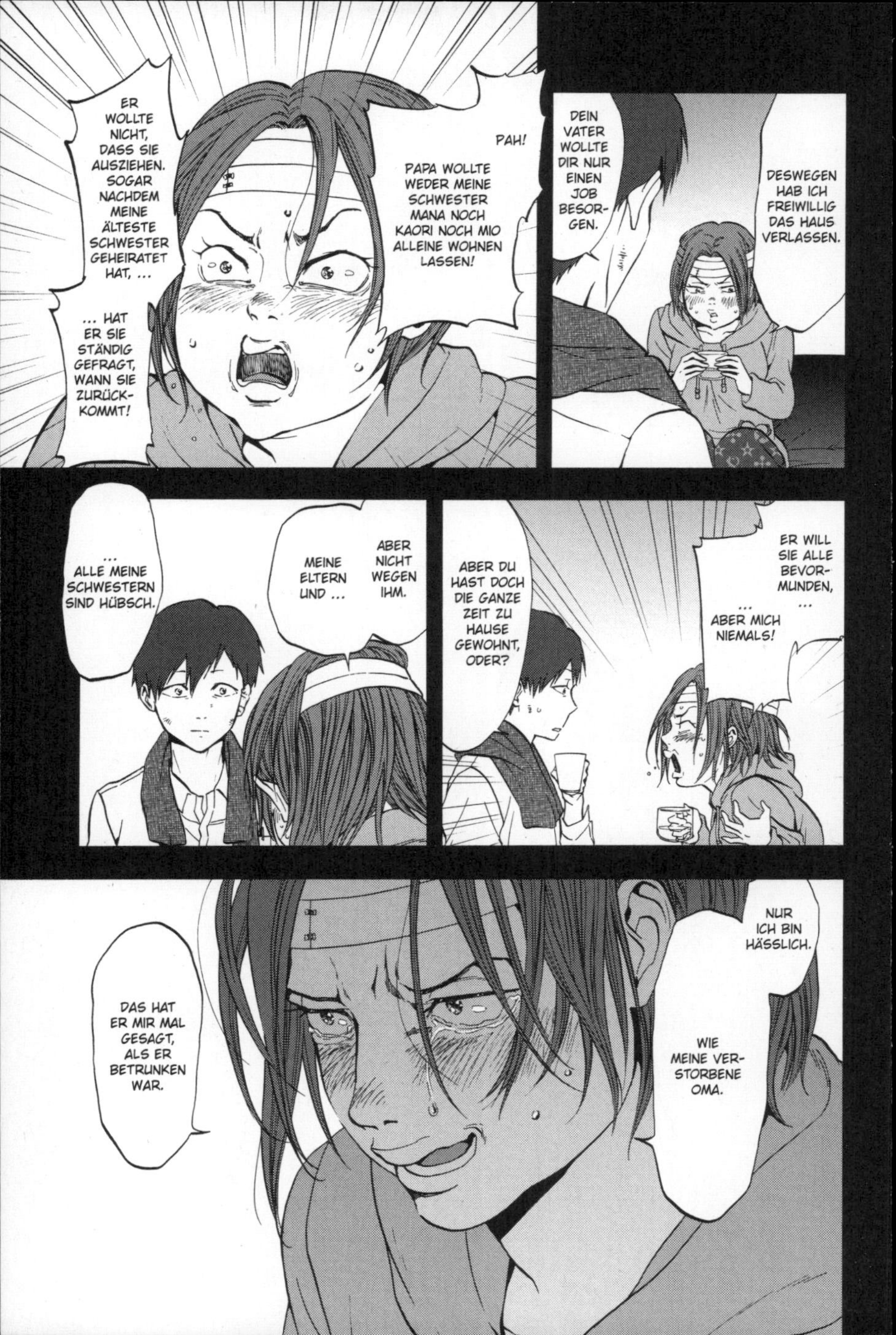
DESWEGEN HAB ICH FREIWILLIG DAS HAUS VERLASSEN.
DEIN VATER WOLLTE DIR NUR EINEN JOB BESOR-GEN.
PAH!
PAPA WOLLTE WEDER MEINE SCHWESTER MANA NOCH KAORI NOCH MIO ALLEINE WOHNEN LASSEN!
ER WOLLTE NICHT, DASS SIE AUSZIEHEN. SOGAR NACHDEM MEINE ÄLTESTE SCHWESTER GEHEIRATET HAT, …
… HAT ER SIE STÄNDIG GEFRAGT, WANN SIE ZURÜCK-KOMMT!
ER WILL SIE ALLE BEVOR-MUNDEN, …
… ABER MICH NIEMALS!
ABER DU HAST DOCH DIE GANZE ZEIT ZU HAUSE GEWOHNT, ODER?
ABER NICHT WEGEN IHM.
MEINE ELTERN UND …
… ALLE MEINE SCHWESTERN SIND HÜBSCH.
NUR ICH BIN HÄSSLICH.
WIE MEINE VER-STORBENE OMA.
DAS HAT ER MIR MAL GESAGT, ALS ER BETRUNKEN WAR.

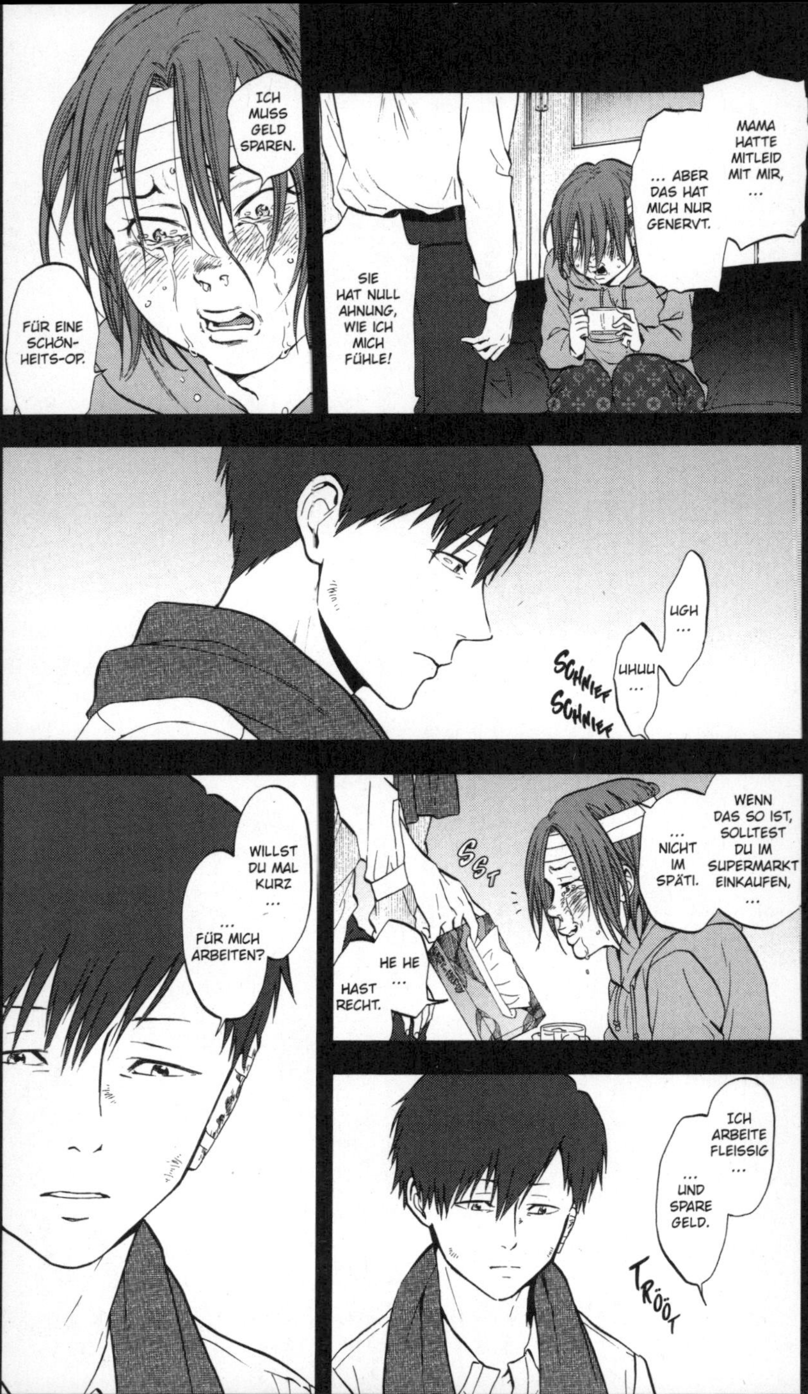
MAMA HATTE MITLEID MIT MIR, …
… ABER DAS HAT MICH NUR GENERVT.
SIE HAT NULL AHNUNG, WIE ICH MICH FÜHLE!
ICH MUSS GELD SPAREN.
FÜR EINE SCHÖN-HEITS-OP.
UGH …
UHUU …
SCHNIEF SCHNIEF
WENN DAS SO IST, SOLLTEST DU IM SUPERMARKT EINKAUFEN, …
… NICHT IM SPÄTI.
SST
HE HE … HAST RECHT.
WILLST DU MAL KURZ …
… FÜR MICH ARBEITEN?
ICH ARBEITE FLEISSIG …
… UND SPARE GELD.
TRÖÖT

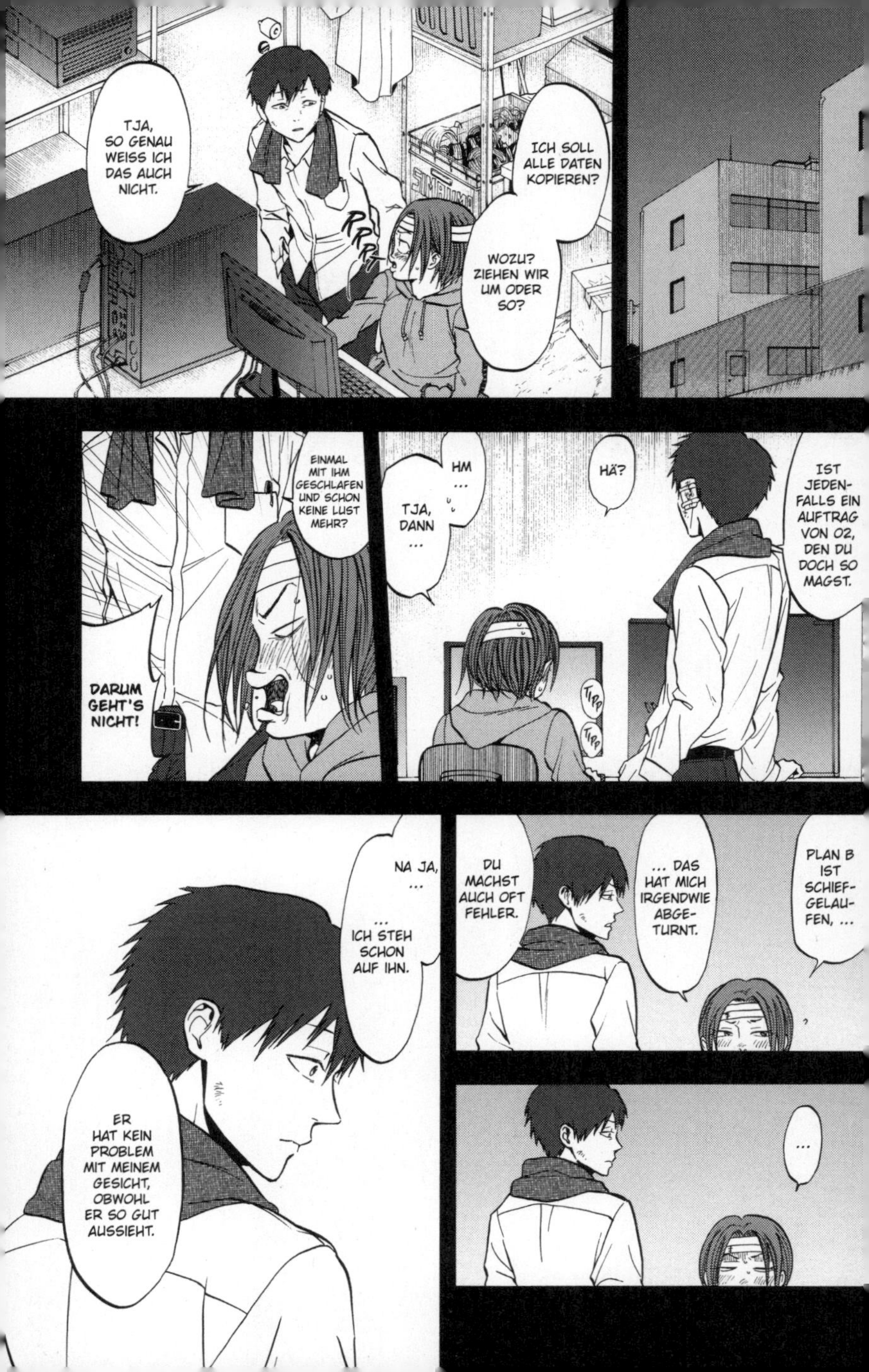
ICH SOLL ALLE DATEN KOPIEREN?
WOZU? ZIEHEN WIR UM ODER SO?
TJA, SO GENAU WEISS ICH DAS AUCH NICHT.
IST JEDEN-FALLS EIN AUFTRAG VON O2, DEN DU DOCH SO MAGST.
HÄ?
HM ... TJA, DANN ...
EINMAL MIT IHM GESCHLAFEN UND SCHON KEINE LUST MEHR?
DARUM GEHT'S NICHT!
PLAN B IST SCHIEF-GELAU-FEN, ...
... DAS HAT MICH IRGENDWIE ABGE-TURNT.
DU MACHST AUCH OFT FEHLER.
...
NA JA, ...
... ICH STEH SCHON AUF IHN.
ER HAT KEIN PROBLEM MIT MEINEM GESICHT, OBWOHL ER SO GUT AUSSIEHT.

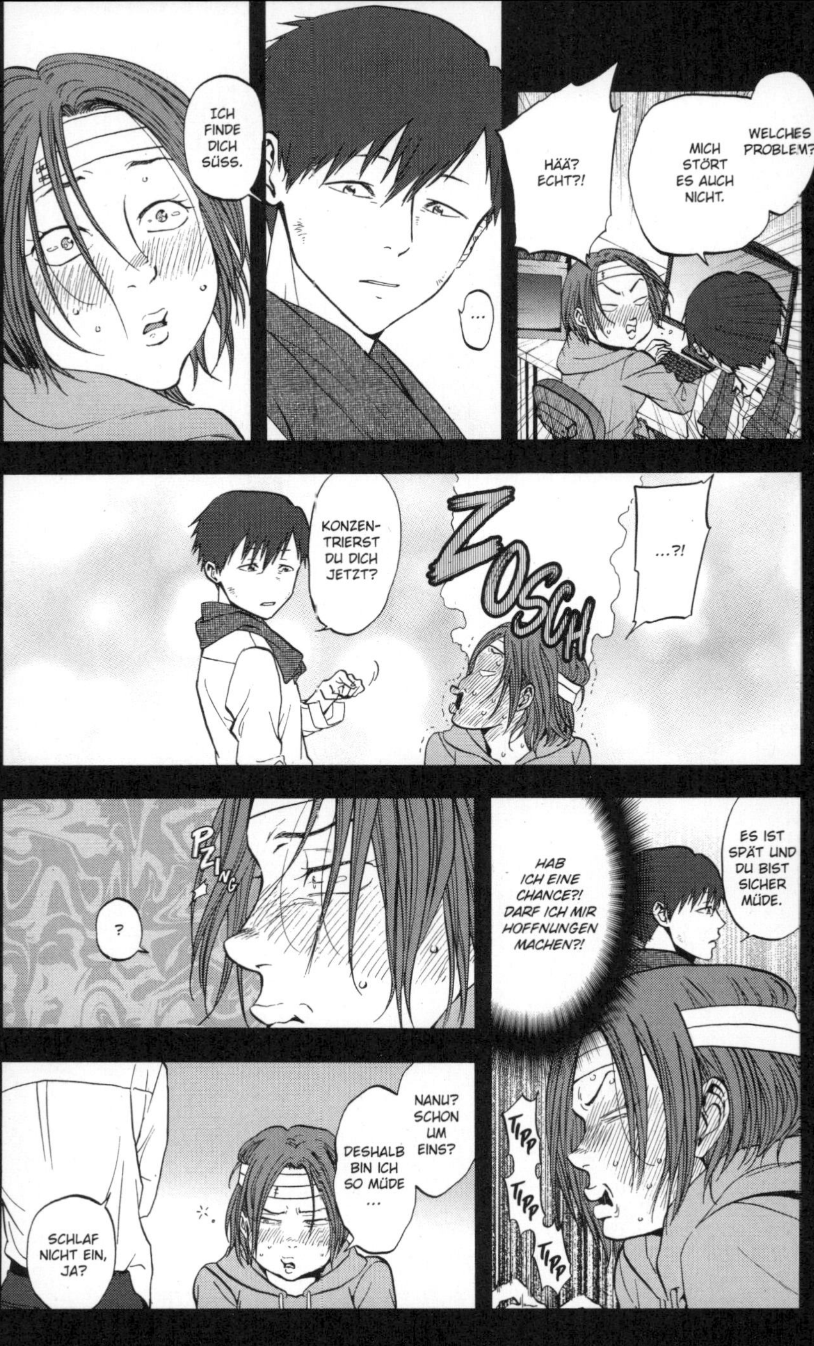

WELCHES PROBLEM?
MICH STÖRT ES AUCH NICHT.
HÄÄ? ECHT?!
…
ICH FINDE DICH SÜSS.
…?!
ZOSCH
KONZEN-TRIERST DU DICH JETZT?
ES IST SPÄT UND DU BIST SICHER MÜDE.
HAB ICH EINE CHANCE?! DARF ICH MIR HOFFNUNGEN MACHEN?!
PZING
?
TIPP TIPP TIPP TIPP
NANU? SCHON UM EINS?
DESHALB BIN ICH SO MÜDE …
SCHLAF NICHT EIN, JA?

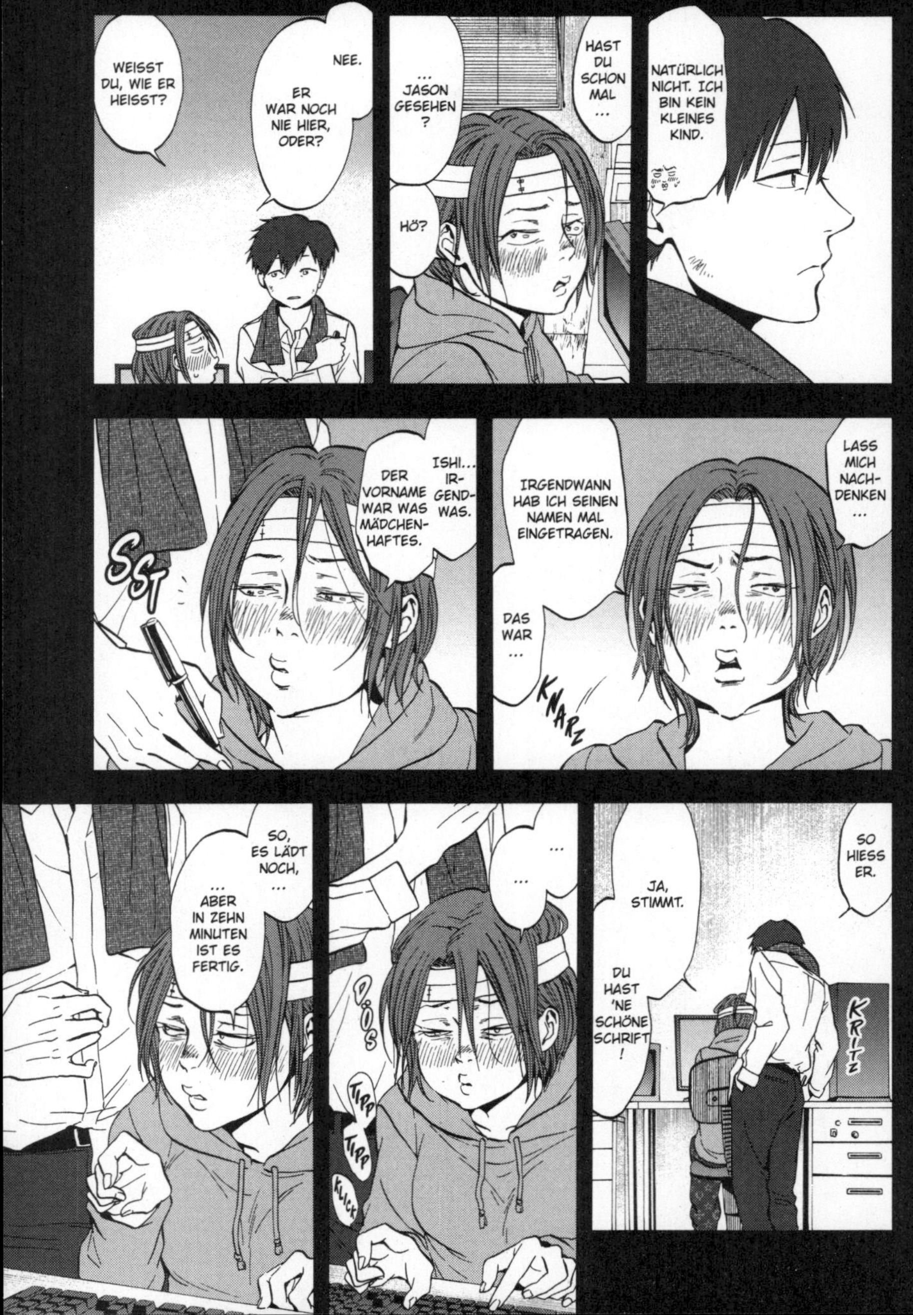
NATÜRLICH NICHT. ICH BIN KEIN KLEINES KIND.
HAST DU SCHON MAL ...
... JASON GESEHEN ?
HÖ?
NEE.
ER WAR NOCH NIE HIER, ODER?
WEISST DU, WIE ER HEISST?
LASS MICH NACHDENKEN ...
IRGENDWANN HAB ICH SEINEN NAMEN MAL EINGETRAGEN.
DAS WAR ...
KNARZ
ISHI... IRGENDWAS.
DER VORNAME WAR WAS MÄDCHENHAFTES.
SST
SO HIESS ER.
JA, STIMMT.
DU HAST 'NE SCHÖNE SCHRIFT !
KRITZ
...
...
DÖS
TIPP
TIPP
KLICK
SO, ES LÄDT NOCH, ...
... ABER IN ZEHN MINUTEN IST ES FERTIG.

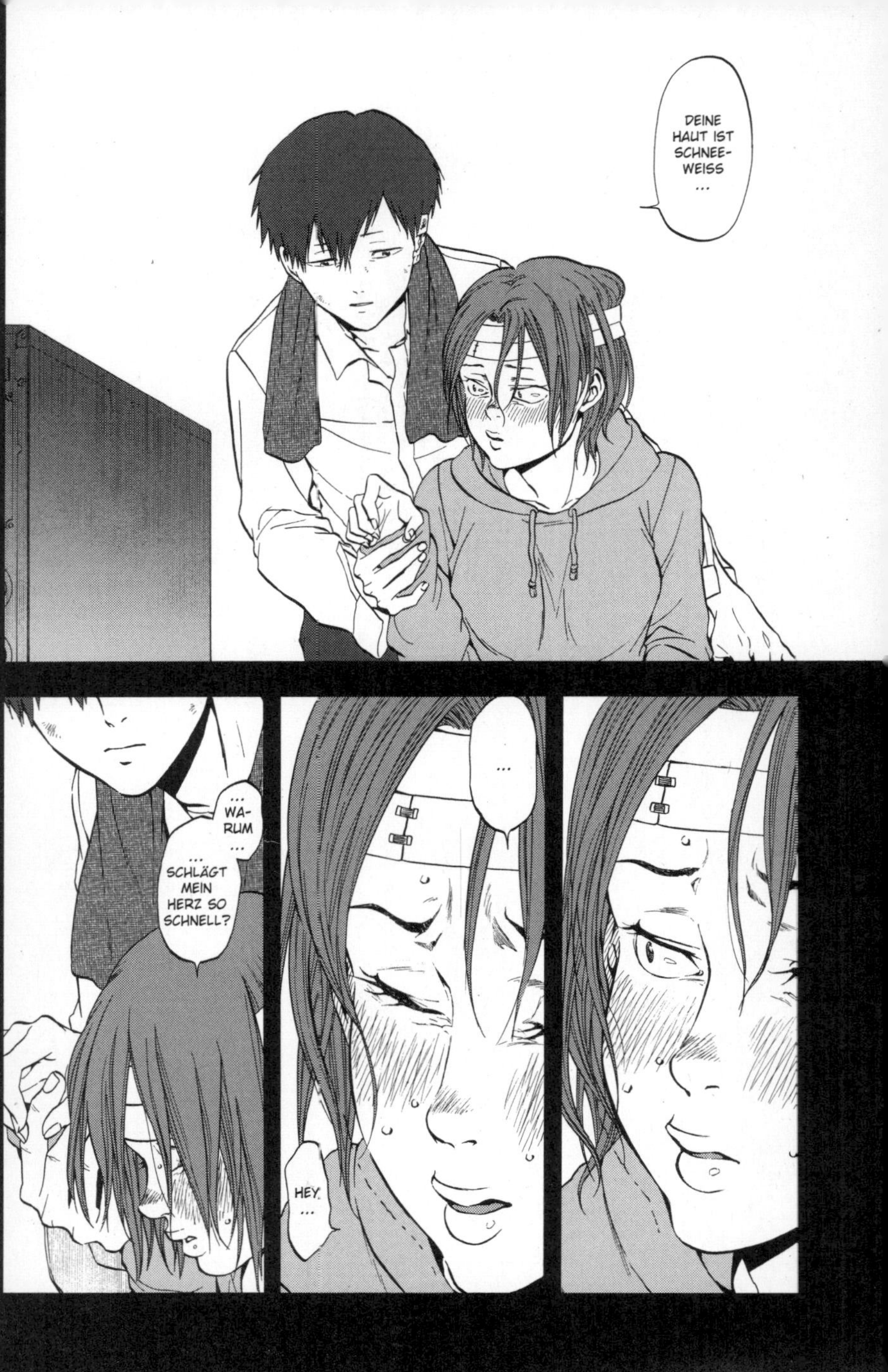
DEINE HAUT IST SCHNEE-WEISS ...
...
HEY ...
... WA-RUM ...
... SCHLÄGT MEIN HERZ SO SCHNELL?

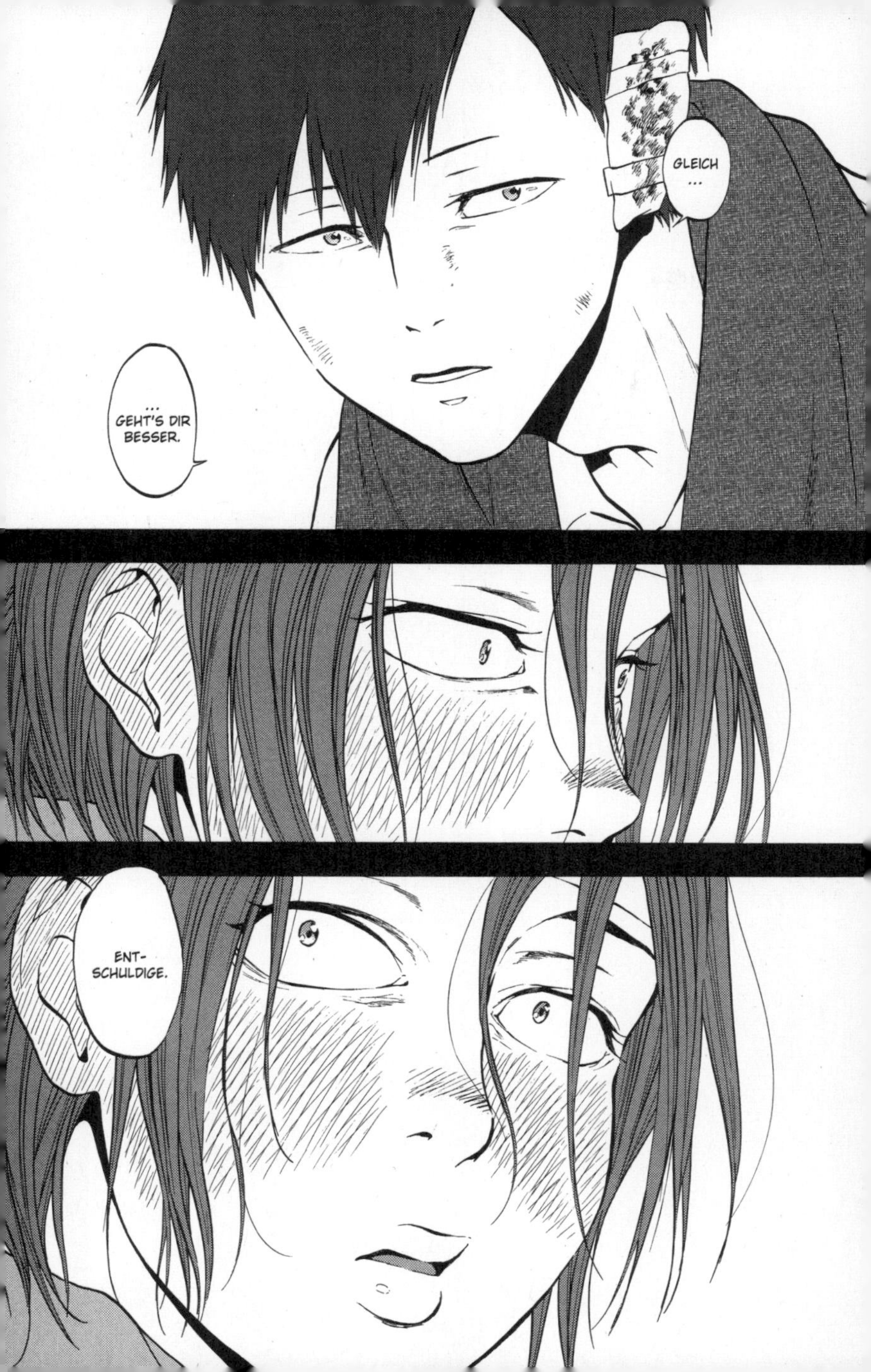
GLEICH ...
... GEHT'S DIR BESSER.
ENT-SCHULDIGE.

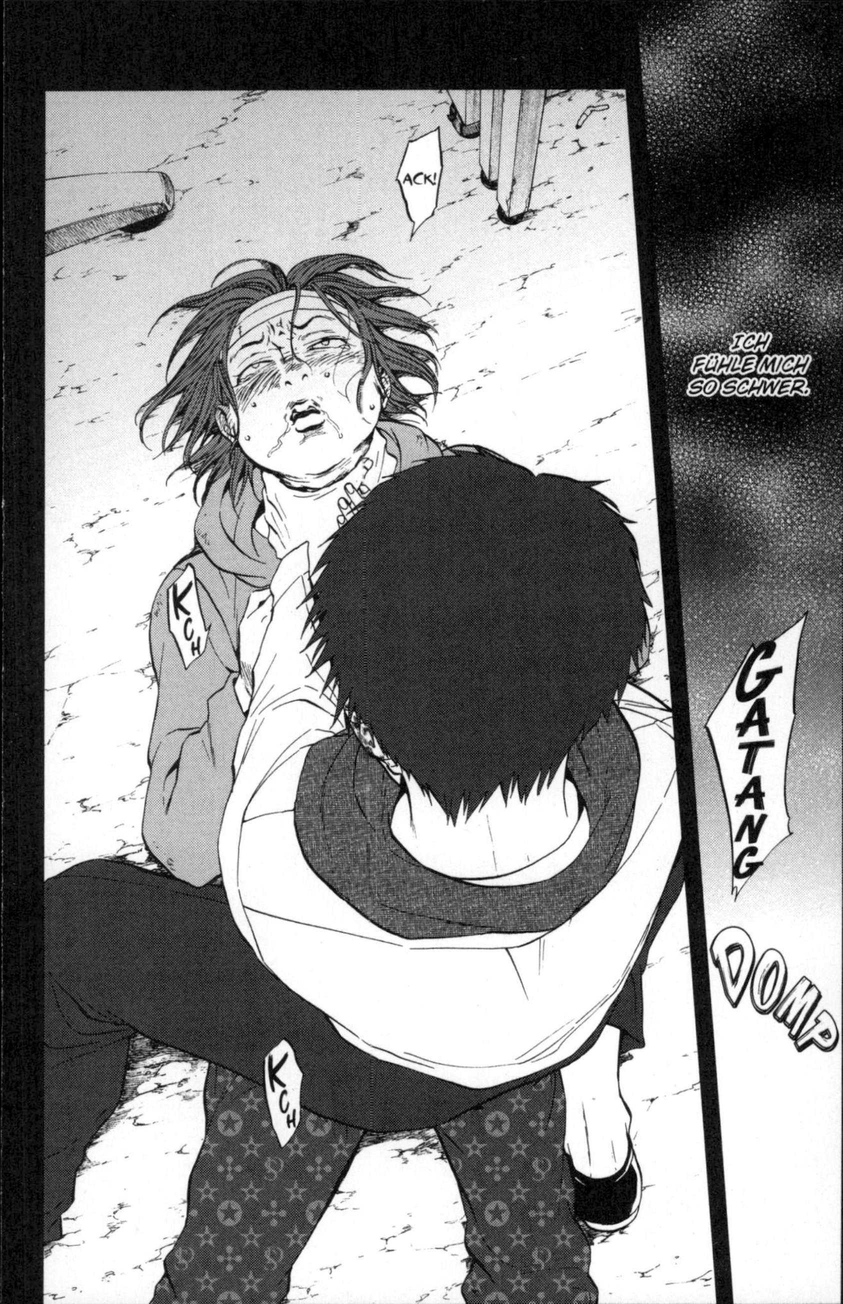

ICH FÜHLE MICH SO SCHWER.
ACK!
GATANG
DOMP
KCH
KCH

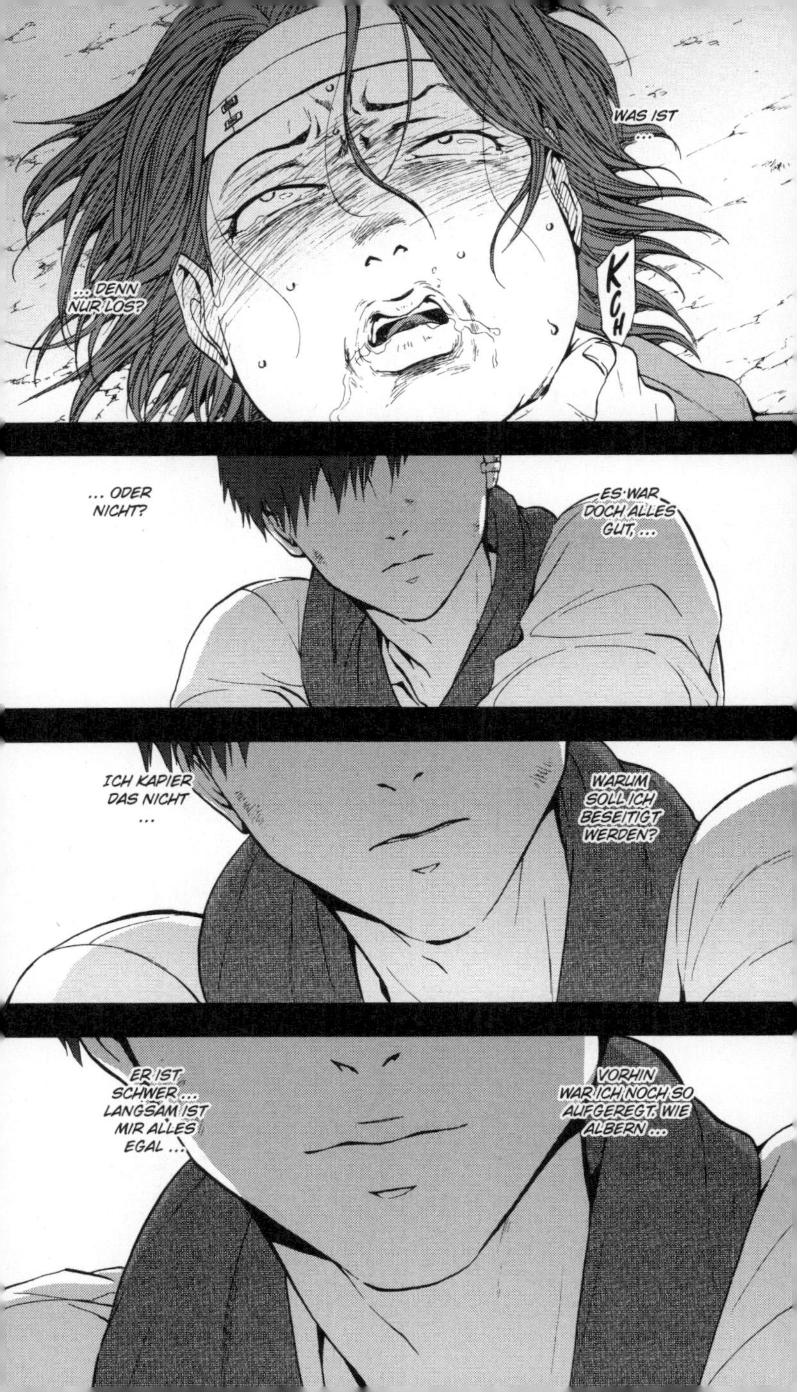
WAS IST …
KCH
… DENN NUR LOS?
ES WAR DOCH ALLES GUT, …
… ODER NICHT?
WARUM SOLL ICH BESEITIGT WERDEN?
ICH KAPIER DAS NICHT …
VORHIN WAR ICH NOCH SO AUFGEREGT. WIE ALBERN …
ER IST SCHWER … LANGSAM IST MIR ALLES EGAL …

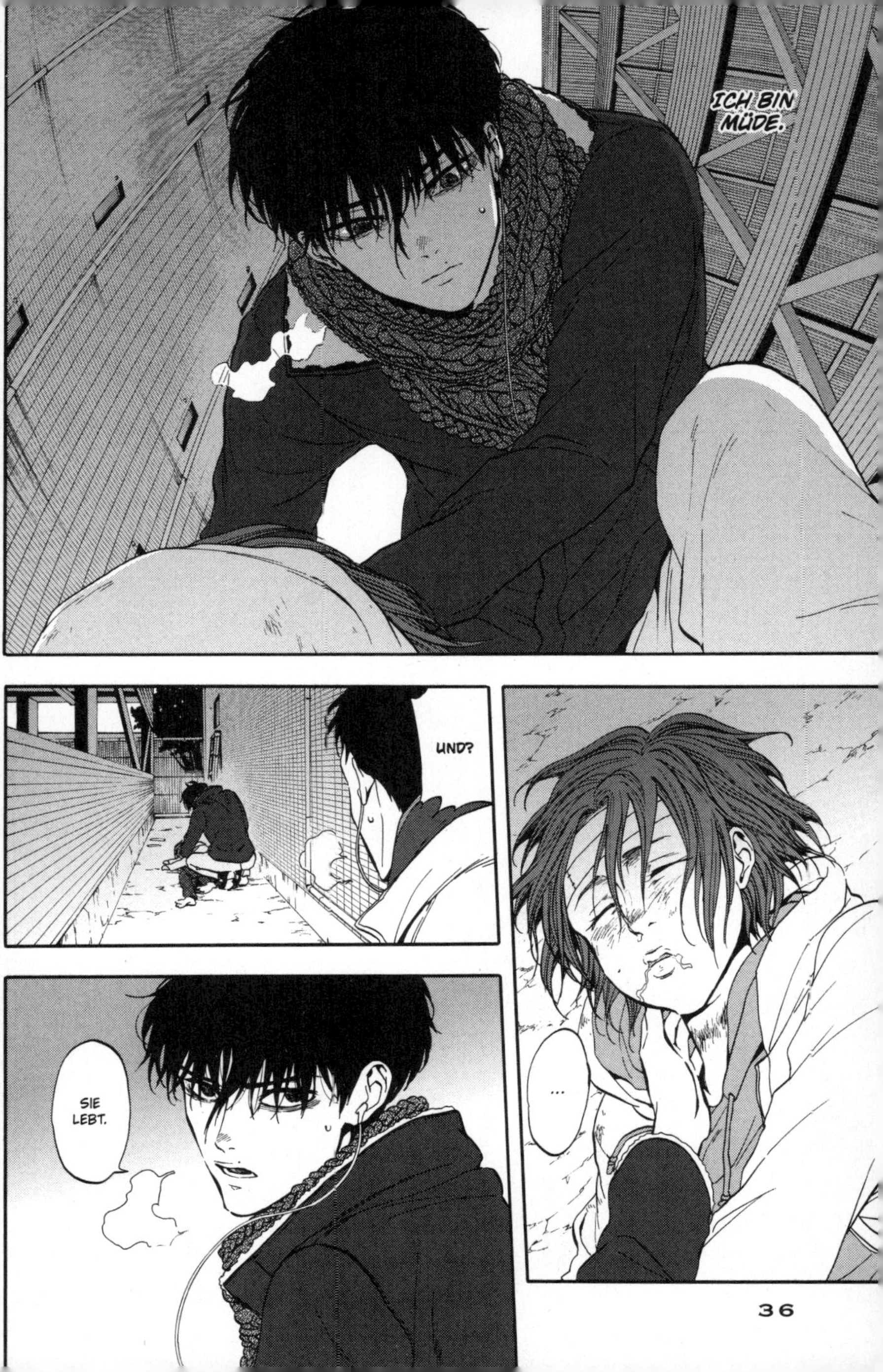
ICH BIN MÜDE.
UND?
...
SIE LEBT.

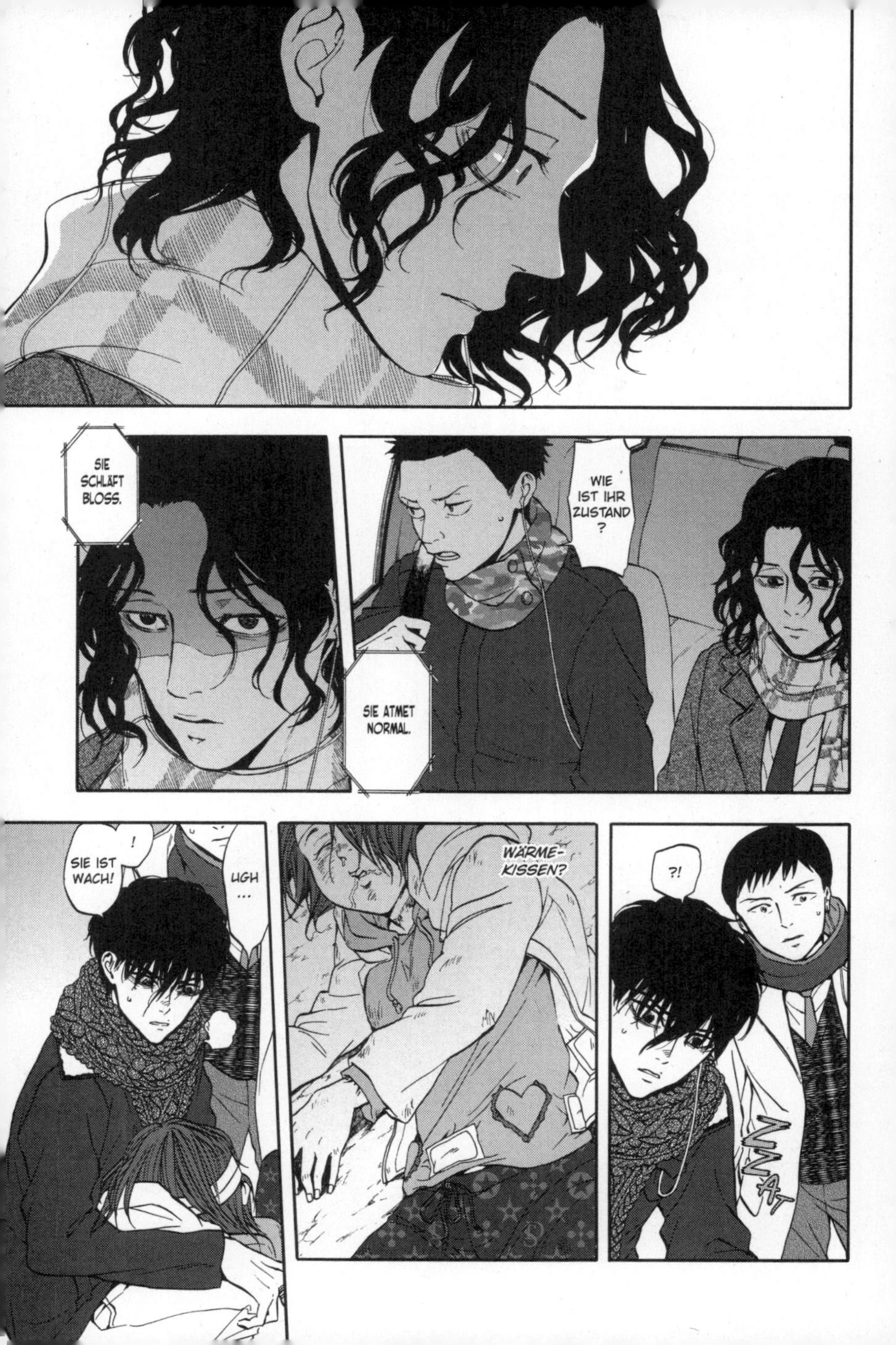
WIE IST IHR ZUSTAND ?
SIE ATMET NORMAL.
SIE SCHLÄFT BLOSS.
?!
WÄRME-KISSEN?
UGH ...
!
SIE IST WACH!

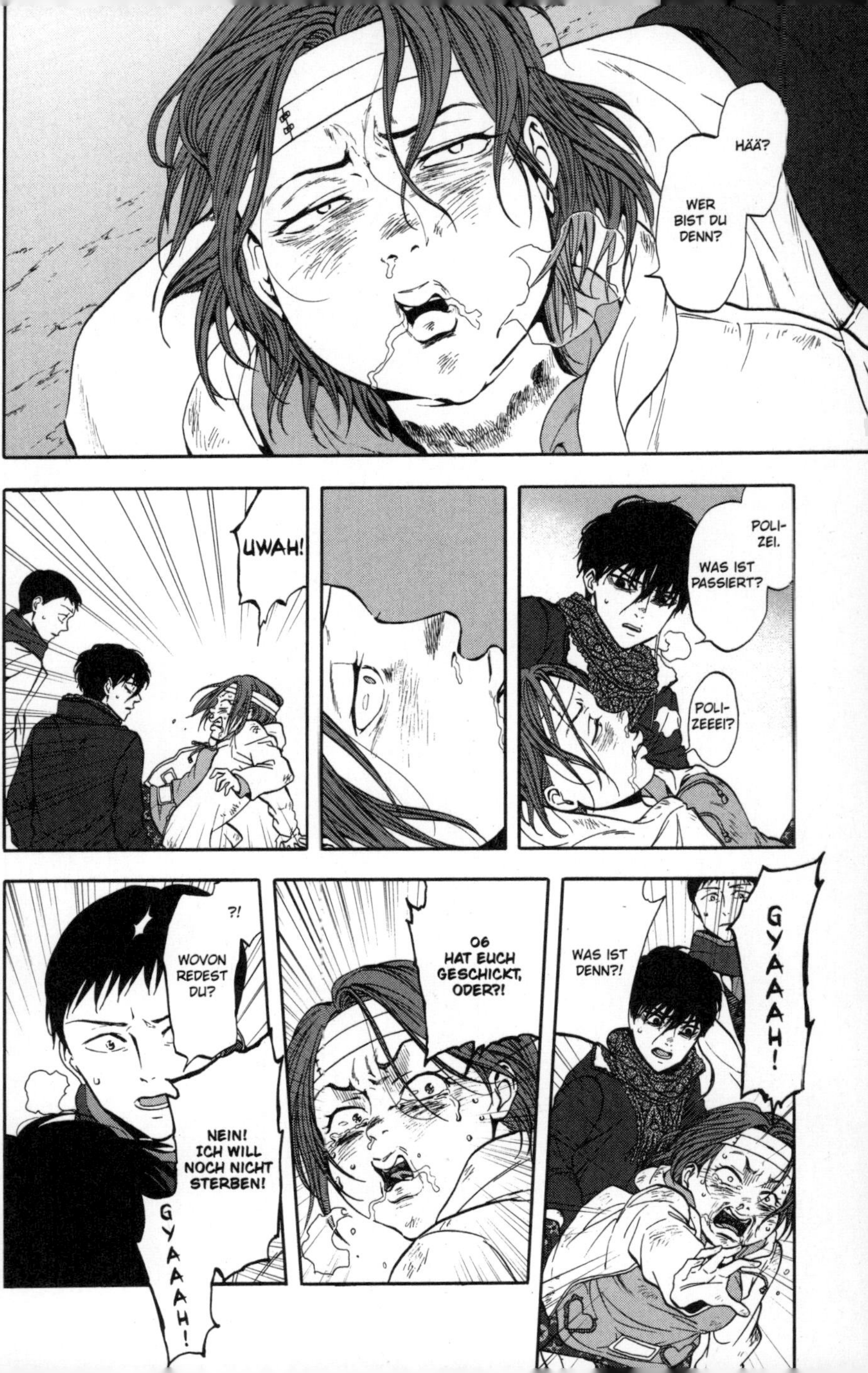
HÄÄ?
WER BIST DU DENN?
POLI-ZEI. WAS IST PASSIERT?
POLI-ZEEEI?
UWAH!
GYAAAAH!
WAS IST DENN?!
06 HAT EUCH GESCHICKT, ODER?!
?!
WOVON REDEST DU?
NEIN! ICH WILL NOCH NICHT STERBEN!
GYAAAH!

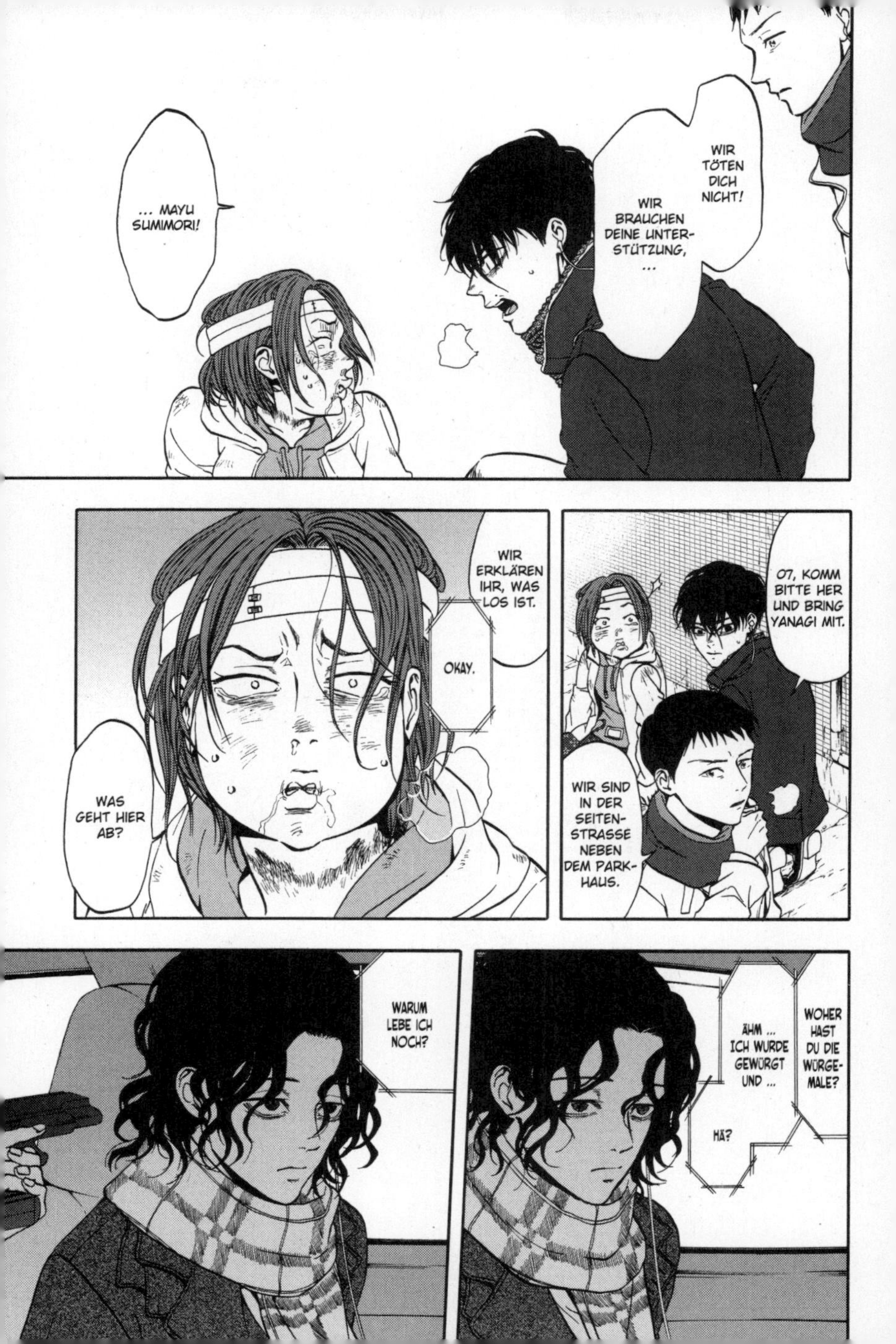
WIR TÖTEN DICH NICHT!
WIR BRAUCHEN DEINE UNTERSTÜTZUNG, ...
... MAYU SUMIMORI!
07, KOMM BITTE HER UND BRING YANAGI MIT.
WIR SIND IN DER SEITENSTRASSE NEBEN DEM PARKHAUS.
WIR ERKLÄREN IHR, WAS LOS IST.
OKAY.
WAS GEHT HIER AB?
WOHER HAST DU DIE WÜRGEMALE?
ÄHM ... ICH WURDE GEWÜRGT UND ...
HÄ?
WARUM LEBE ICH NOCH?

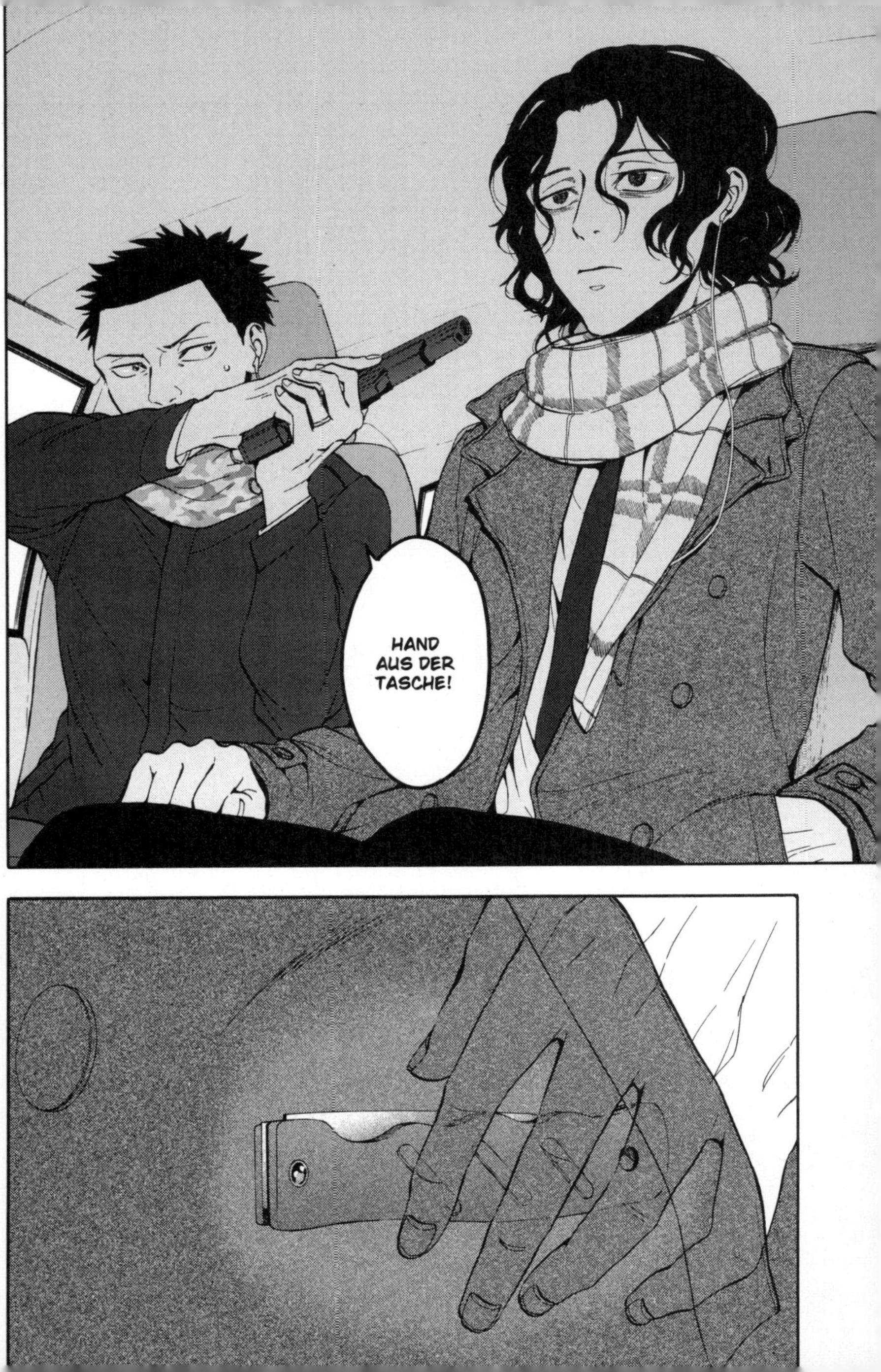
HAND AUS DER TASCHE!

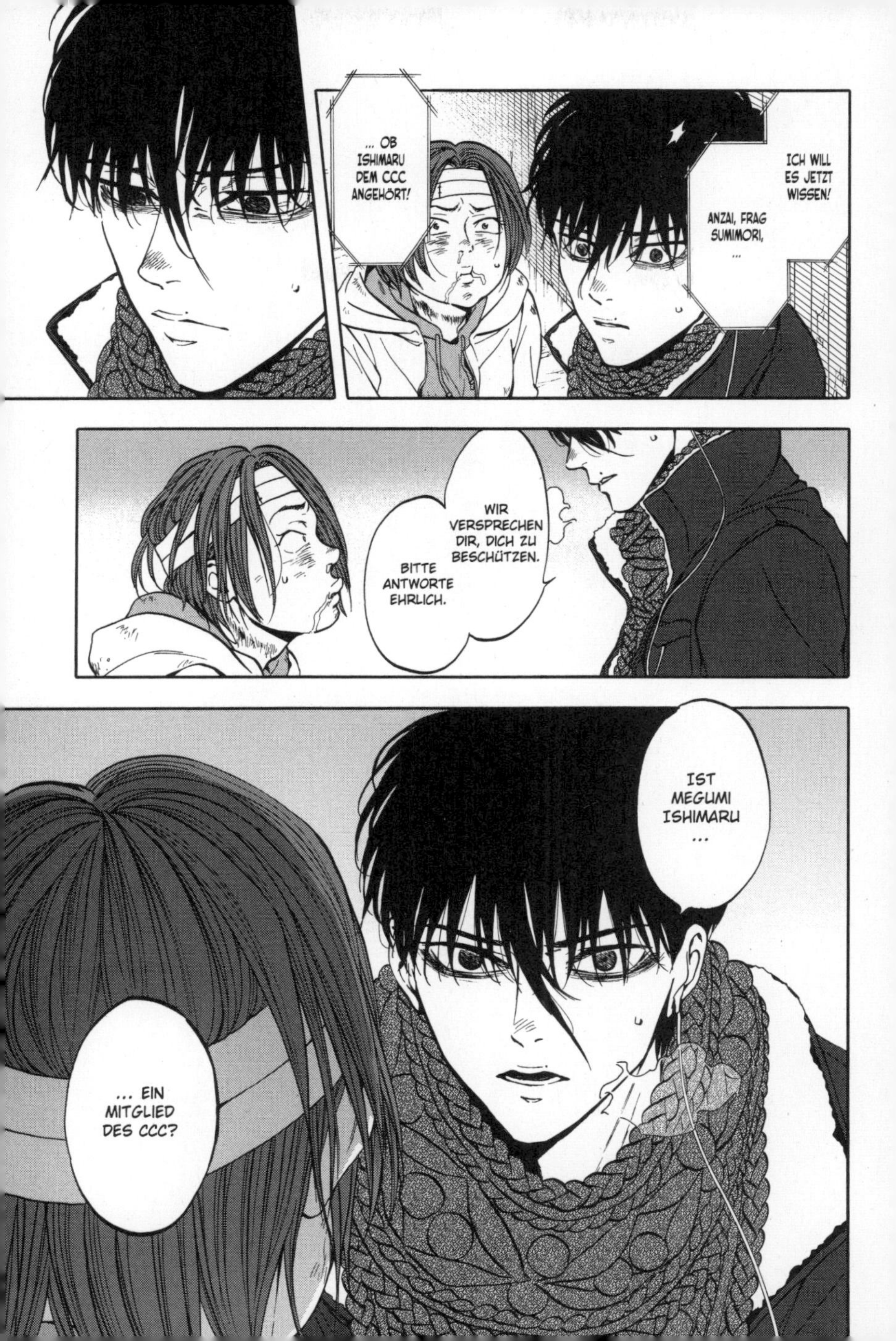
ICH WILL ES JETZT WISSEN!
ANZAI, FRAG SUMIMORI, ...
... OB ISHIMARU DEM CCC ANGEHÖRT!
WIR VERSPRECHEN DIR, DICH ZU BESCHÜTZEN.
BITTE ANTWORTE EHRLICH.
IST MEGUMI ISHIMARU ...
... EIN MITGLIED DES CCC?

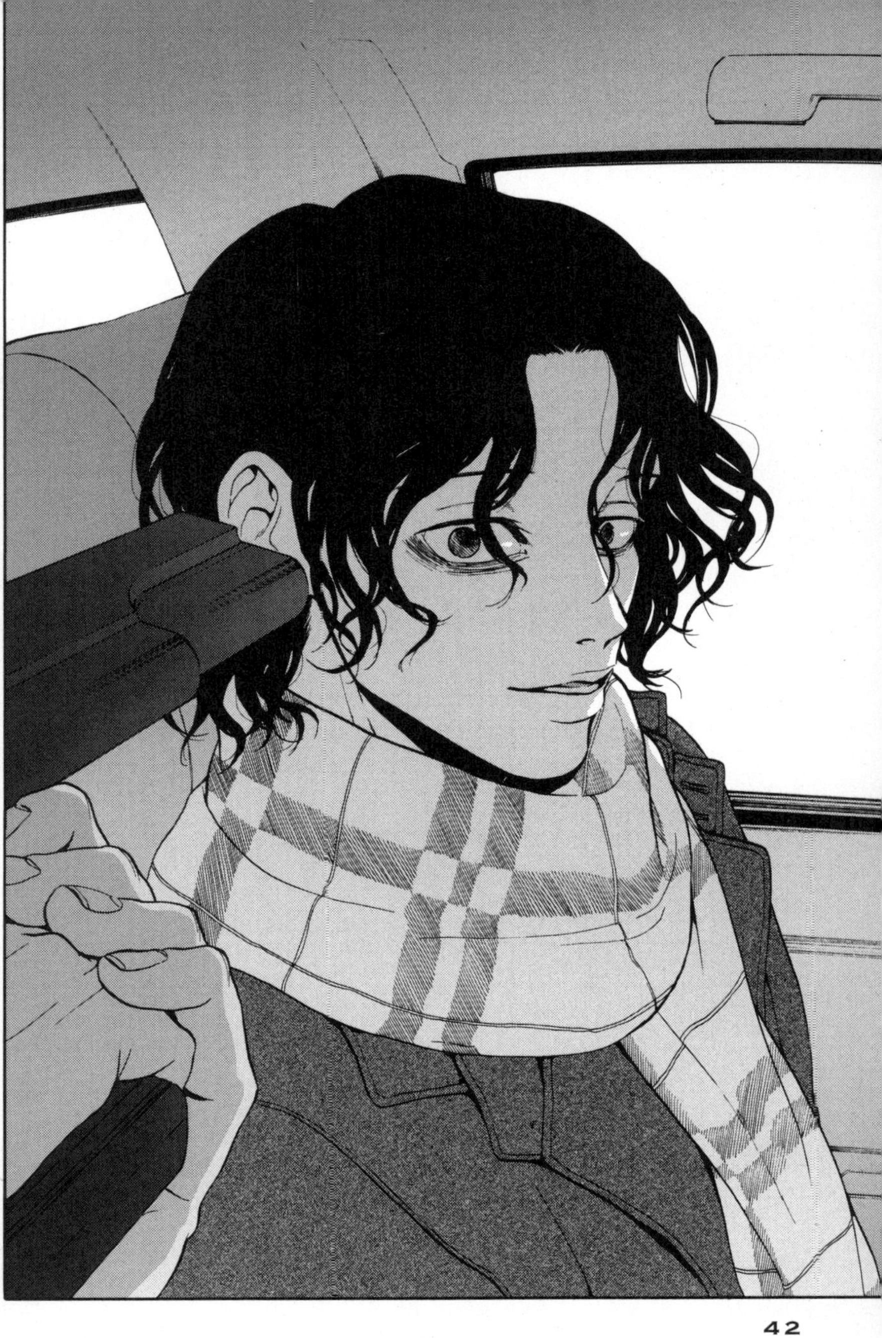

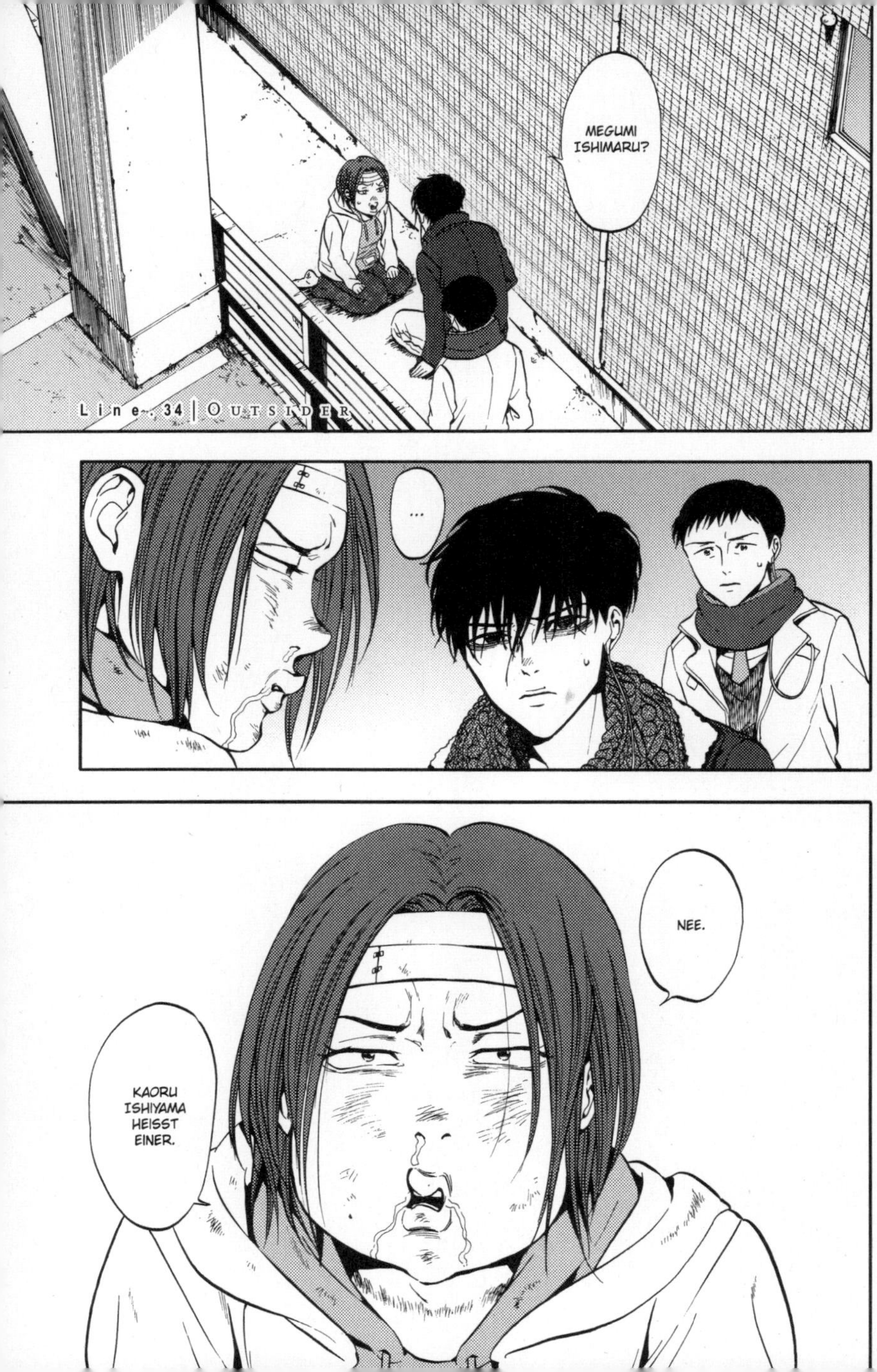
Line. 34 | Outsider
MEGUMI ISHIMARU?
...
NEE.
KAORU ISHIYAMA HEISST EINER.

Line. 34

OUTSIDER

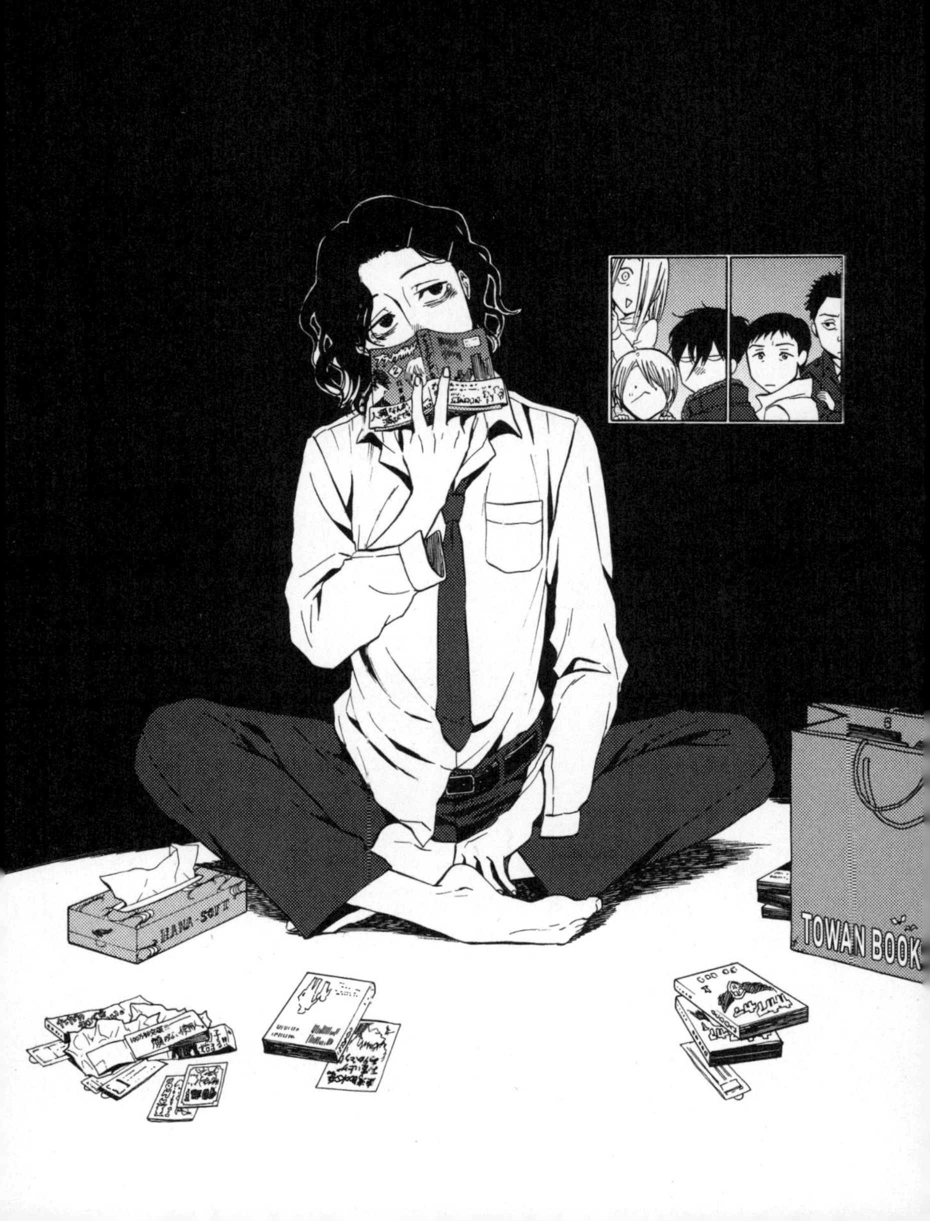

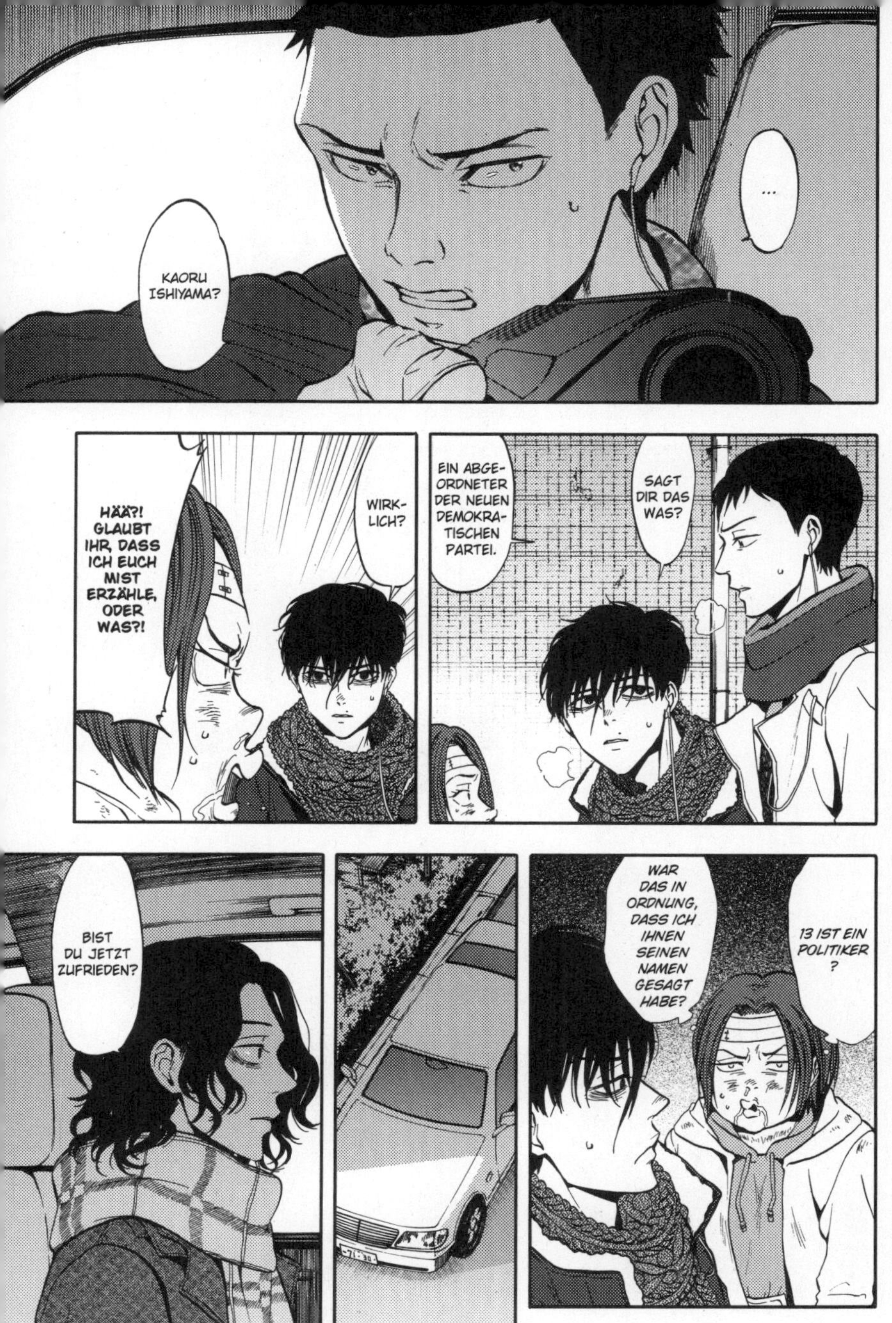
...
KAORU ISHIYAMA?
SAGT DIR DAS WAS?
EIN ABGEORDNETER DER NEUEN DEMOKRATISCHEN PARTEI.
WIRKLICH?
HÄÄ?! GLAUBT IHR, DASS ICH EUCH MIST ERZÄHLE, ODER WAS?!
13 IST EIN POLITIKER?
WAR DAS IN ORDNUNG, DASS ICH IHNEN SEINEN NAMEN GESAGT HABE?
BIST DU JETZT ZUFRIEDEN?

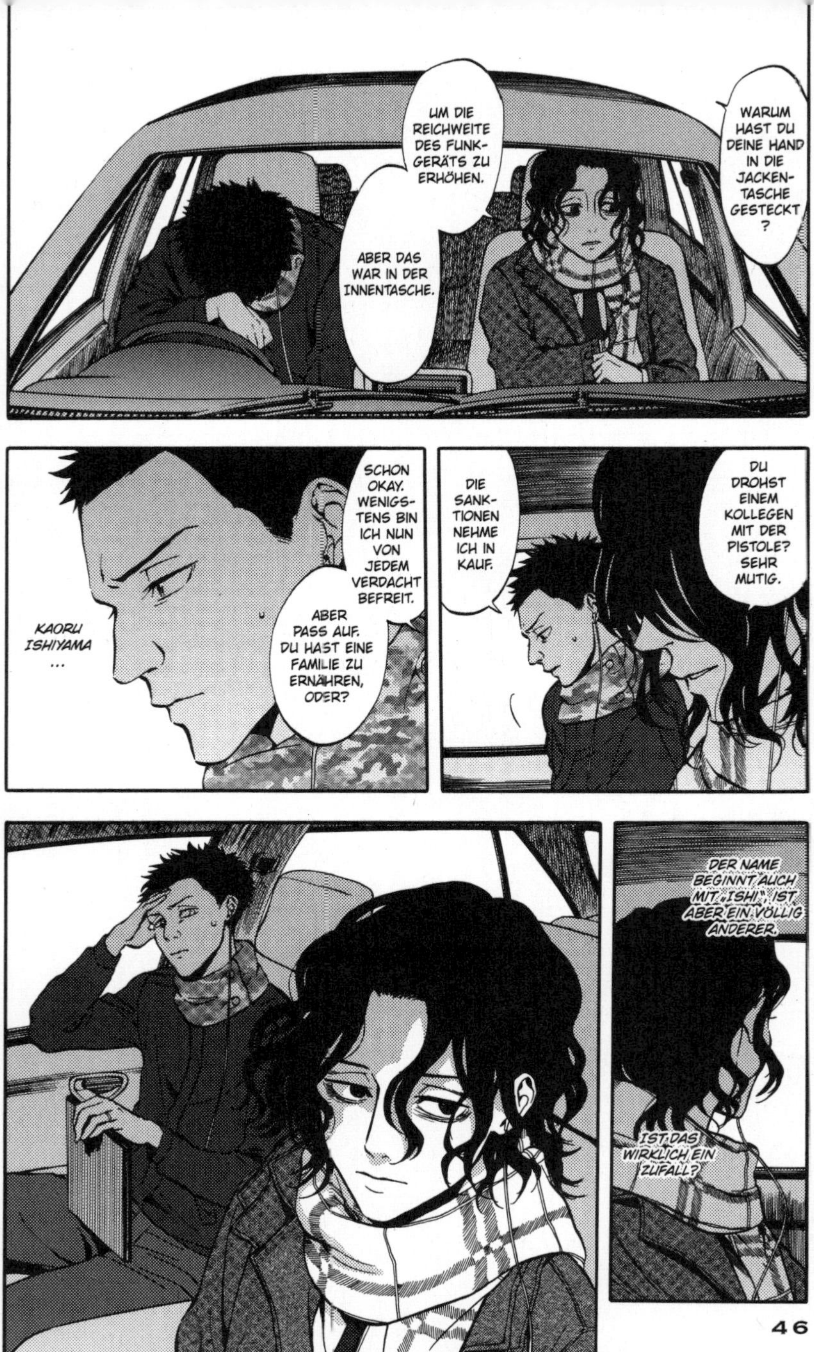
WARUM HAST DU DEINE HAND IN DIE JACKENTASCHE GESTECKT?
UM DIE REICHWEITE DES FUNKGERÄTS ZU ERHÖHEN.
ABER DAS WAR IN DER INNENTASCHE.
DU DROHST EINEM KOLLEGEN MIT DER PISTOLE? SEHR MUTIG.
DIE SANKTIONEN NEHME ICH IN KAUF.
SCHON OKAY. WENIGSTENS BIN ICH NUN VON JEDEM VERDACHT BEFREIT.
ABER PASS AUF. DU HAST EINE FAMILIE ZU ERNÄHREN, ODER?
KAORU ISHIYAMA ...
DER NAME BEGINNT AUCH MIT „ISHI", IST ABER EIN VÖLLIG ANDERER.
IST DAS WIRKLICH EIN ZUFALL?

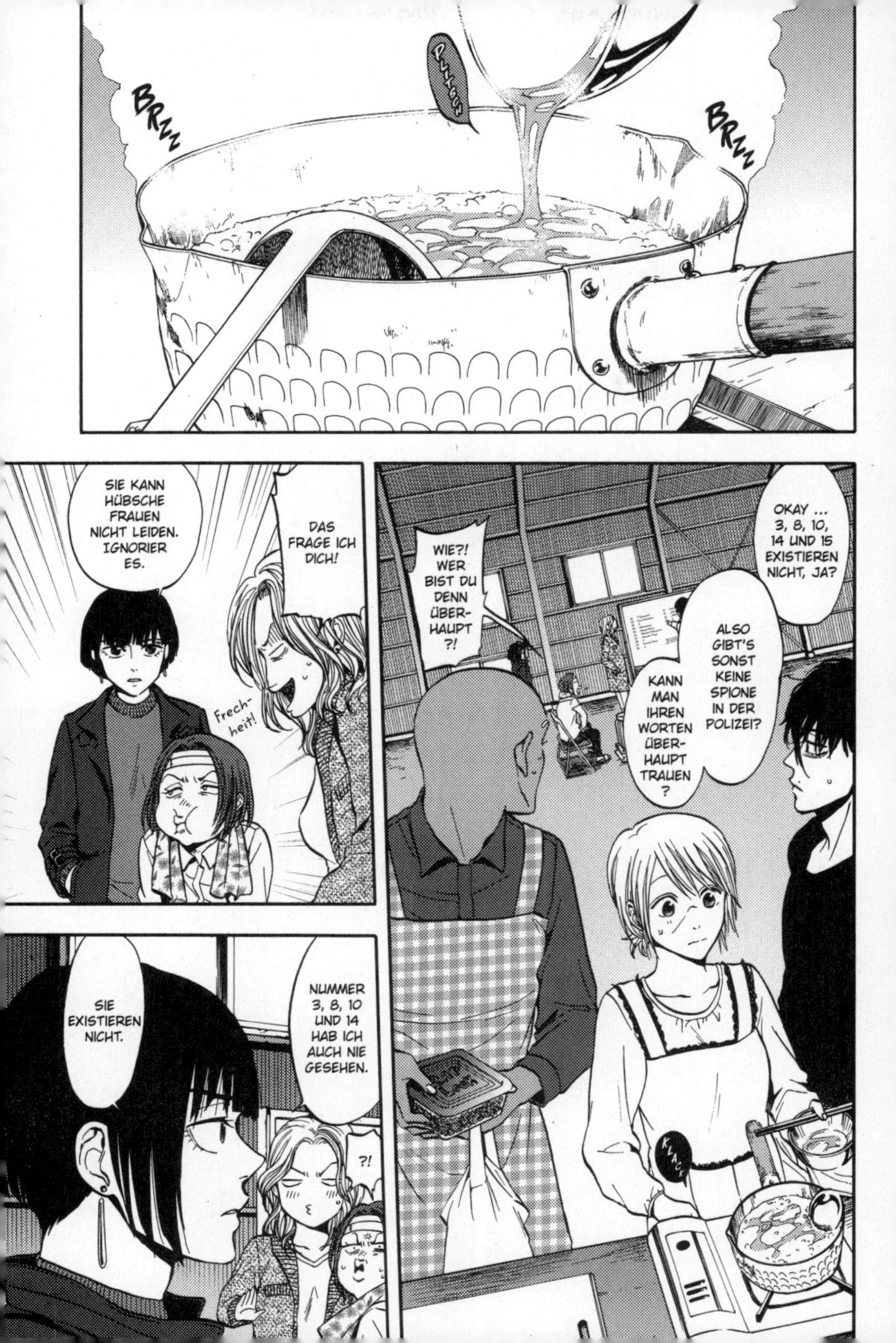
PLITSCH
BRZZZ
BRZZZ
OKAY … 3, 8, 10, 14 UND 15 EXISTIEREN NICHT, JA?
ALSO GIBT'S SONST KEINE SPIONE IN DER POLIZEI?
KANN MAN IHREN WORTEN ÜBERHAUPT TRAUEN?
WIE?! WER BIST DU DENN ÜBERHAUPT?!
DAS FRAGE ICH DICH!
SIE KANN HÜBSCHE FRAUEN NICHT LEIDEN. IGNORIER ES.
Frech-heit!
KLACK
NUMMER 3, 8, 10 UND 14 HAB ICH AUCH NIE GESEHEN.
SIE EXISTIEREN NICHT.
?!

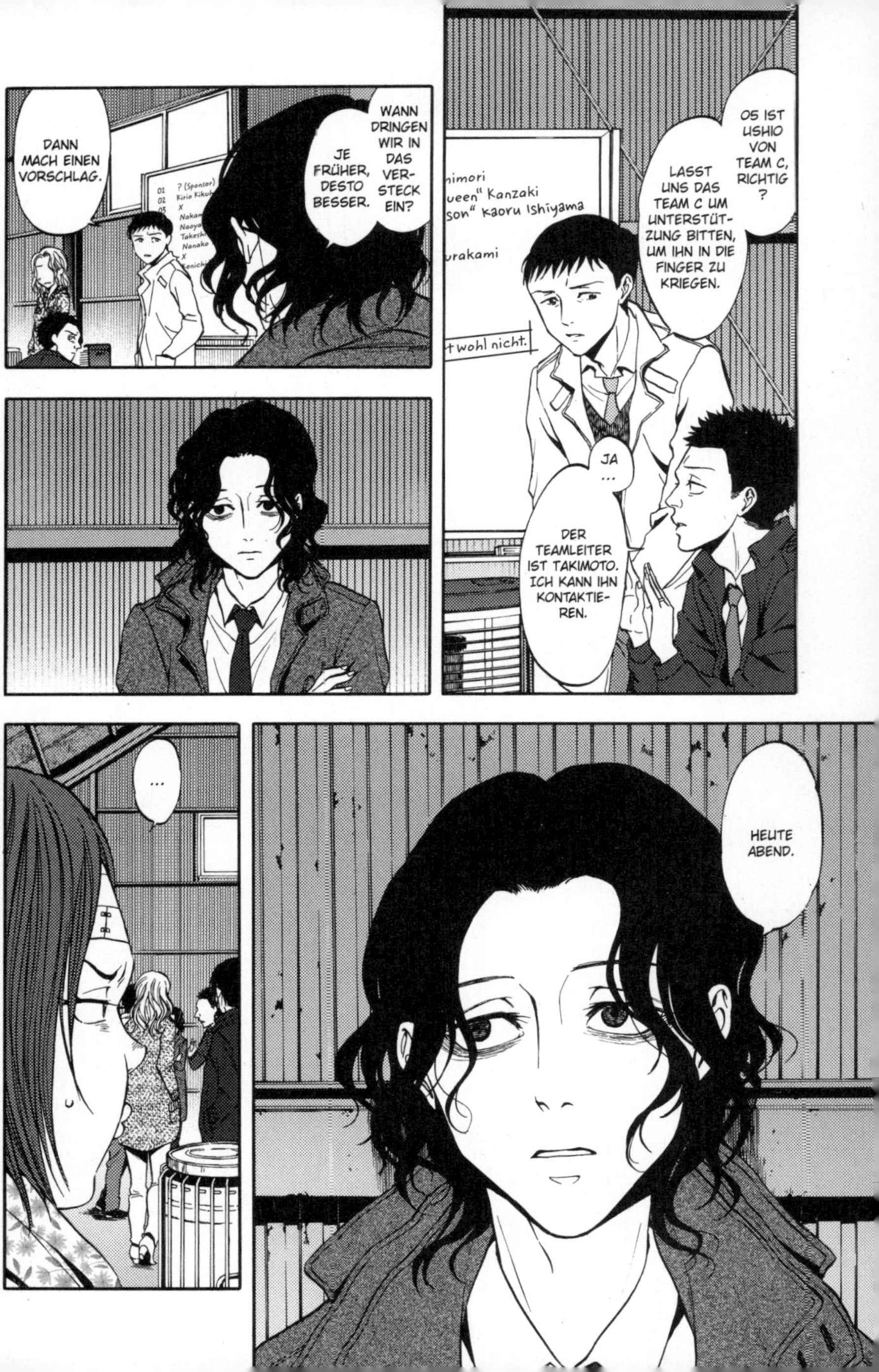
O5 IST USHIO VON TEAM C, RICHTIG?
LASST UNS DAS TEAM C UM UNTERSTÜTZUNG BITTEN, UM IHN IN DIE FINGER ZU KRIEGEN.
JA ...
DER TEAMLEITER IST TAKIMOTO. ICH KANN IHN KONTAKTIEREN.
WANN DRINGEN WIR IN DAS VERSTECK EIN?
JE FRÜHER, DESTO BESSER.
DANN MACH EINEN VORSCHLAG.
HEUTE ABEND.
...

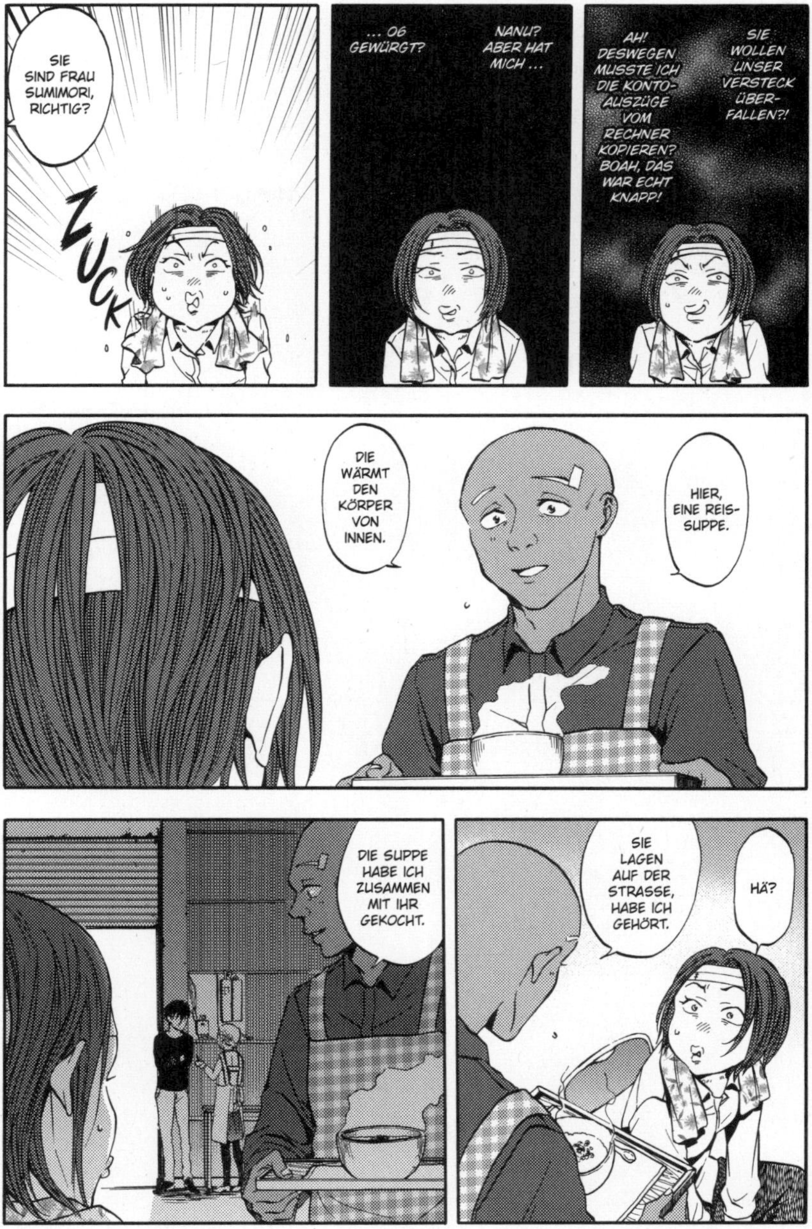
SIE WOLLEN UNSER VERSTECK ÜBERFALLEN?!
AH! DESWEGEN MUSSTE ICH DIE KONTO-AUSZÜGE VOM RECHNER KOPIEREN? BOAH, DAS WAR ECHT KNAPP!
NANU? ABER HAT MICH ...
... OG GEWÜRGT?
SIE SIND FRAU SUMIMORI, RICHTIG?
ZUCK
HIER, EINE REIS-SUPPE.
DIE WÄRMT DEN KÖRPER VON INNEN.
HÄ?
SIE LAGEN AUF DER STRASSE, HABE ICH GEHÖRT.
DIE SUPPE HABE ICH ZUSAMMEN MIT IHR GEKOCHT.

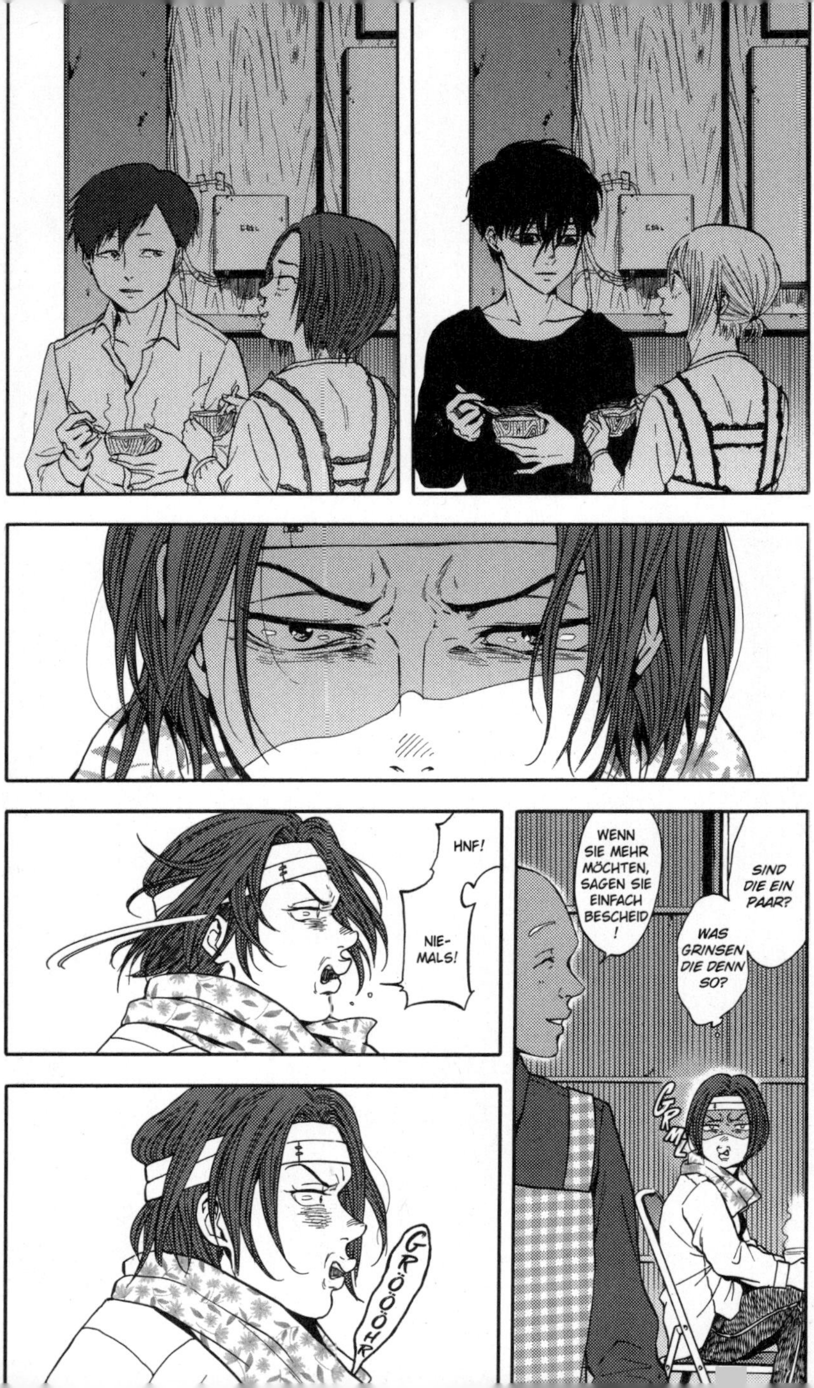
WENN SIE MEHR MÖCHTEN, SAGEN SIE EINFACH BESCHEID!
SIND DIE EIN PAAR?
WAS GRINSEN DIE DENN SO?
GRML
HNF!
NIE-MALS!
GRÖÖÖHR

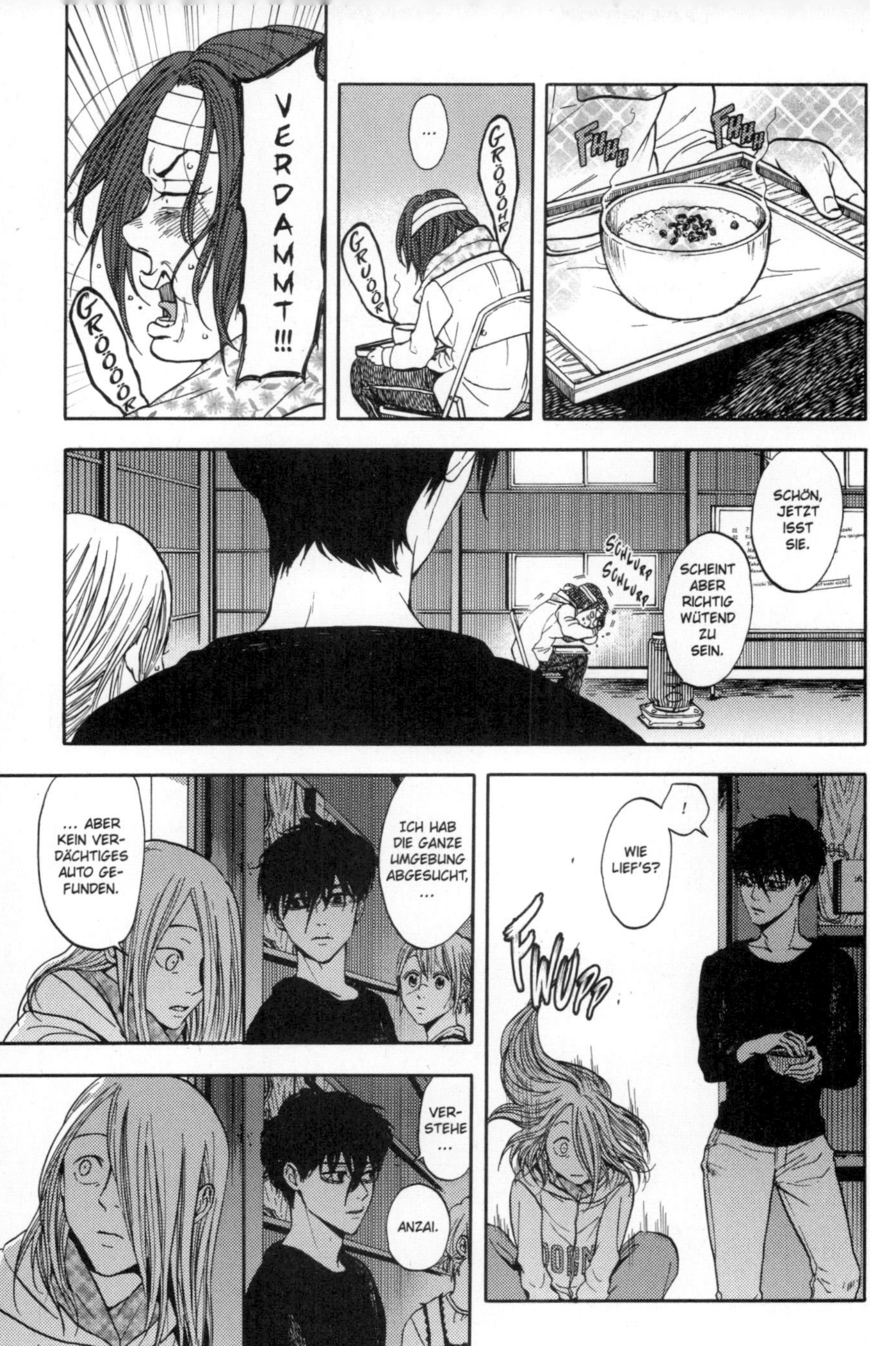
FHHH
FHHH
...
GRÖÖÖHR
GRUÖÖR
VERDAMMT!!!
GRÖÖÖÖR
SCHÖN, JETZT ISST SIE.
SCHEINT ABER RICHTIG WÜTEND ZU SEIN.
SCHLURP
SCHLURP
!
WIE LIEF'S?
FWUPP
ICH HAB DIE GANZE UMGEBUNG ABGESUCHT, ...
... ABER KEIN VERDÄCHTIGES AUTO GEFUNDEN.
VERSTEHE ...
ANZAI.

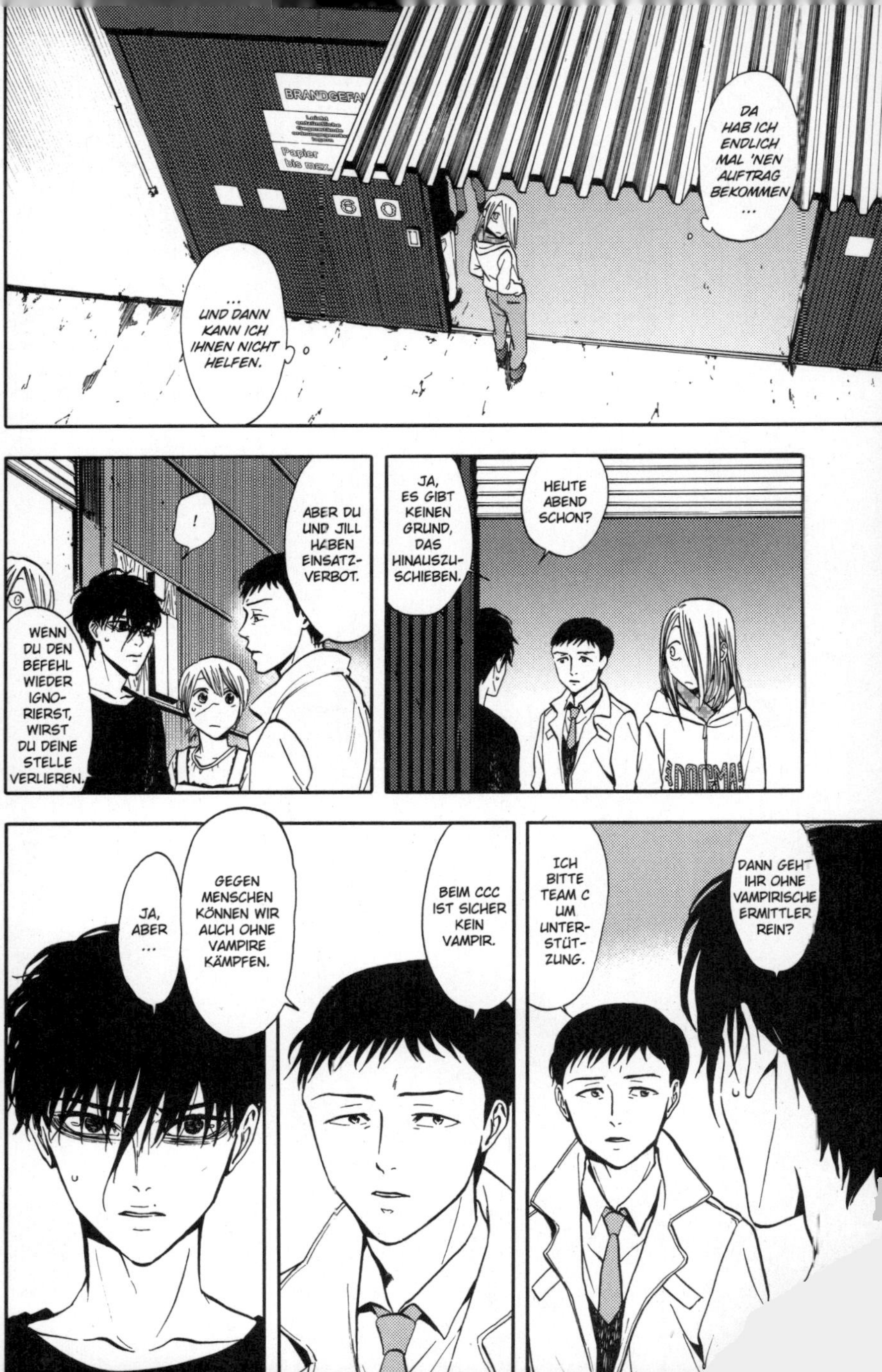
DA HAB ICH ENDLICH MAL 'NEN AUFTRAG BEKOMMEN ...
... UND DANN KANN ICH IHNEN NICHT HELFEN.
HEUTE ABEND SCHON?
JA, ES GIBT KEINEN GRUND, DAS HINAUSZU-SCHIEBEN.
ABER DU UND JILL HABEN EINSATZ-VERBOT.
!
WENN DU DEN BEFEHL WIEDER IGNO-RIERST, WIRST DU DEINE STELLE VERLIEREN.
DANN GEHT IHR OHNE VAMPIRISCHE ERMITTLER REIN?
ICH BITTE TEAM C UM UNTER-STÜT-ZUNG.
BEIM CCC IST SICHER KEIN VAMPIR.
GEGEN MENSCHEN KÖNNEN WIR AUCH OHNE VAMPIRE KÄMPFEN.
JA, ABER ...

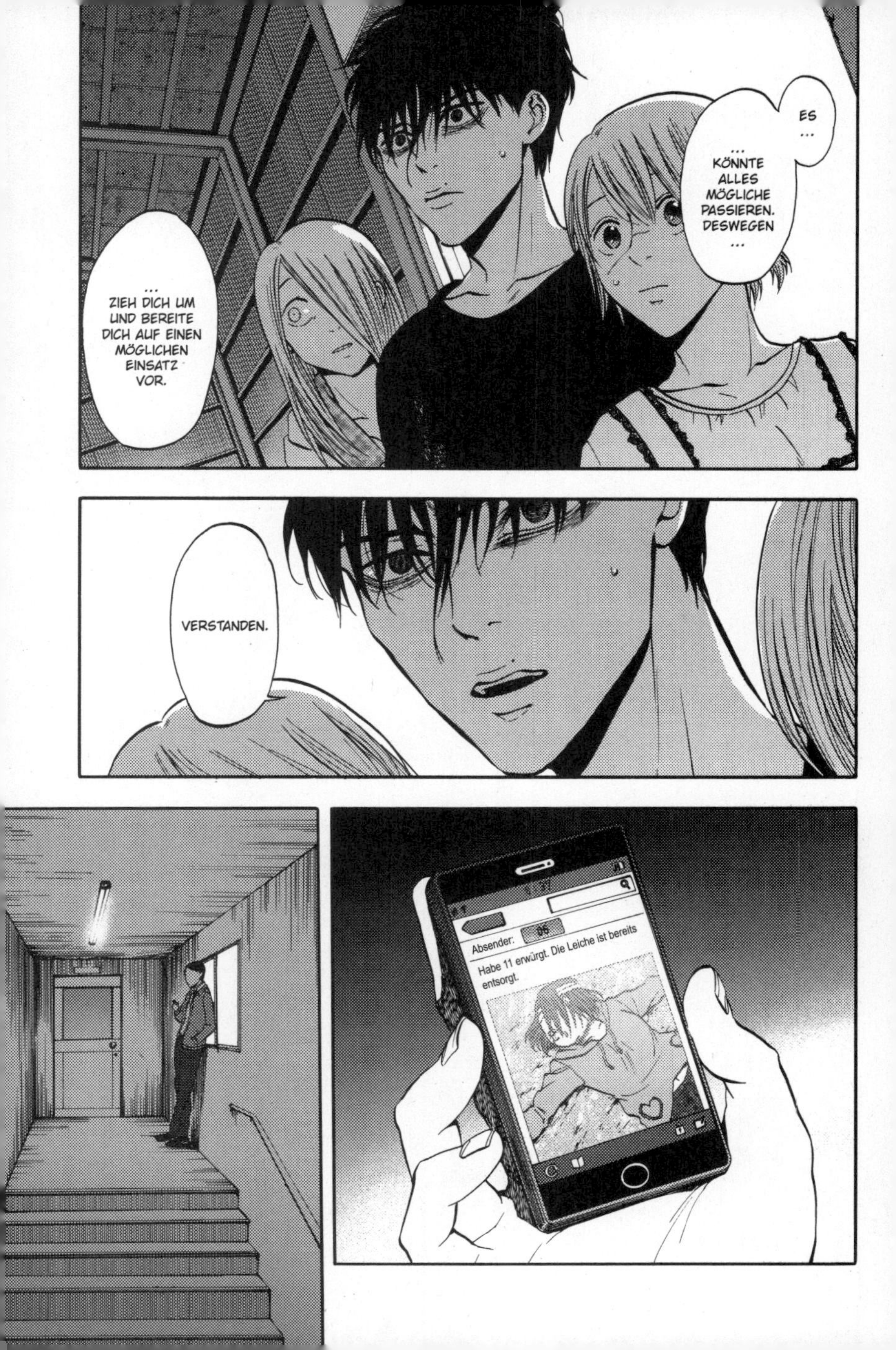
ES ... ... KÖNNTE ALLES MÖGLICHE PASSIEREN. DESWEGEN ...
... ZIEH DICH UM UND BEREITE DICH AUF EINEN MÖGLICHEN EINSATZ VOR.
VERSTANDEN.
Absender: 06
Habe 11 erwürgt. Die Leiche ist bereits entsorgt.

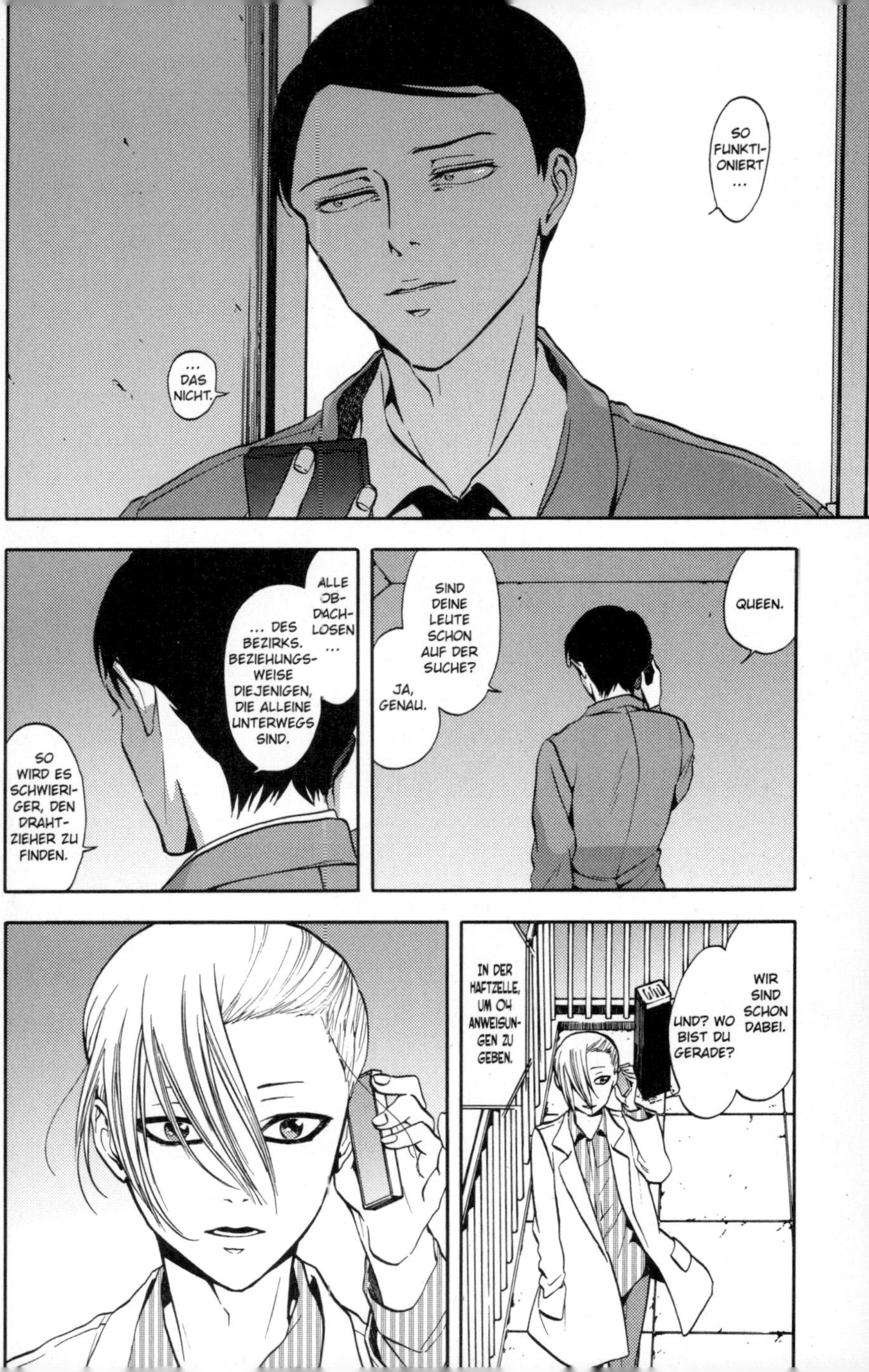
SO FUNKTIONIERT ...
... DAS NICHT.
QUEEN.
SIND DEINE LEUTE SCHON AUF DER SUCHE?
JA, GENAU.
ALLE OBDACHLOSEN ...
... DES BEZIRKS. BEZIEHUNGSWEISE DIEJENIGEN, DIE ALLEINE UNTERWEGS SIND.
SO WIRD ES SCHWIERIGER, DEN DRAHTZIEHER ZU FINDEN.
WIR SIND SCHON DABEI.
UND? WO BIST DU GERADE?
IN DER HAFTZELLE, UM OH ANWEISUNGEN ZU GEBEN.

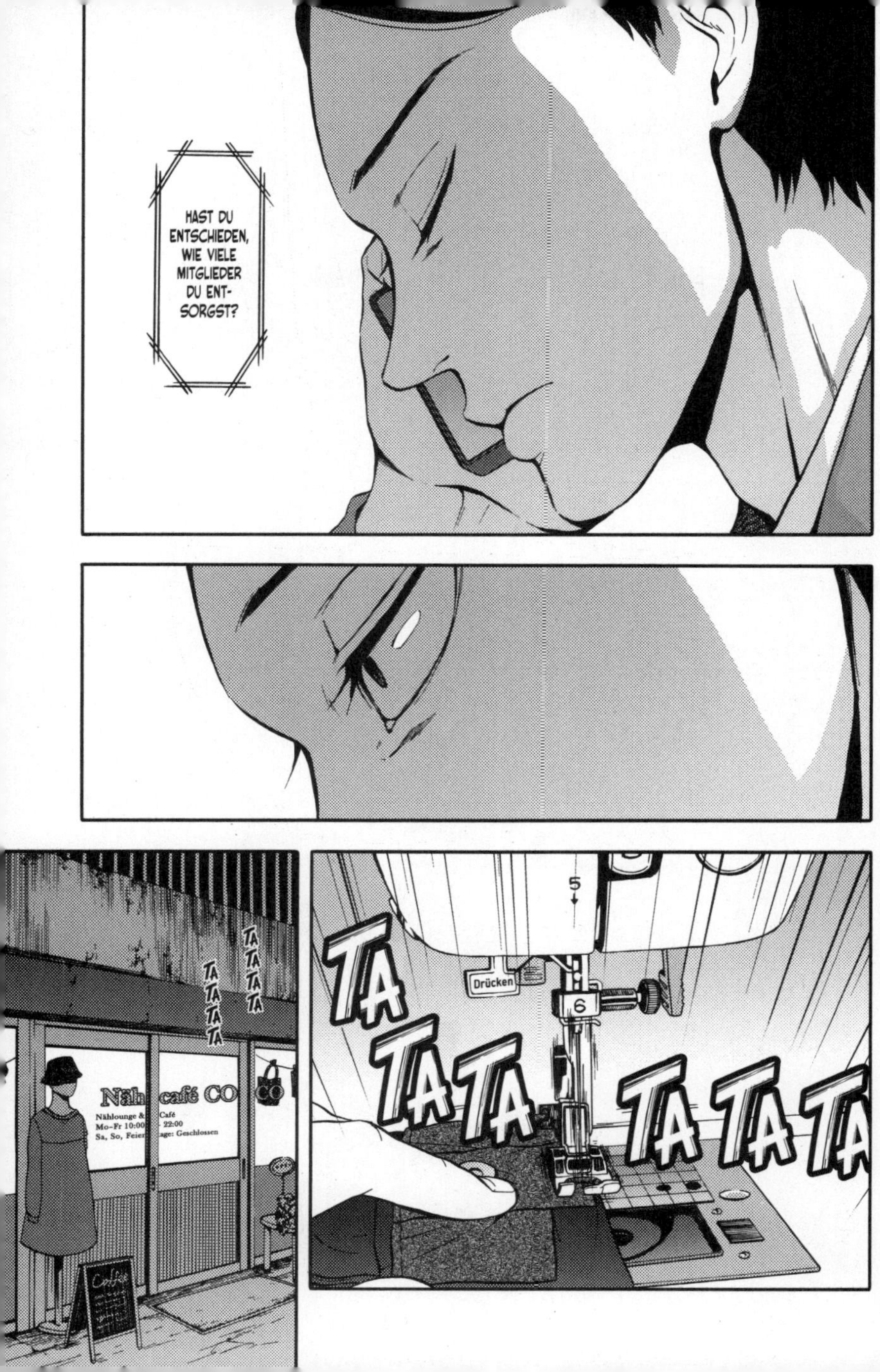
HAST DU ENTSCHIEDEN, WIE VIELE MITGLIEDER DU ENT-SORGST?
Drücken
TA TATA TA TA TA
TA TA TA TA
TA TA TA TA

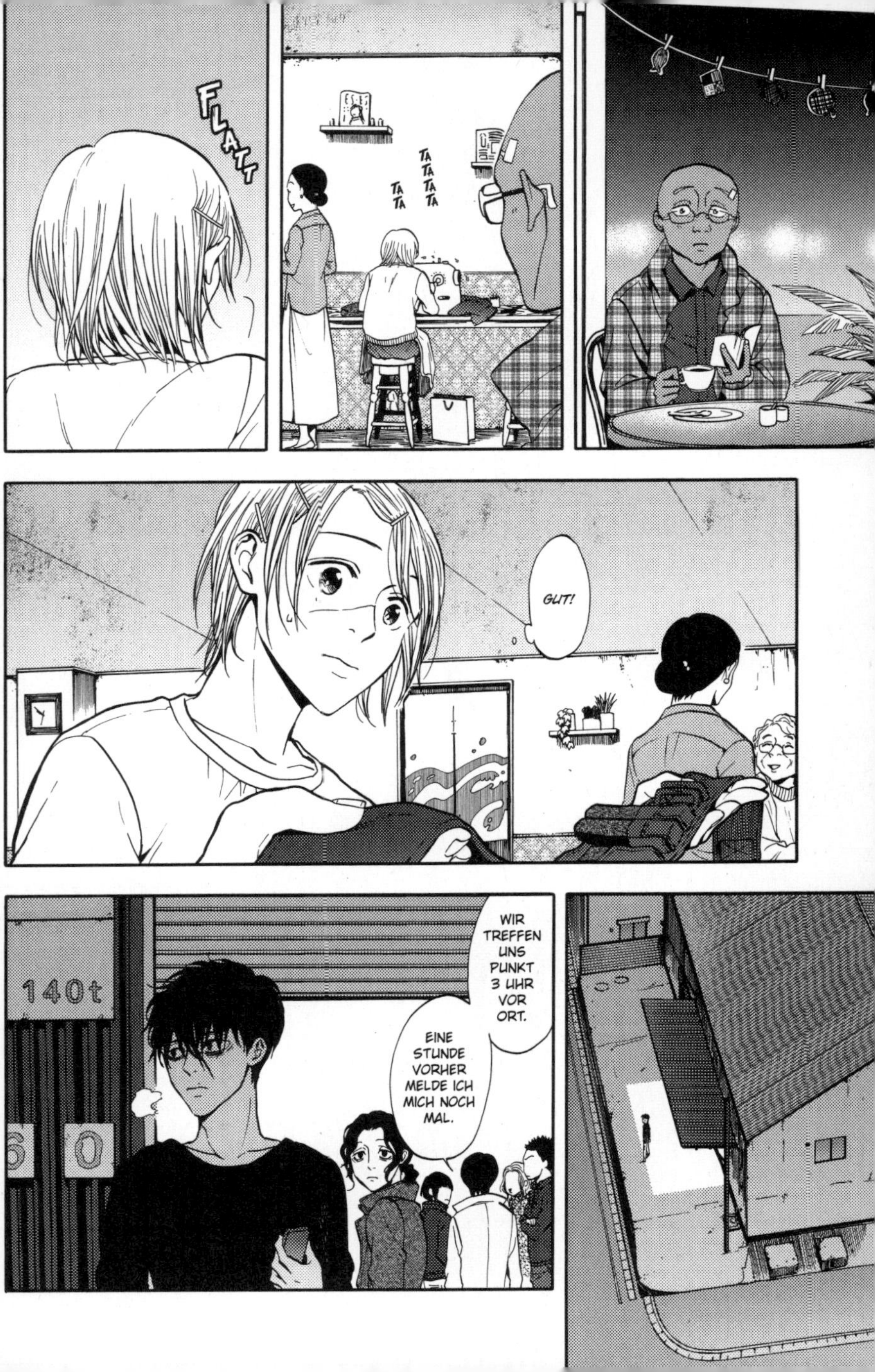
TA TA
TA TA TA TA
FLATT
GUT!
WIR TREFFEN UNS PUNKT 3 UHR VOR ORT.
EINE STUNDE VORHER MELDE ICH MICH NOCH MAL.
140t

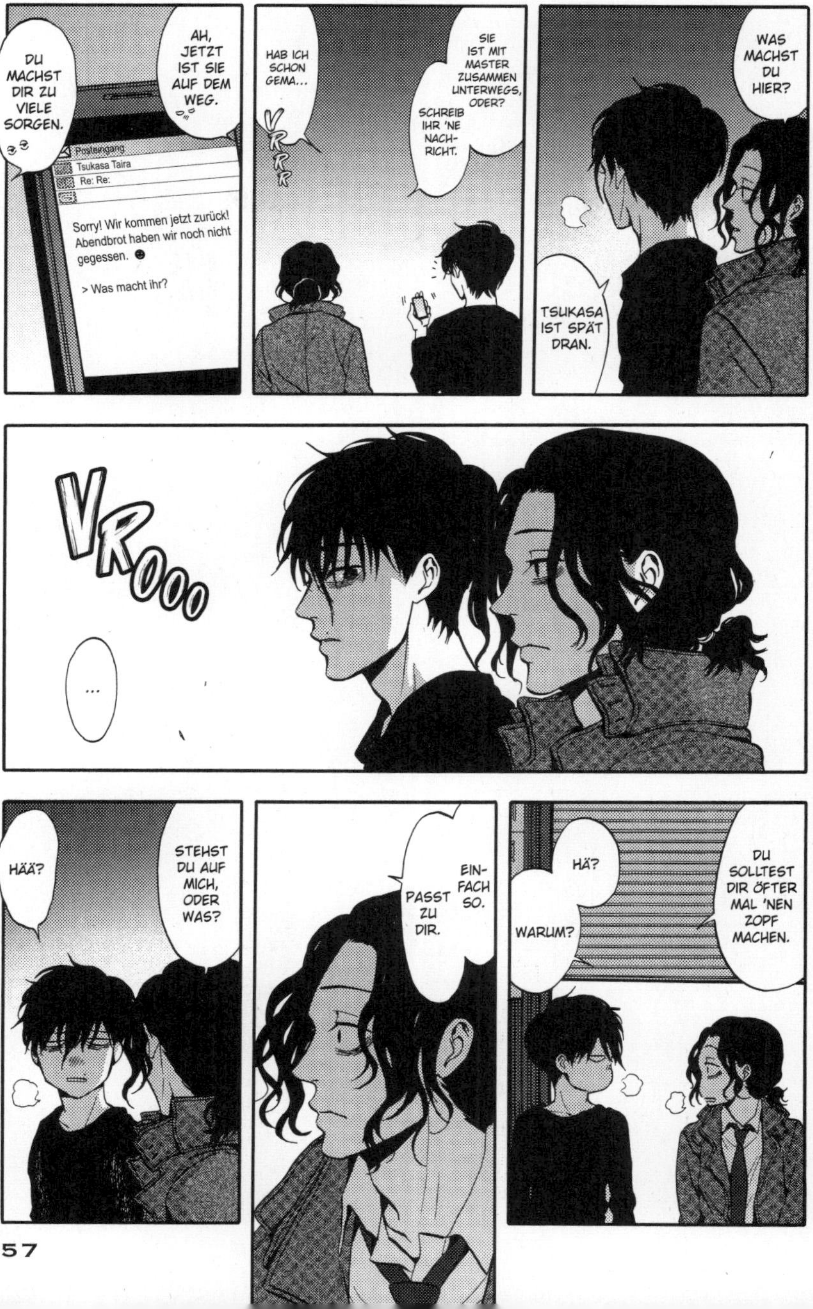
WAS MACHST DU HIER?
TSUKASA IST SPÄT DRAN.
SIE IST MIT MASTER ZUSAMMEN UNTERWEGS, ODER?
SCHREIB IHR 'NE NACHRICHT.
HAB ICH SCHON GEMA...
VRRR
AH, JETZT IST SIE AUF DEM WEG.
Posteingang
Tsukasa Taira
Re: Re:
Sorry! Wir kommen jetzt zurück! Abendbrot haben wir noch nicht gegessen.
> Was macht ihr?
DU MACHST DIR ZU VIELE SORGEN.
VROOO
...
DU SOLLTEST DIR ÖFTER MAL 'NEN ZOPF MACHEN.
HÄ?
WARUM?
EIN-FACH SO.
PASST ZU DIR.
STEHST DU AUF MICH, ODER WAS?
HÄÄ?

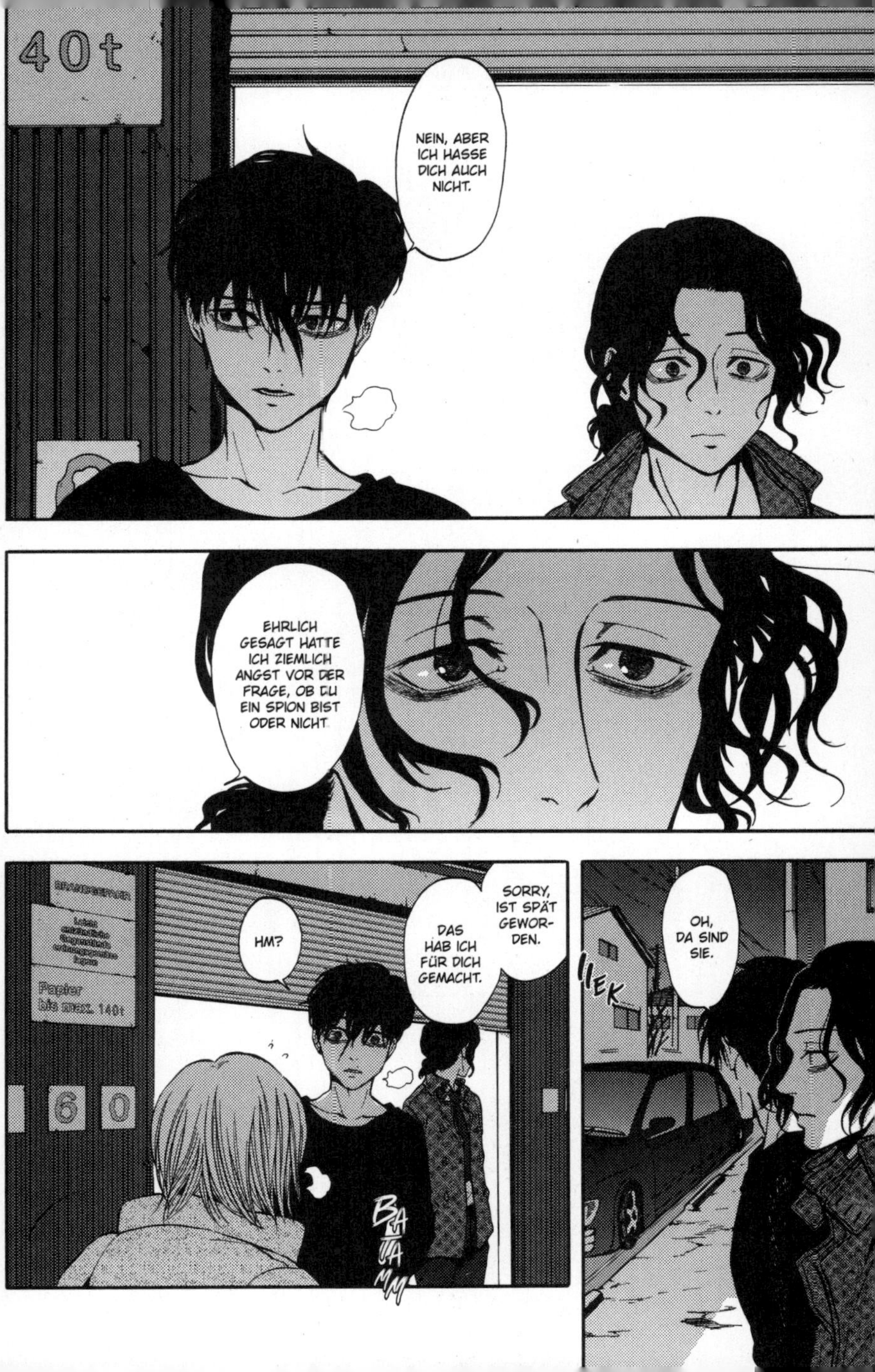

40t
NEIN, ABER ICH HASSE DICH AUCH NICHT.
EHRLICH GESAGT HATTE ICH ZIEMLICH ANGST VOR DER FRAGE, OB DU EIN SPION BIST ODER NICHT.
OH, DA SIND SIE.
IIEK
SORRY, IST SPÄT GEWOR-DEN.
DAS HAB ICH FÜR DICH GEMACHT.
HM?
Papier bis max. 140t
60
BATAMM

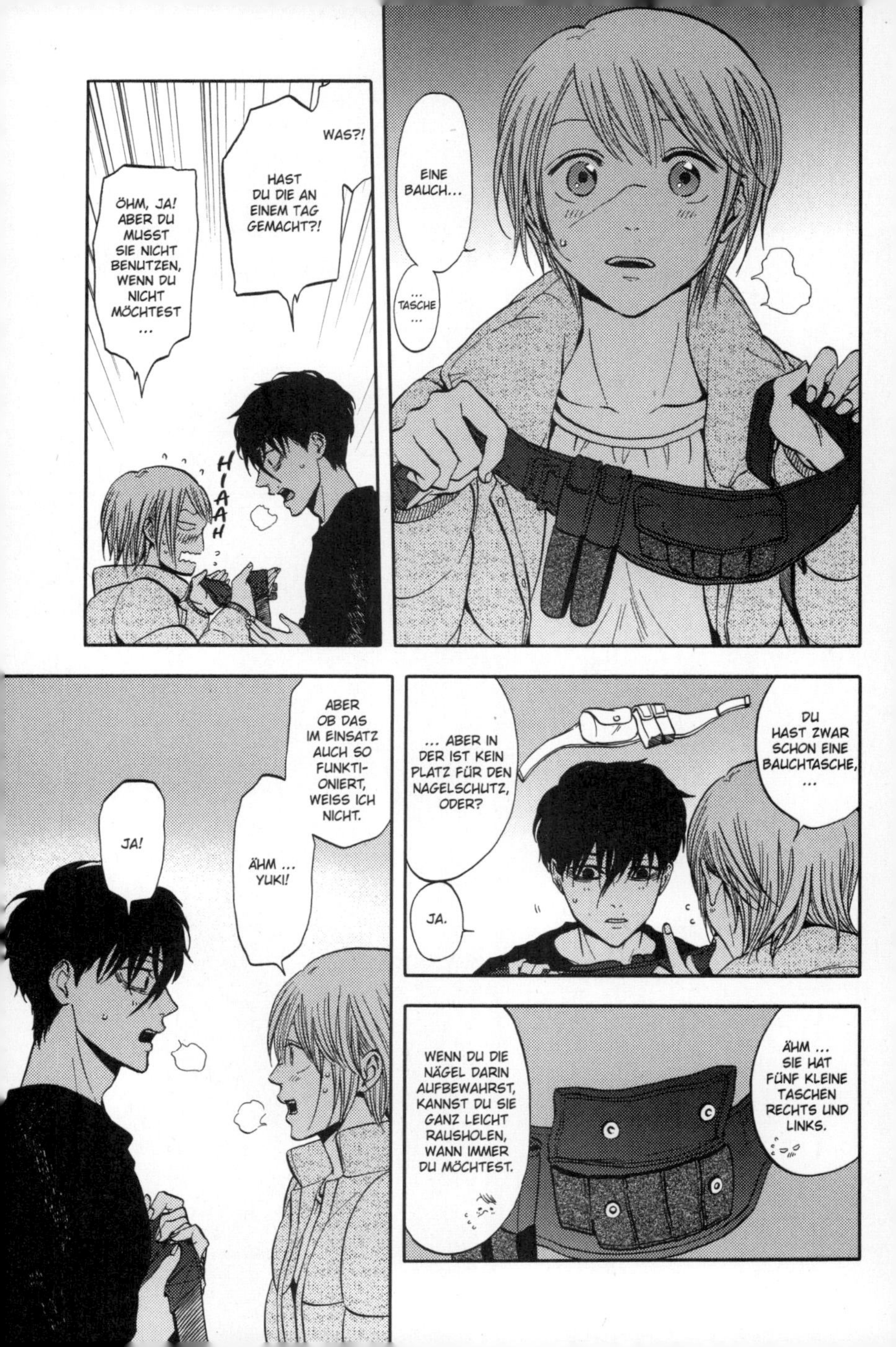
EINE BAUCH…
… TASCHE …
WAS?!
HAST DU DIE AN EINEM TAG GEMACHT?!
ÖHM, JA! ABER DU MUSST SIE NICHT BENUTZEN, WENN DU NICHT MÖCHTEST …
HIAAAH
DU HAST ZWAR SCHON EINE BAUCHTASCHE, …
… ABER IN DER IST KEIN PLATZ FÜR DEN NAGELSCHUTZ, ODER?
JA.
ABER OB DAS IM EINSATZ AUCH SO FUNKTIONIERT, WEISS ICH NICHT.
ÄHM … YUKI!
JA!
ÄHM … SIE HAT FÜNF KLEINE TASCHEN RECHTS UND LINKS.
WENN DU DIE NÄGEL DARIN AUFBEWAHRST, KANNST DU SIE GANZ LEICHT RAUSHOLEN, WANN IMMER DU MÖCHTEST.

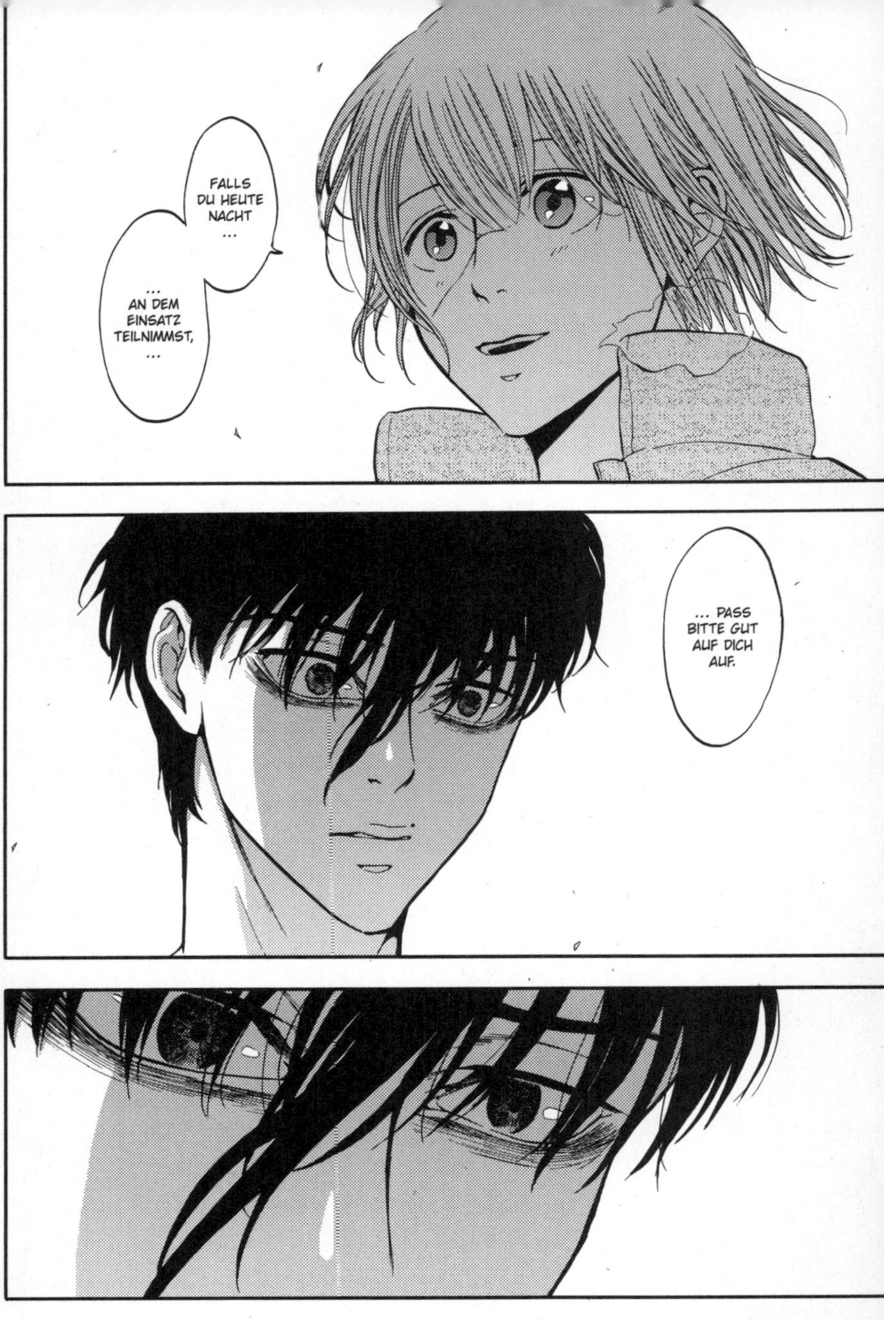
FALLS DU HEUTE NACHT ...
... AN DEM EINSATZ TEILNIMMST, ...
... PASS BITTE GUT AUF DICH AUF.

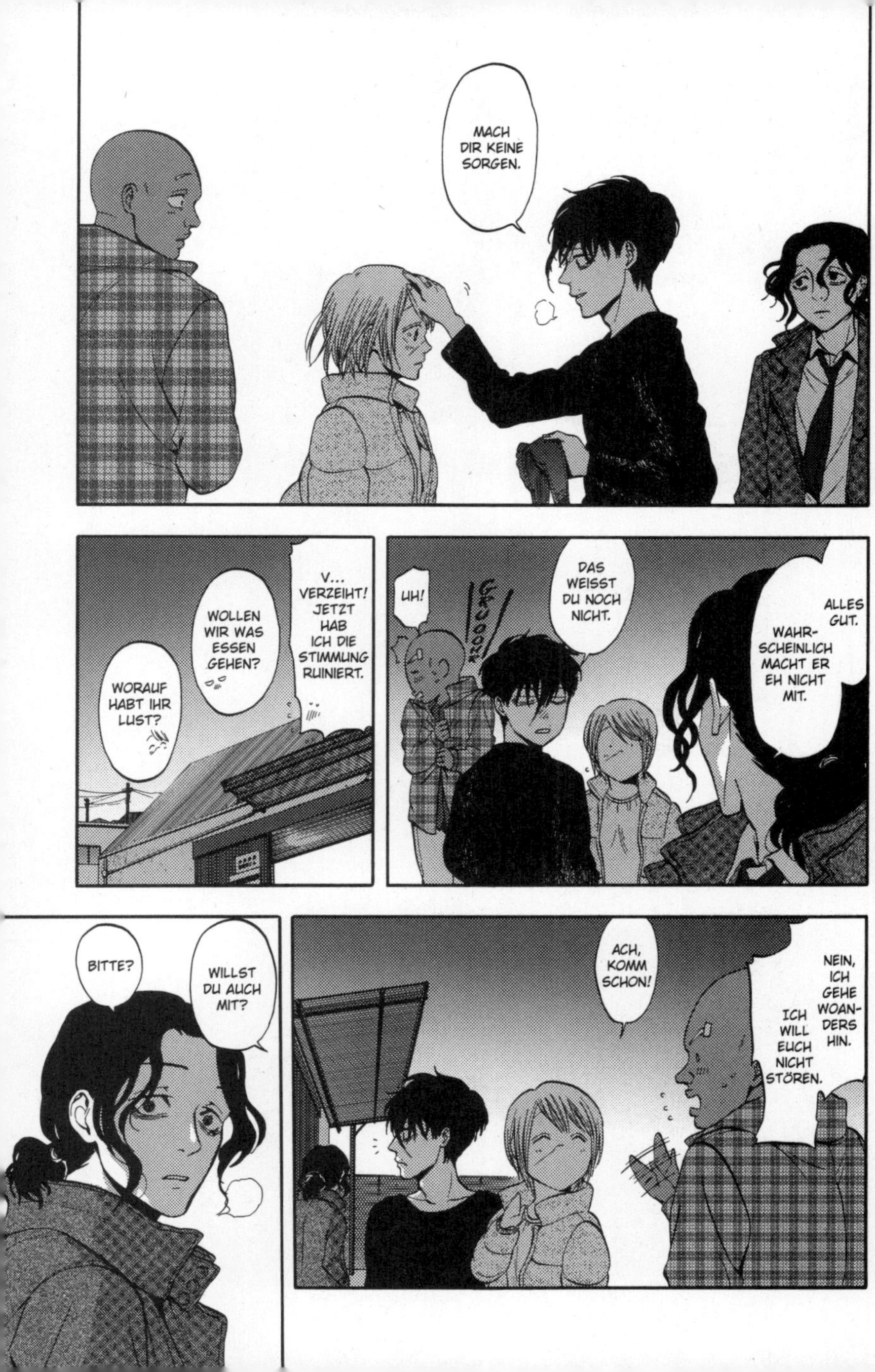
MACH DIR KEINE SORGEN.
ALLES GUT.
WAHRSCHEINLICH MACHT ER EH NICHT MIT.
DAS WEISST DU NOCH NICHT.
UH!
V... VERZEIHT! JETZT HAB ICH DIE STIMMUNG RUINIERT.
WOLLEN WIR WAS ESSEN GEHEN?
WORAUF HABT IHR LUST?
NEIN, ICH GEHE WOANDERS HIN.
ICH WILL EUCH NICHT STÖREN.
ACH, KOMM SCHON!
WILLST DU AUCH MIT?
BITTE?

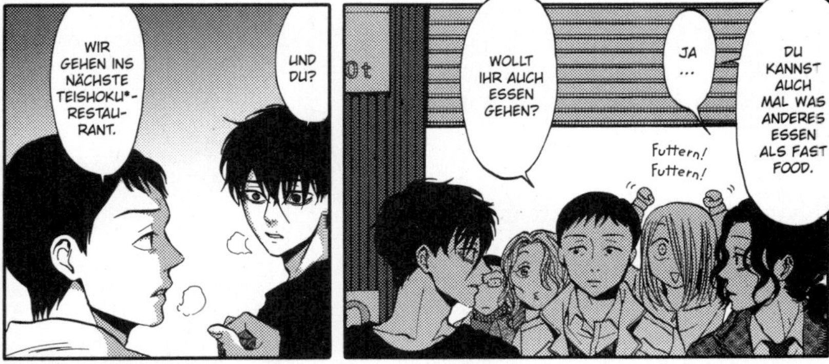

*JAPANISCHE HAUSMANNSKOST

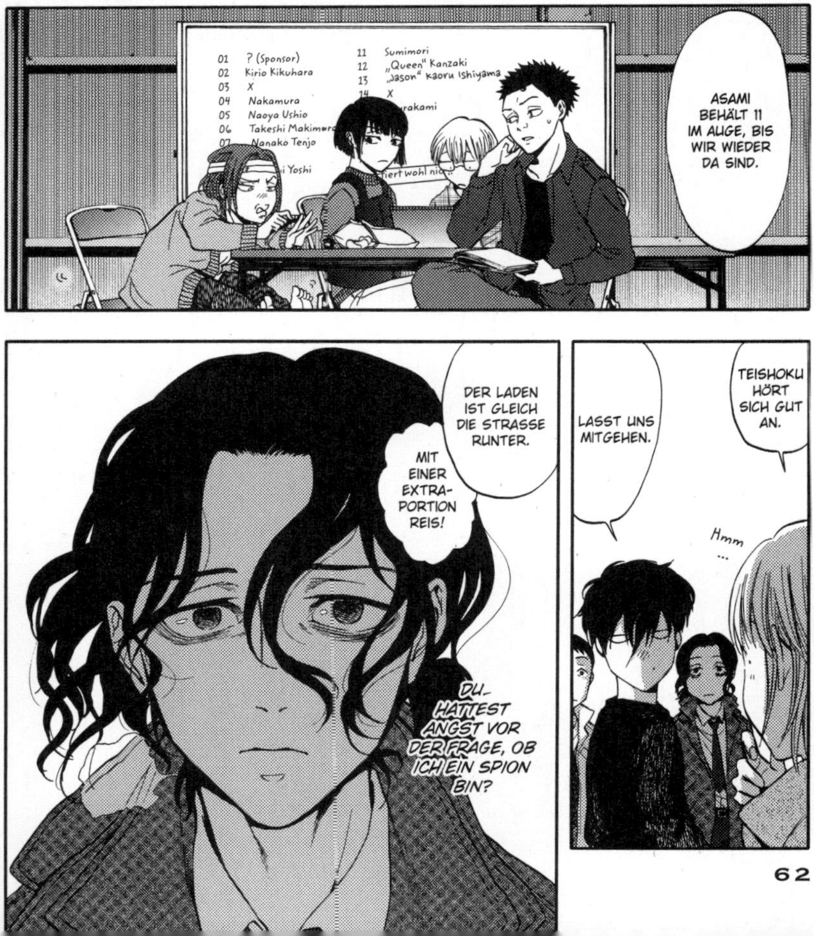

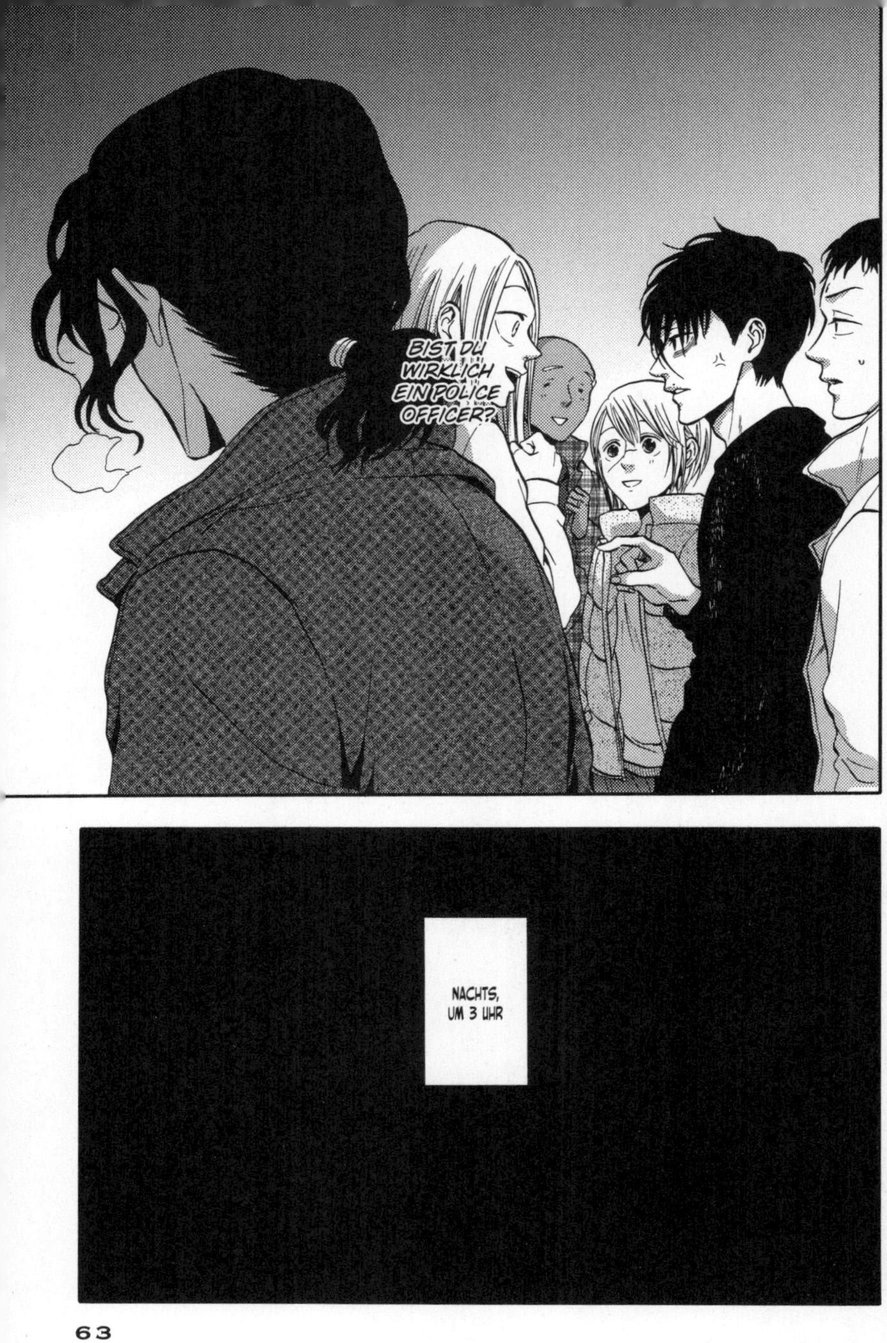
BIST DU WIRKLICH EIN POLICE OFFICER?
NACHTS, UM 3 UHR

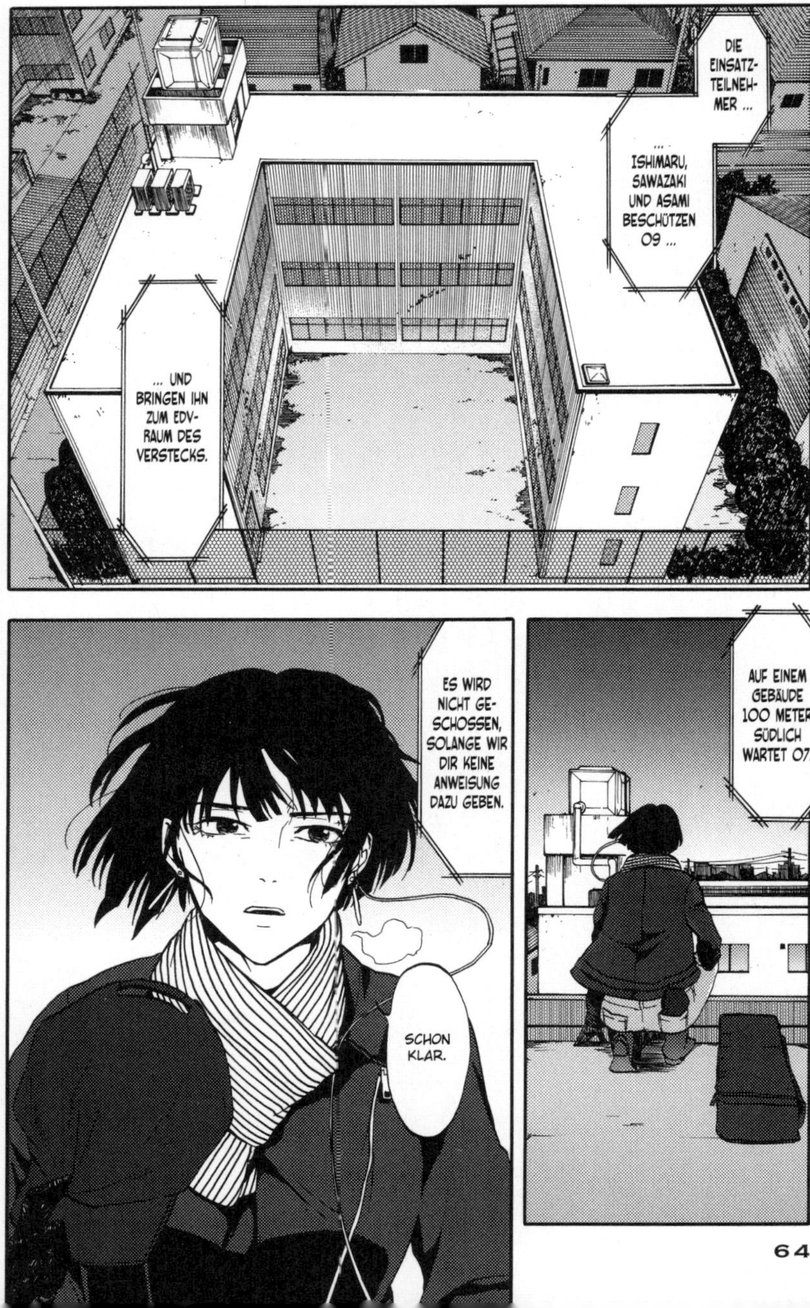
DIE EINSATZTEILNEHMER ...
... ISHIMARU, SAWAZAKI UND ASAMI BESCHÜTZEN 09 ...
... UND BRINGEN IHN ZUM EDV-RAUM DES VERSTECKS.
AUF EINEM GEBÄUDE 100 METER SÜDLICH WARTET 07.
ES WIRD NICHT GESCHOSSEN, SOLANGE WIR DIR KEINE ANWEISUNG DAZU GEBEN.
SCHON KLAR.

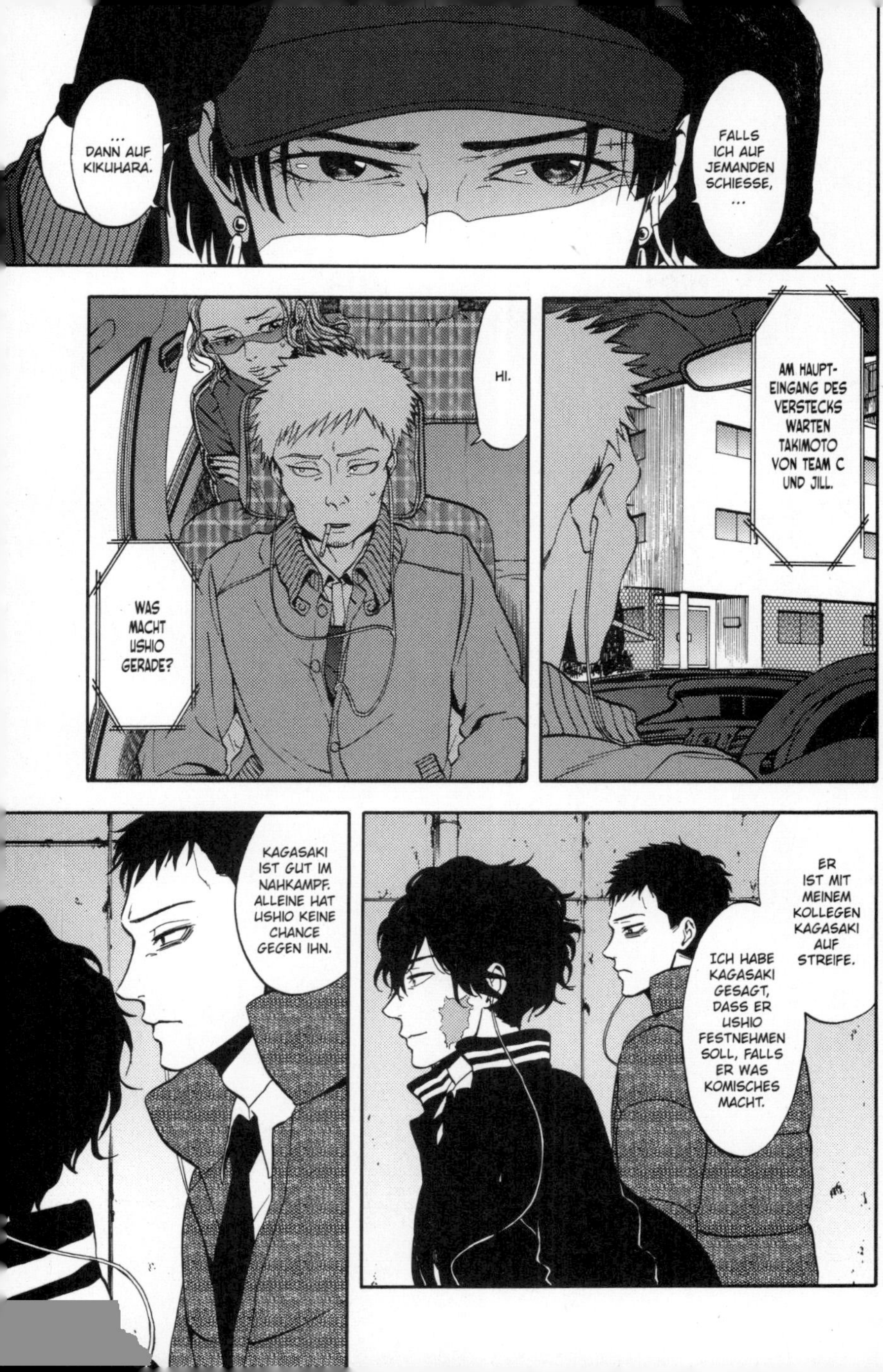
FALLS ICH AUF JEMANDEN SCHIESSE, ...
... DANN AUF KIKUHARA.
AM HAUPT-EINGANG DES VERSTECKS WARTEN TAKIMOTO VON TEAM C UND JILL.
HI.
WAS MACHT USHIO GERADE?
ER IST MIT MEINEM KOLLEGEN KAGASAKI AUF STREIFE.
ICH HABE KAGASAKI GESAGT, DASS ER USHIO FESTNEHMEN SOLL, FALLS ER WAS KOMISCHES MACHT.
KAGASAKI IST GUT IM NAHKAMPF. ALLEINE HAT USHIO KEINE CHANCE GEGEN IHN.

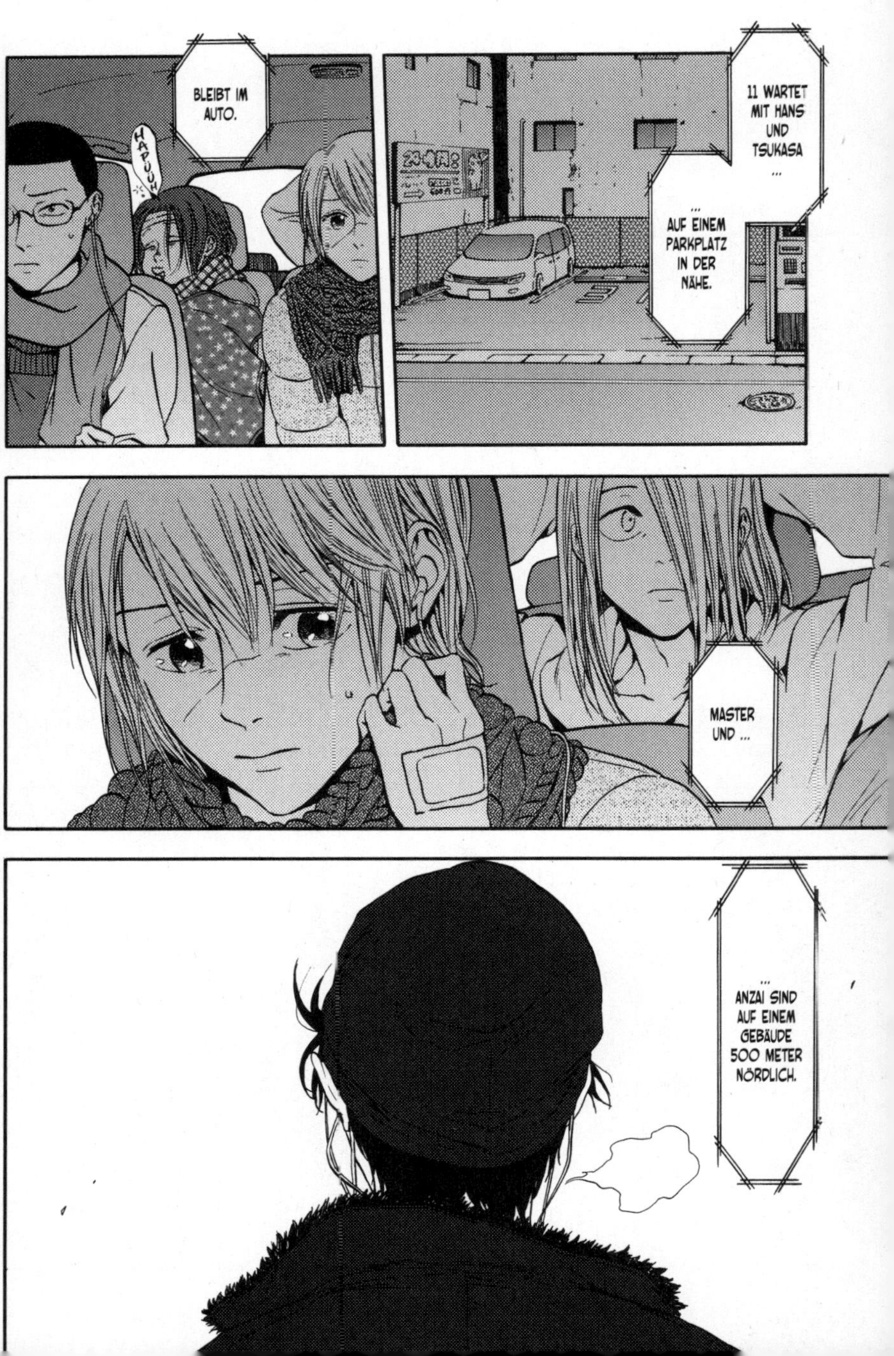
11 WARTET MIT HANS UND TSUKASA ...
... AUF EINEM PARKPLATZ IN DER NÄHE.
BLEIBT IM AUTO.
HAPUUH
MASTER UND ...
... ANZAI SIND AUF EINEM GEBÄUDE 500 METER NÖRDLICH.

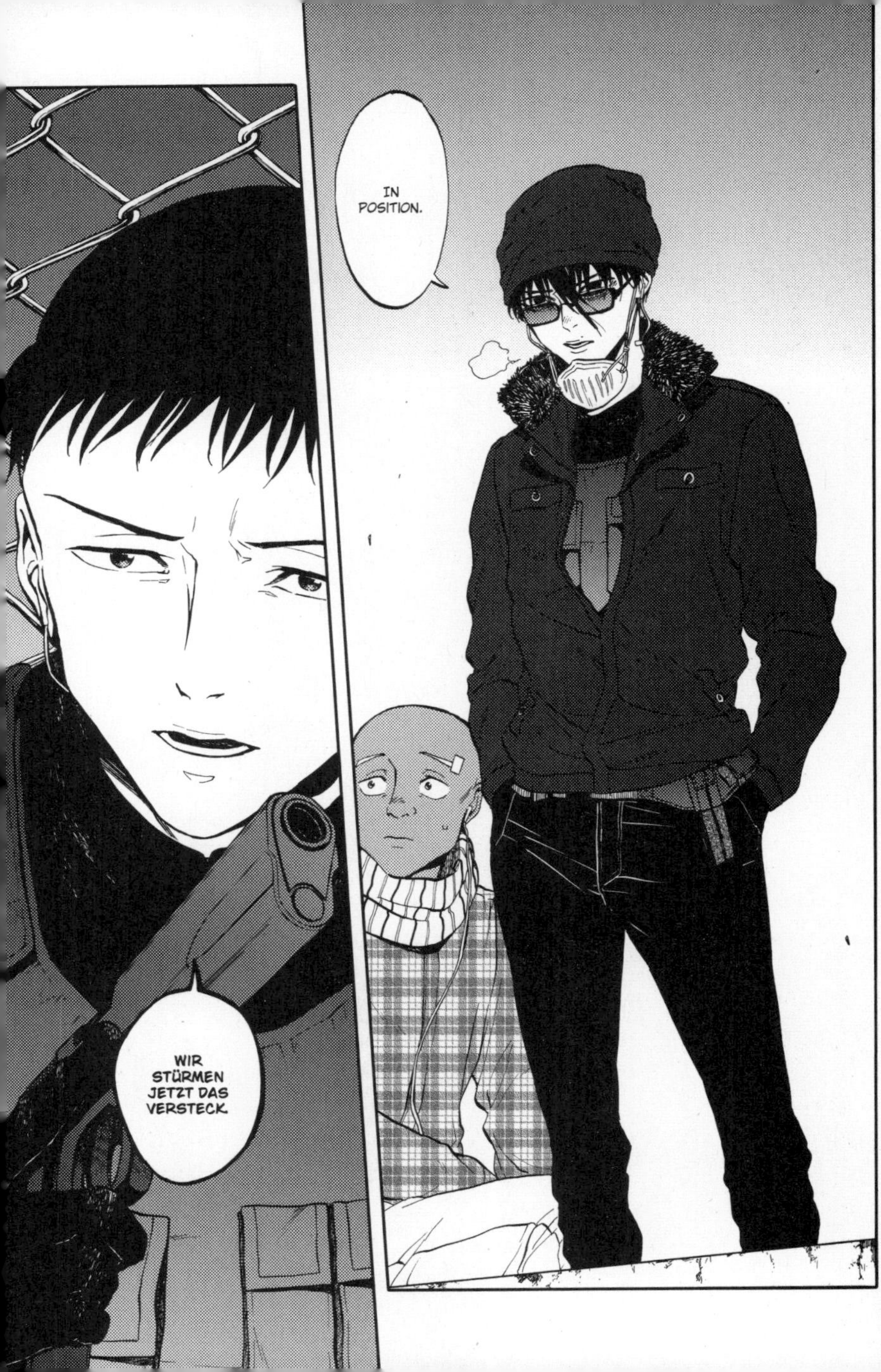
IN POSITION.
WIR STÜRMEN JETZT DAS VERSTECK.

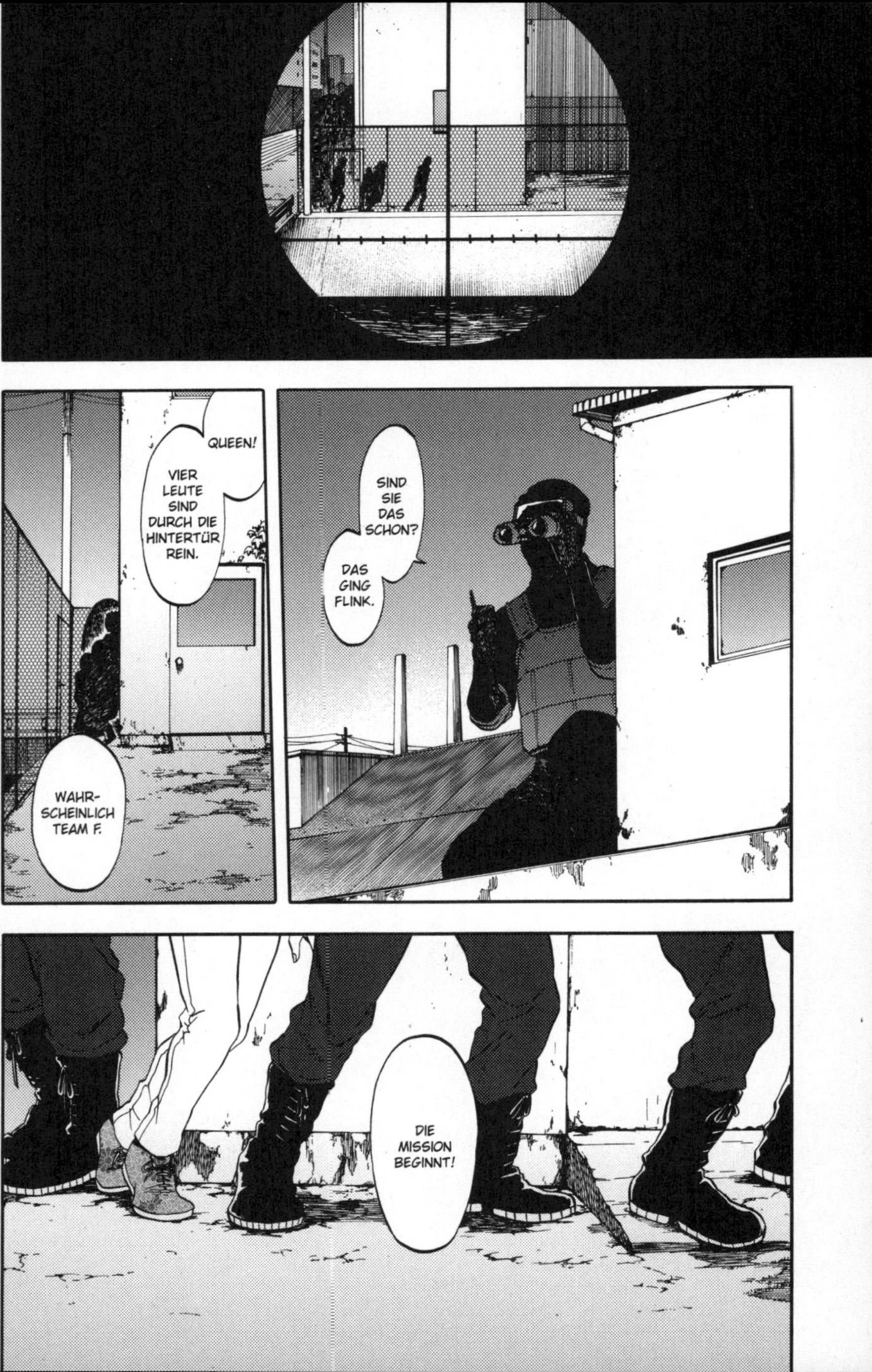
SIND SIE DAS SCHON?
DAS GING FLINK.
QUEEN!
VIER LEUTE SIND DURCH DIE HINTERTÜR REIN.
WAHR-SCHEINLICH TEAM F.
DIE MISSION BEGINNT!

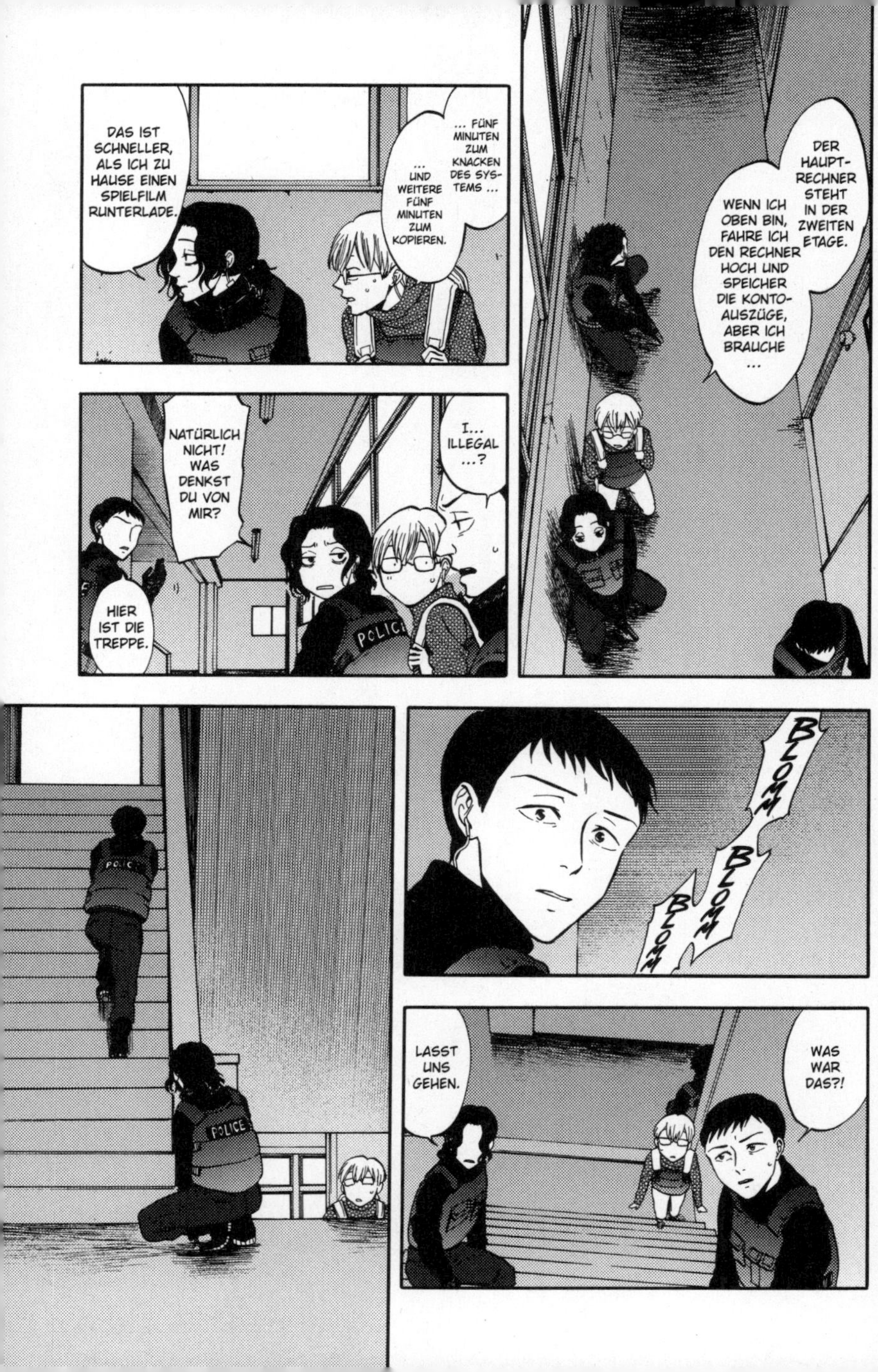
DER HAUPT-RECHNER STEHT IN DER ZWEITEN ETAGE.
WENN ICH OBEN BIN, FAHRE ICH DEN RECHNER HOCH UND SPEICHER DIE KONTO-AUSZÜGE, ABER ICH BRAUCHE …
… FÜNF MINUTEN ZUM KNACKEN DES SYSTEMS …
… UND WEITERE FÜNF MINUTEN ZUM KOPIEREN.
DAS IST SCHNELLER, ALS ICH ZU HAUSE EINEN SPIELFILM RUNTERLADE.
I… ILLEGAL …?
NATÜRLICH NICHT! WAS DENKST DU VON MIR?
HIER IST DIE TREPPE.
POLICE
POLICE
POLICE
BLOMM BLOMM BLOMM
WAS WAR DAS?!
LASST UNS GEHEN.

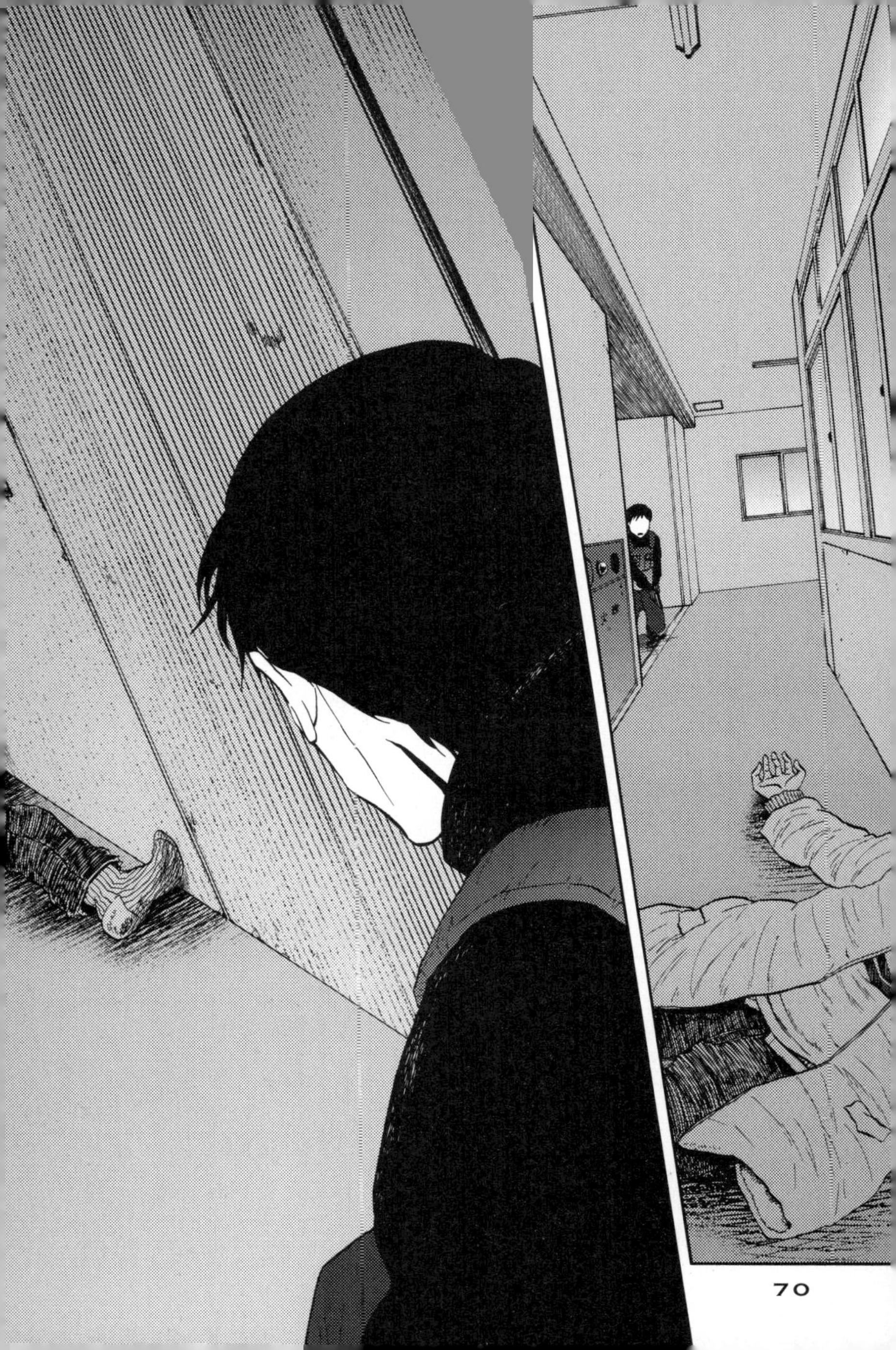

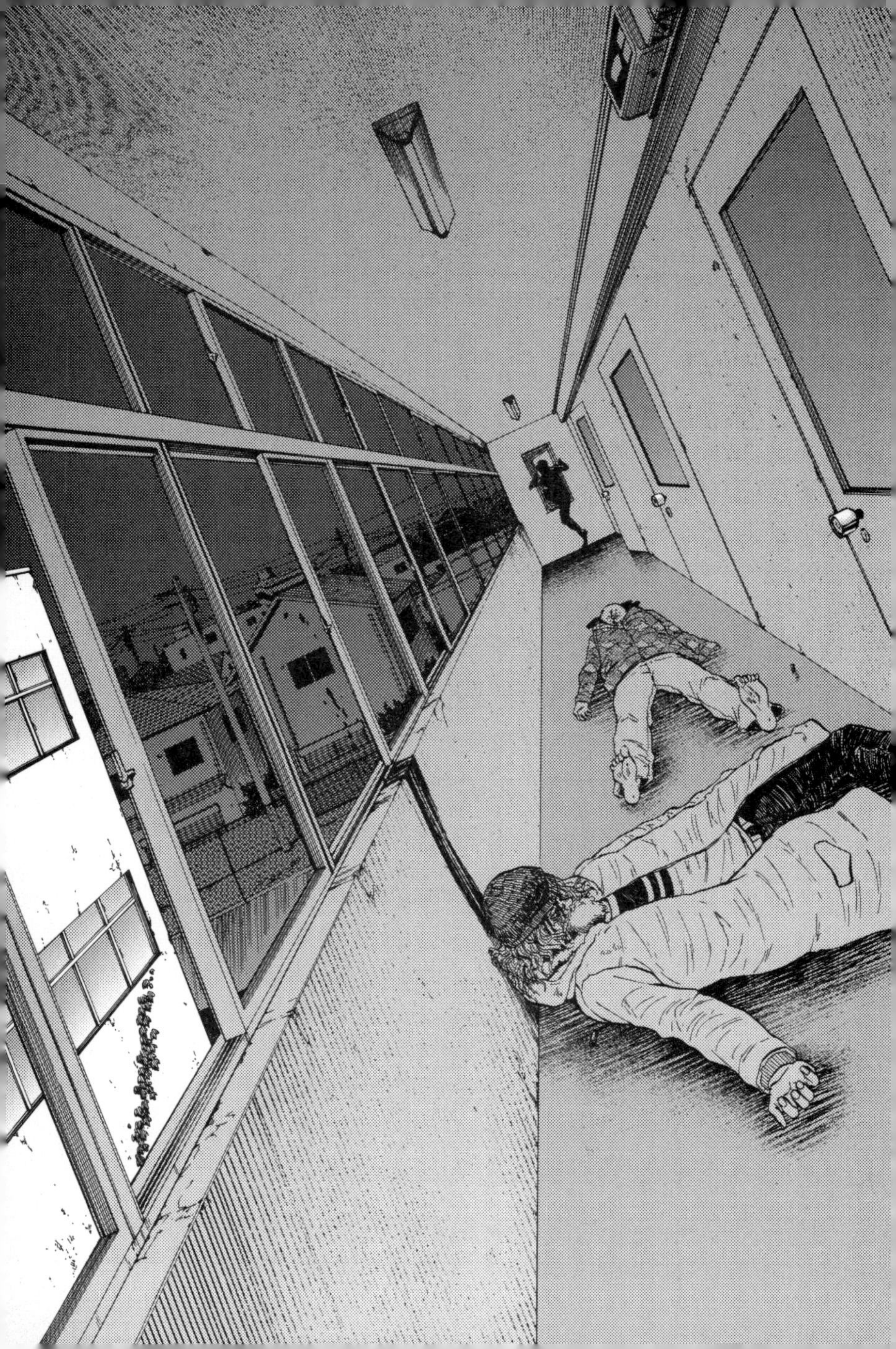

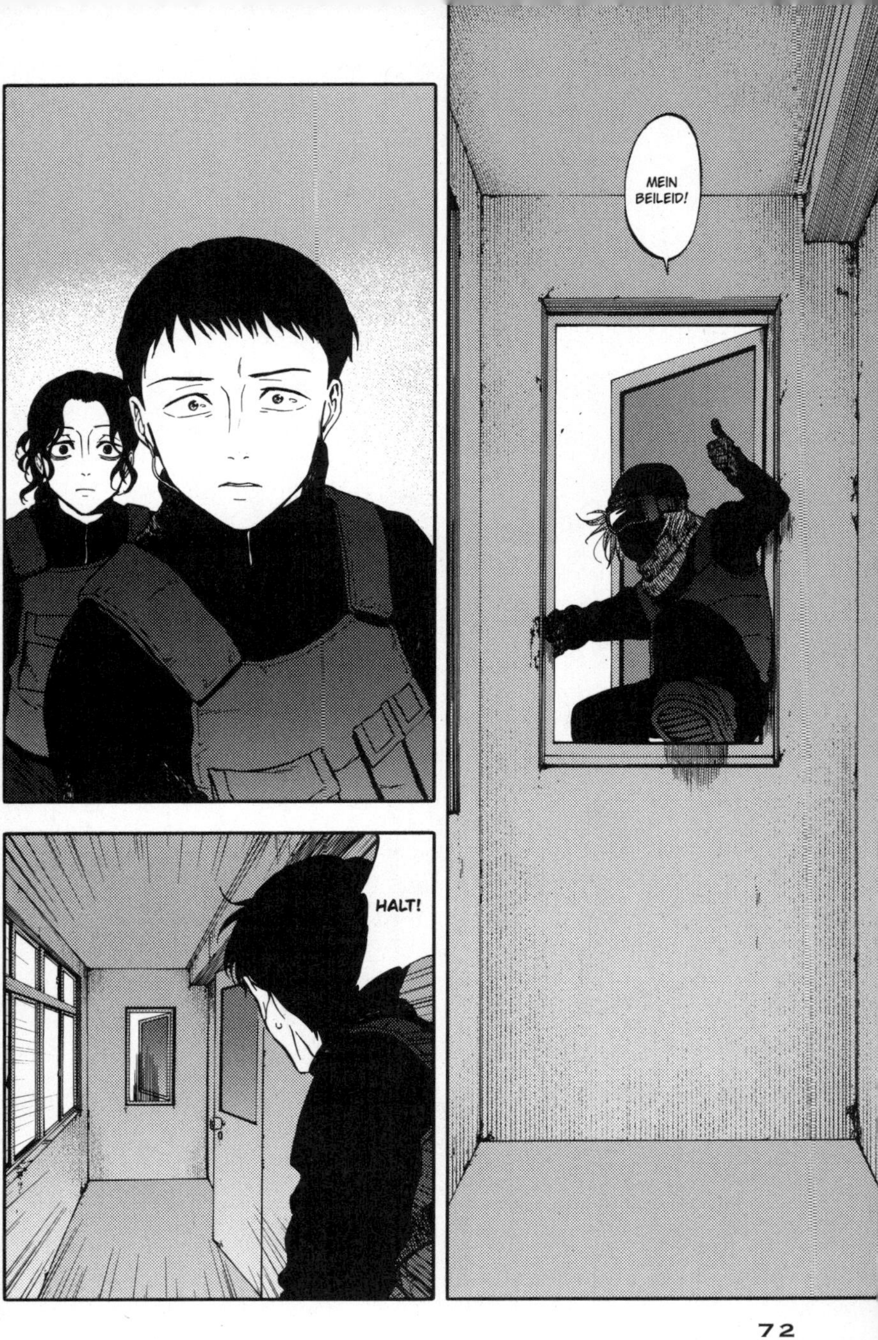
MEIN BEILEID!
HALT!

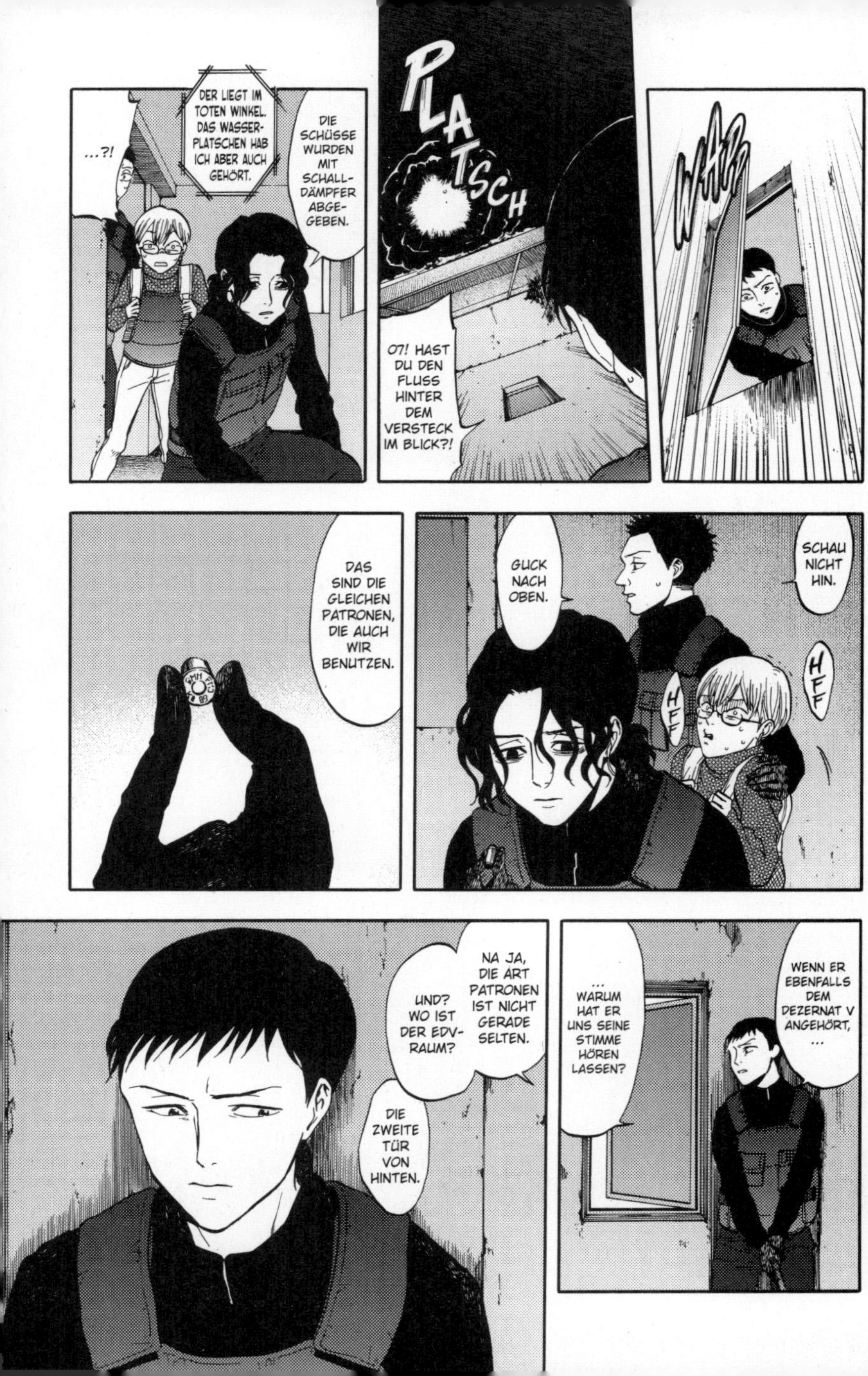
WAH
PLATSCH
07! HAST DU DEN FLUSS HINTER DEM VERSTECK IM BLICK?!
DIE SCHÜSSE WURDEN MIT SCHALL-DÄMPFER ABGE-GEBEN.
DER LIEGT IM TOTEN WINKEL. DAS WASSER-PLATSCHEN HAB ICH ABER AUCH GEHÖRT.
...?!
SCHAU NICHT HIN.
HFF
HFF
GUCK NACH OBEN.
DAS SIND DIE GLEICHEN PATRONEN, DIE AUCH WIR BENUTZEN.
WENN ER EBENFALLS DEM DEZERNAT V ANGEHÖRT, ...
... WARUM HAT ER UNS SEINE STIMME HÖREN LASSEN?
NA JA, DIE ART PATRONEN IST NICHT GERADE SELTEN.
UND? WO IST DER EDV-RAUM?
DIE ZWEITE TÜR VON HINTEN.

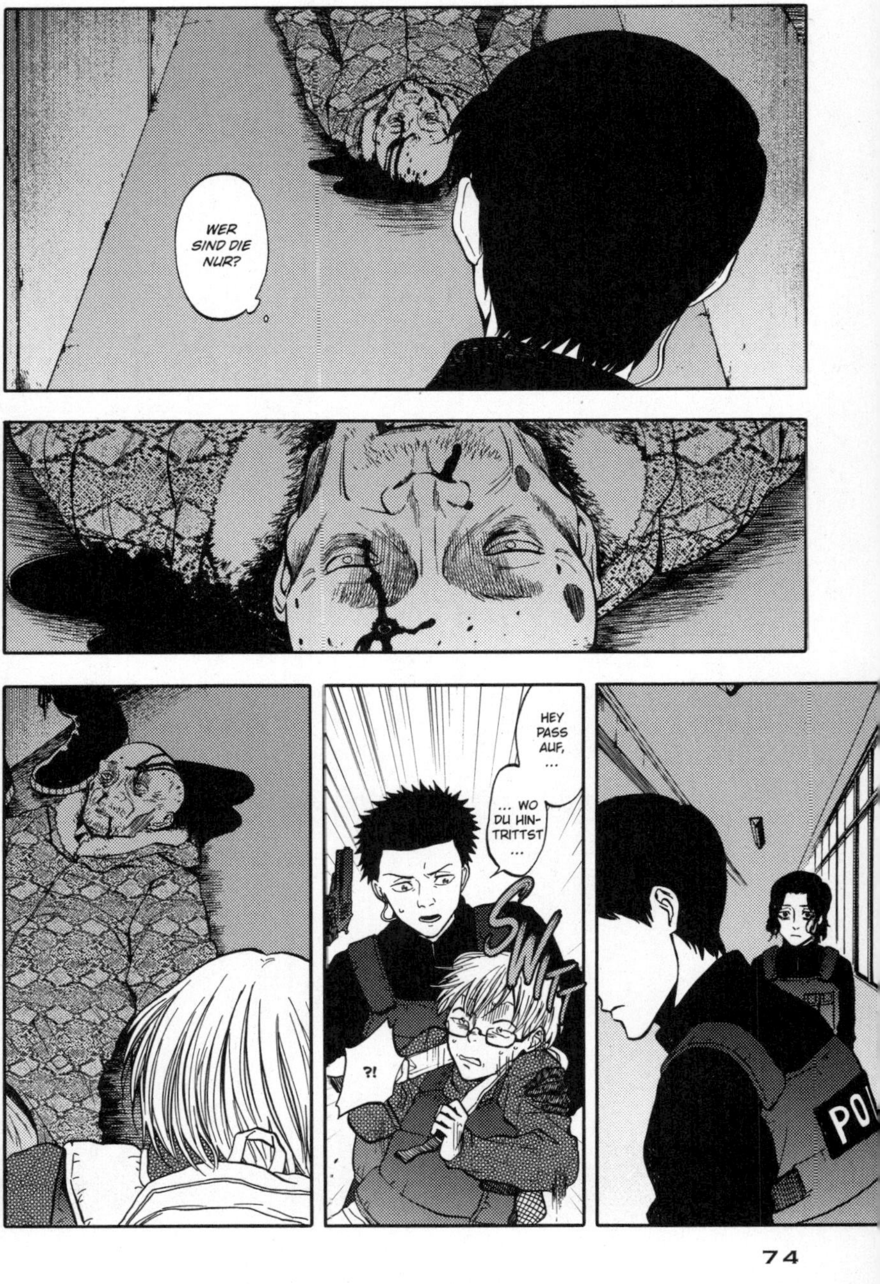

WER SIND DIE NUR?
HEY PASS AUF, …
… WO DU HIN-TRITTST …
SWT
?!
POL

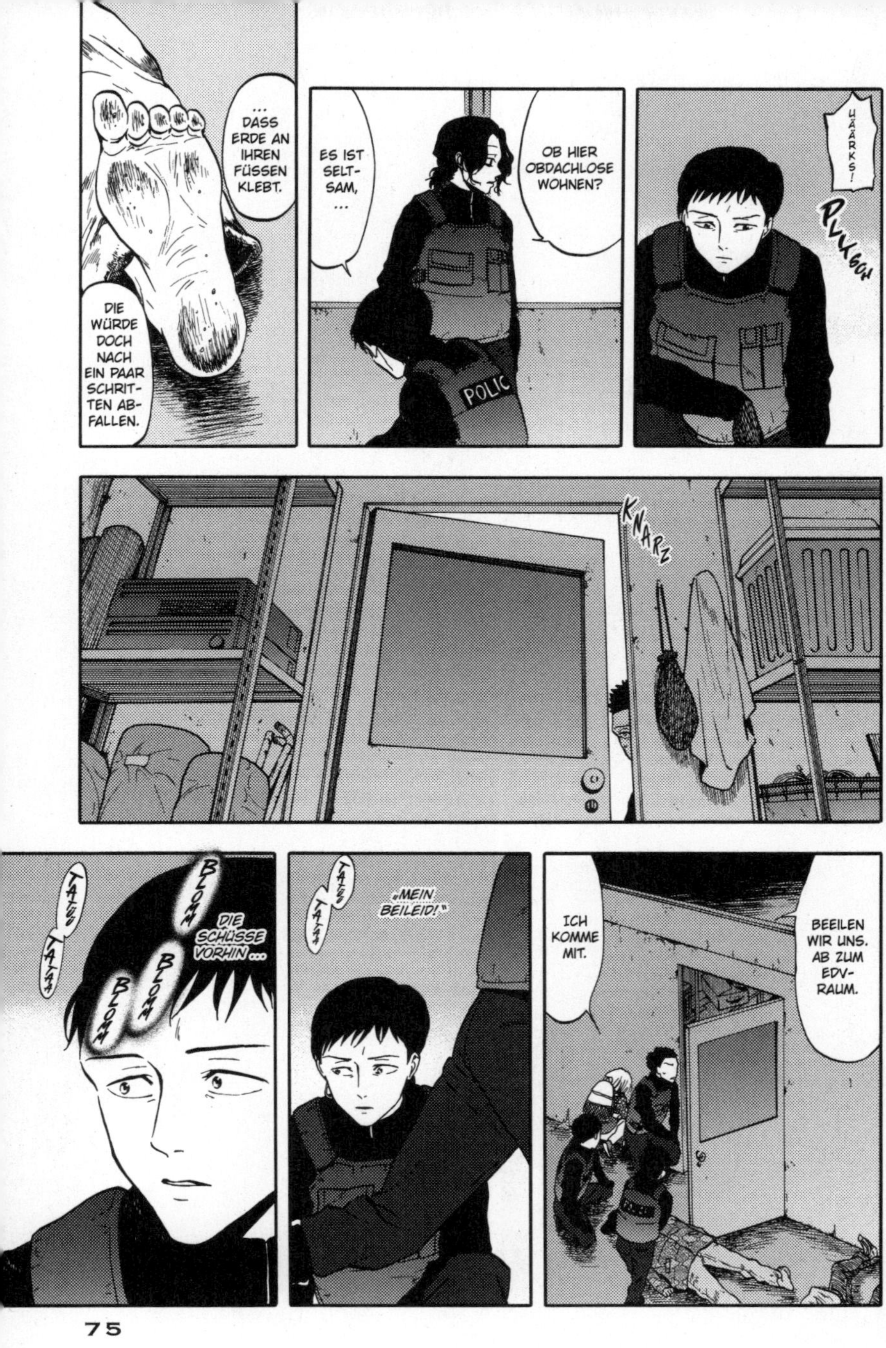
UÄÄRKS!
OB HIER OBDACHLOSE WOHNEN?
ES IST SELTSAM, …
… DASS ERDE AN IHREN FÜSSEN KLEBT.
DIE WÜRDE DOCH NACH EIN PAAR SCHRITTEN ABFALLEN.
POLIC
KNARZ
BEEILEN WIR UNS. AB ZUM EDV-RAUM.
ICH KOMME MIT.
»MEIN BEILEID!«
BLOMM
DIE SCHÜSSE VORHIN …
BLOMM
BLOMM

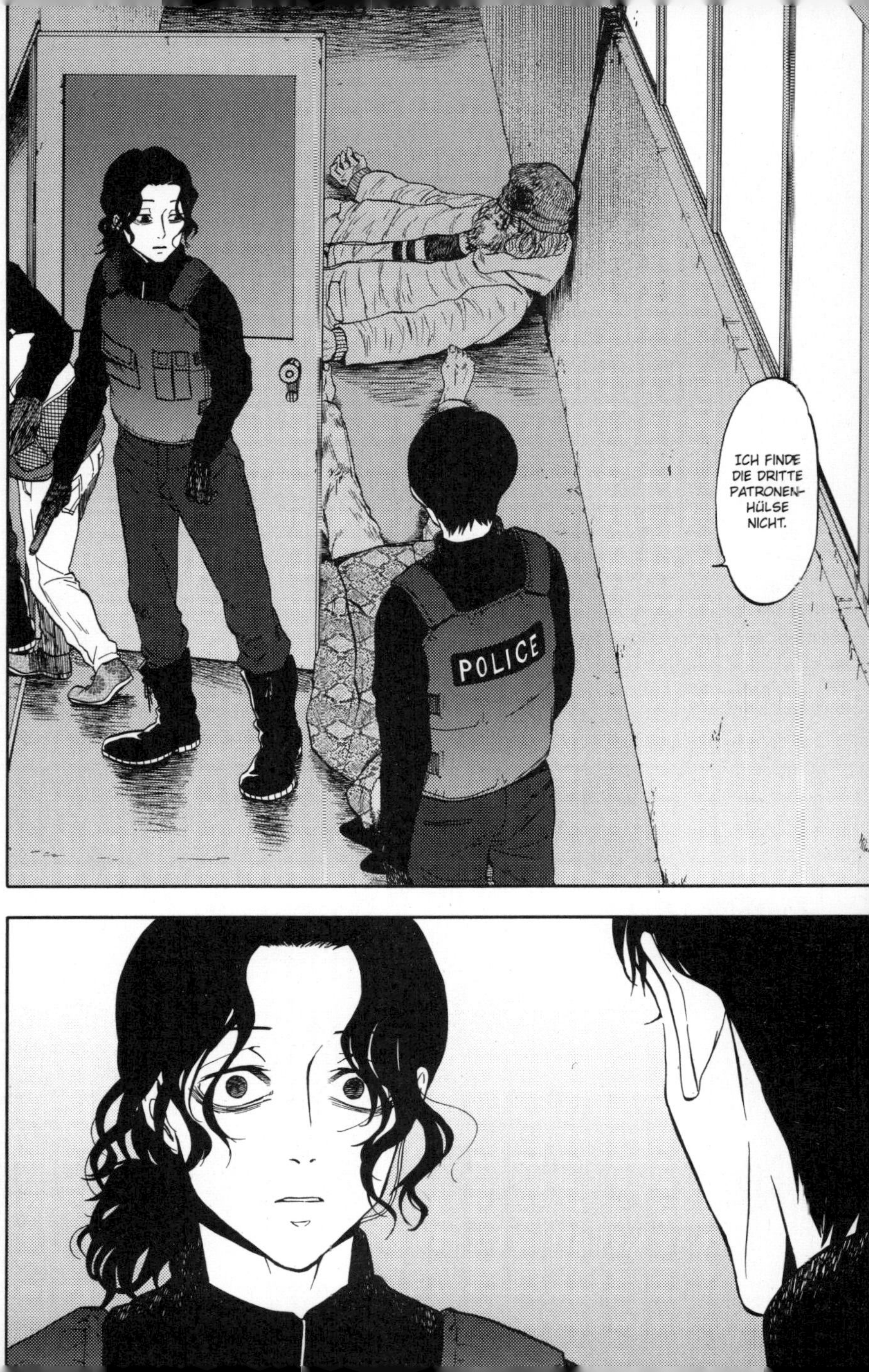
ICH FINDE
DIE DRITTE
PATRONEN-
HÜLSE
NICHT.
POLICE

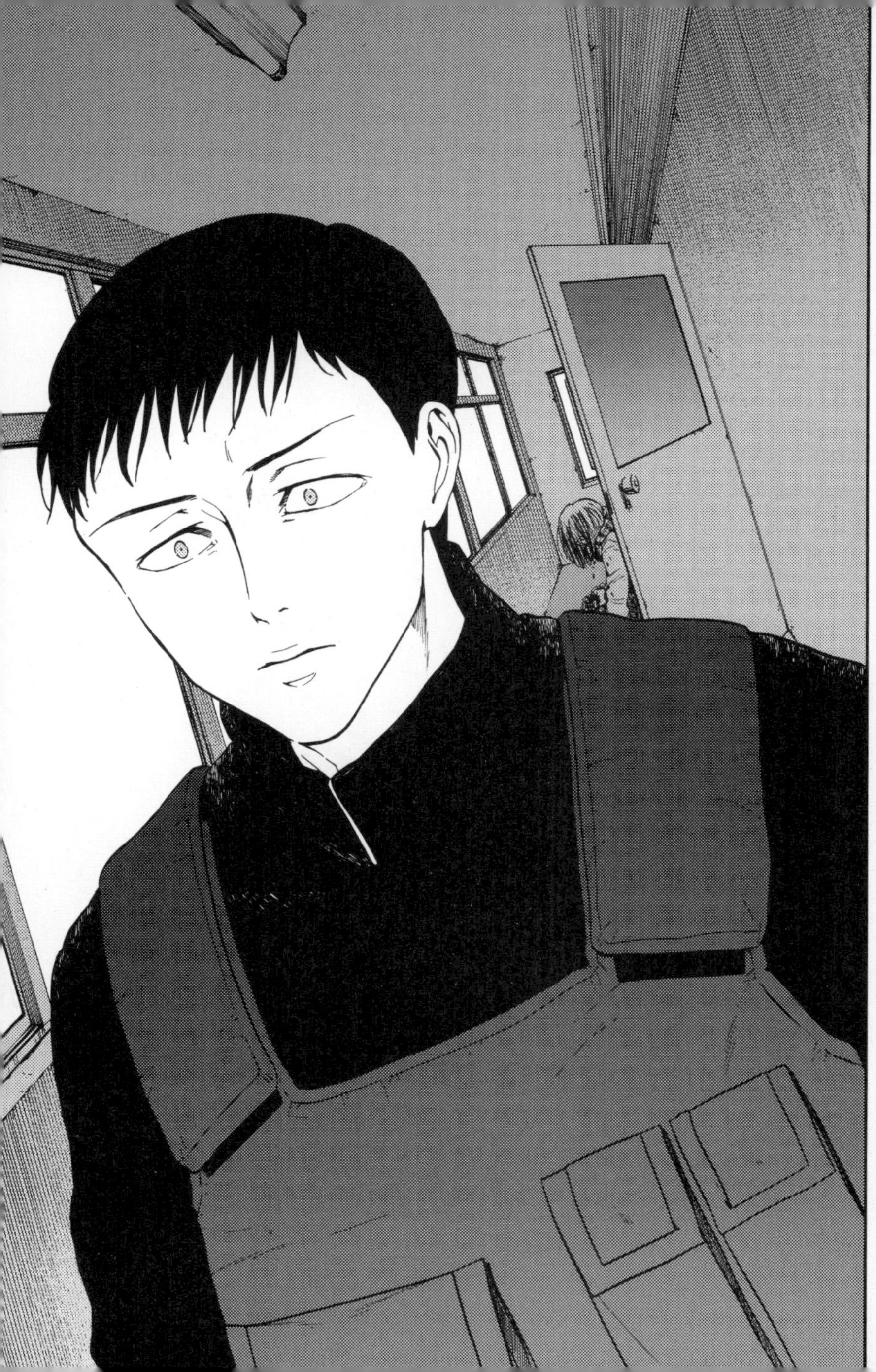

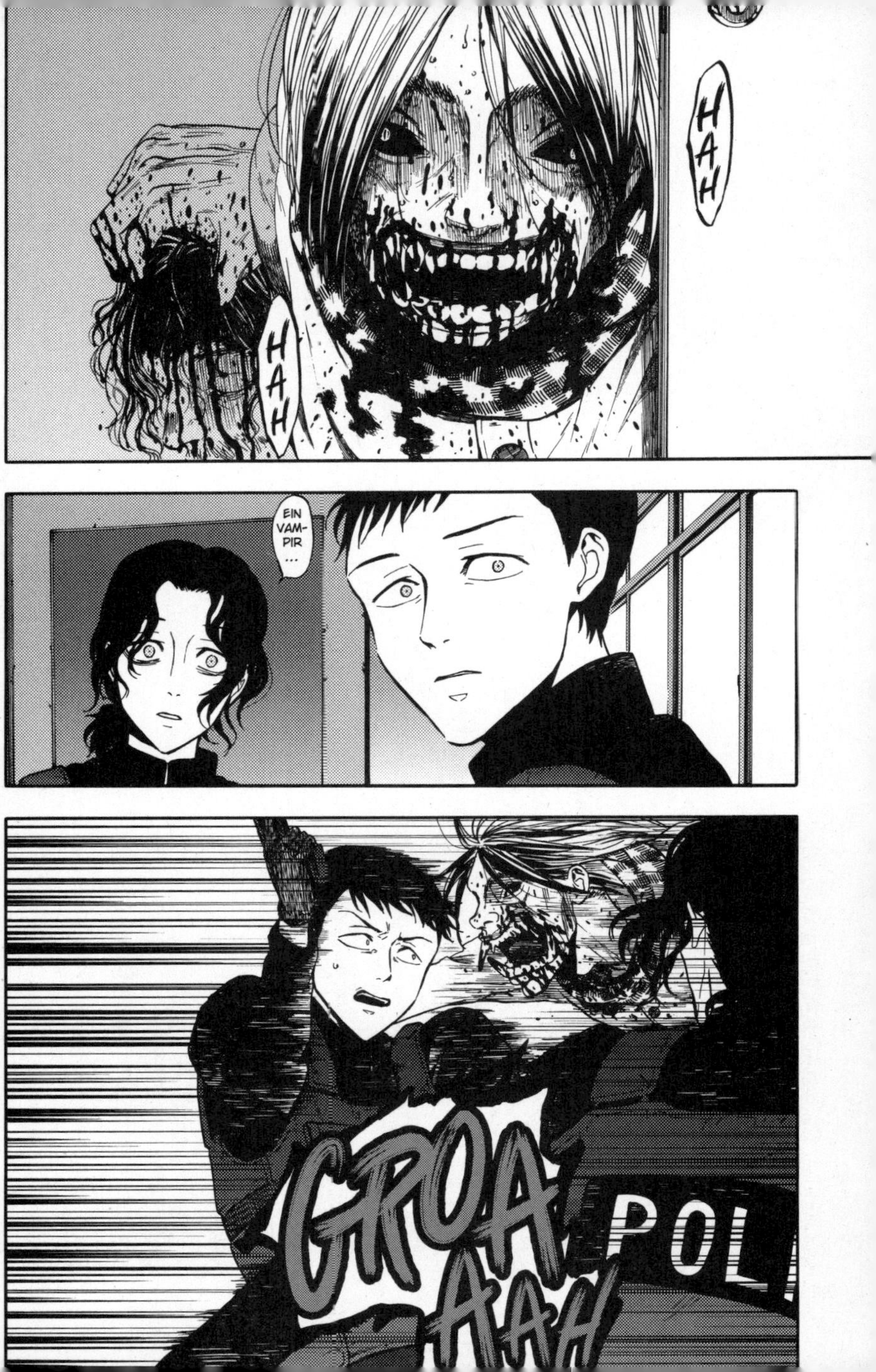
HAH HAH
HAH HAH
EIN VAMPIR...
GROAAAH
POL

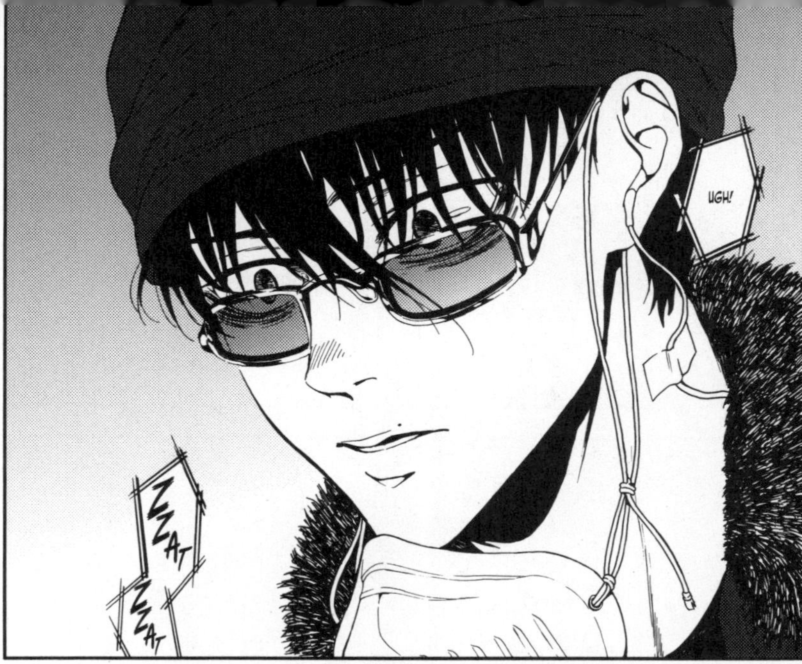
UGH!
ZZAT
ZZAT

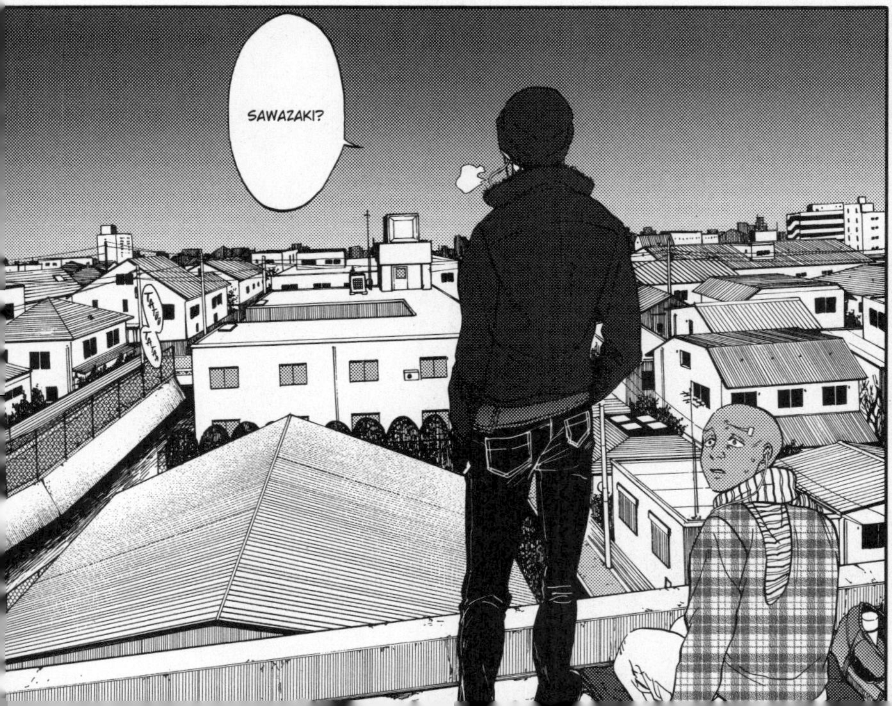
SAWAZAKI?

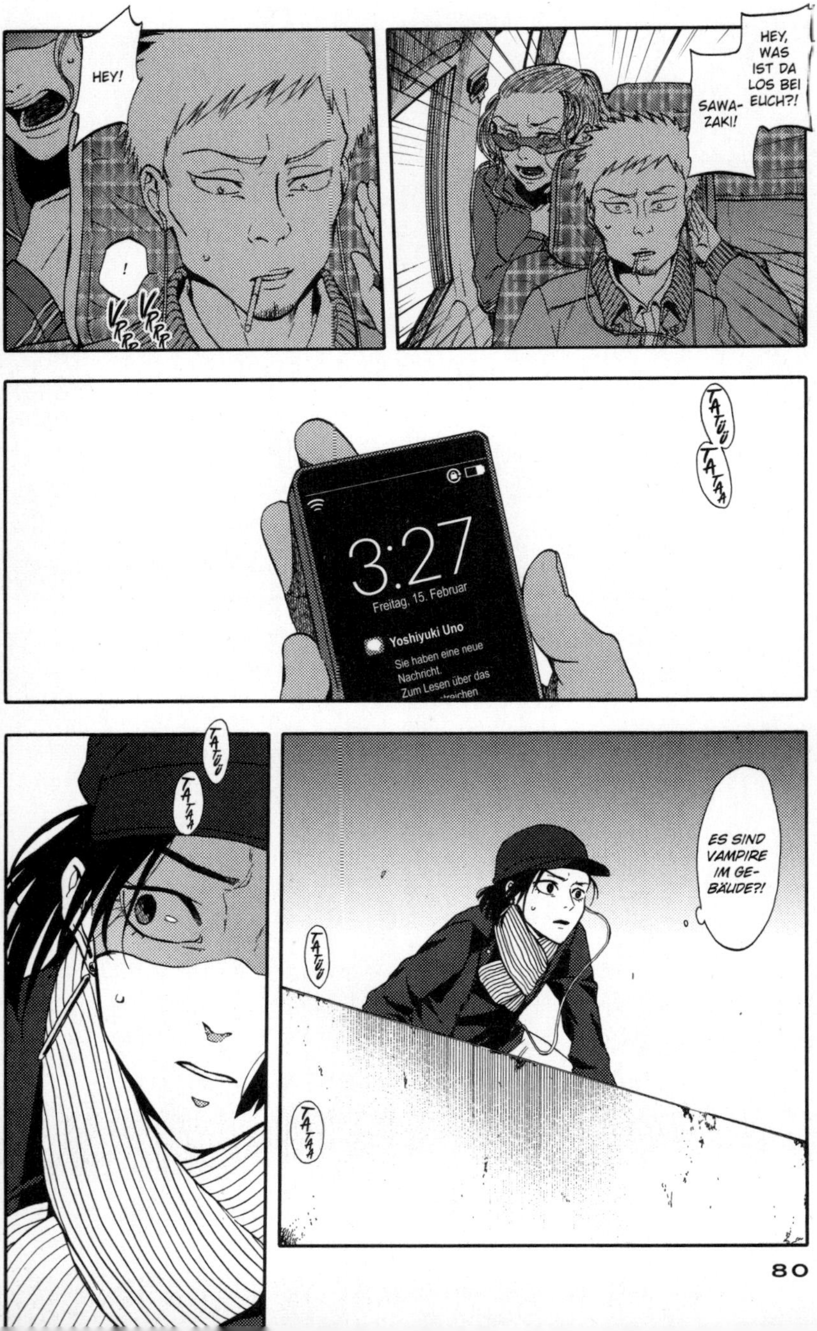
HEY, WAS IST DA LOS BEI EUCH?!
SAWA-ZAKI!
HEY!
!
VRRR VRRR
TATÜÜ TATAA
3:27
Freitag, 15. Februar
Yoshiyuki Uno
Sie haben eine neue Nachricht.
Zum Lesen über das
ES SIND VAMPIRE IM GE-BÄUDE?!
TATÜÜ TATAA
TATÜÜ
TATAA

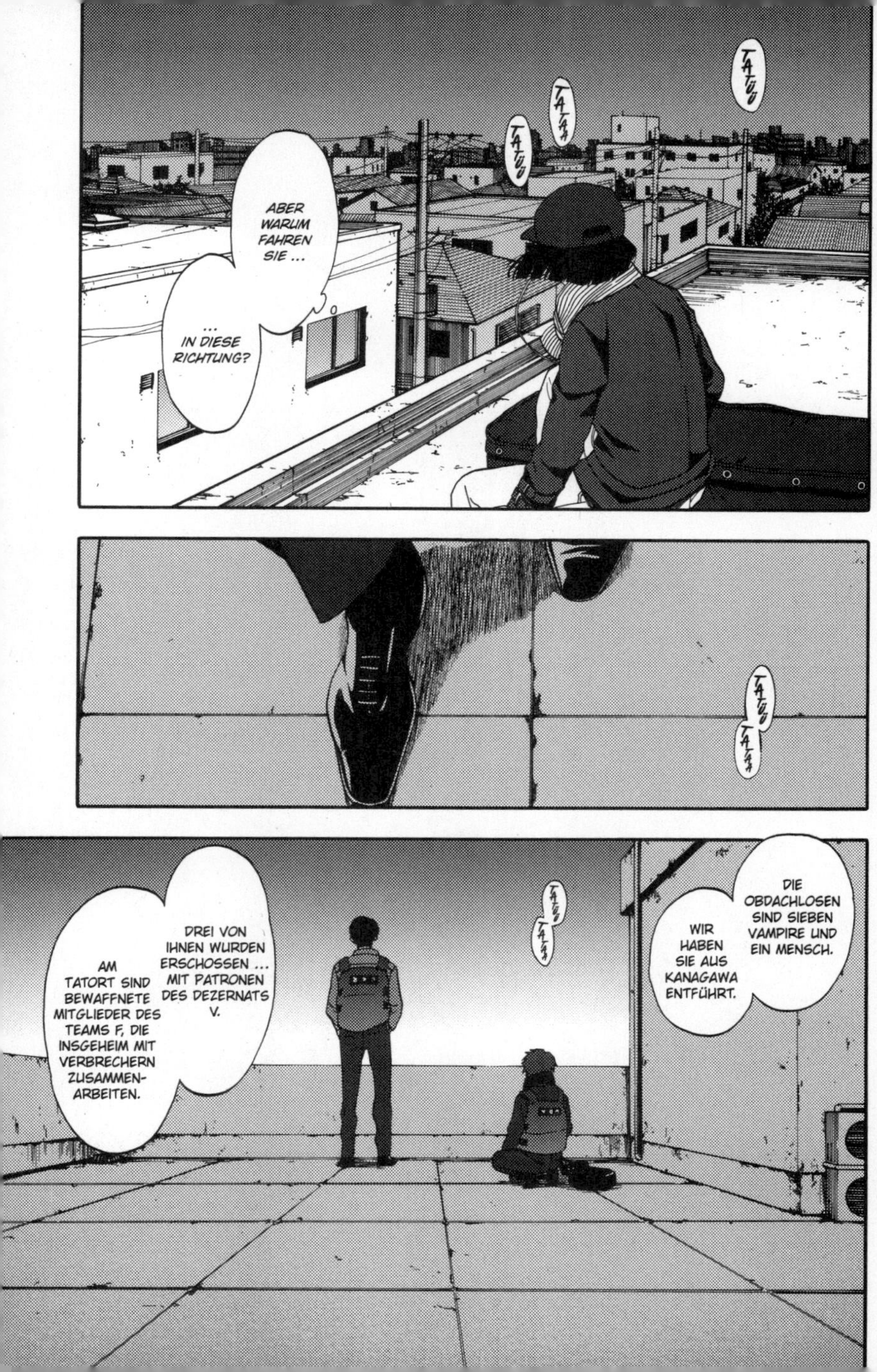
TATÜÜ
TATAA
TATÜÜ
ABER WARUM FAHREN SIE ...
... IN DIESE RICHTUNG?
TATÜÜ
TATAA
DIE OBDACHLOSEN SIND SIEBEN VAMPIRE UND EIN MENSCH.
WIR HABEN SIE AUS KANAGAWA ENTFÜHRT.
TATÜÜ
TATAA
DREI VON IHNEN WURDEN ERSCHOSSEN ... MIT PATRONEN DES DEZERNATS V.
AM TATORT SIND BEWAFFNETE MITGLIEDER DES TEAMS F, DIE INSGEHEIM MIT VERBRECHERN ZUSAMMEN-ARBEITEN.

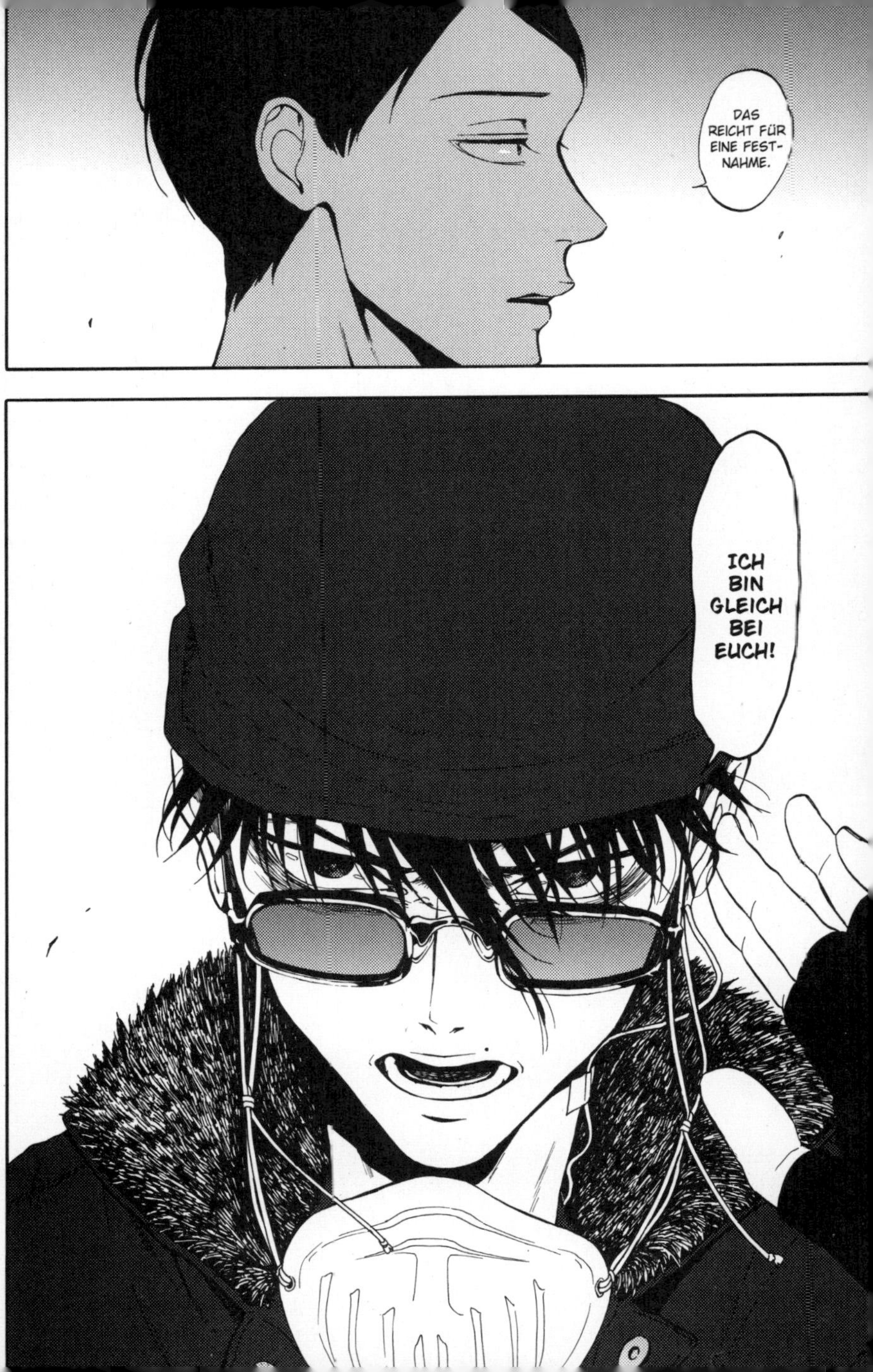
DAS REICHT FÜR EINE FEST-NAHME.
ICH BIN GLEICH BEI EUCH!

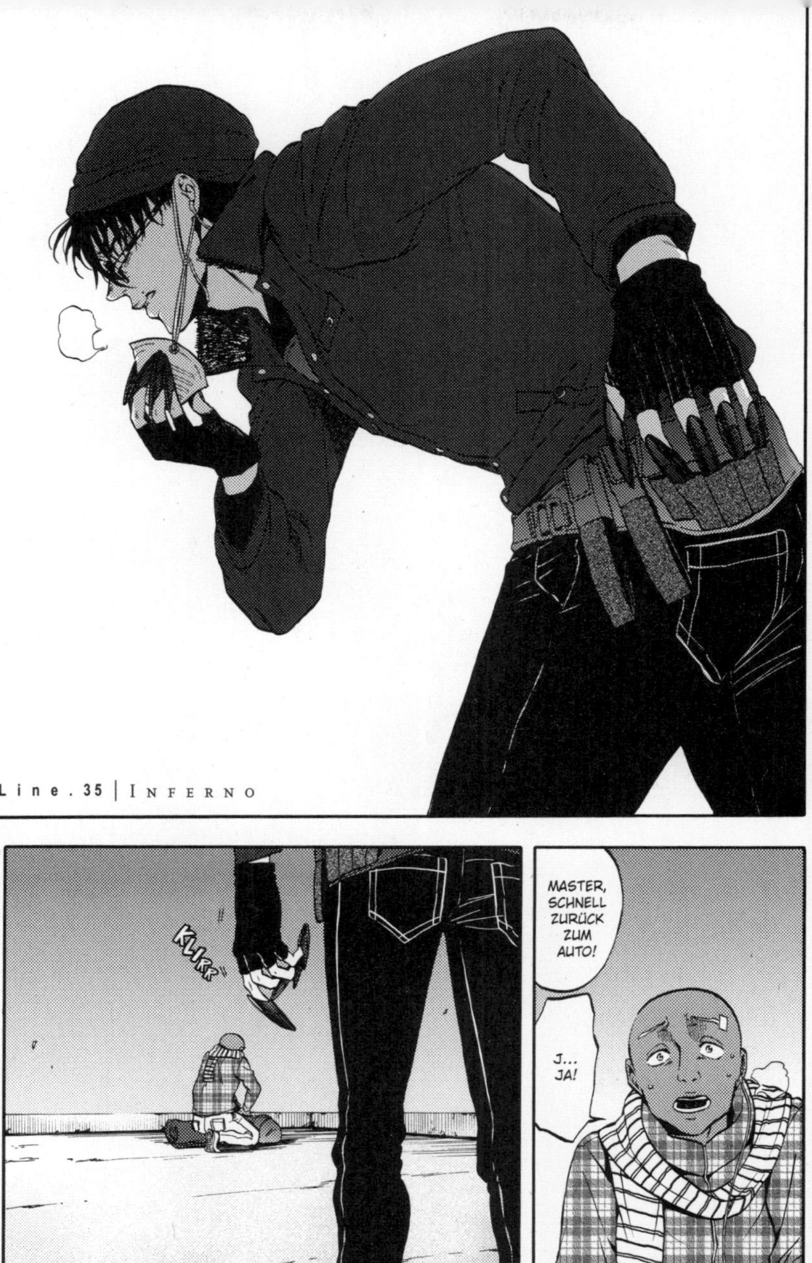
Line. 35 | INFERNO
MASTER, SCHNELL ZURÜCK ZUM AUTO!
J... JA!
KLIRR

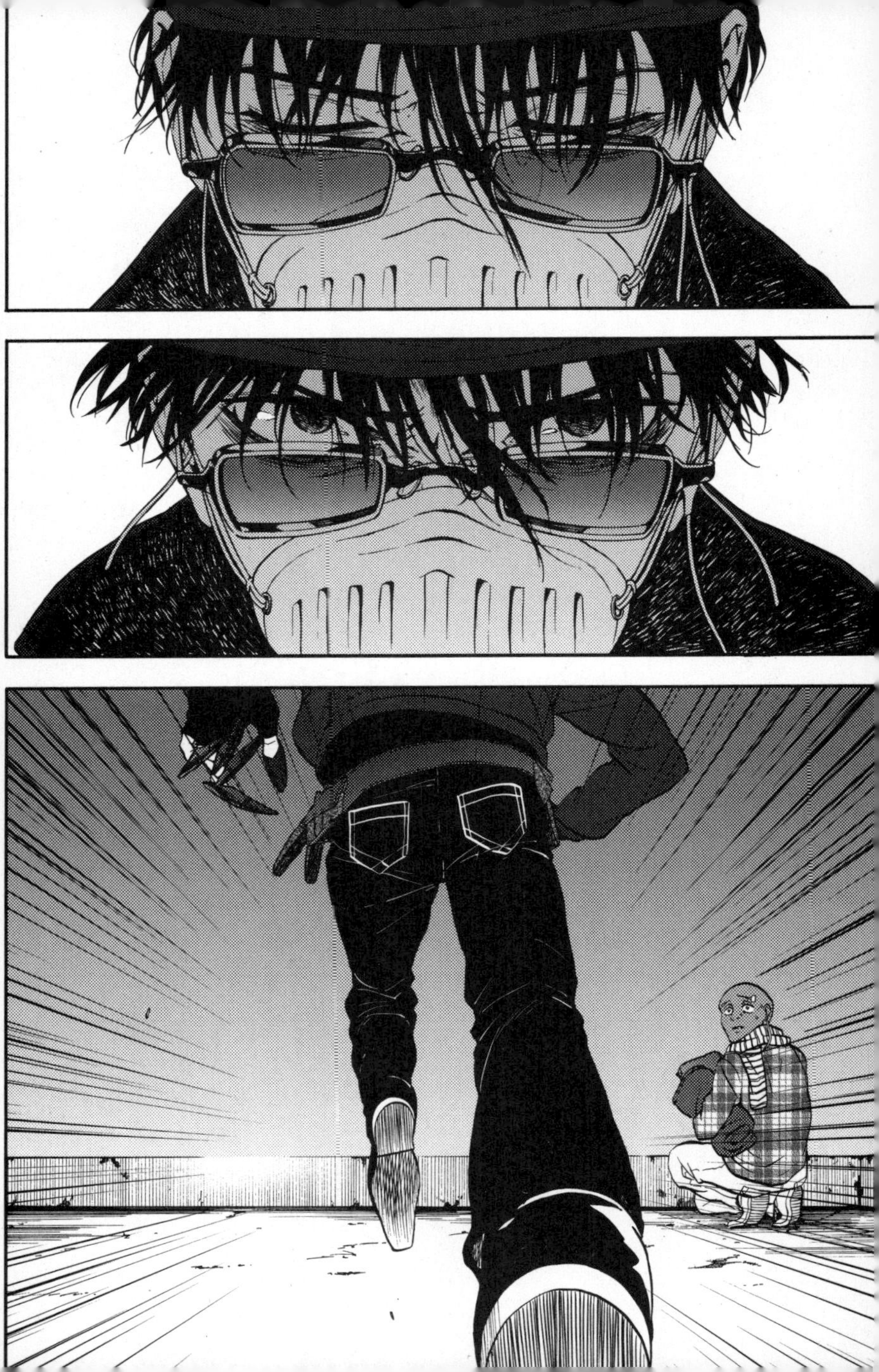

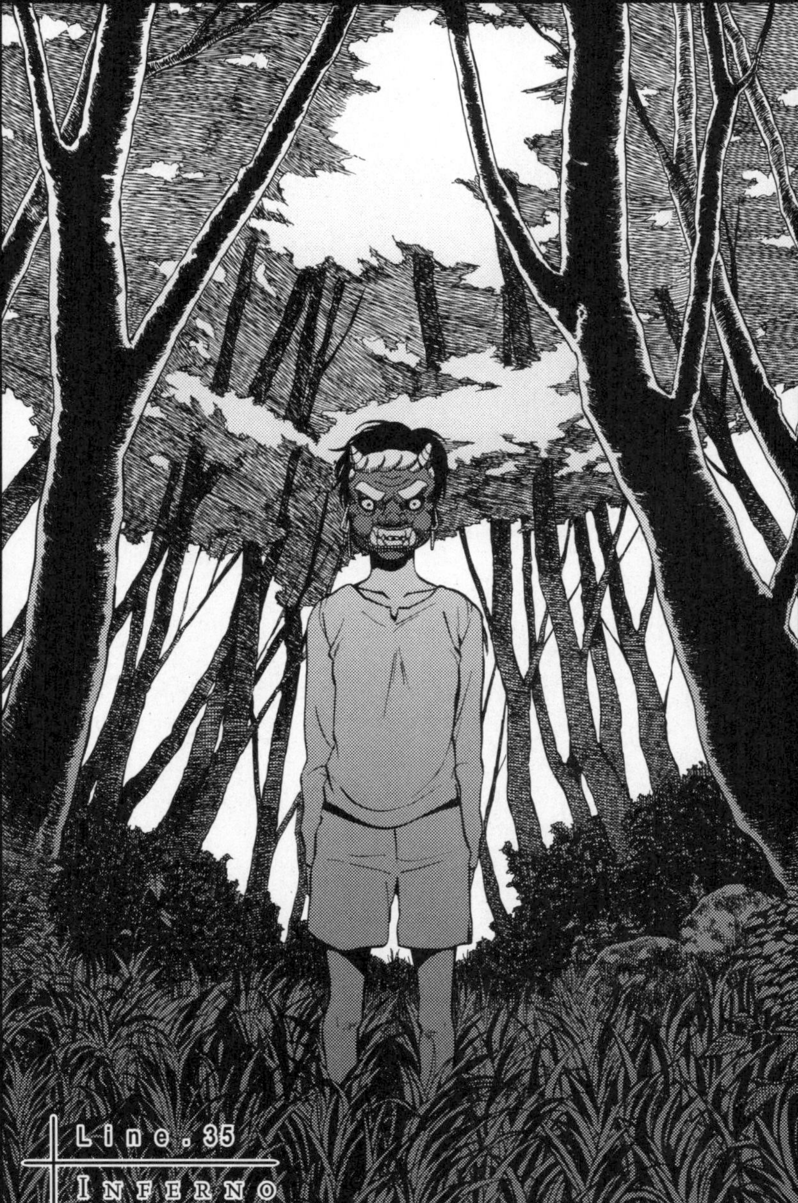Line. 35
INFERNO

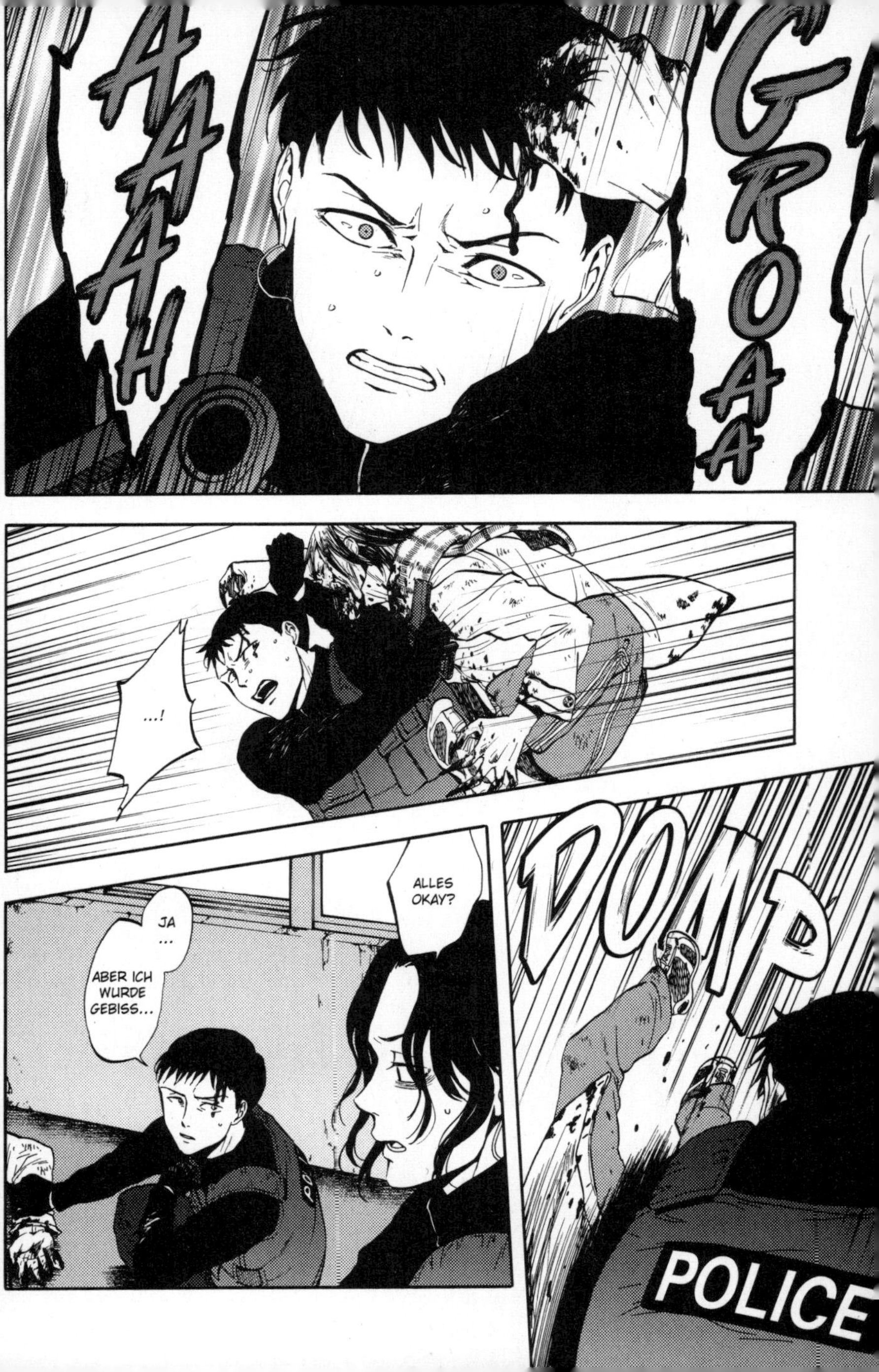

GROAAA
AAAH
...!
DOMP
ALLES OKAY?
JA ...
ABER ICH WURDE GEBISS...
POLICE

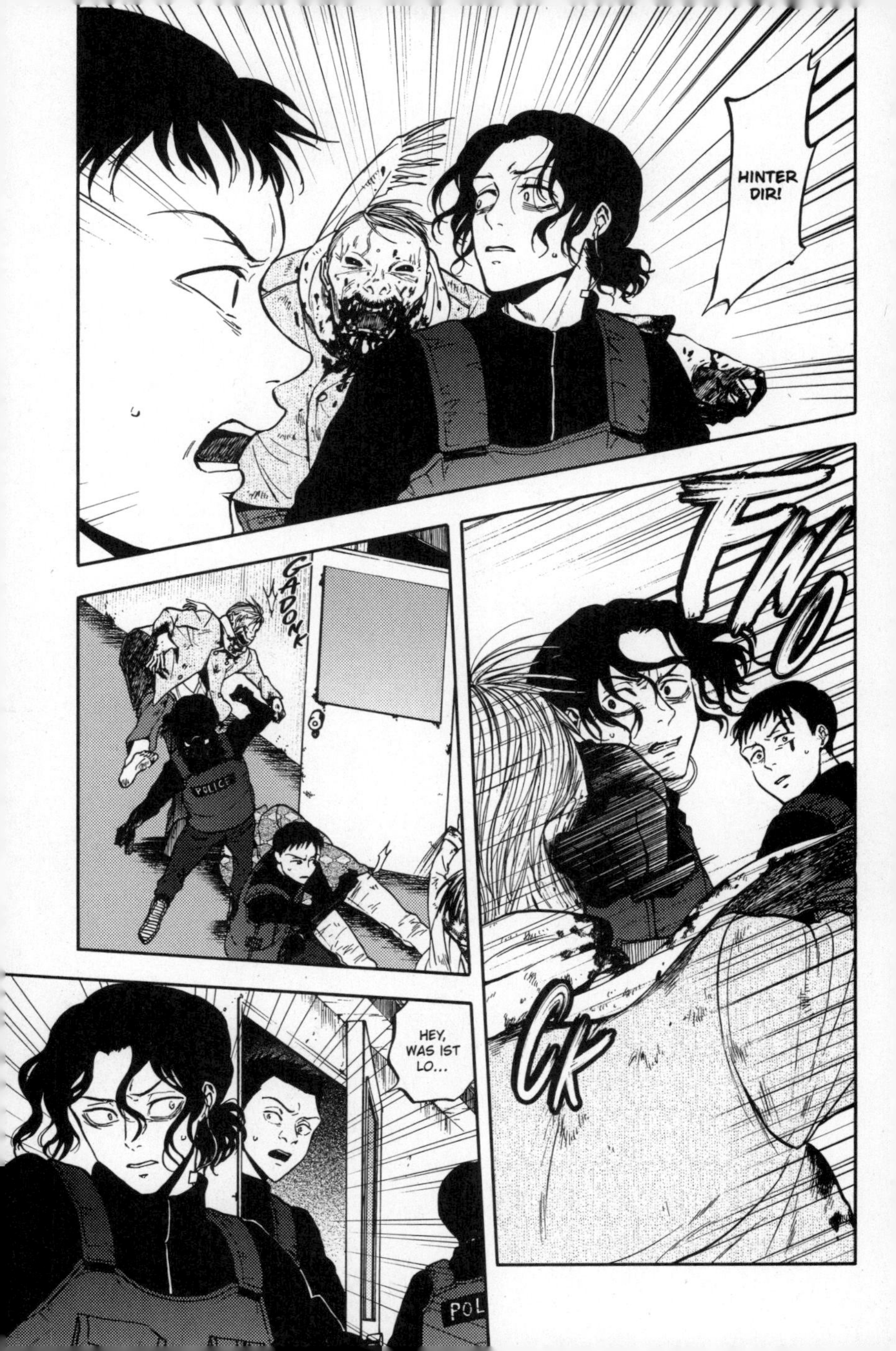
HINTER DIR!
GADONK
HEY, WAS IST LO...

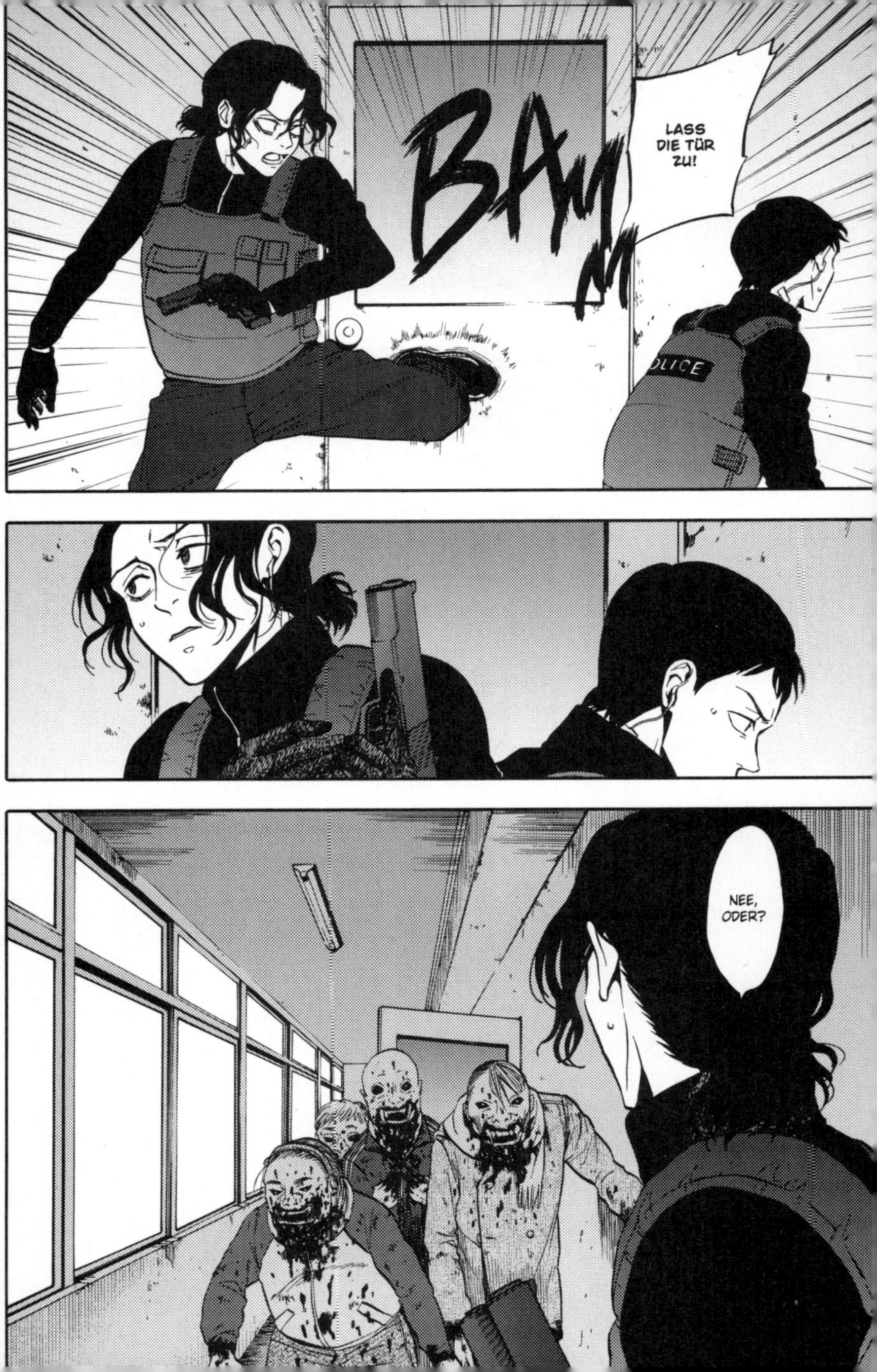
LASS DIE TÜR ZU!
BAMM
NEE, ODER?

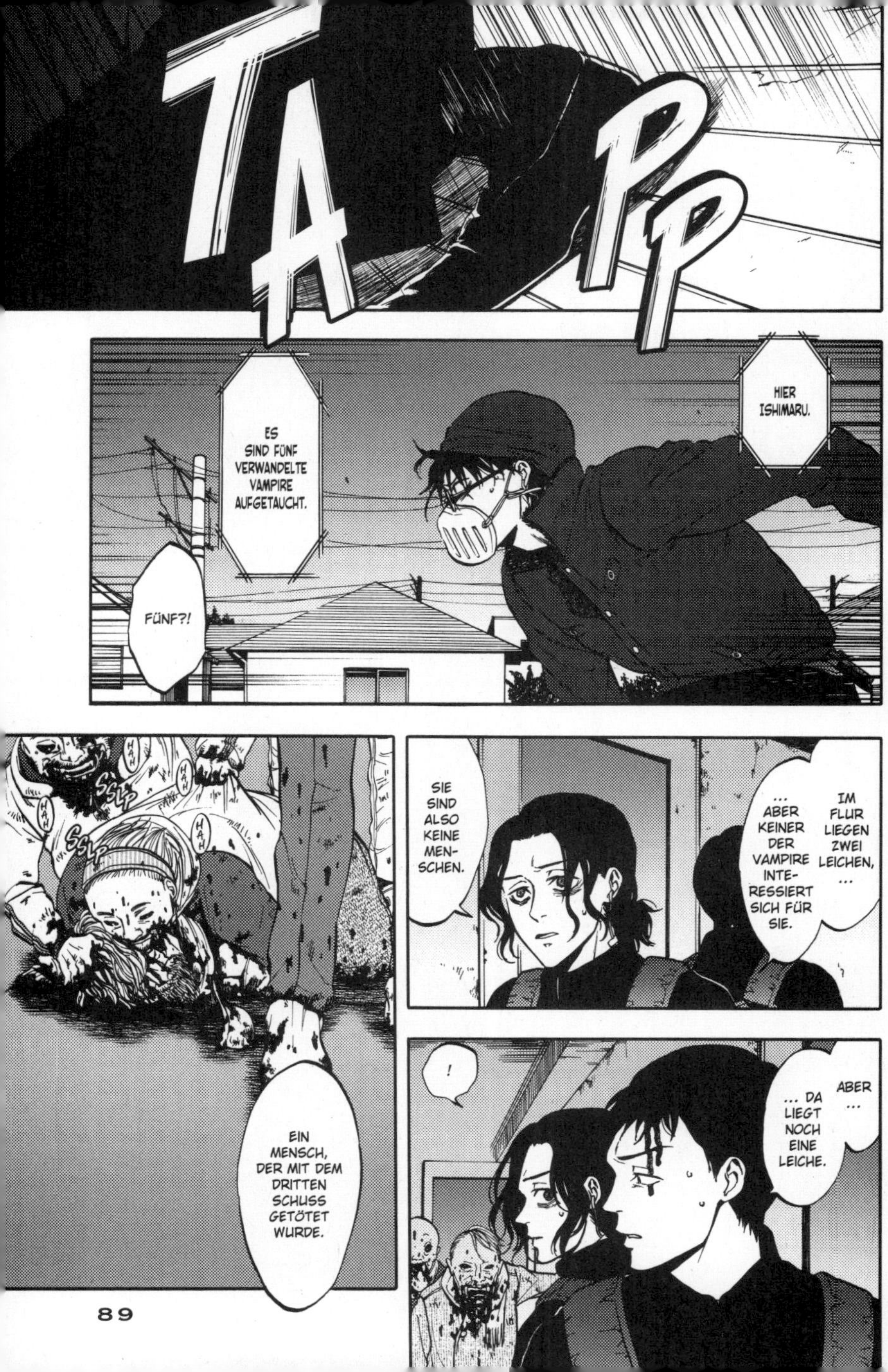
TAPP
HIER ISHIMARU.
ES SIND FÜNF VERWANDELTE VAMPIRE AUFGETAUCHT.
FÜNF?!
IM FLUR LIEGEN ZWEI LEICHEN, ...
... ABER KEINER DER VAMPIRE INTE-RESSIERT SICH FÜR SIE.
SIE SIND ALSO KEINE MEN-SCHEN.
HAH
SSLP
HAH
SSLP
HAH
ABER ...
... DA LIEGT NOCH EINE LEICHE.
!
EIN MENSCH, DER MIT DEM DRITTEN SCHUSS GETÖTET WURDE.

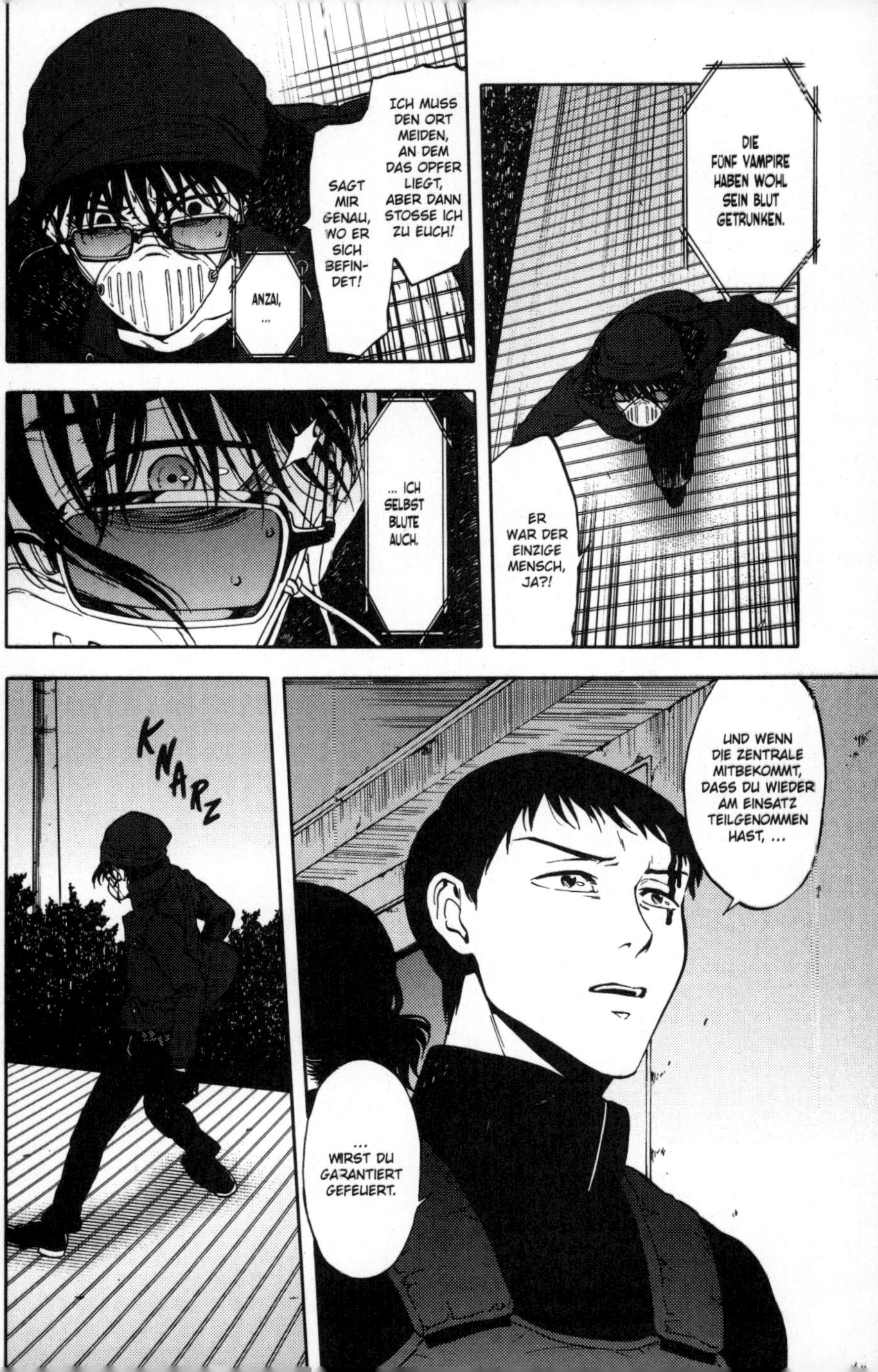

DIE FÜNF VAMPIRE HABEN WOHL SEIN BLUT GETRUNKEN.
ICH MUSS DEN ORT MEIDEN, AN DEM DAS OPFER LIEGT, ABER DANN STOSSE ICH ZU EUCH!
SAGT MIR GENAU, WO ER SICH BEFIN-DET!
ANZAI, ...
ER WAR DER EINZIGE MENSCH, JA?!
... ICH SELBST BLUTE AUCH.
UND WENN DIE ZENTRALE MITBEKOMMT, DASS DU WIEDER AM EINSATZ TEILGENOMMEN HAST, ...
... WIRST DU GARANTIERT GEFEUERT.
KNARZ

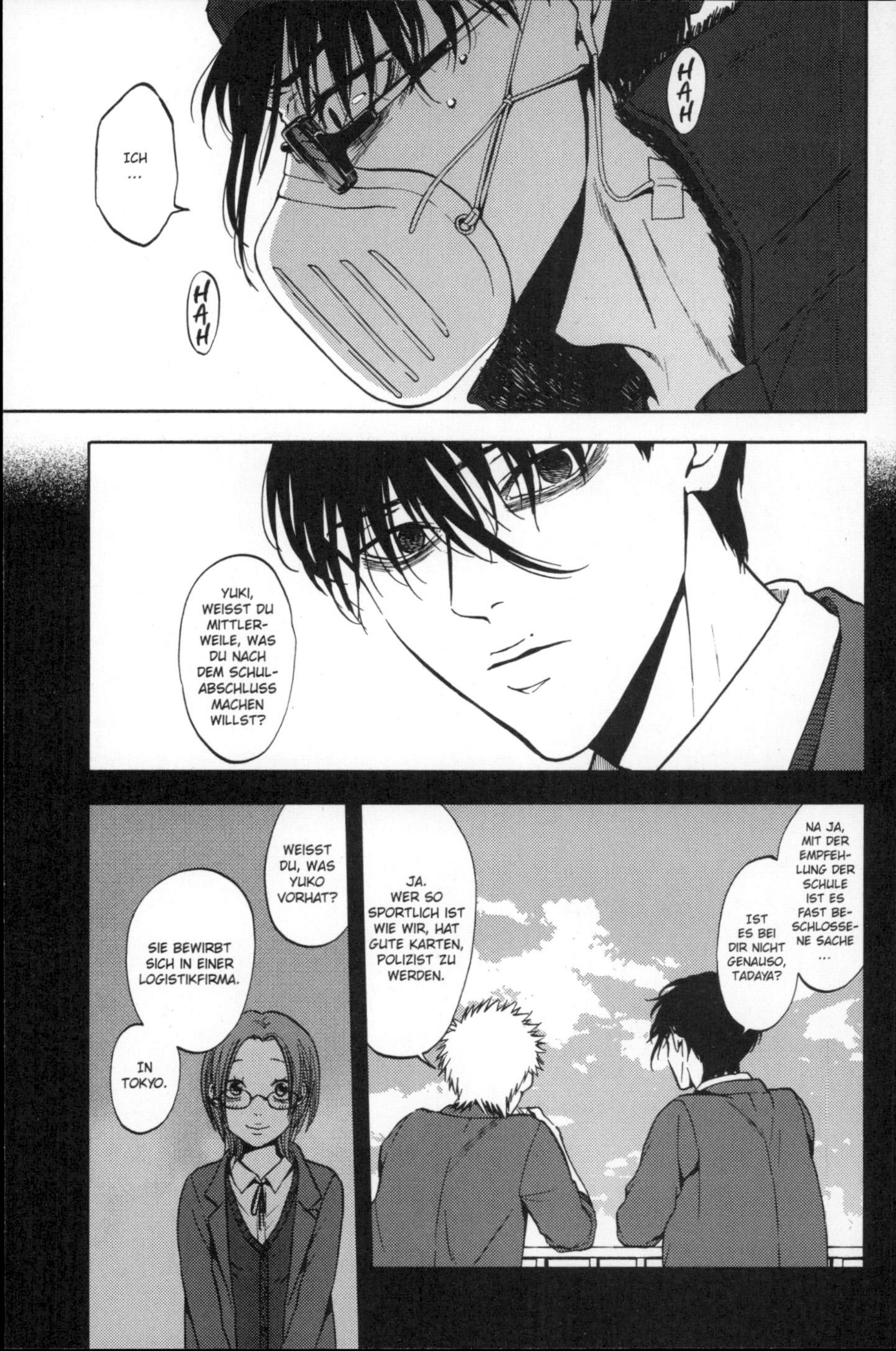
HAH
ICH ...
HAH
YUKI, WEISST DU MITTLERWEILE, WAS DU NACH DEM SCHULABSCHLUSS MACHEN WILLST?
NA JA, MIT DER EMPFEHLUNG DER SCHULE IST ES FAST BESCHLOSSENE SACHE ...
IST ES BEI DIR NICHT GENAUSO, TADAYA?
JA. WER SO SPORTLICH IST WIE WIR, HAT GUTE KARTEN, POLIZIST ZU WERDEN.
WEISST DU, WAS YUKO VORHAT?
SIE BEWIRBT SICH IN EINER LOGISTIKFIRMA.
IN TOKYO.

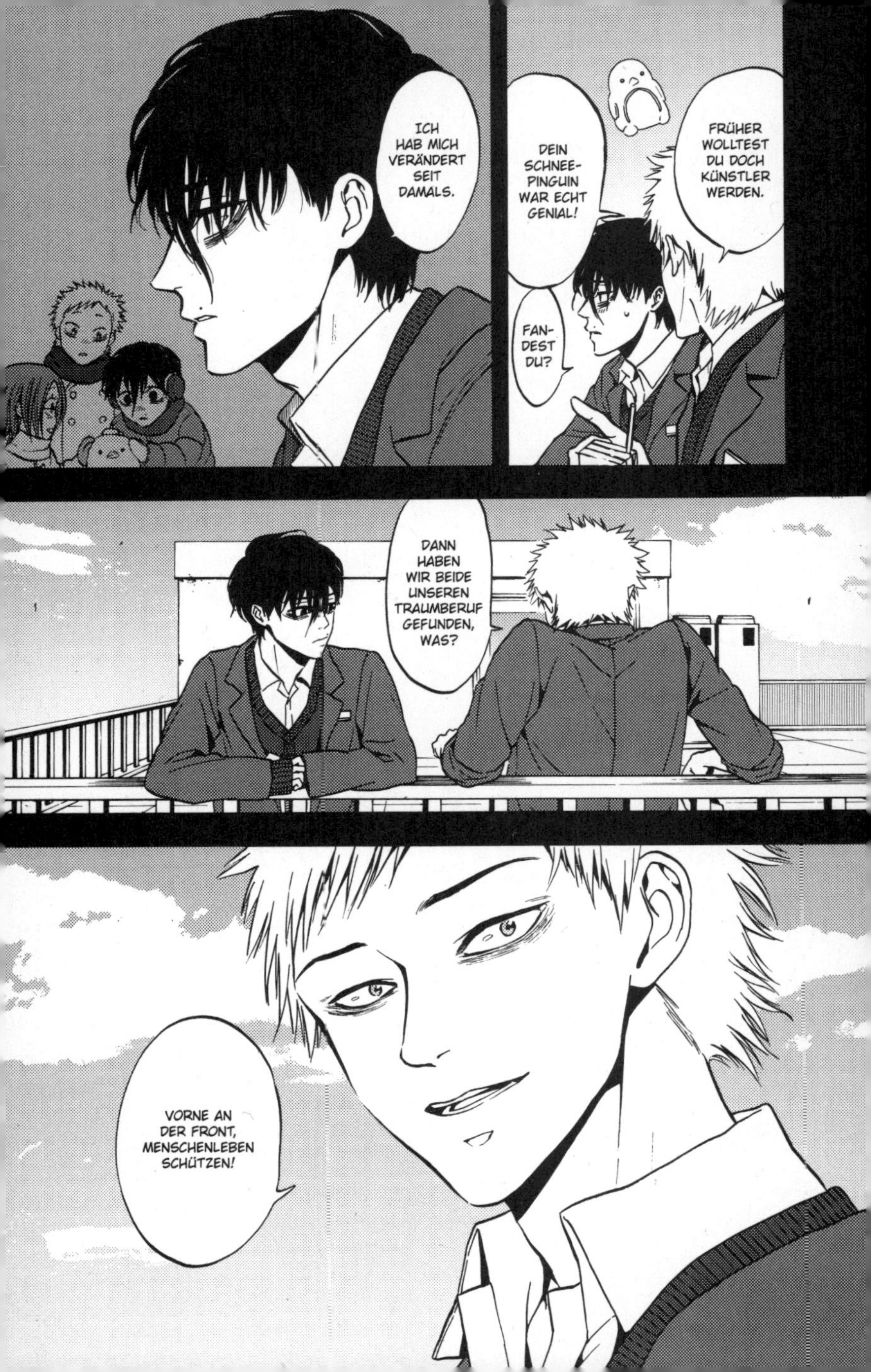

FRÜHER WOLLTEST DU DOCH KÜNSTLER WERDEN.
DEIN SCHNEE-PINGUIN WAR ECHT GENIAL!
FAN-DEST DU?
ICH HAB MICH VERÄNDERT SEIT DAMALS.
DANN HABEN WIR BEIDE UNSEREN TRAUMBERUF GEFUNDEN, WAS?
VORNE AN DER FRONT, MENSCHENLEBEN SCHÜTZEN!

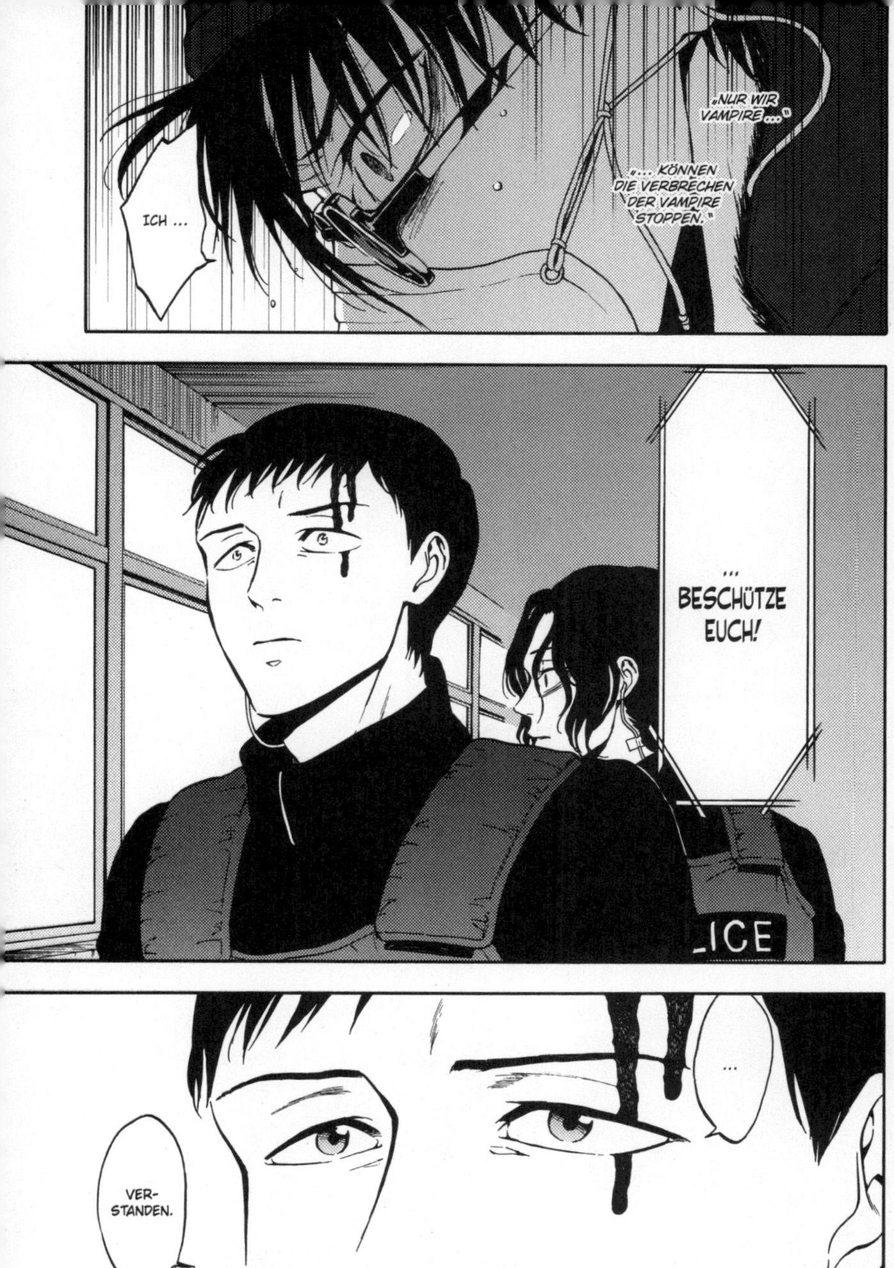
„NUR WIR VAMPIRE ...“
„... KÖNNEN DIE VERBRECHEN DER VAMPIRE STOPPEN.“
ICH ...
... BESCHÜTZE EUCH!
LICE
...
VER-STANDEN.

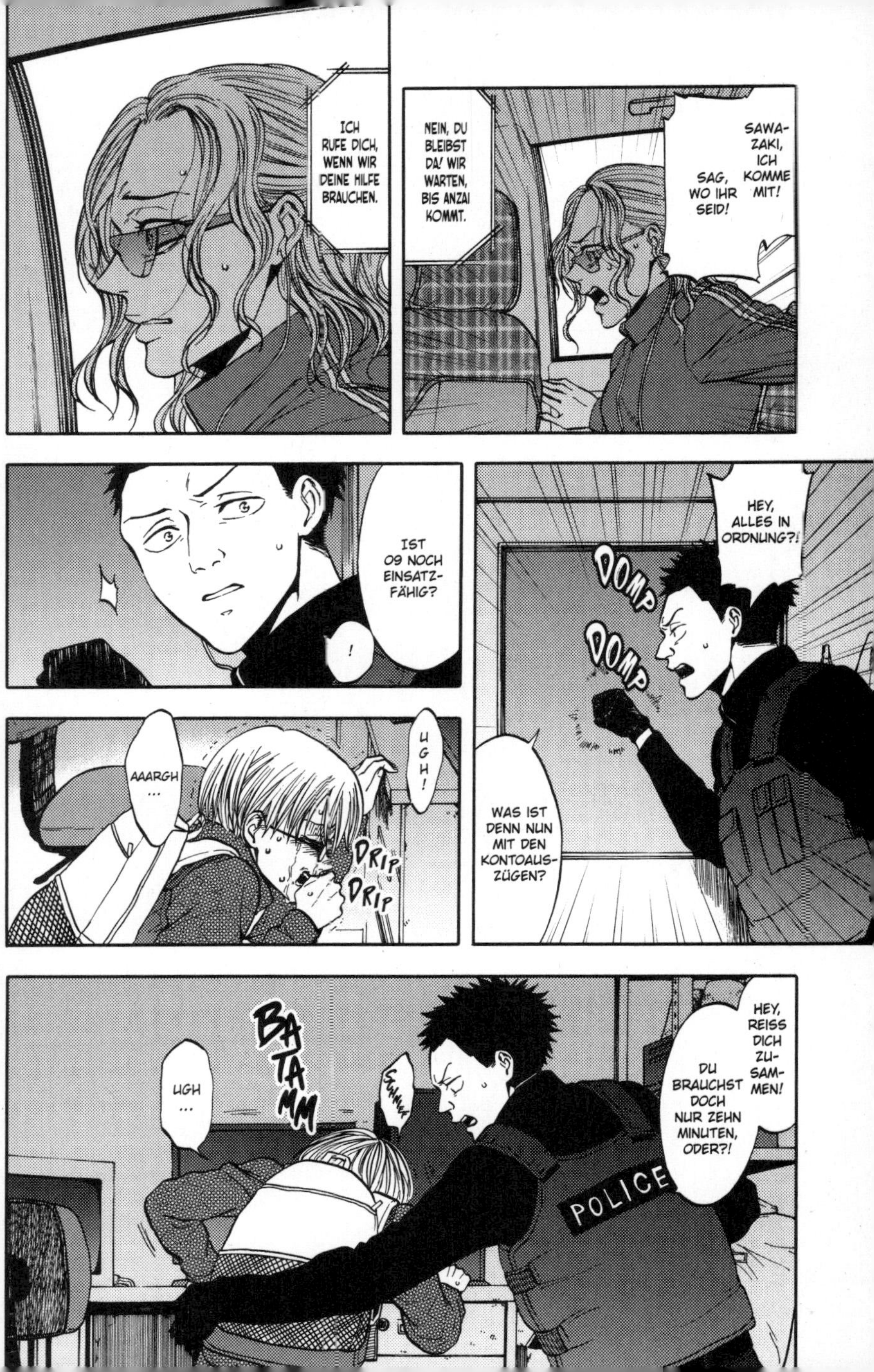

SAWA-ZAKI, ICH KOMME MIT!
SAG, WO IHR SEID!
NEIN, DU BLEIBST DA! WIR WARTEN, BIS ANZAI KOMMT.
ICH RUFE DICH, WENN WIR DEINE HILFE BRAUCHEN.
HEY, ALLES IN ORDNUNG?!
DOMP
DOMP
IST 09 NOCH EINSATZ-FÄHIG?
!
WAS IST DENN NUN MIT DEN KONTOAUS-ZÜGEN?
UGH!
AAARGH …
DRIP
DRIP
HEY, REISS DICH ZU-SAM-MEN!
DU BRAUCHST DOCH NUR ZEHN MINUTEN, ODER?!
BATAMM
UGH …
POLICE

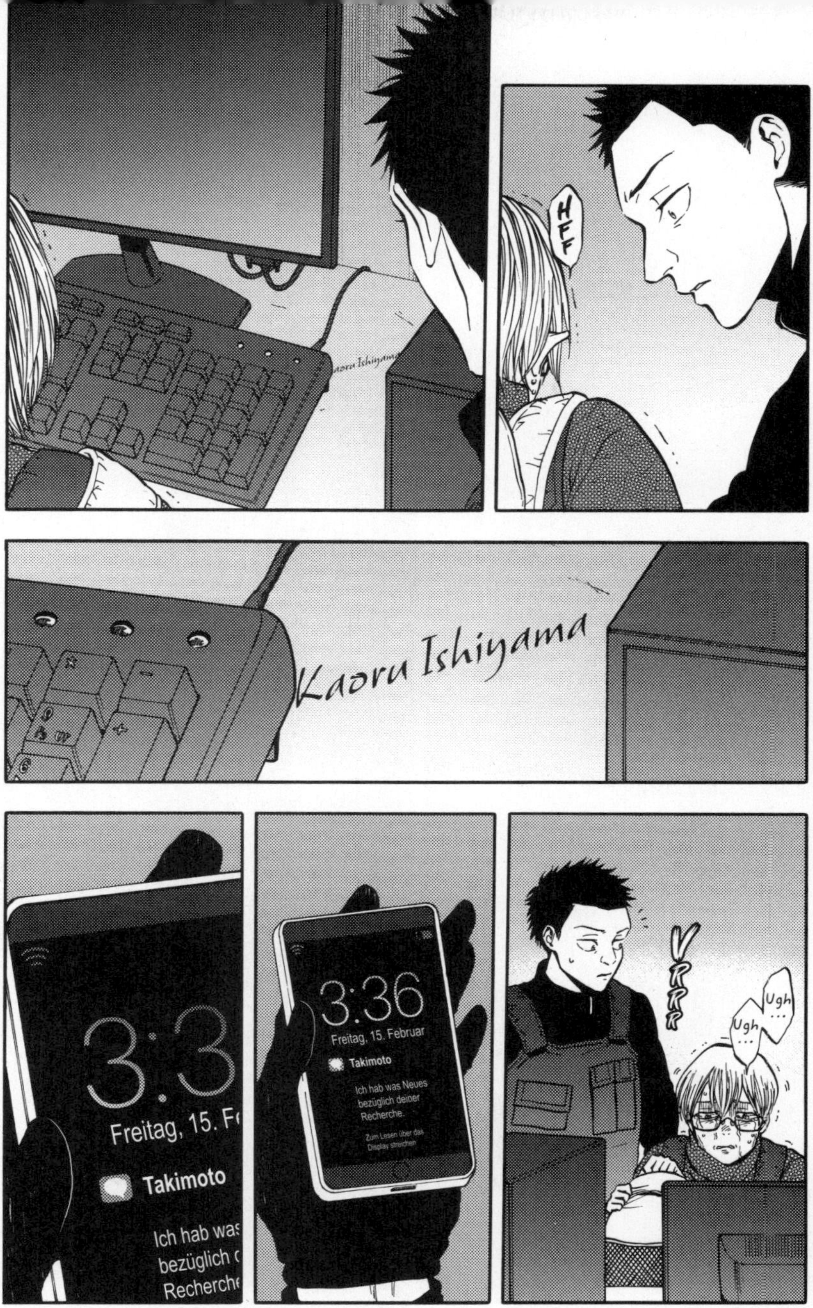
HFF
Kaoru Ishiyama
Kaoru Ishiyama
VRRR
Ugh...
Ugh...
3:36
Freitag, 15. Februar
Takimoto
Ich hab was Neues bezüglich deiner Recherche.
Zum Lesen über das Display streichen
Takimoto

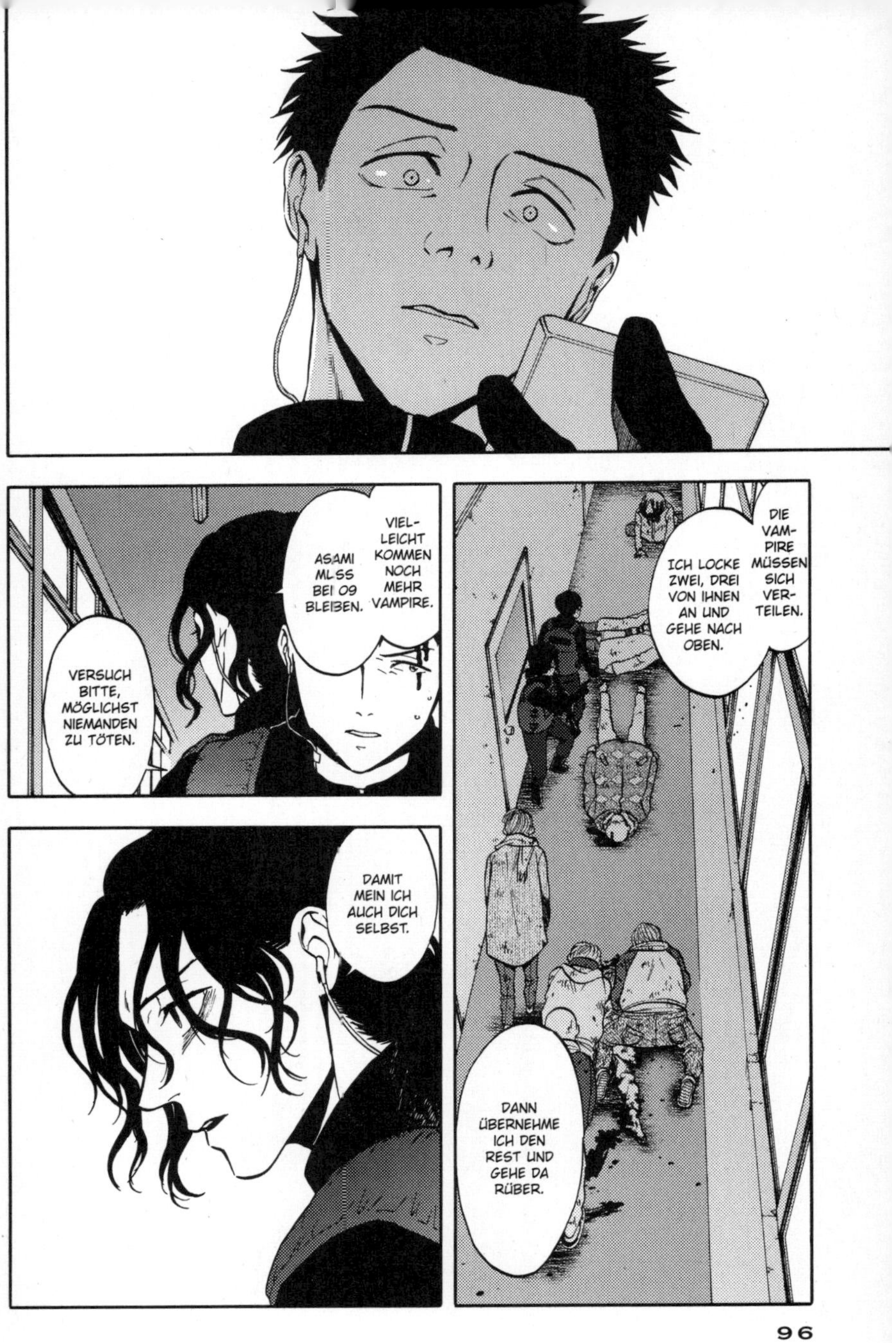
DIE VAMPIRE MÜSSEN SICH VERTEILEN.
ICH LOCKE ZWEI, DREI VON IHNEN AN UND GEHE NACH OBEN.
DANN ÜBERNEHME ICH DEN REST UND GEHE DA RÜBER.
VIELLEICHT KOMMEN NOCH MEHR VAMPIRE.
ASAMI MUSS BEI 09 BLEIBEN.
VERSUCH BITTE, MÖGLICHST NIEMANDEN ZU TÖTEN.
DAMIT MEIN ICH AUCH DICH SELBST.

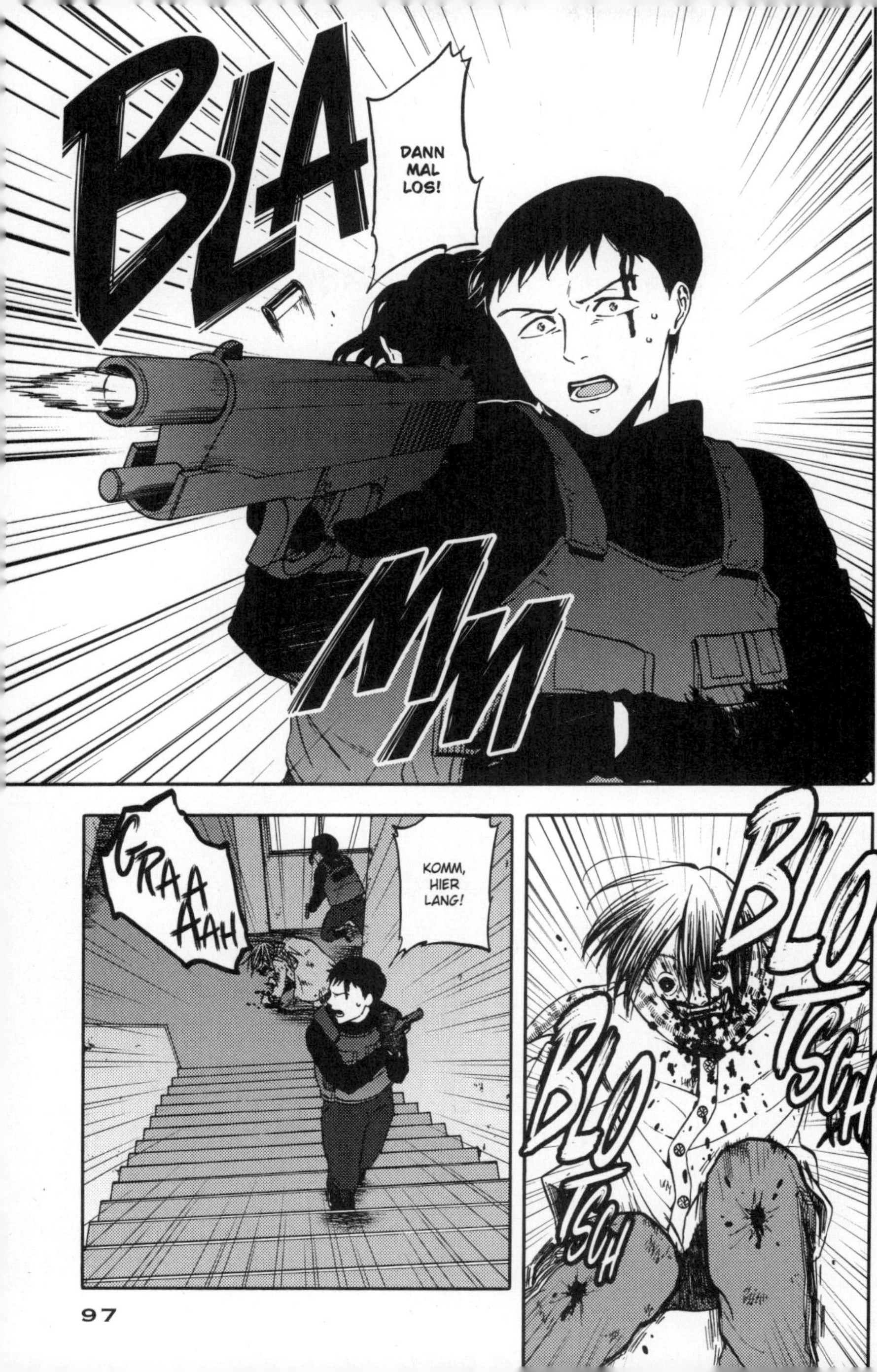
BLAMM
DANN MAL LOS!
GRAAAAH
KOMM, HIER LANG!
BLOTSCH
BLOTSCH

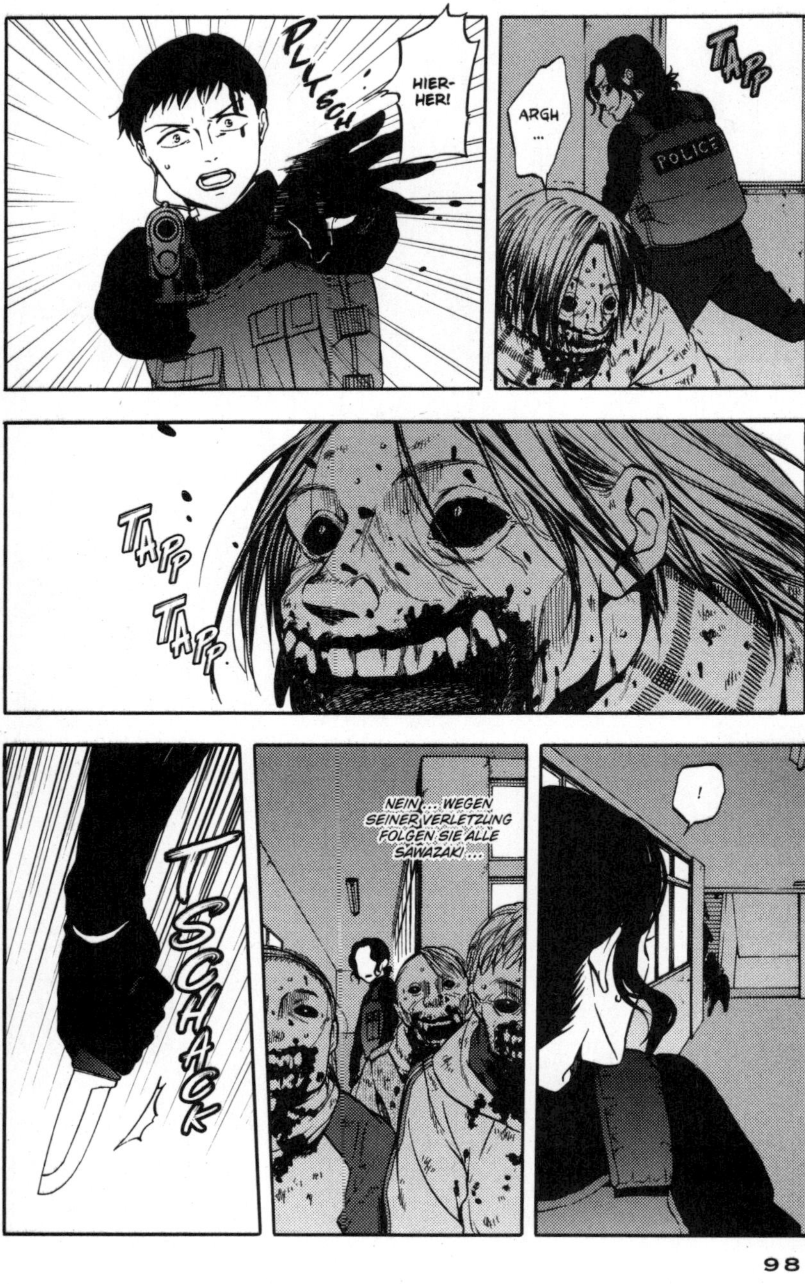
PLATSCH
HIER-HER!
TAPP
ARGH ...
TAPP
TAPP
TSCHACK
NEIN ... WEGEN SEINER VERLETZUNG FOLGEN SIE ALLE SAWAZAKI ...
!

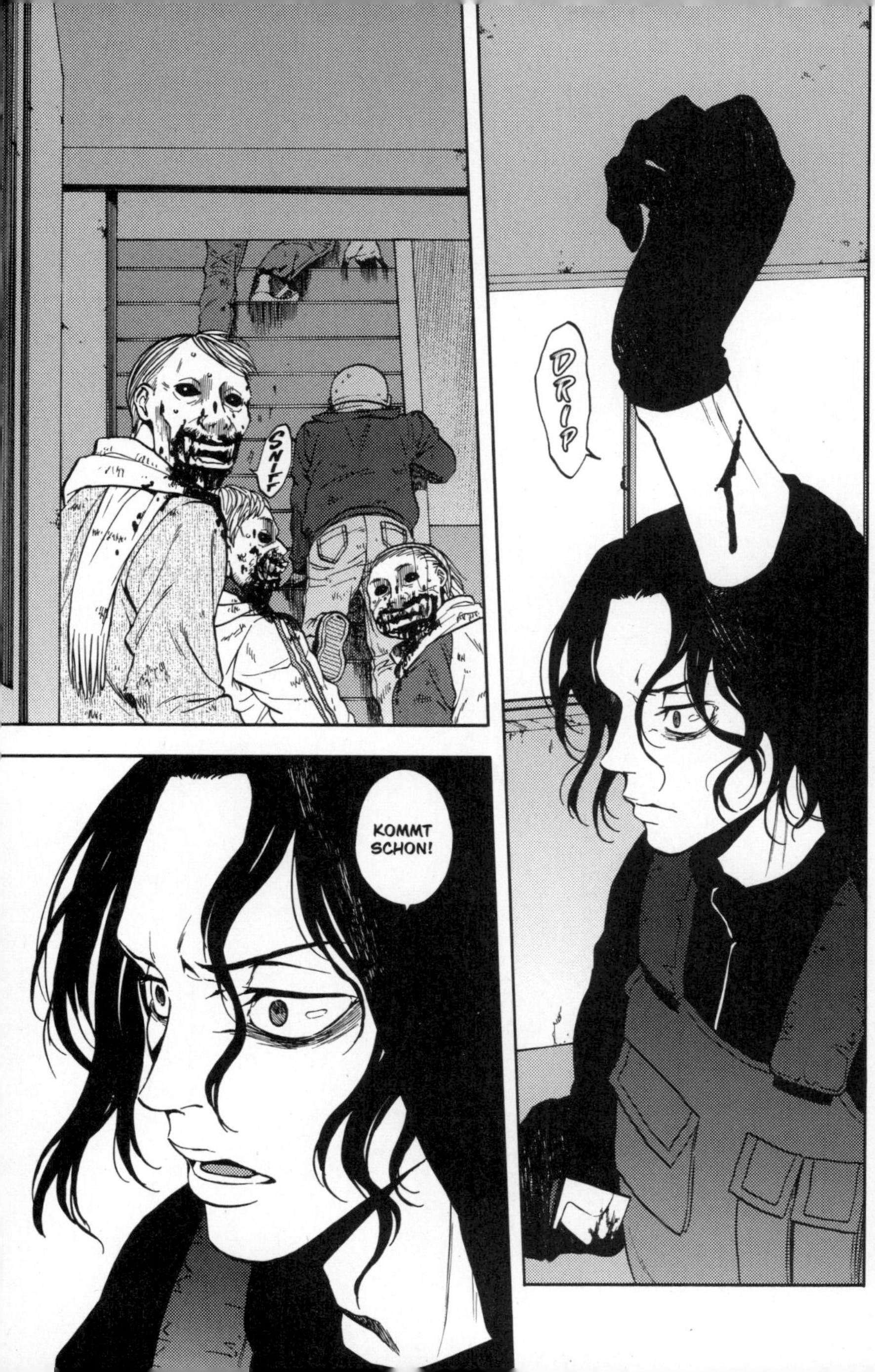
DRIP
SNIFF
KOMMT SCHON!

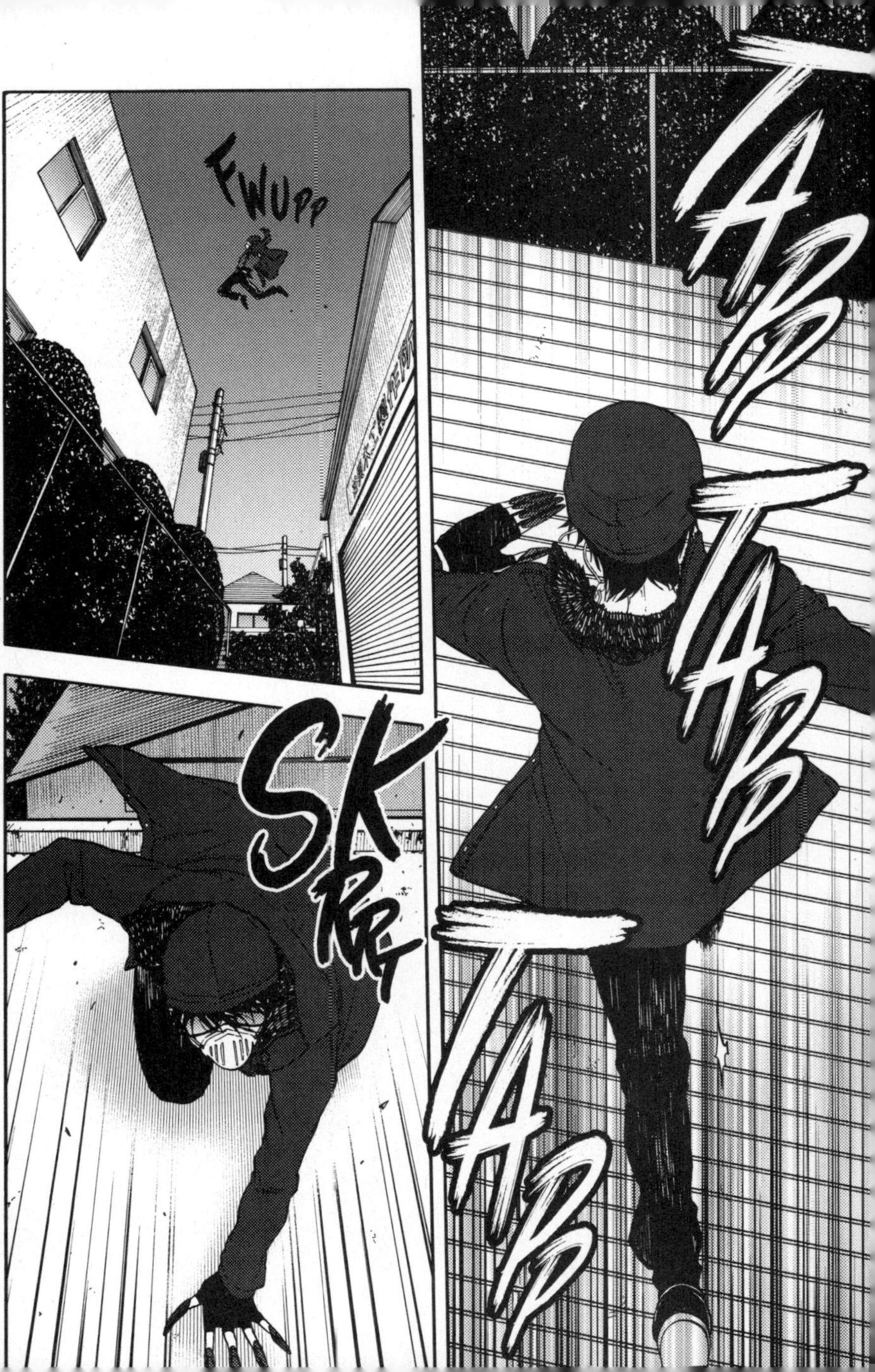
TAPP
TAPP
TAPP
FWUPP
SKRRT

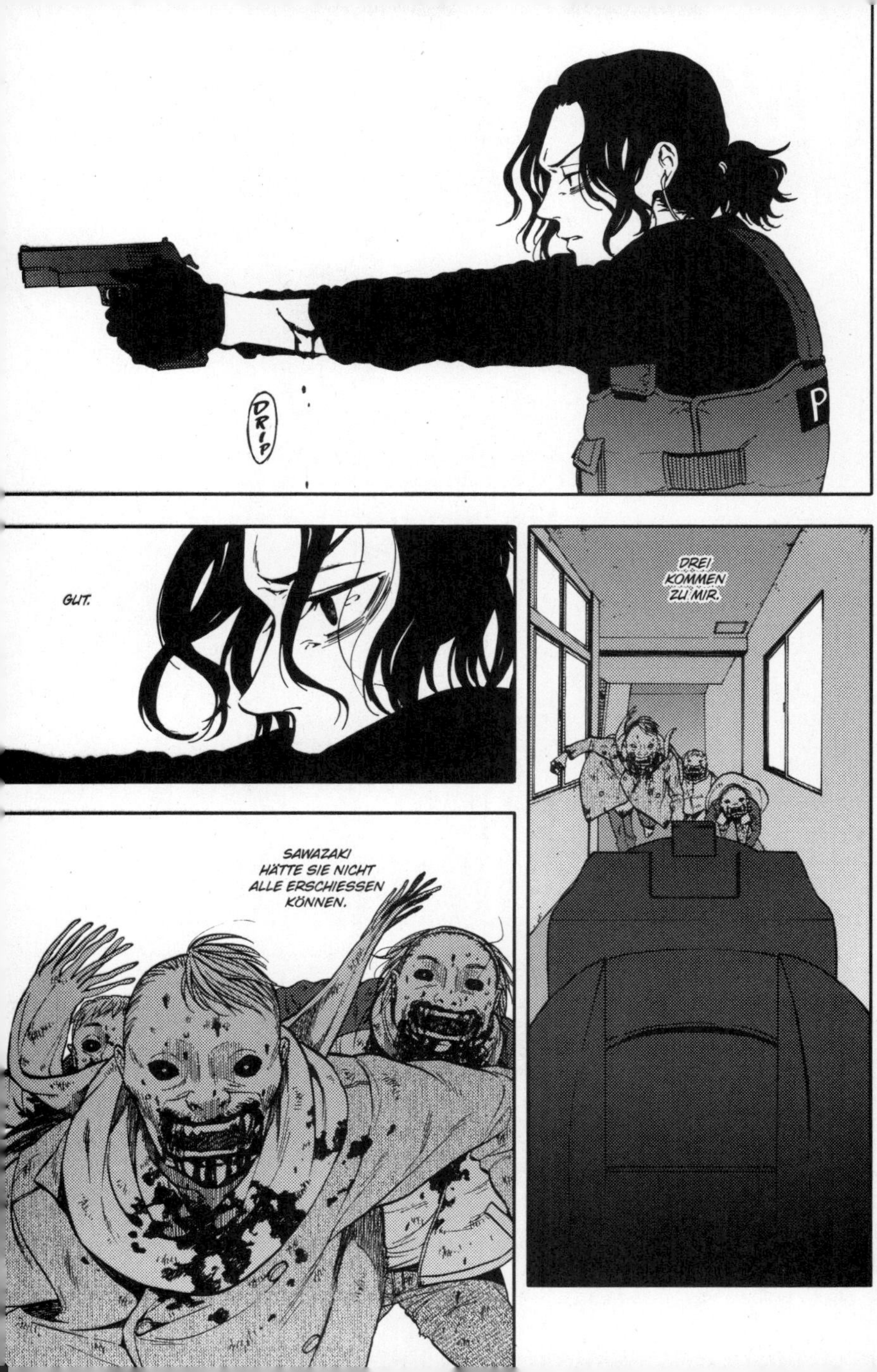
DRIP
DREI KOMMEN ZU MIR.
GUT.
SAWAZAKI HÄTTE SIE NICHT ALLE ERSCHIESSEN KÖNNEN.

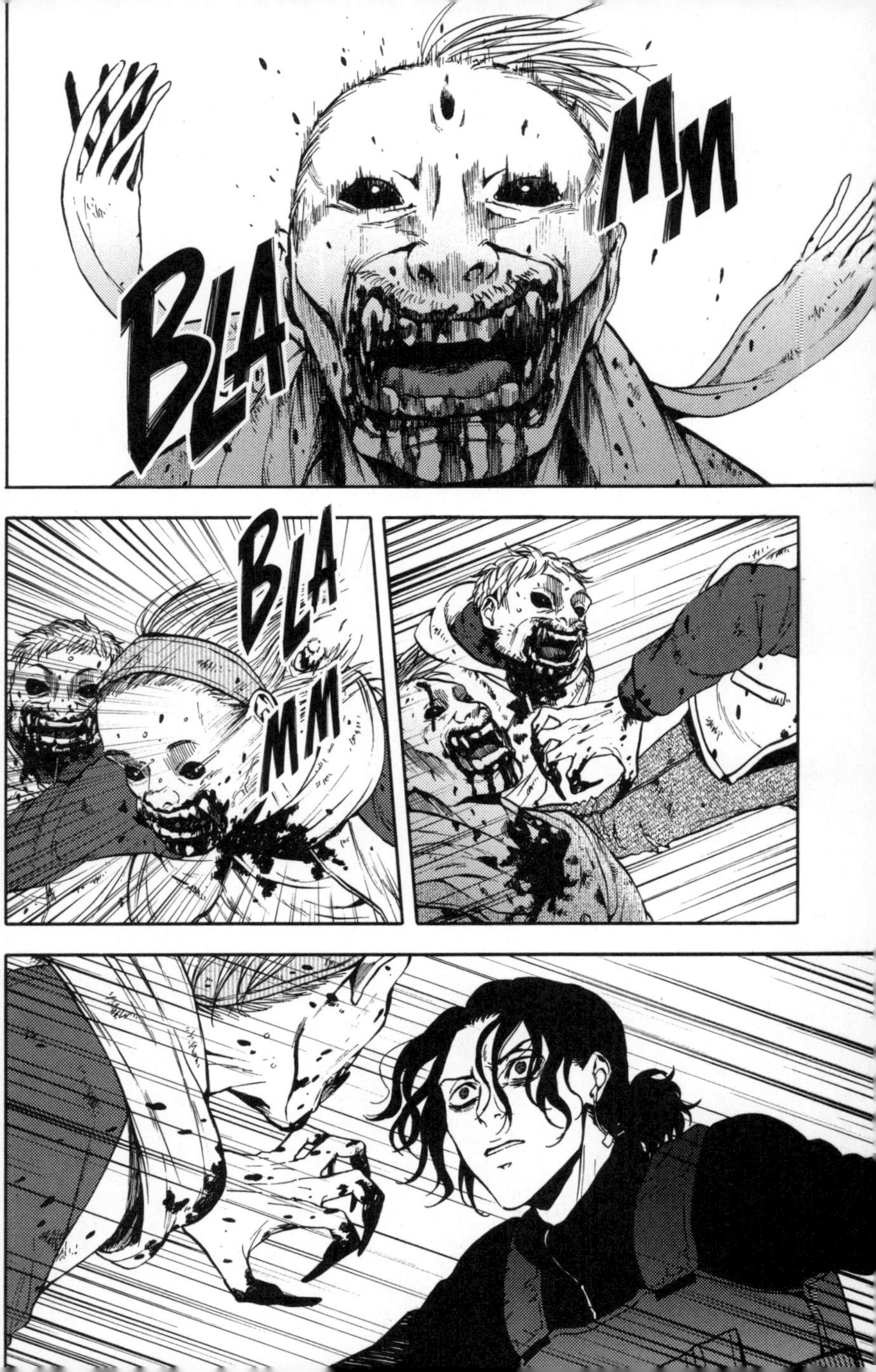
BLAMM
BLAMM

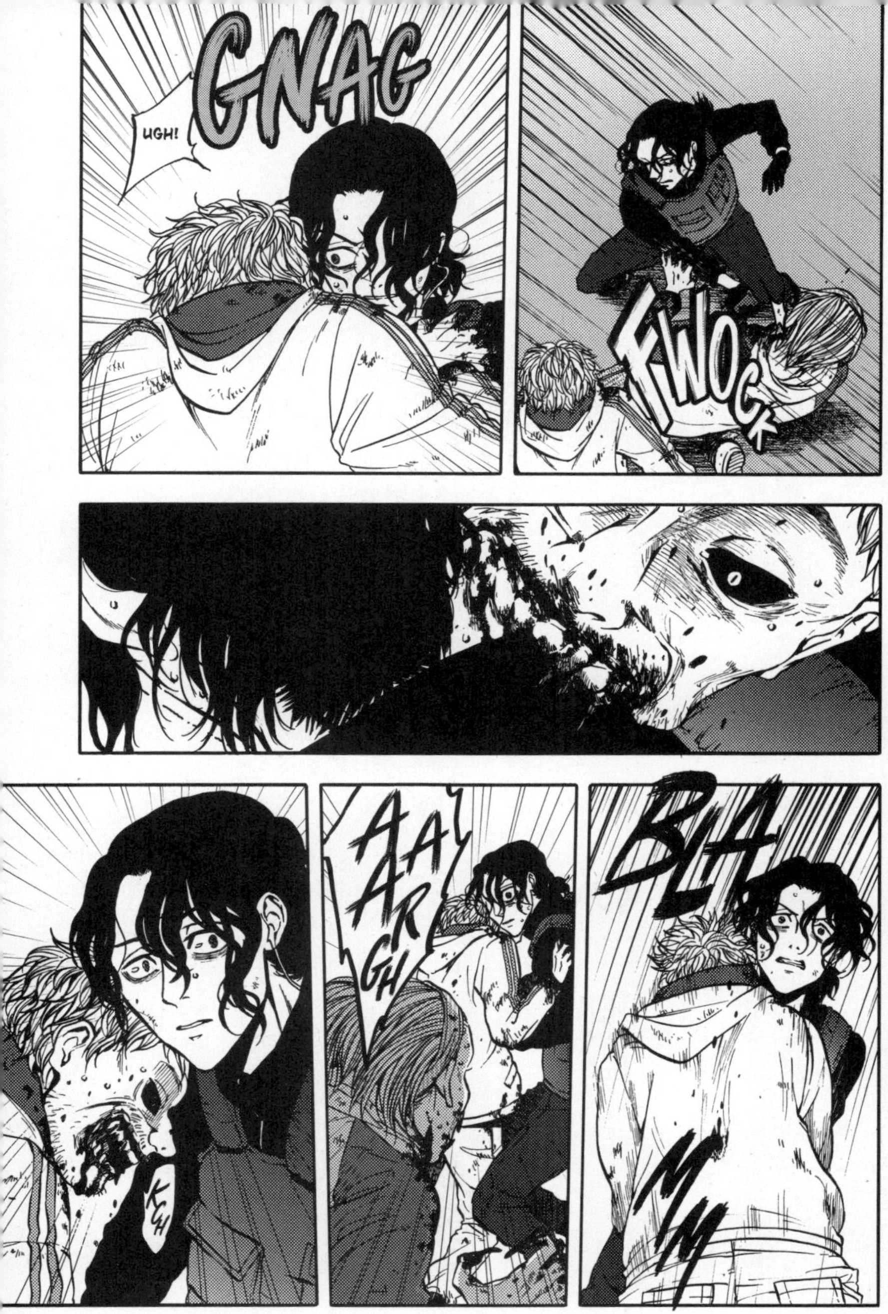
GNAG
UGH!
FWOCK
KCH
AAARGH
BLA
MM

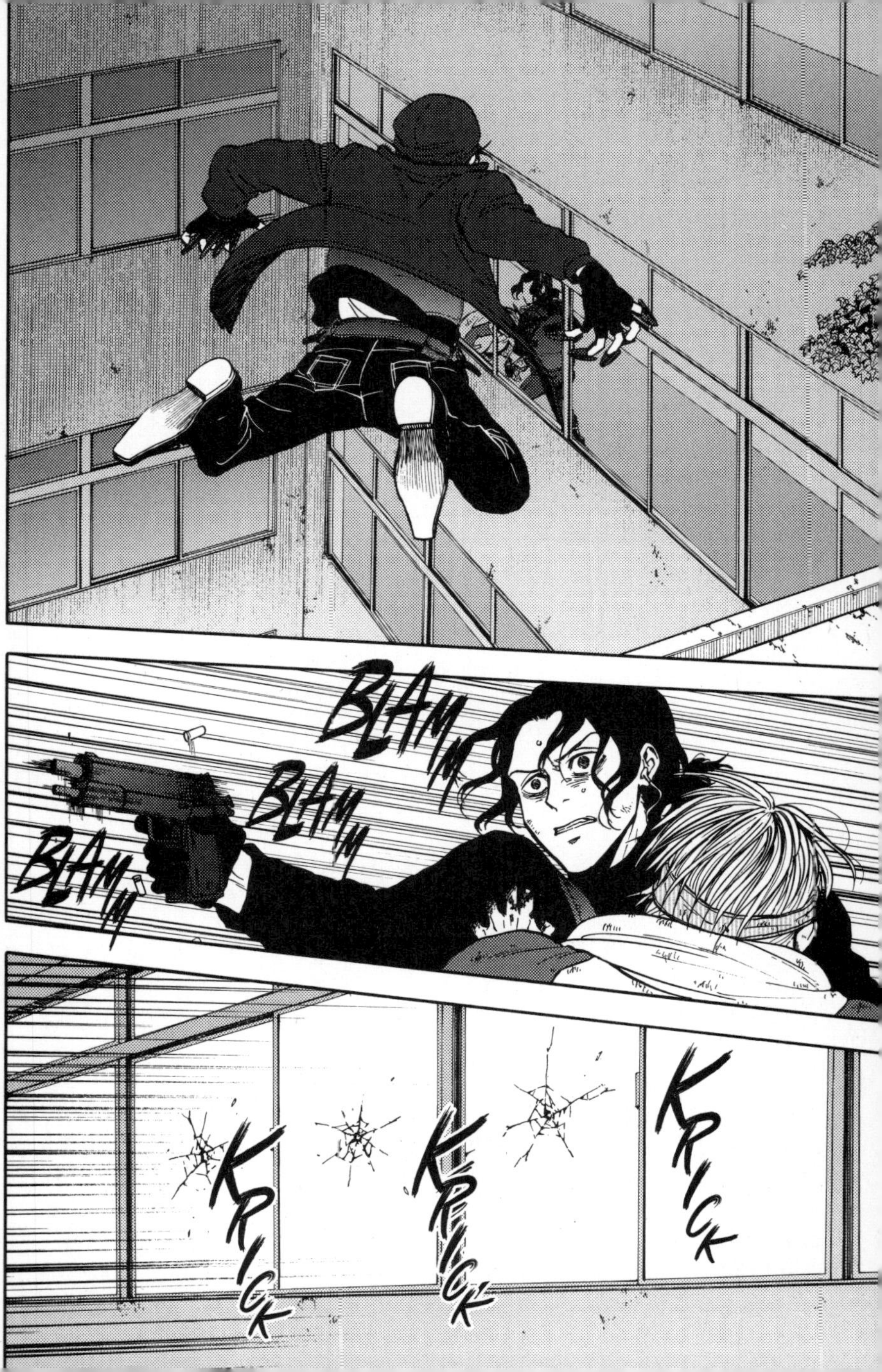
BLAM
BLAM
BLAM
KRICK
KRICK
KRICK

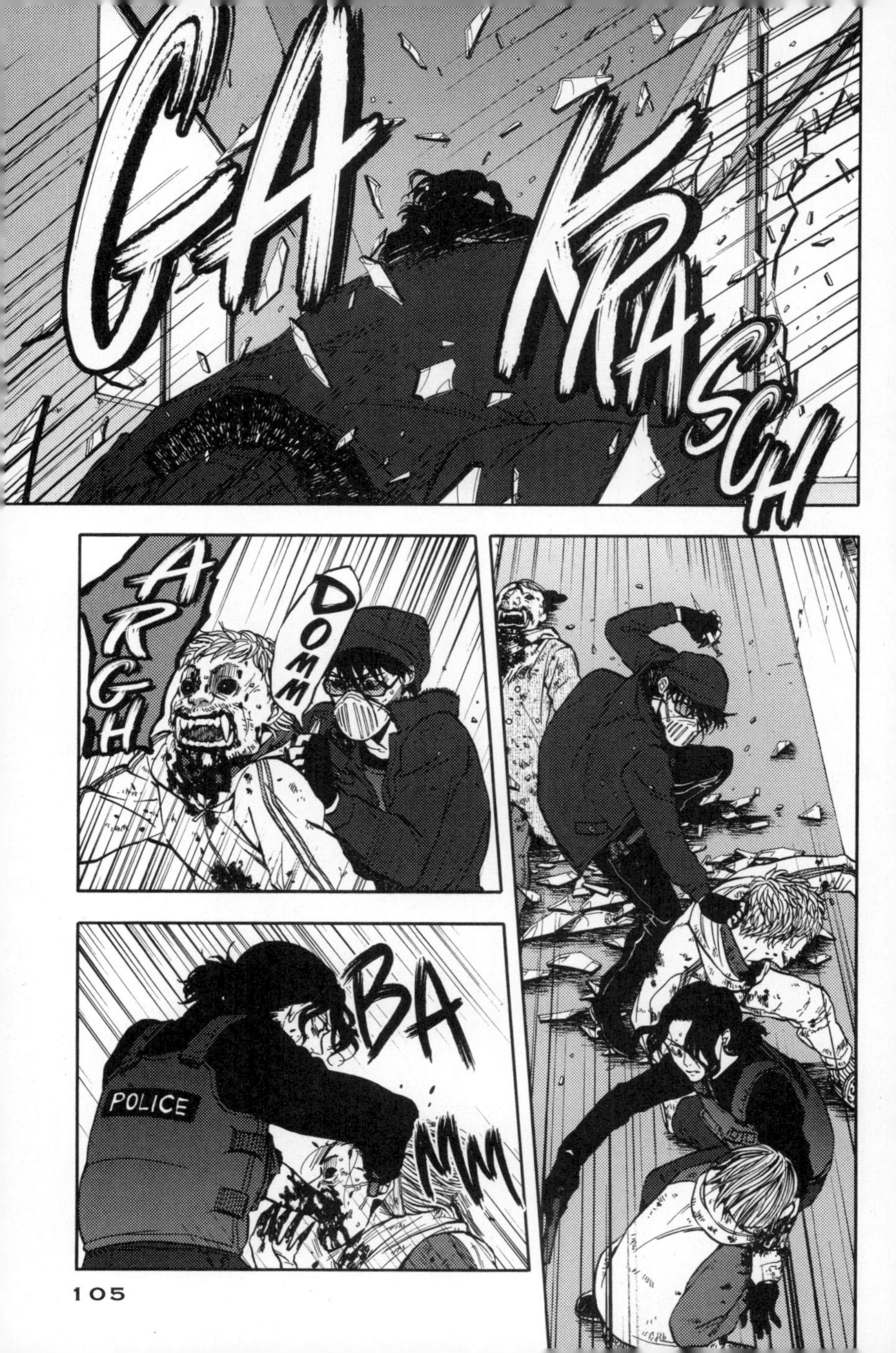
GAKRASCH
ARRGH
DOMM
BAMM
POLICE

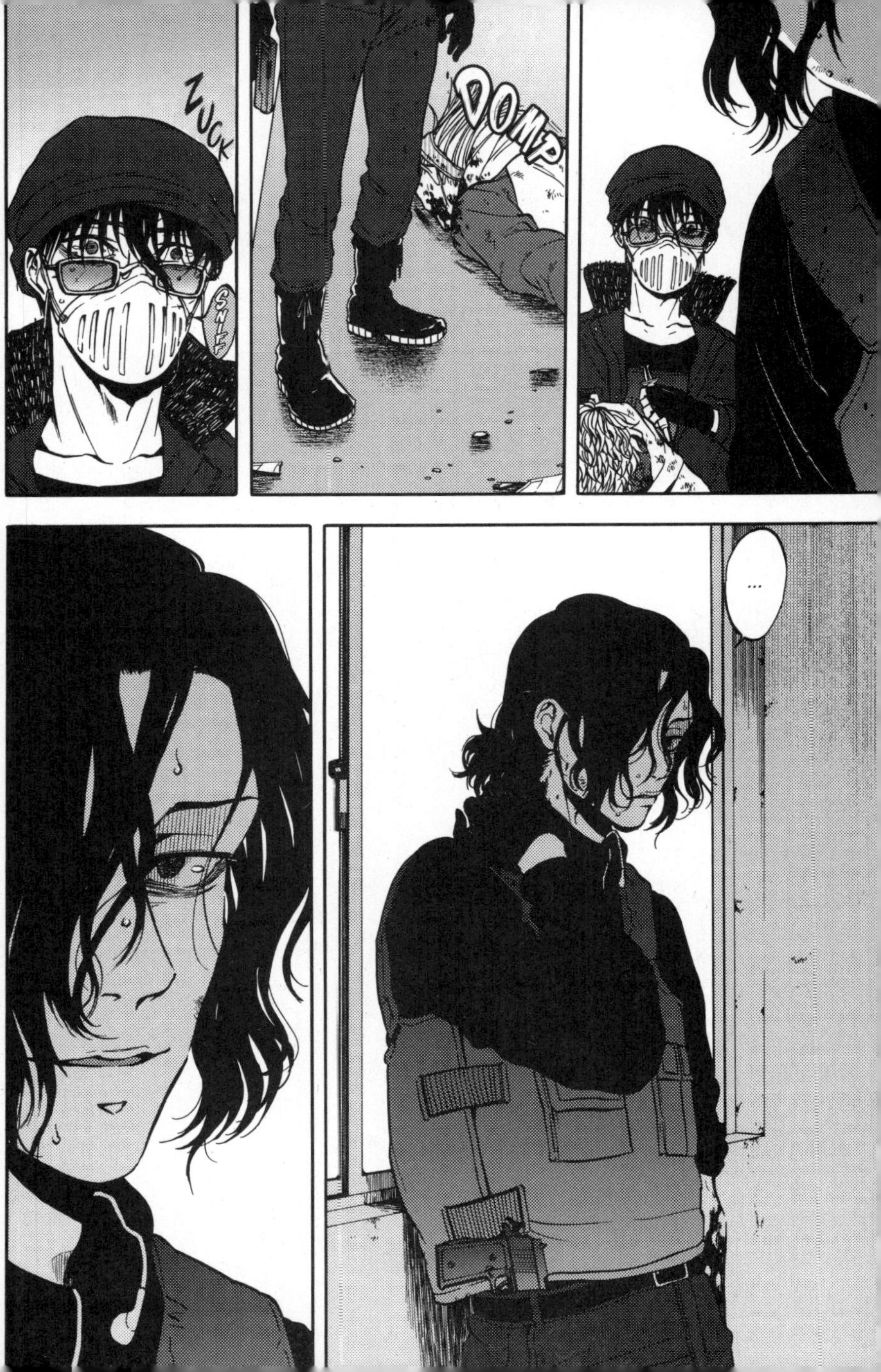
ZUCK
SNIF
DOMP
...

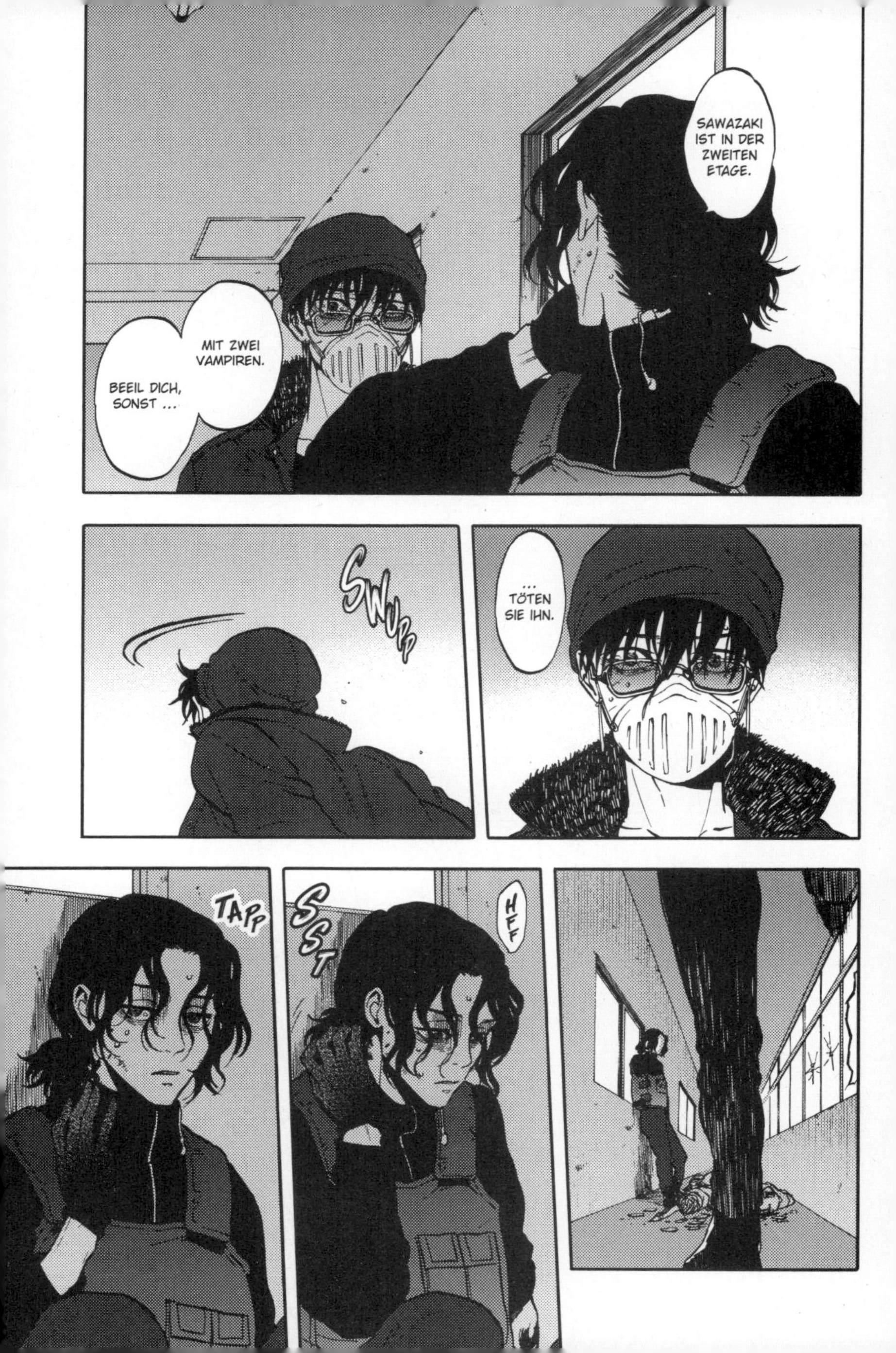
SAWAZAKI IST IN DER ZWEITEN ETAGE.
MIT ZWEI VAMPIREN.
BEEIL DICH, SONST ...
... TÖTEN SIE IHN.
SWUPP
HFF
SST
TAPP

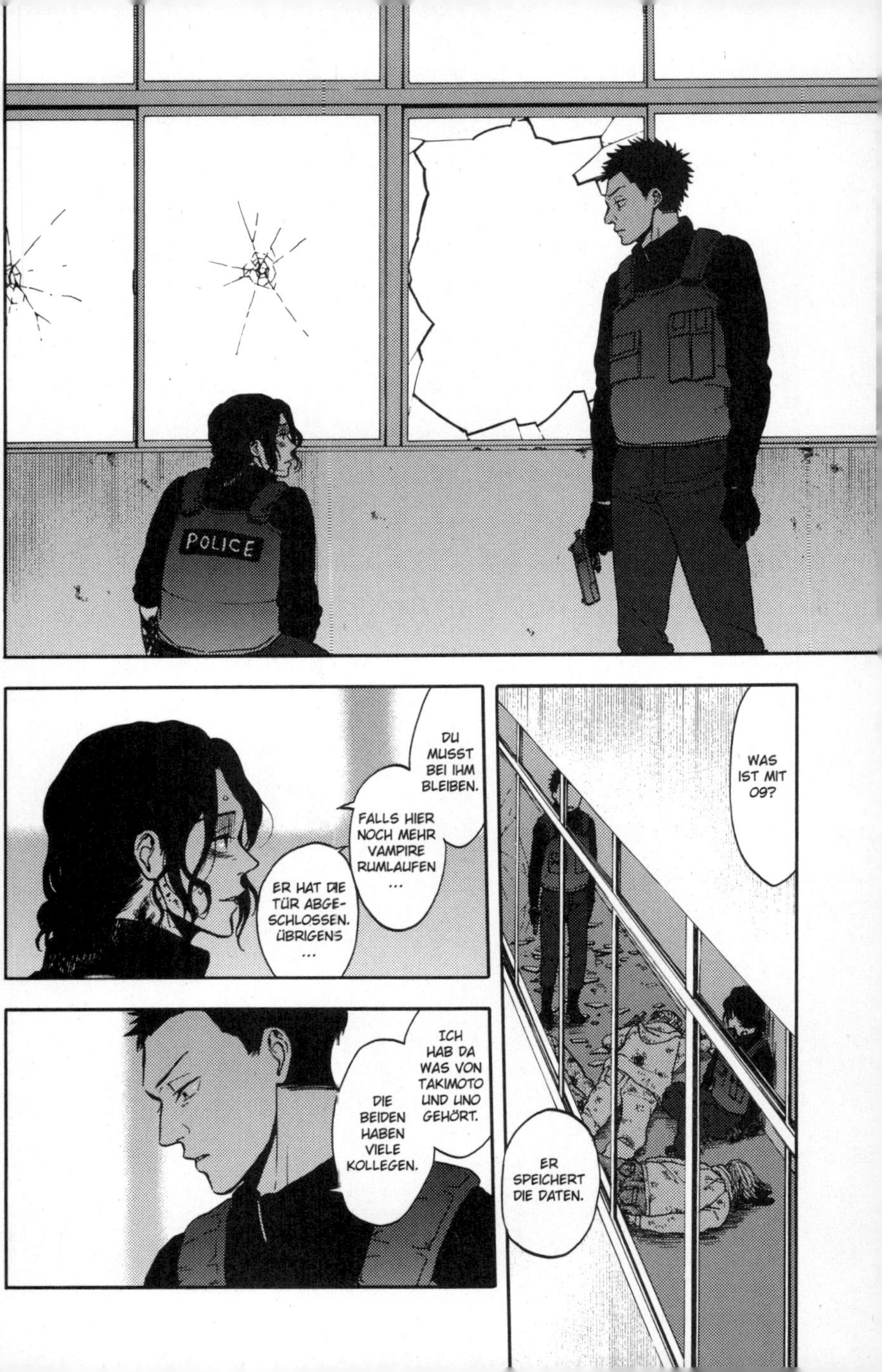
POLICE
WAS IST MIT 09?
ER SPEICHERT DIE DATEN.
DU MUSST BEI IHM BLEIBEN.
FALLS HIER NOCH MEHR VAMPIRE RUMLAUFEN …
ER HAT DIE TÜR ABGE-SCHLOSSEN. ÜBRIGENS …
ICH HAB DA WAS VON TAKIMOTO UND UNO GEHÖRT.
DIE BEIDEN HABEN VIELE KOLLEGEN.

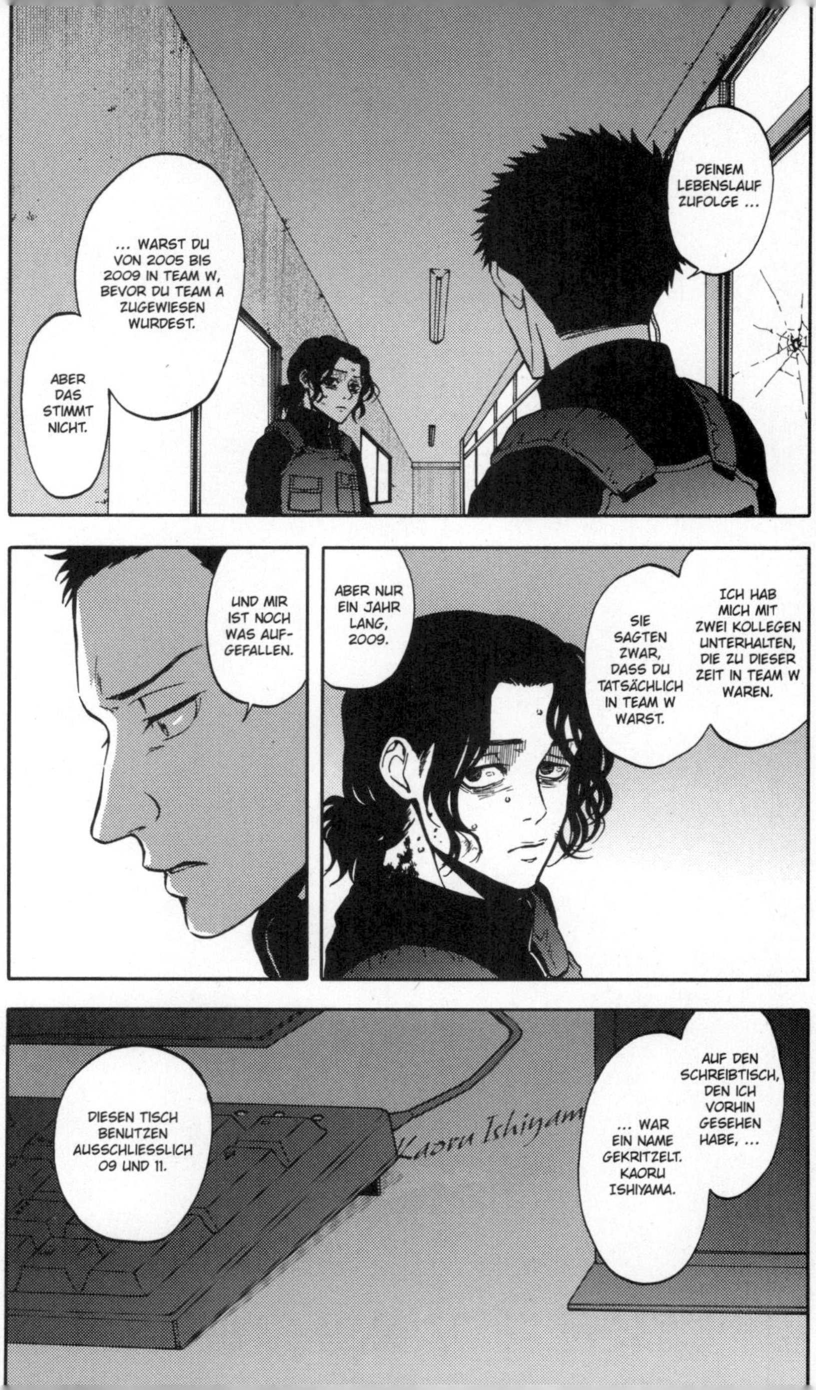
DEINEM LEBENSLAUF ZUFOLGE …
… WARST DU VON 2005 BIS 2009 IN TEAM W, BEVOR DU TEAM A ZUGEWIESEN WURDEST.
ABER DAS STIMMT NICHT.
ICH HAB MICH MIT ZWEI KOLLEGEN UNTERHALTEN, DIE ZU DIESER ZEIT IN TEAM W WAREN.
SIE SAGTEN ZWAR, DASS DU TATSÄCHLICH IN TEAM W WARST.
ABER NUR EIN JAHR LANG, 2009.
UND MIR IST NOCH WAS AUFGEFALLEN.
AUF DEN SCHREIBTISCH, DEN ICH VORHIN GESEHEN HABE, …
… WAR EIN NAME GEKRITZELT. KAORU ISHIYAMA.
Kaoru Ishiyam
DIESEN TISCH BENUTZEN AUSSCHLIESSLICH 09 UND 11.

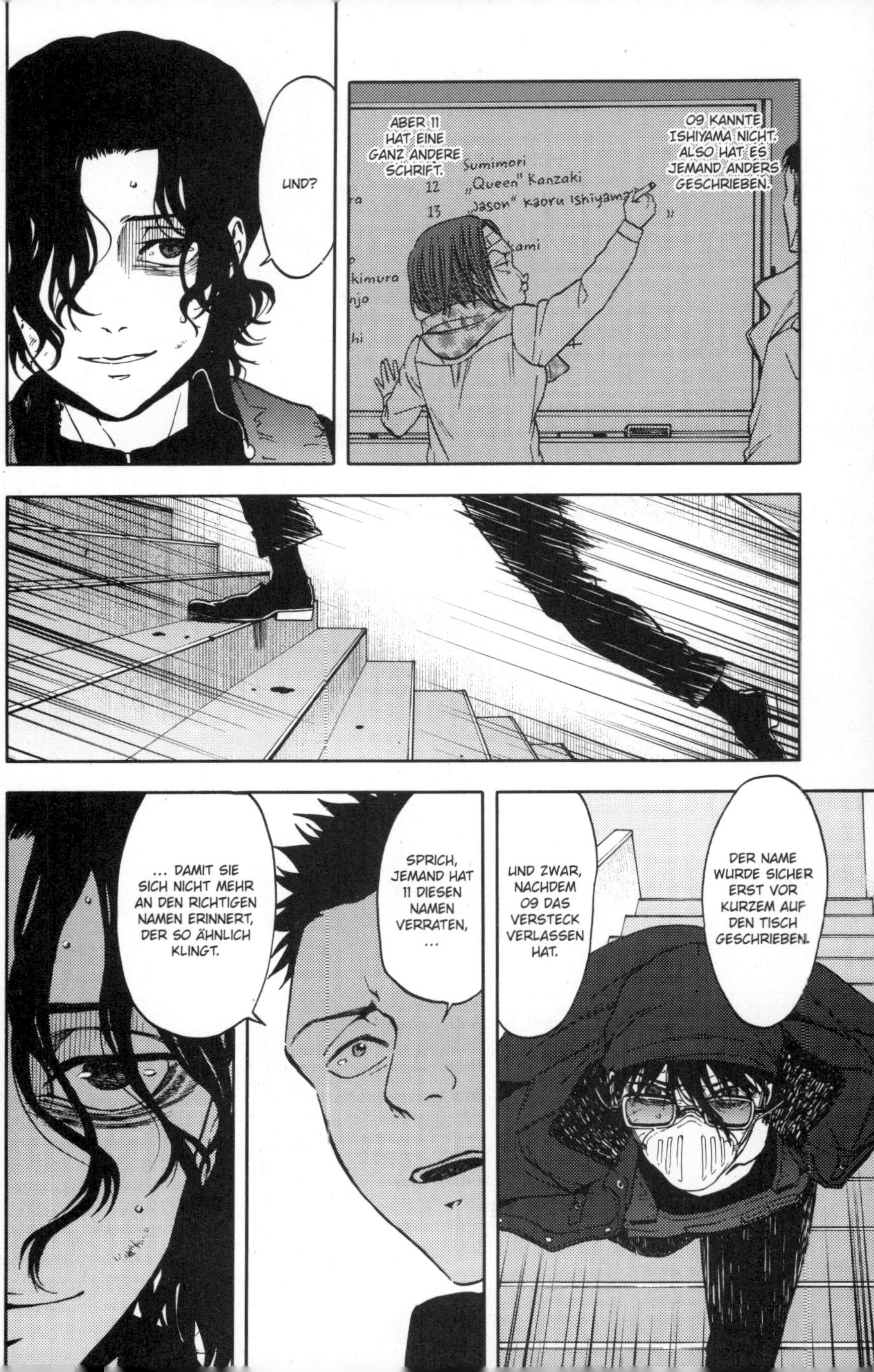
09 KANNTE ISHIYAMA NICHT. ALSO HAT ES JEMAND ANDERS GESCHRIEBEN.
ABER 11 HAT EINE GANZ ANDERE SCHRIFT.
Sumimori
12 „Queen" Kanzaki
13 „Jason" Kaoru Ishiyama
UND?
DER NAME WURDE SICHER ERST VOR KURZEM AUF DEN TISCH GESCHRIEBEN.
UND ZWAR, NACHDEM 09 DAS VERSTECK VERLASSEN HAT.
SPRICH, JEMAND HAT 11 DIESEN NAMEN VERRATEN, …
… DAMIT SIE SICH NICHT MEHR AN DEN RICHTIGEN NAMEN ERINNERT, DER SO ÄHNLICH KLINGT.

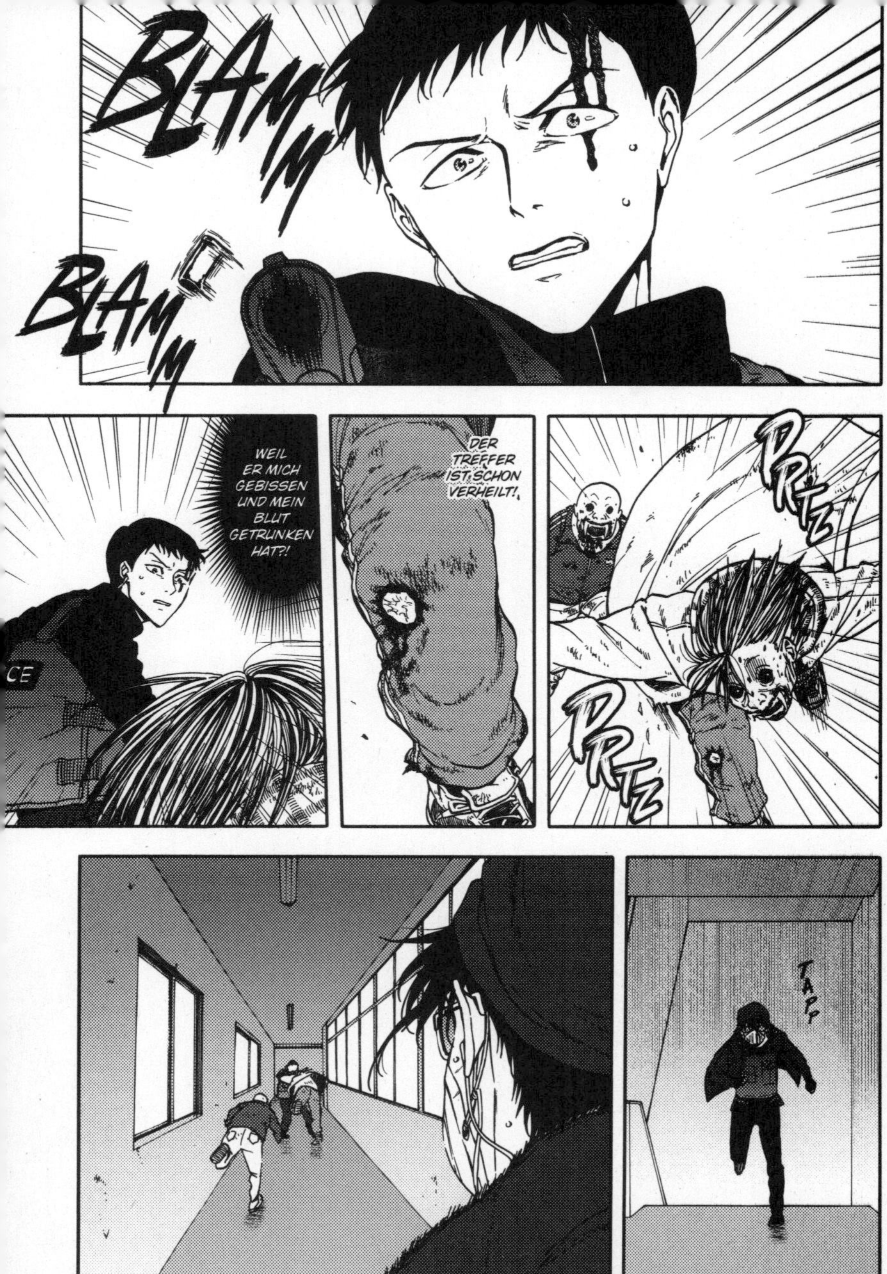
BLAMM
BLAMM
WEIL ER MICH GEBISSEN UND MEIN BLUT GETRUNKEN HAT?!
CE
DER TREFFER IST SCHON VERHEILT!
DRTZ
DRTZ
TAPP

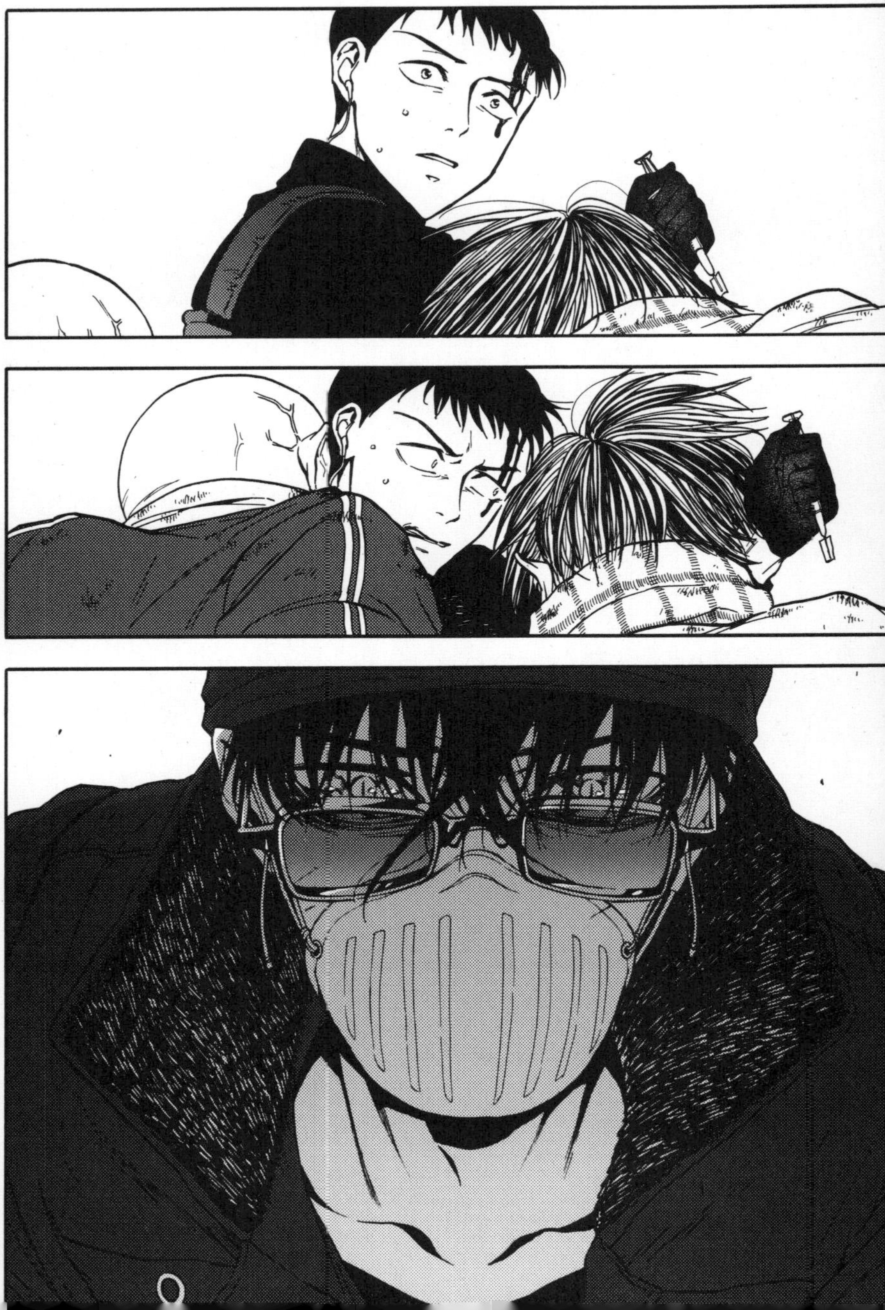

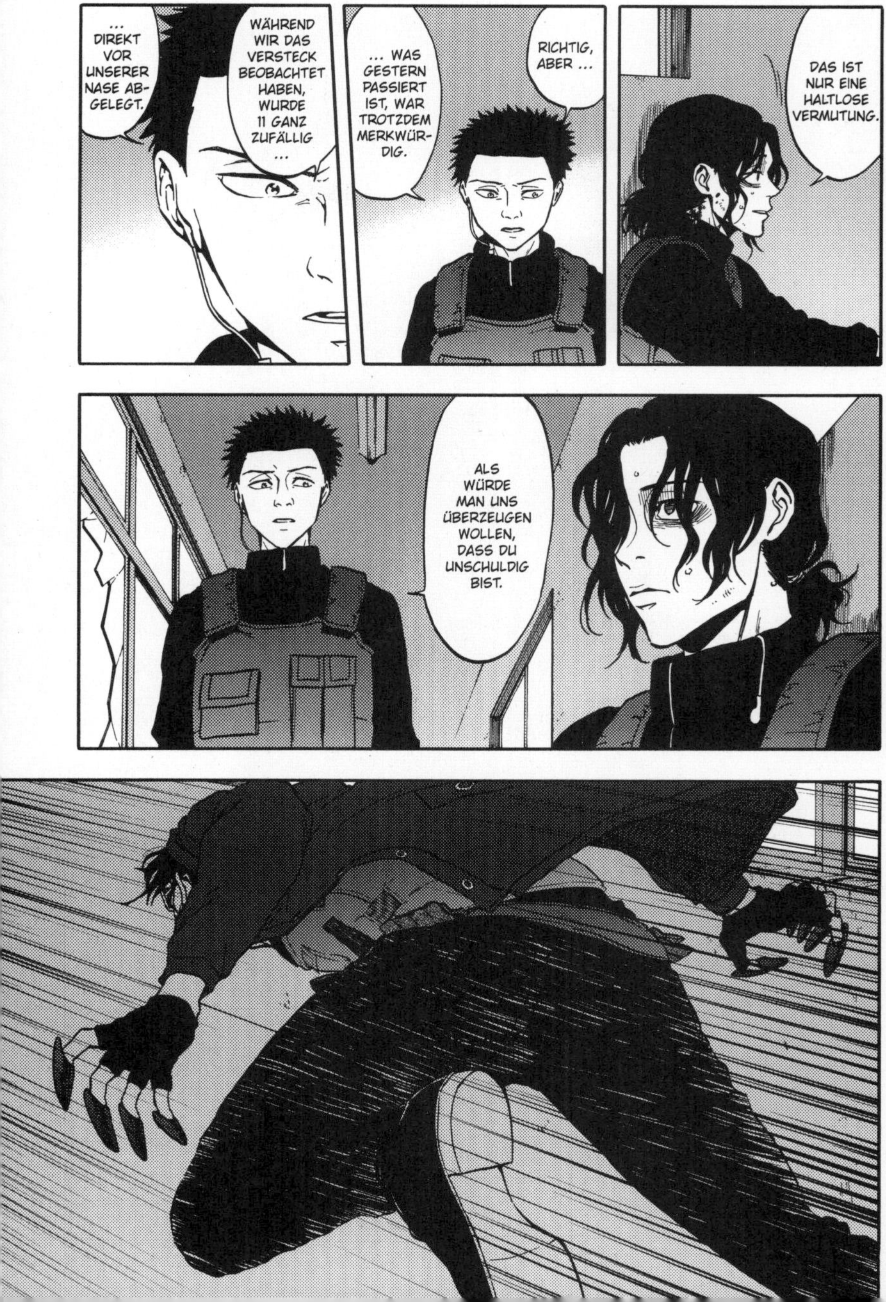
DAS IST NUR EINE HALTLOSE VERMUTUNG.
RICHTIG, ABER ...
... WAS GESTERN PASSIERT IST, WAR TROTZDEM MERKWÜRDIG.
WÄHREND WIR DAS VERSTECK BEOBACHTET HABEN, WURDE 11 GANZ ZUFÄLLIG ...
... DIREKT VOR UNSERER NASE ABGELEGT.
ALS WÜRDE MAN UNS ÜBERZEUGEN WOLLEN, DASS DU UNSCHULDIG BIST.

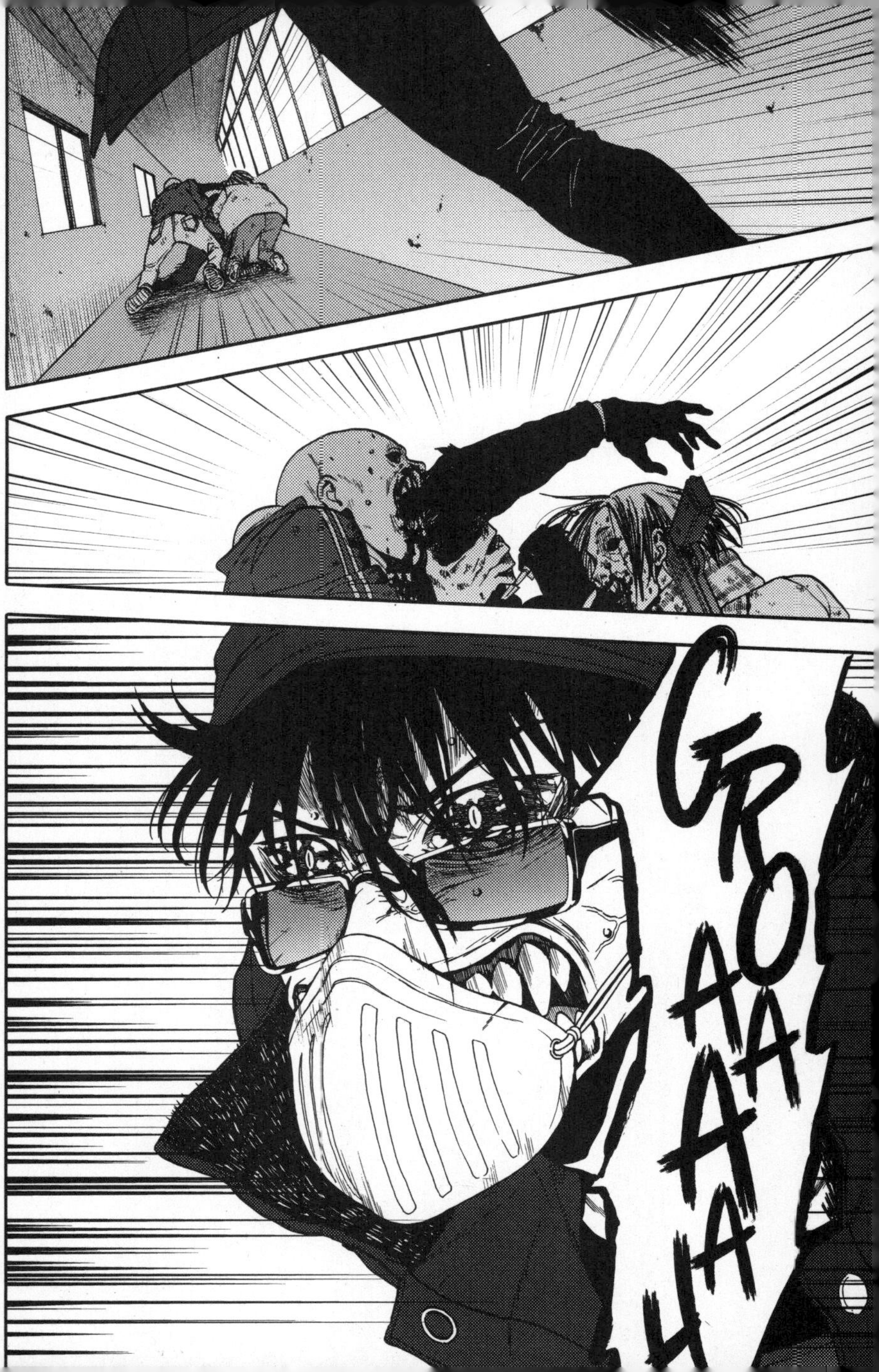
GROAAAAAAH

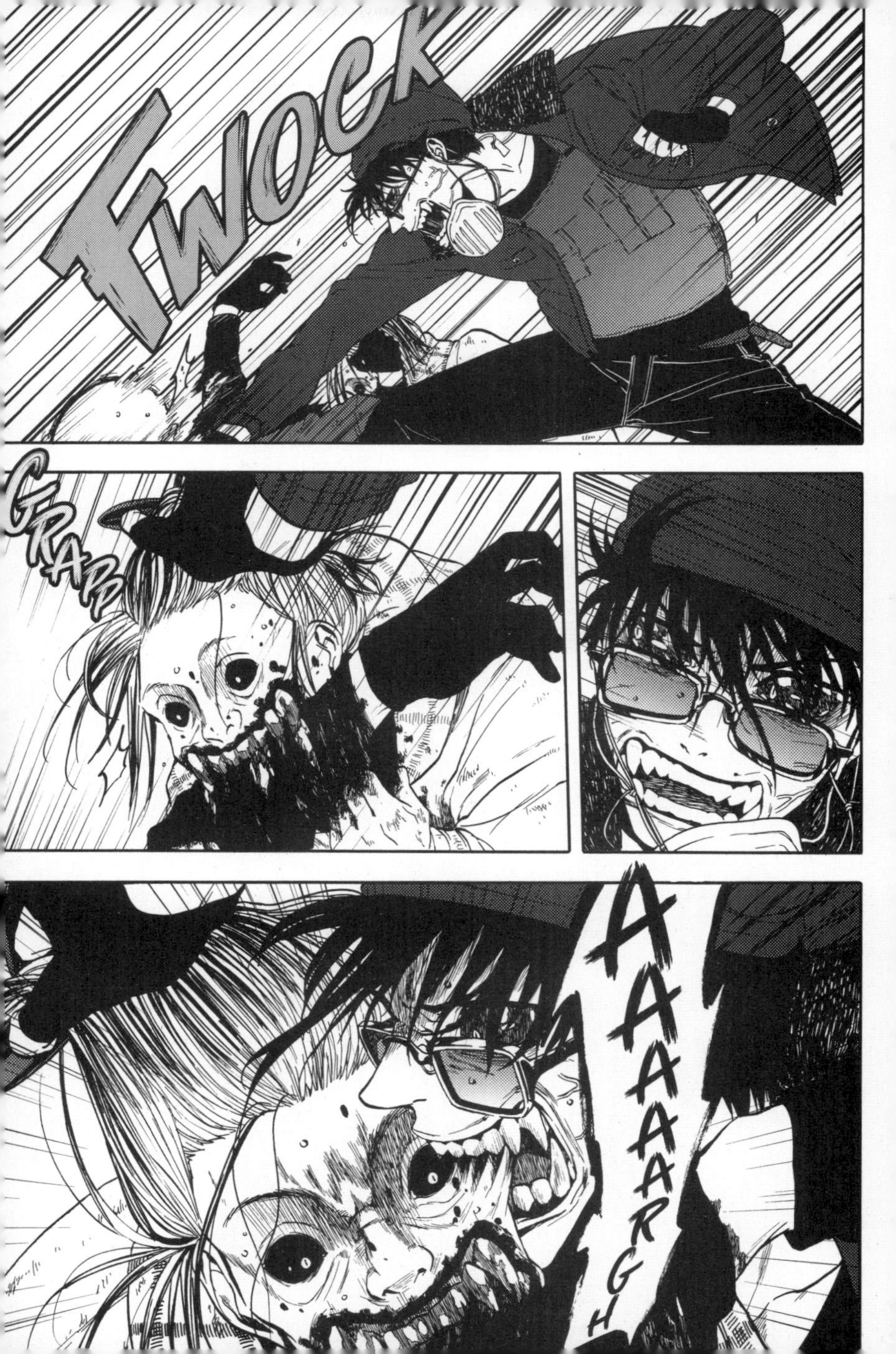

TWOCK
GRAPP
AAAAAARGH

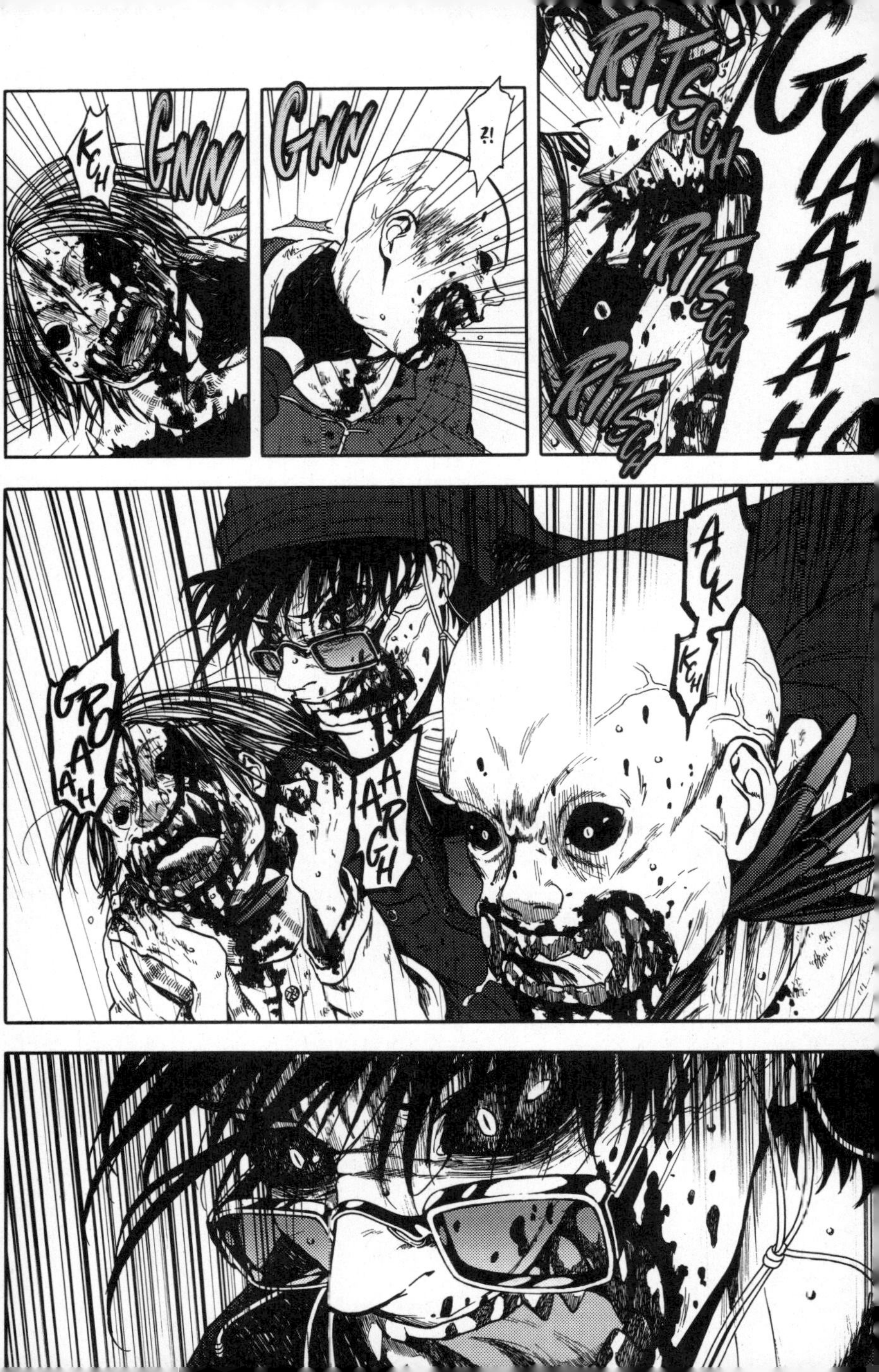
GYAAAAAH
RITSCH RITSCH RITSCH
?!
GNN GNN
KCH
ACK
KCH
AARGH
GROAAH

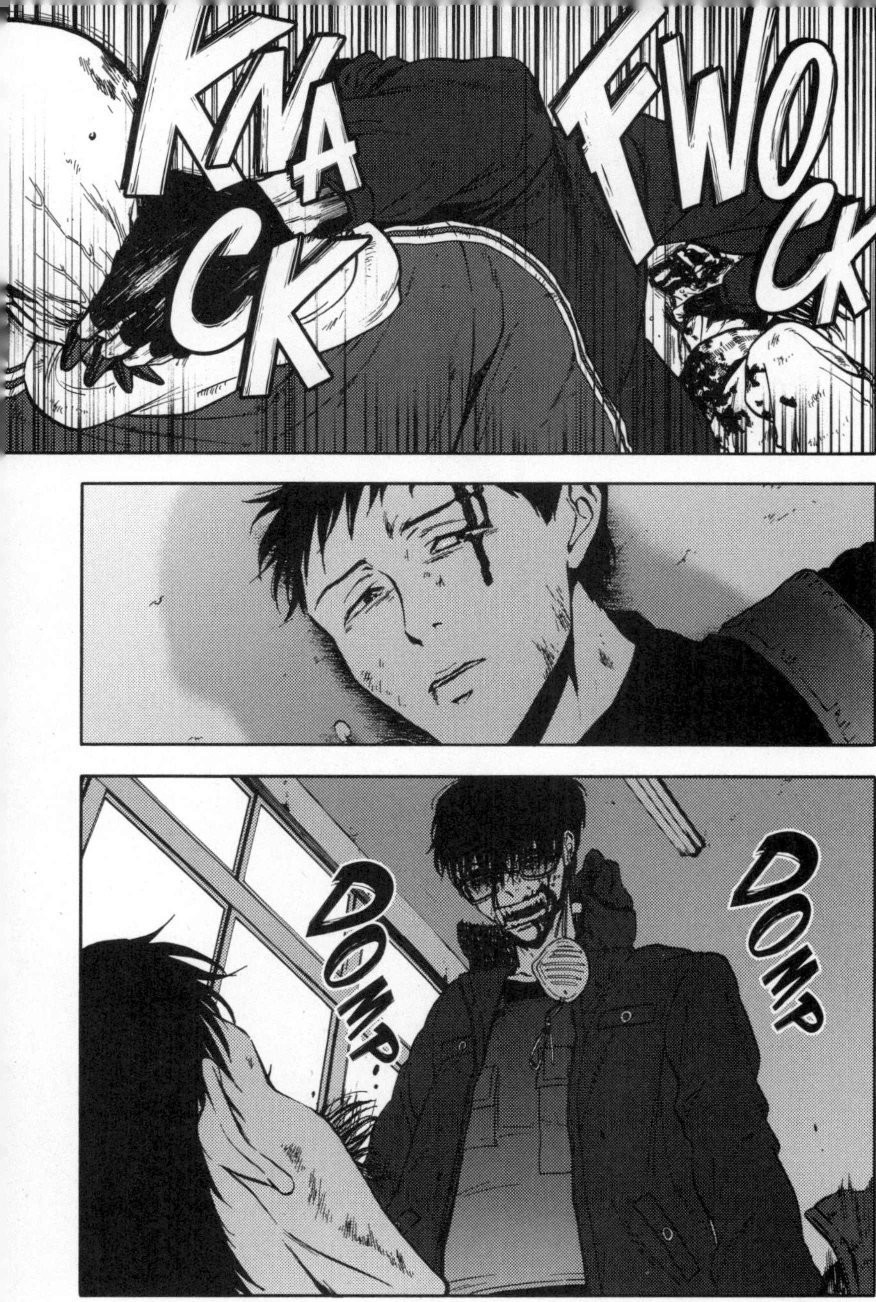
FWOCK
KNACK
DOMP
DOMP...

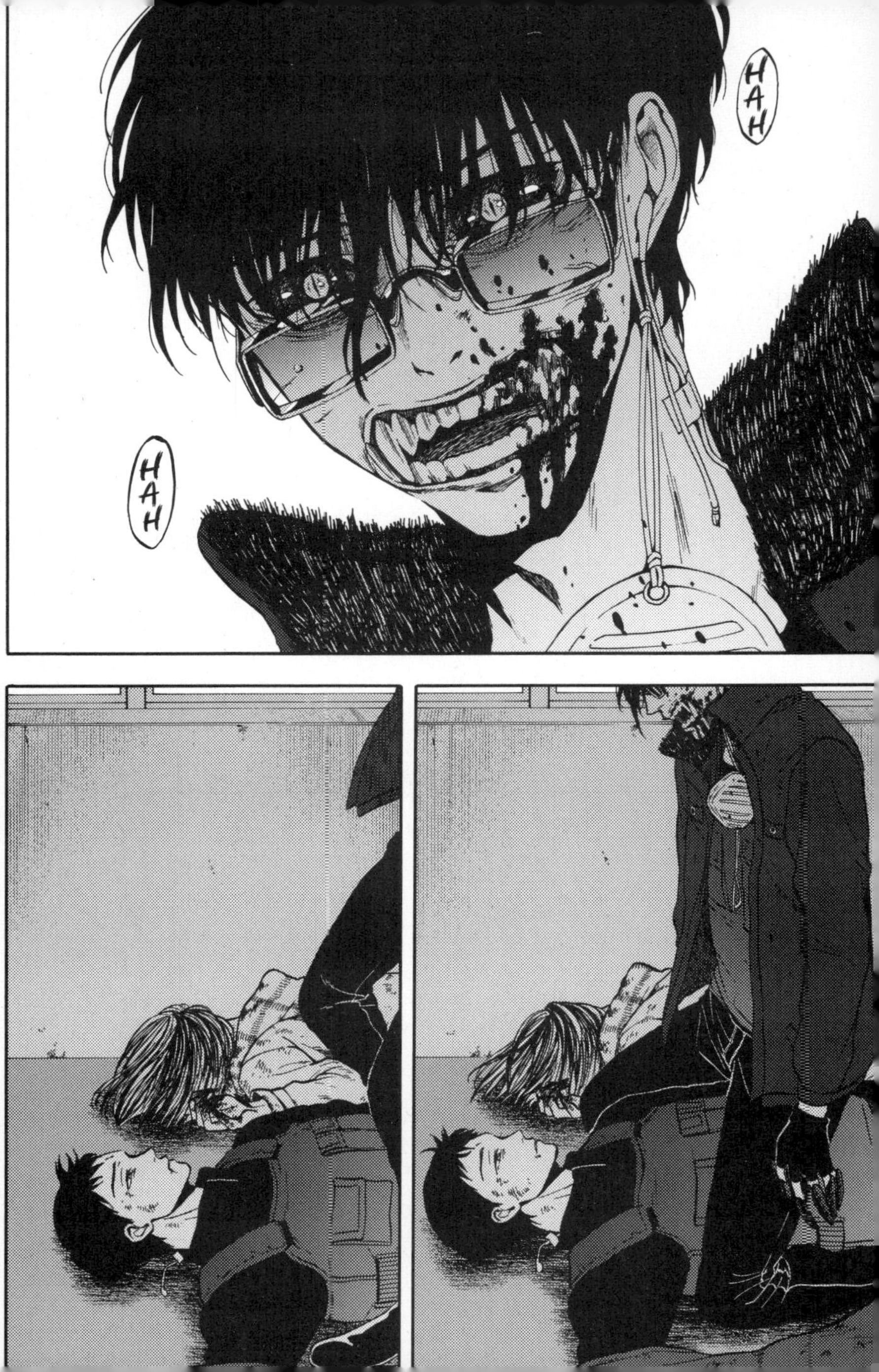
HAH HAH
HAH HAH

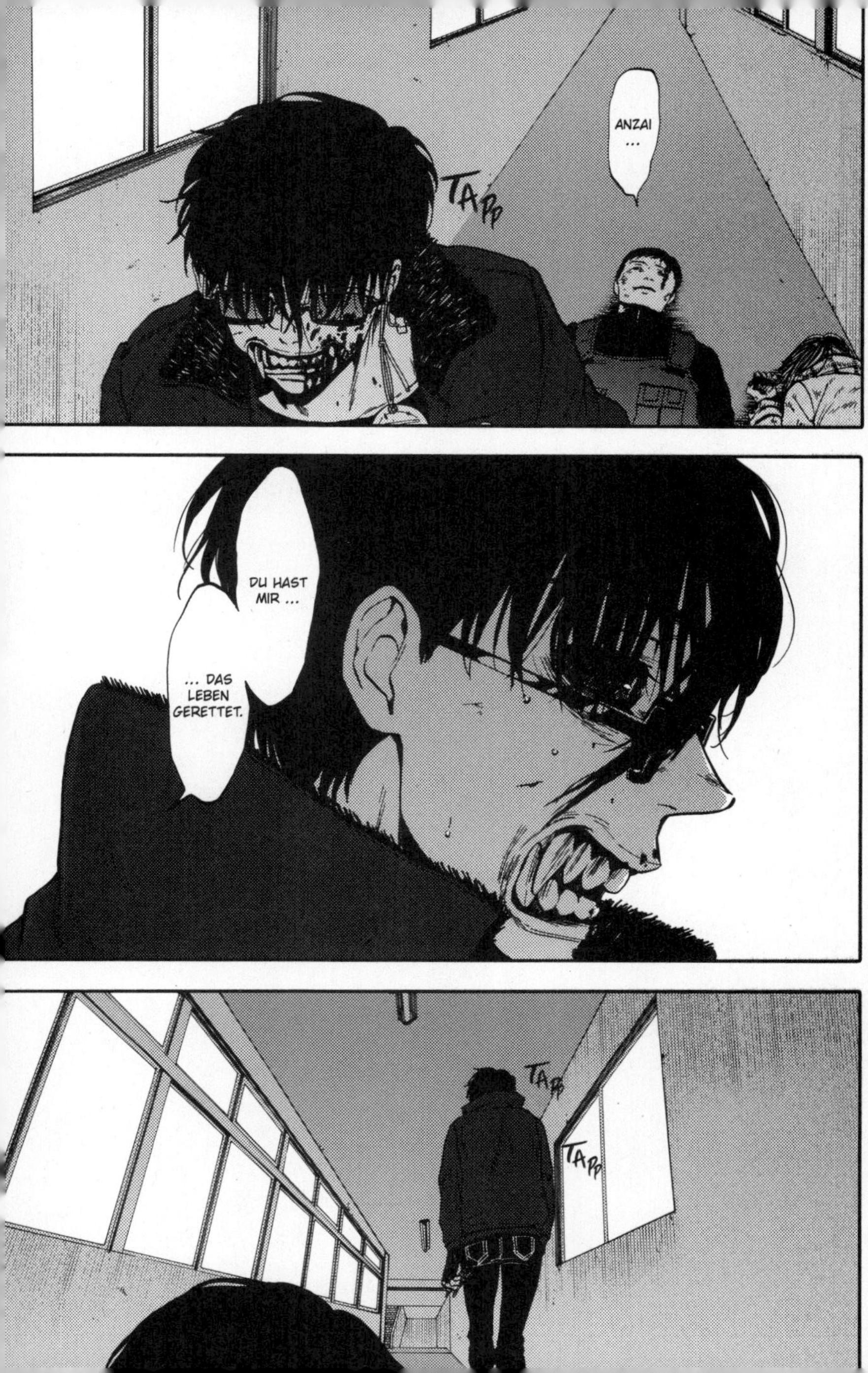

ANZAI …
TAPP
DU HAST MIR …
… DAS LEBEN GERETTET.
TAPP
TAPP

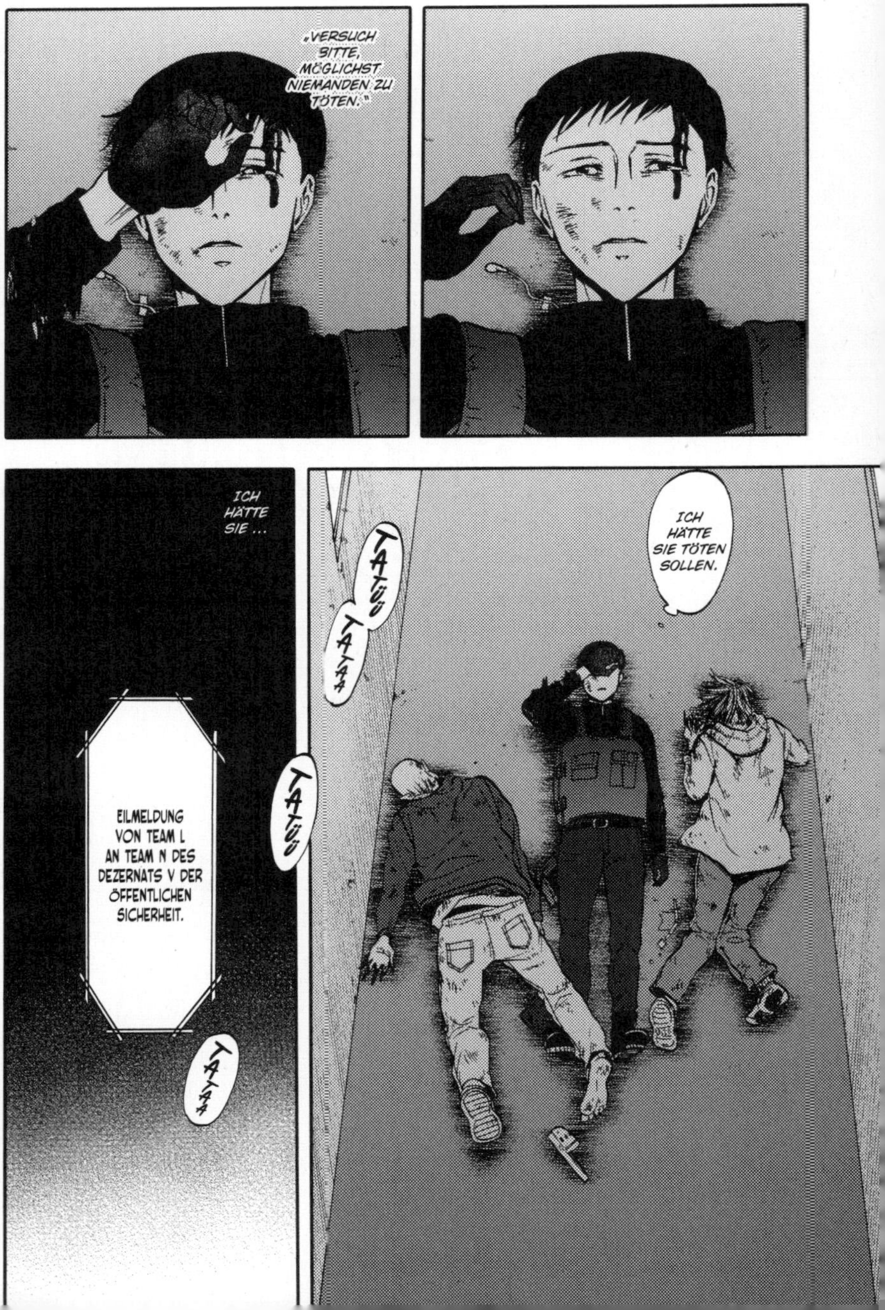
„VERSUCH BITTE, MÖGLICHST NIEMANDEN ZU TÖTEN.“
ICH HÄTTE SIE TÖTEN SOLLEN.
TATÜÜ
TATAA
ICH HÄTTE SIE …
TATÜÜ
EILMELDUNG VON TEAM L AN TEAM N DES DEZERNATS V DER ÖFFENTLICHEN SICHERHEIT.
TATAA

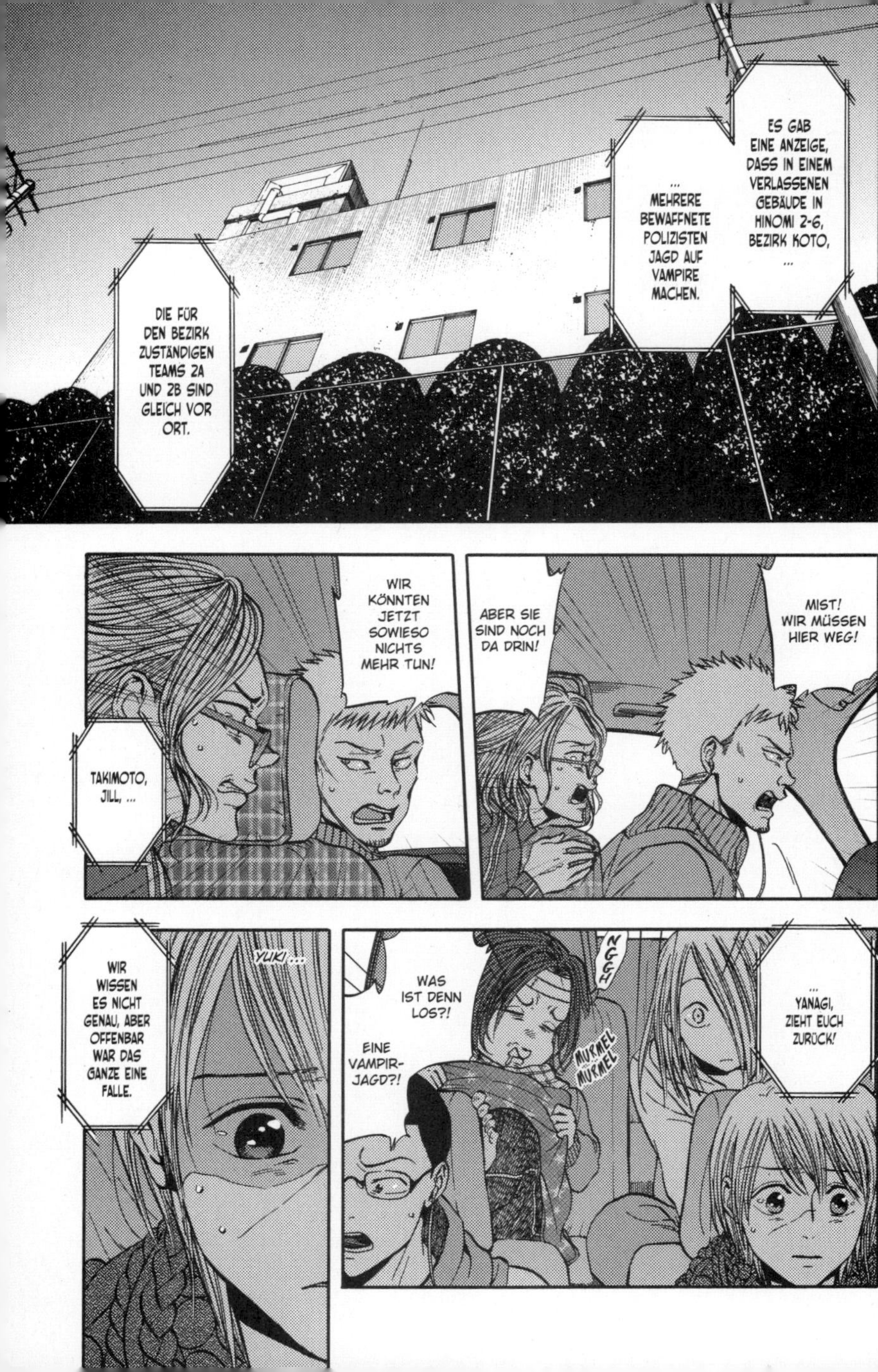
ES GAB EINE ANZEIGE, DASS IN EINEM VERLASSENEN GEBÄUDE IN HINOMI 2-6, BEZIRK KOTO, ...
... MEHRERE BEWAFFNETE POLIZISTEN JAGD AUF VAMPIRE MACHEN.
DIE FÜR DEN BEZIRK ZUSTÄNDIGEN TEAMS 2A UND 2B SIND GLEICH VOR ORT.
MIST! WIR MÜSSEN HIER WEG!
ABER SIE SIND NOCH DA DRIN!
WIR KÖNNTEN JETZT SOWIESO NICHTS MEHR TUN!
TAKIMOTO, JILL, ...
... YANAGI, ZIEHT EUCH ZURÜCK!
NGGH
MURMEL MURMEL
WAS IST DENN LOS?!
EINE VAMPIR-JAGD?!
YUKI ...
WIR WISSEN ES NICHT GENAU, ABER OFFENBAR WAR DAS GANZE EINE FALLE.

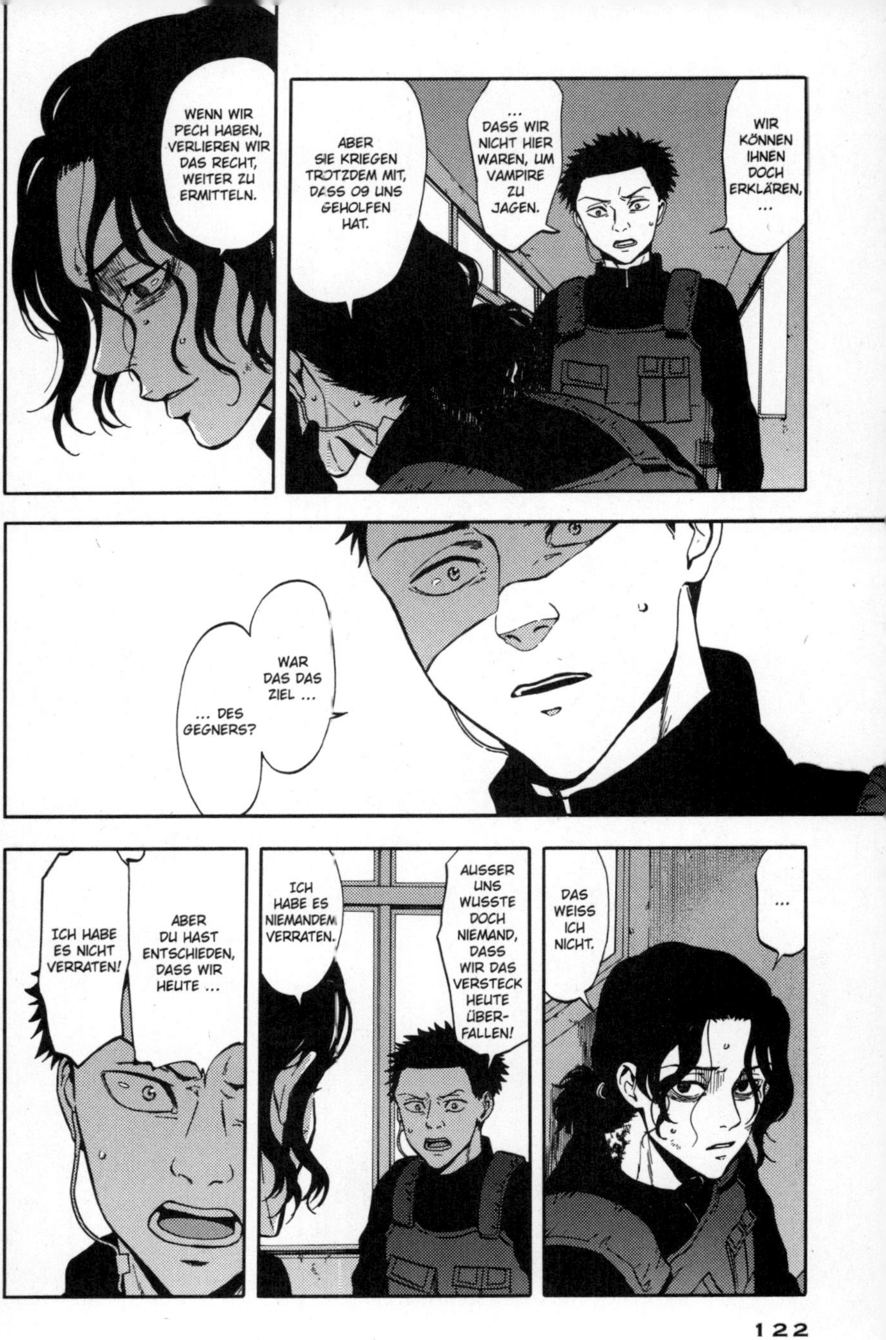
WIR KÖNNEN IHNEN DOCH ERKLÄREN, …
… DASS WIR NICHT HIER WAREN, UM VAMPIRE ZU JAGEN.
ABER SIE KRIEGEN TROTZDEM MIT, DASS 09 UNS GEHOLFEN HAT.
WENN WIR PECH HABEN, VERLIEREN WIR DAS RECHT, WEITER ZU ERMITTELN.
WAR DAS DAS ZIEL …
… DES GEGNERS?
…
DAS WEISS ICH NICHT.
AUSSER UNS WUSSTE DOCH NIEMAND, DASS WIR DAS VERSTECK HEUTE ÜBERFALLEN!
ICH HABE ES NIEMANDEM VERRATEN.
ABER DU HAST ENTSCHIEDEN, DASS WIR HEUTE …
ICH HABE ES NICHT VERRATEN!

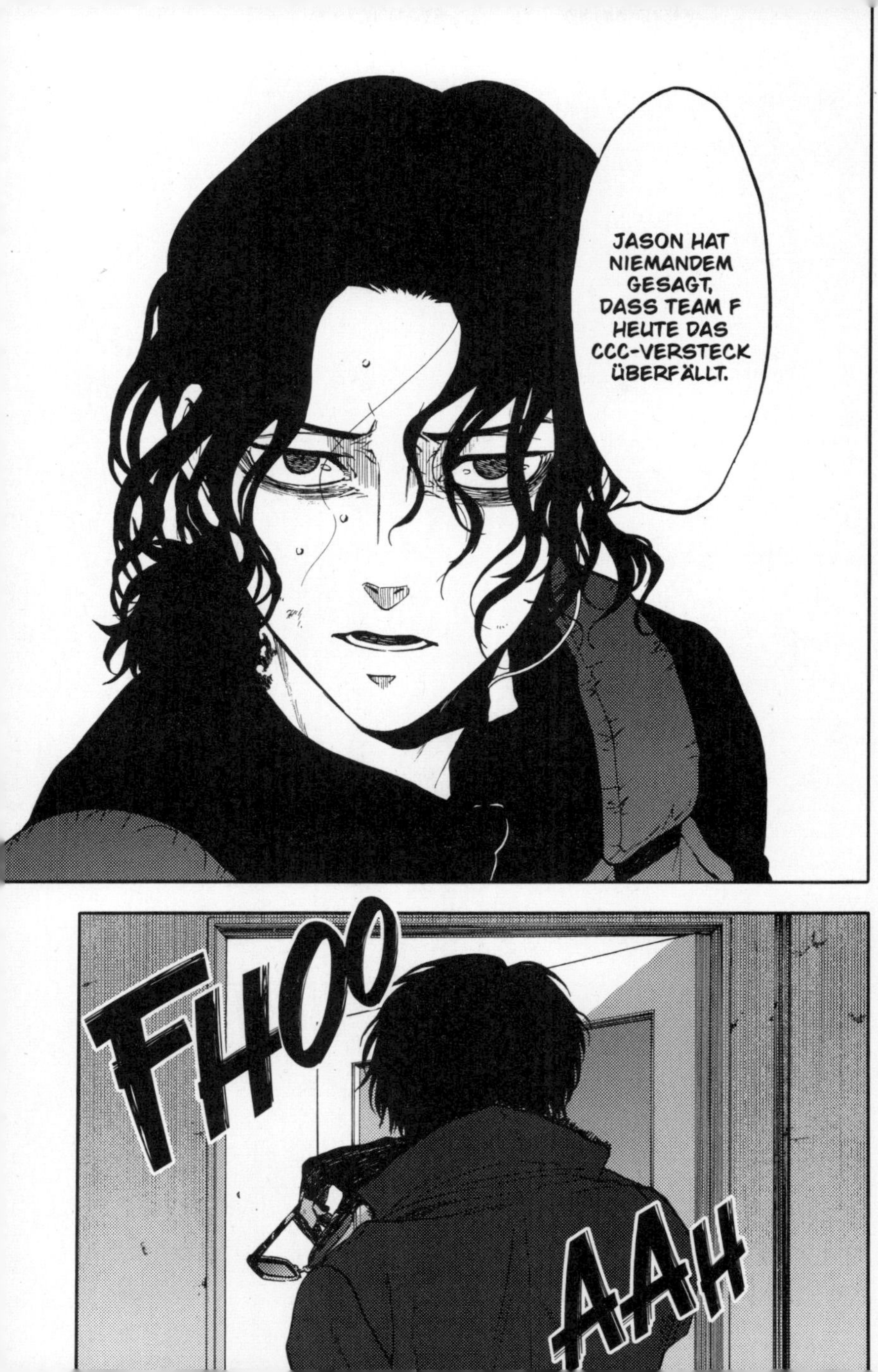
JASON HAT NIEMANDEM GESAGT, DASS TEAM F HEUTE DAS CCC-VERSTECK ÜBERFÄLLT.
FHOOAAH

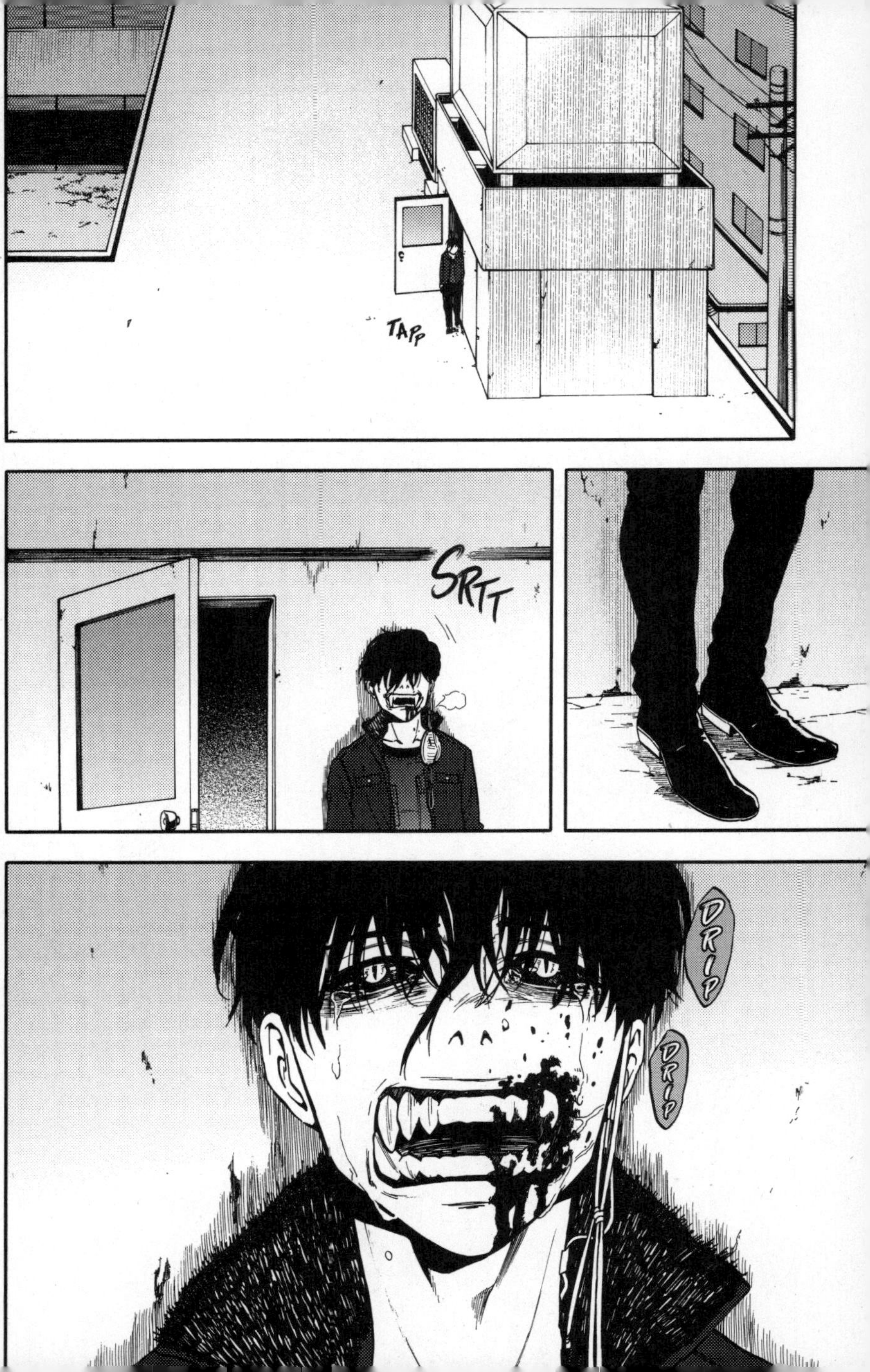
TAPP
SRTT
DRIP
DRIP

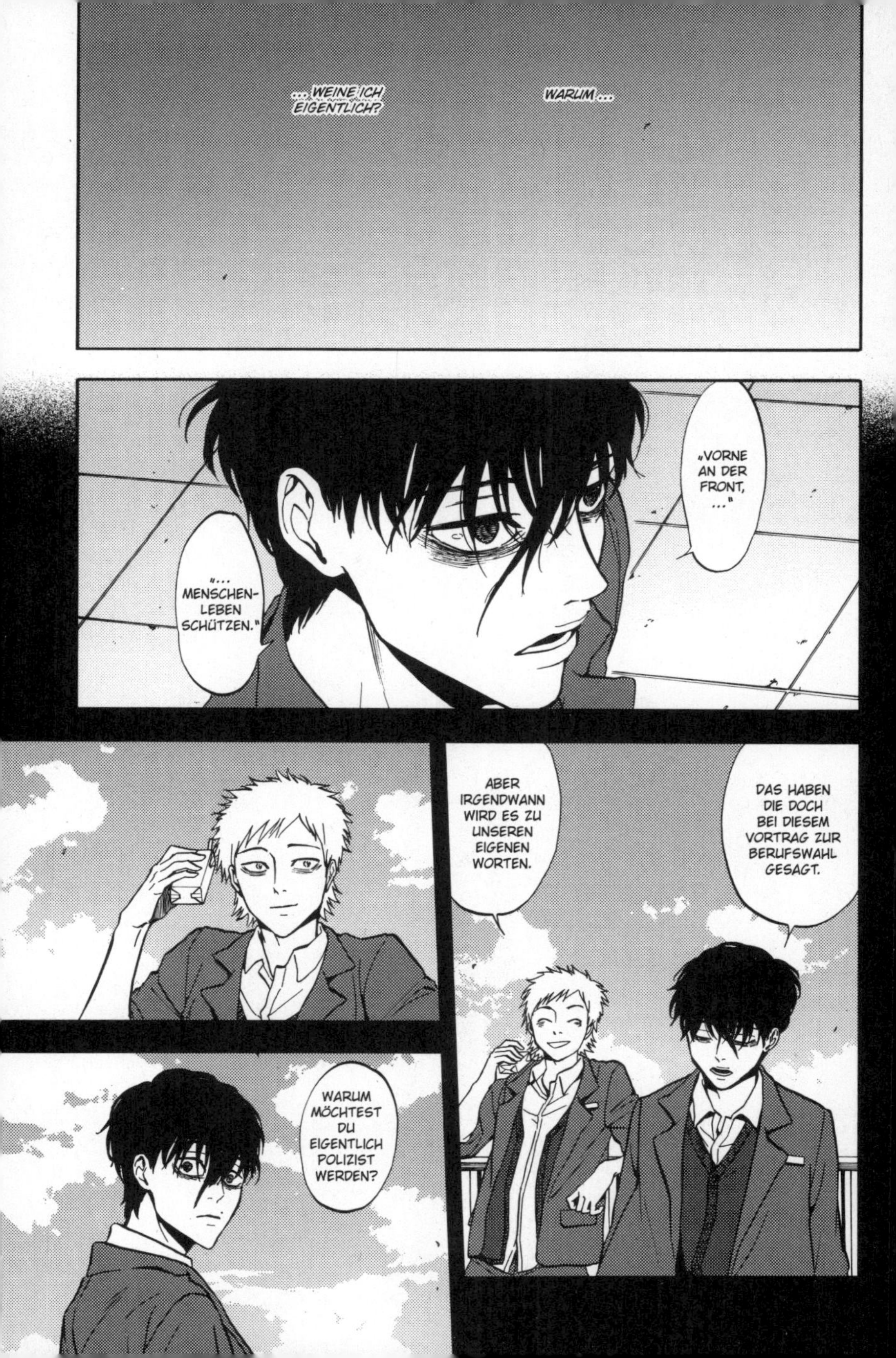
WARUM ...
... WEINE ICH EIGENTLICH?
„VORNE AN DER FRONT, ...“
„... MENSCHEN-LEBEN SCHÜTZEN.“
DAS HABEN DIE DOCH BEI DIESEM VORTRAG ZUR BERUFSWAHL GESAGT.
ABER IRGENDWANN WIRD ES ZU UNSEREN EIGENEN WORTEN.
WARUM MÖCHTEST DU EIGENTLICH POLIZIST WERDEN?

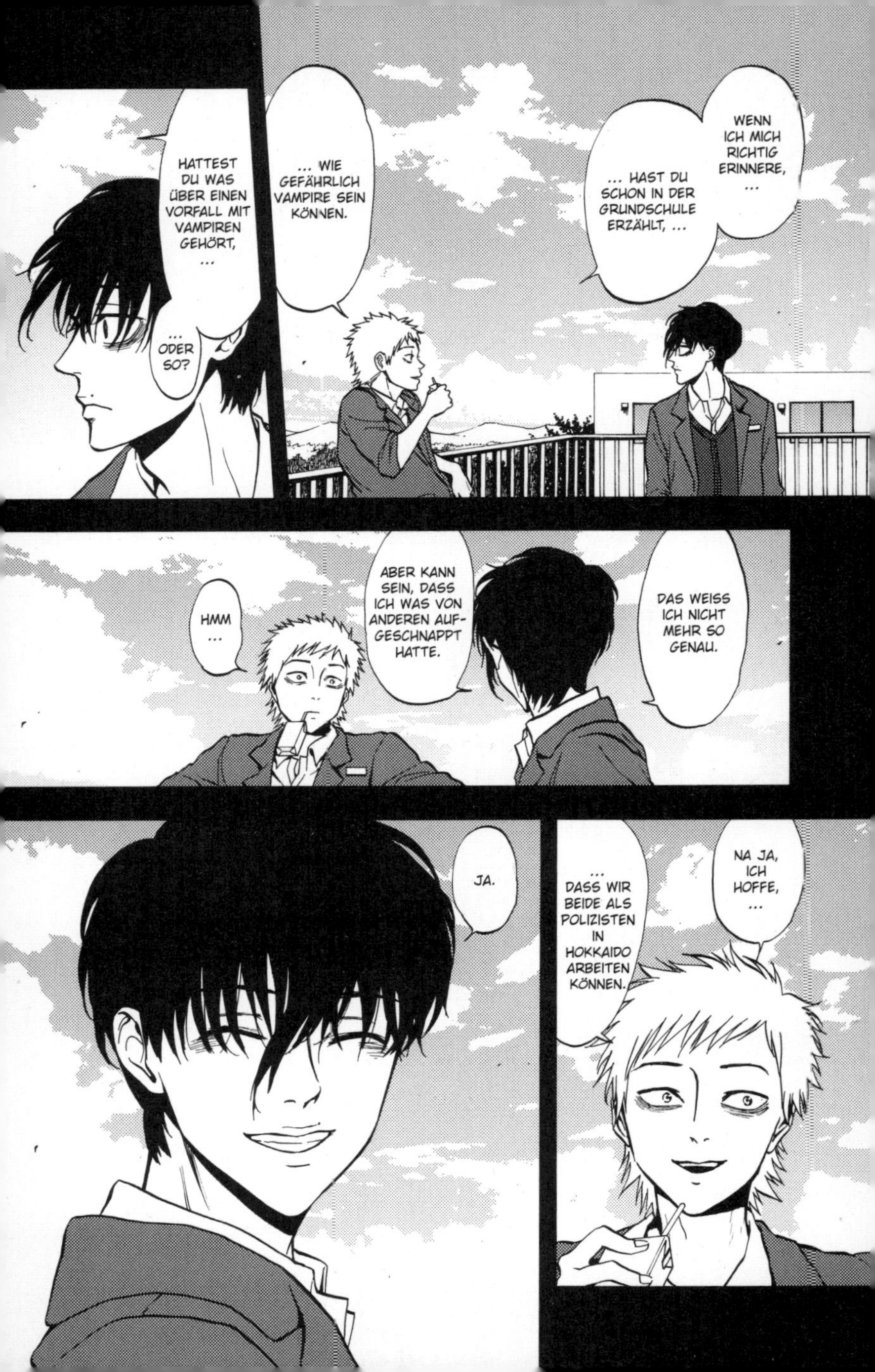
WENN ICH MICH RICHTIG ERINNERE, …
… HAST DU SCHON IN DER GRUNDSCHULE ERZÄHLT, …
… WIE GEFÄHRLICH VAMPIRE SEIN KÖNNEN.
HATTEST DU WAS ÜBER EINEN VORFALL MIT VAMPIREN GEHÖRT, …
… ODER SO?
DAS WEISS ICH NICHT MEHR SO GENAU.
ABER KANN SEIN, DASS ICH WAS VON ANDEREN AUF-GESCHNAPPT HATTE.
HMM …
NA JA, ICH HOFFE, …
… DASS WIR BEIDE ALS POLIZISTEN IN HOKKAIDO ARBEITEN KÖNNEN.
JA.

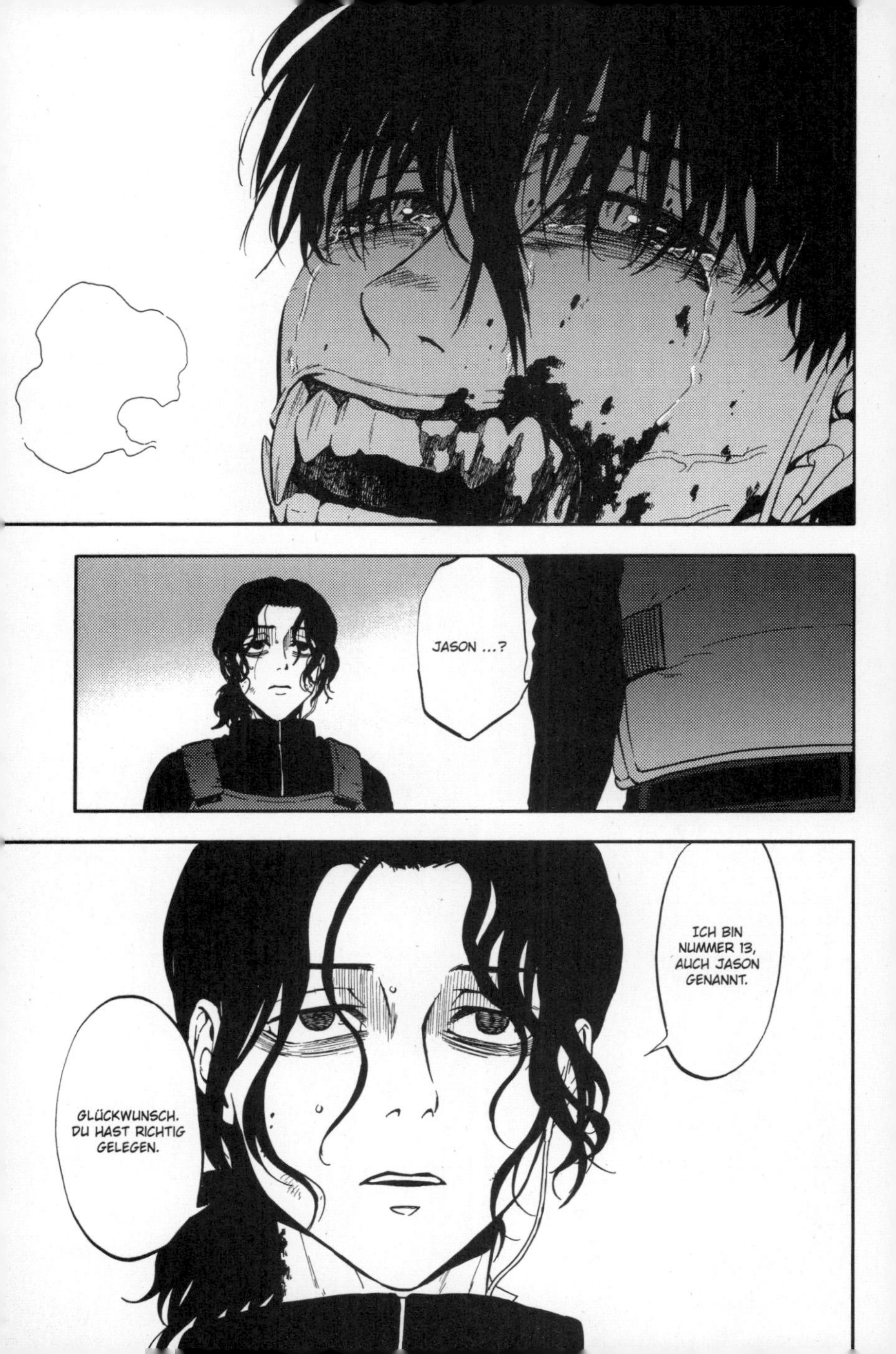
JASON ...?
ICH BIN NUMMER 13, AUCH JASON GENANNT.
GLÜCKWUNSCH. DU HAST RICHTIG GELEGEN.

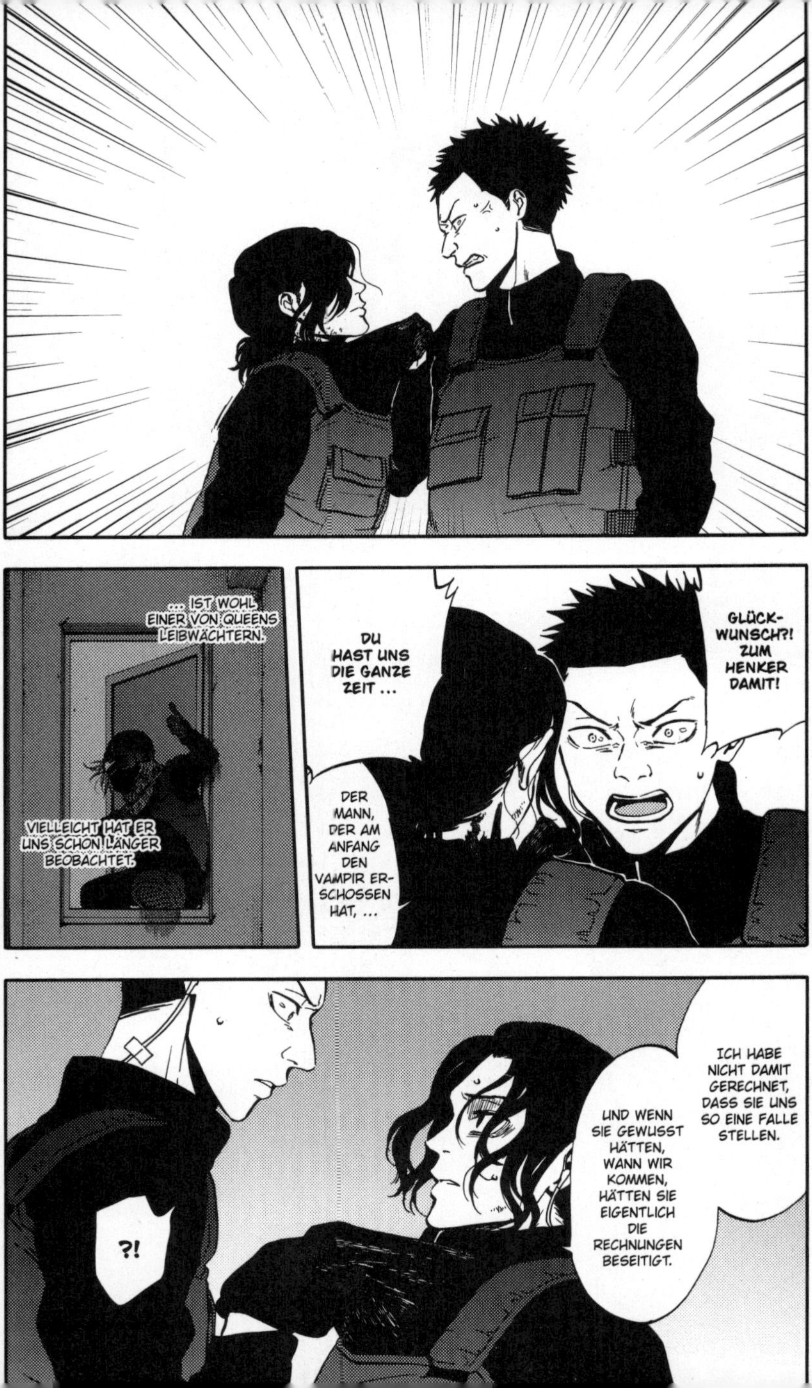
GLÜCKWUNSCH?! ZUM HENKER DAMIT!
DU HAST UNS DIE GANZE ZEIT …
DER MANN, DER AM ANFANG DEN VAMPIR ERSCHOSSEN HAT, …
… IST WOHL EINER VON QUEENS LEIBWÄCHTERN.
VIELLEICHT HAT ER UNS SCHON LÄNGER BEOBACHTET.
ICH HABE NICHT DAMIT GERECHNET, DASS SIE UNS SO EINE FALLE STELLEN.
UND WENN SIE GEWUSST HÄTTEN, WANN WIR KOMMEN, HÄTTEN SIE EIGENTLICH DIE RECHNUNGEN BESEITIGT.
?!

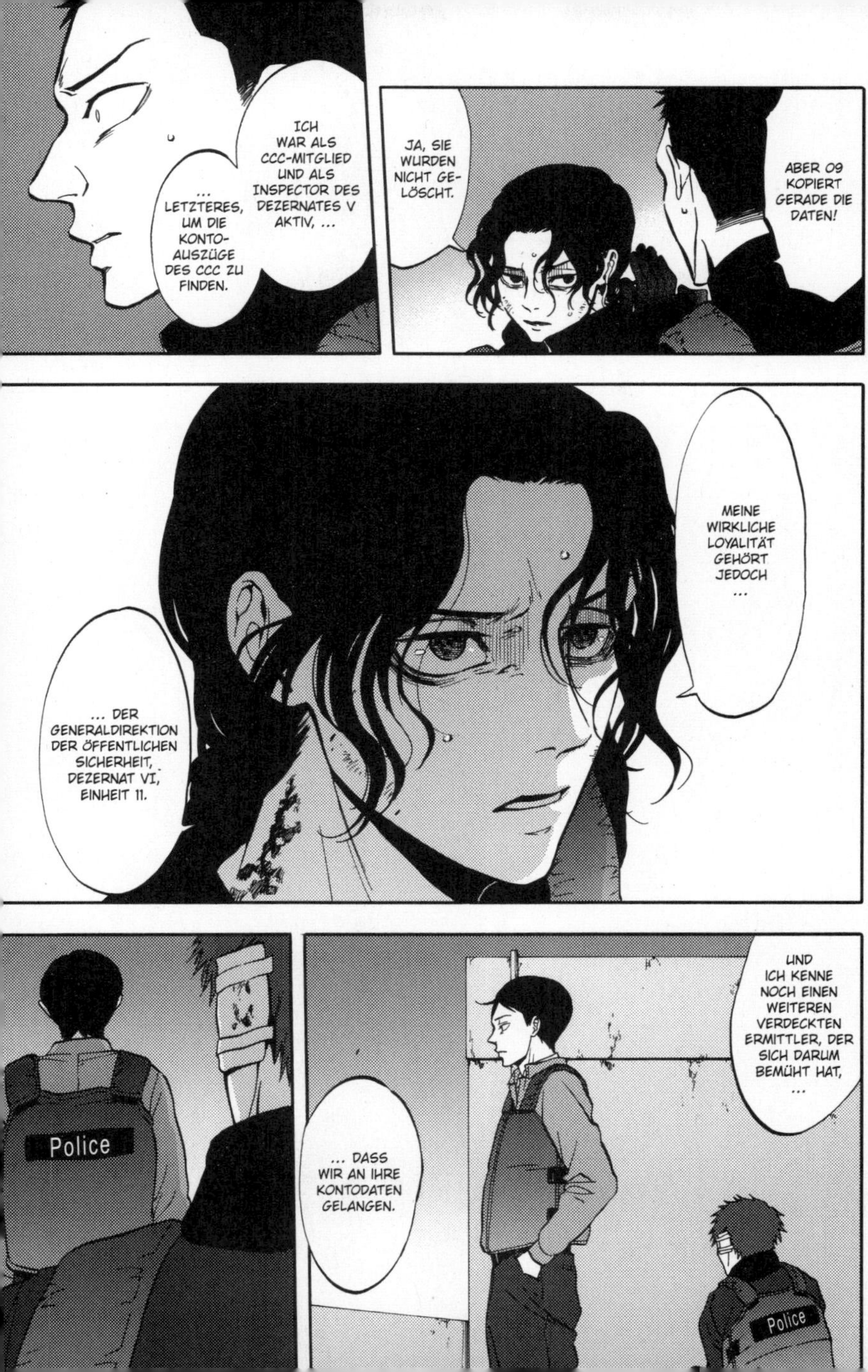

ABER 09 KOPIERT GERADE DIE DATEN!
JA, SIE WURDEN NICHT GELÖSCHT.
ICH WAR ALS CCC-MITGLIED UND ALS INSPECTOR DES DEZERNATES V AKTIV, …
… LETZTERES, UM DIE KONTOAUSZÜGE DES CCC ZU FINDEN.
MEINE WIRKLICHE LOYALITÄT GEHÖRT JEDOCH …
… DER GENERALDIREKTION DER ÖFFENTLICHEN SICHERHEIT, DEZERNAT VI, EINHEIT 11.
UND ICH KENNE NOCH EINEN WEITEREN VERDECKTEN ERMITTLER, DER SICH DARUM BEMÜHT HAT, …
… DASS WIR AN IHRE KONTODATEN GELANGEN.
Police
Police

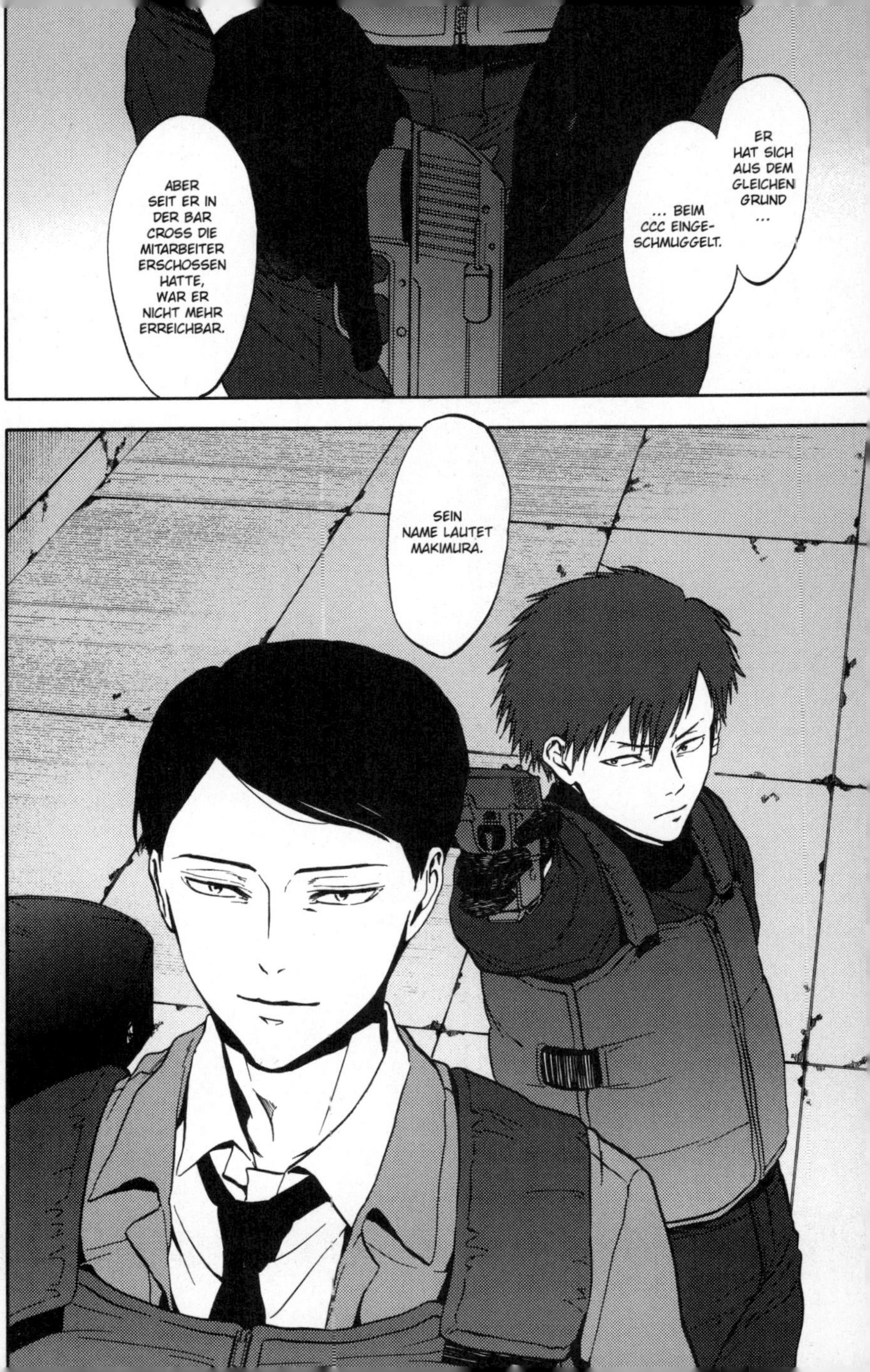
ER HAT SICH AUS DEM GLEICHEN GRUND ...
... BEIM CCC EINGE-SCHMUGGELT.
ABER SEIT ER IN DER BAR CROSS DIE MITARBEITER ERSCHOSSEN HATTE, WAR ER NICHT MEHR ERREICHBAR.
SEIN NAME LAUTET MAKIMURA.

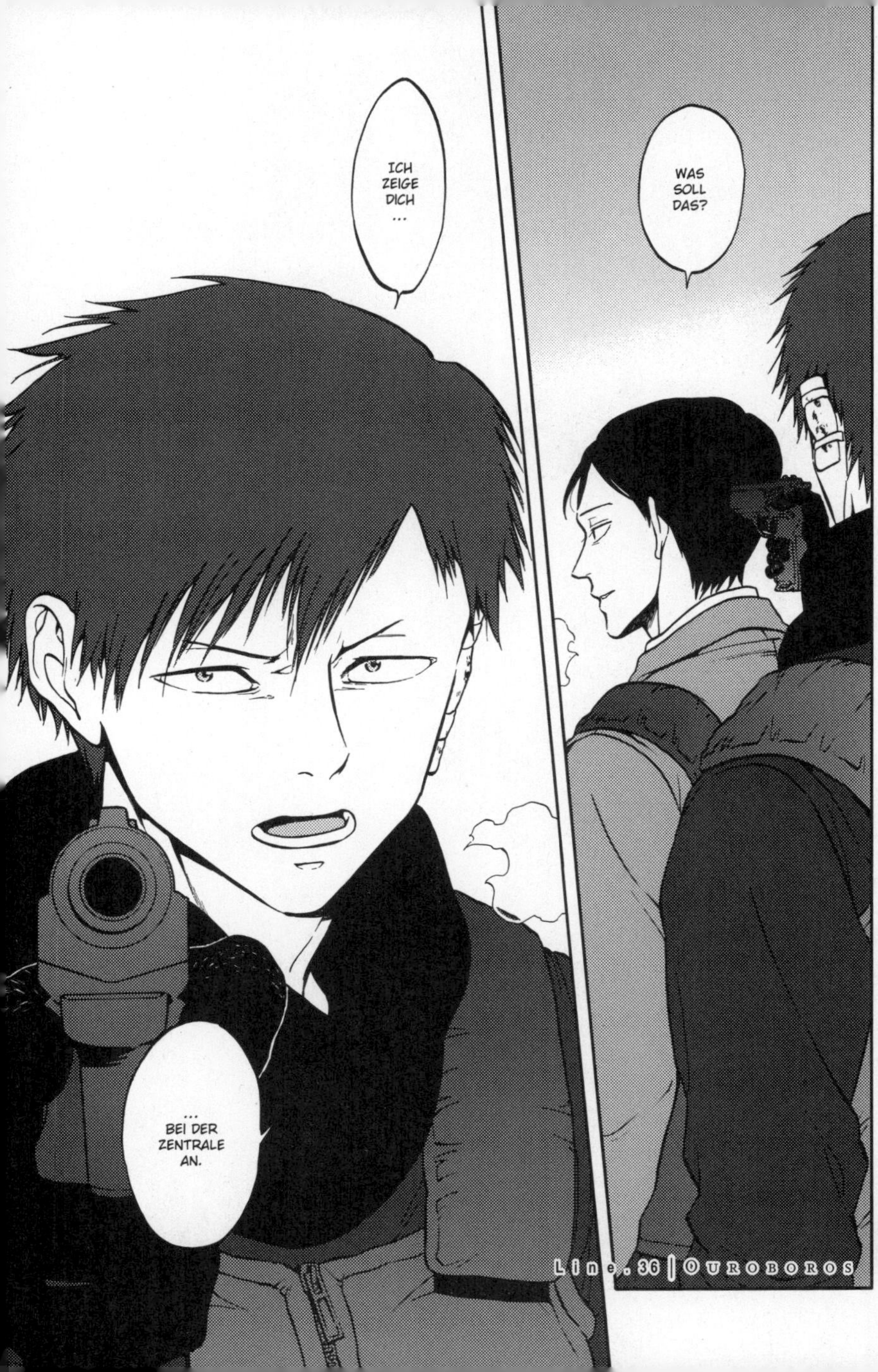
WAS SOLL DAS?
ICH ZEIGE DICH ...
... BEI DER ZENTRALE AN.
Line. 36 | Ouroboros

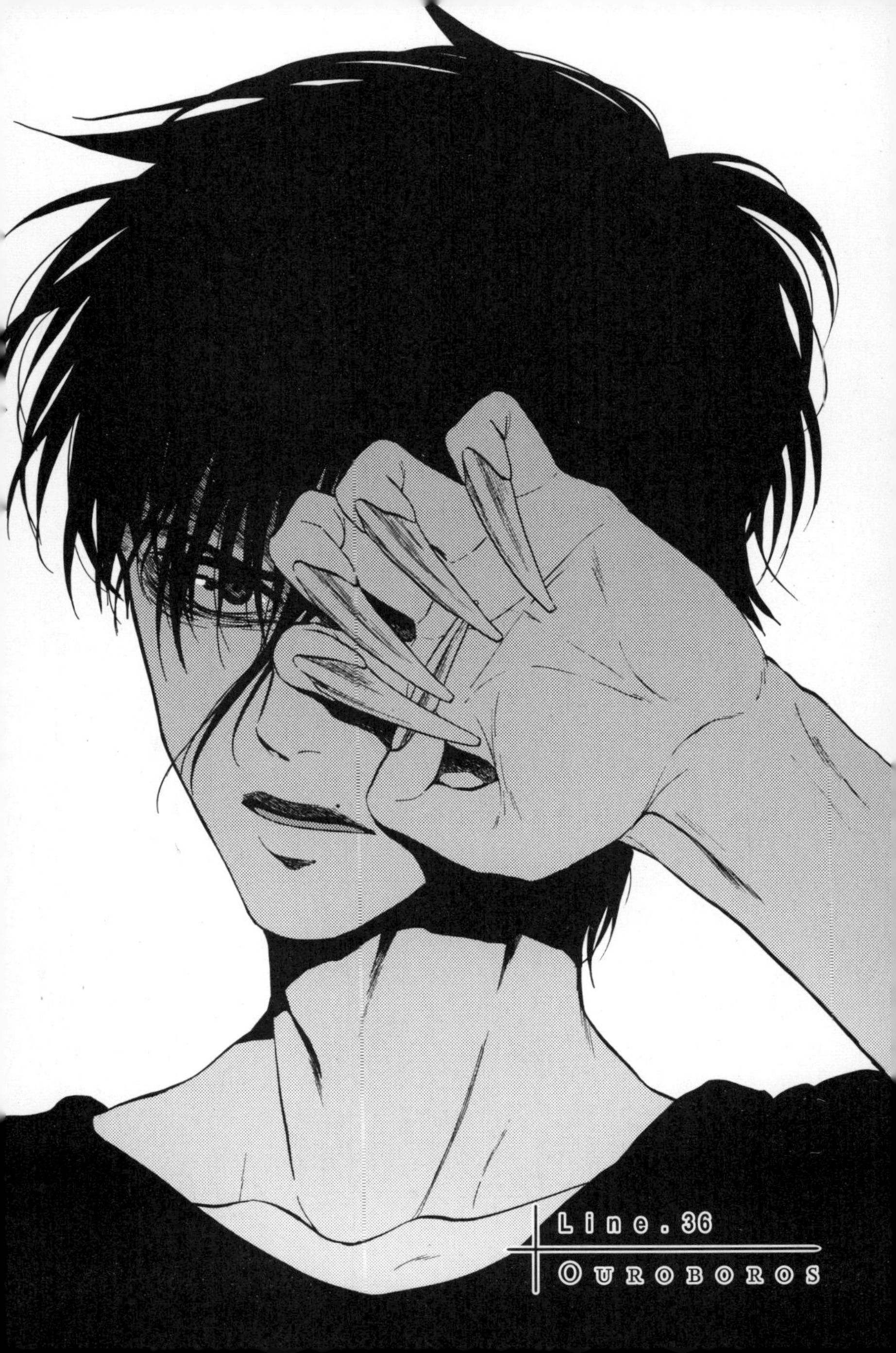
Line. 36
OUROBOROS

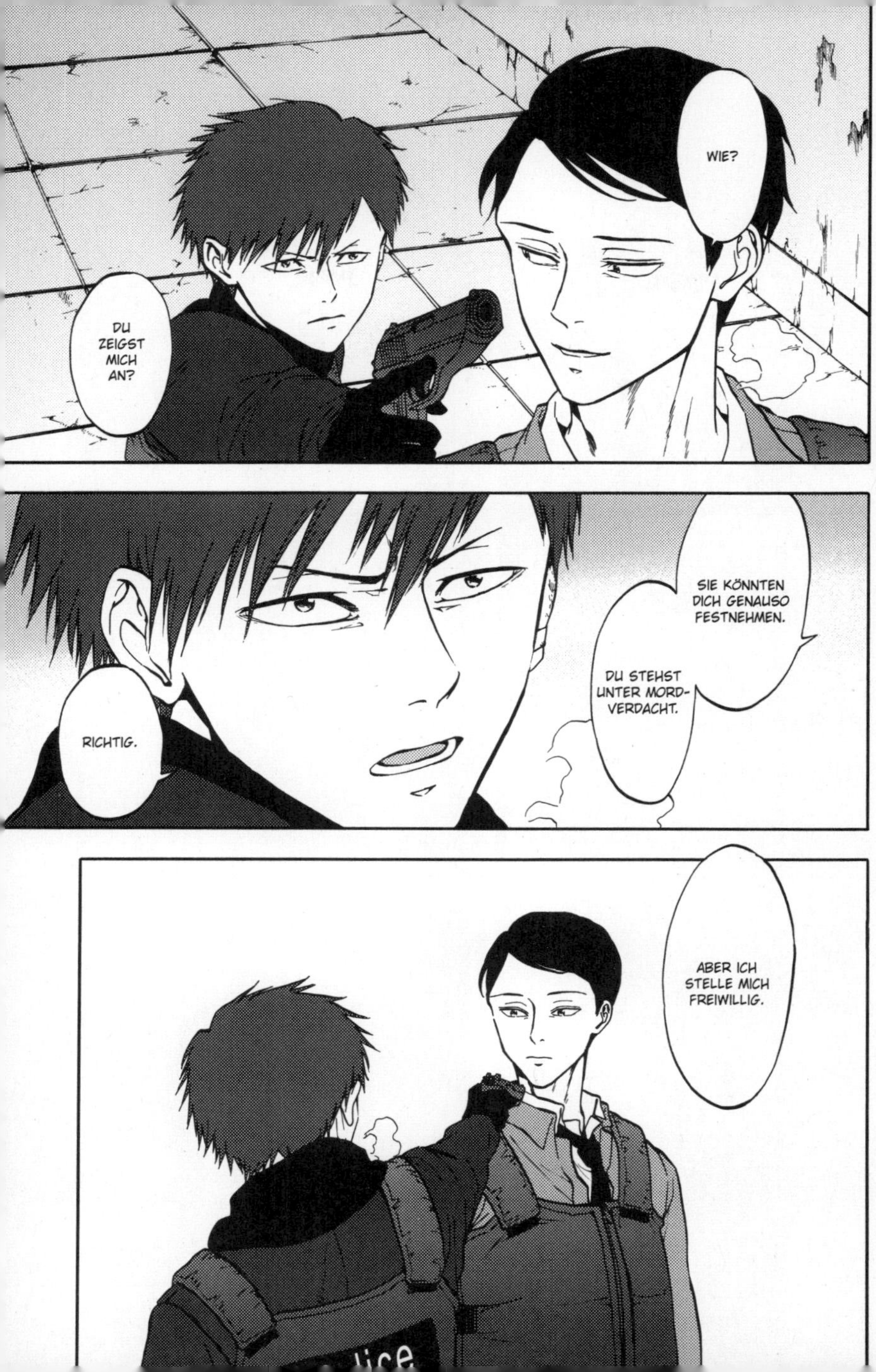
WIE?
DU ZEIGST MICH AN?
SIE KÖNNTEN DICH GENAUSO FESTNEHMEN.
DU STEHST UNTER MORD-VERDACHT.
RICHTIG.
ABER ICH STELLE MICH FREIWILLIG.

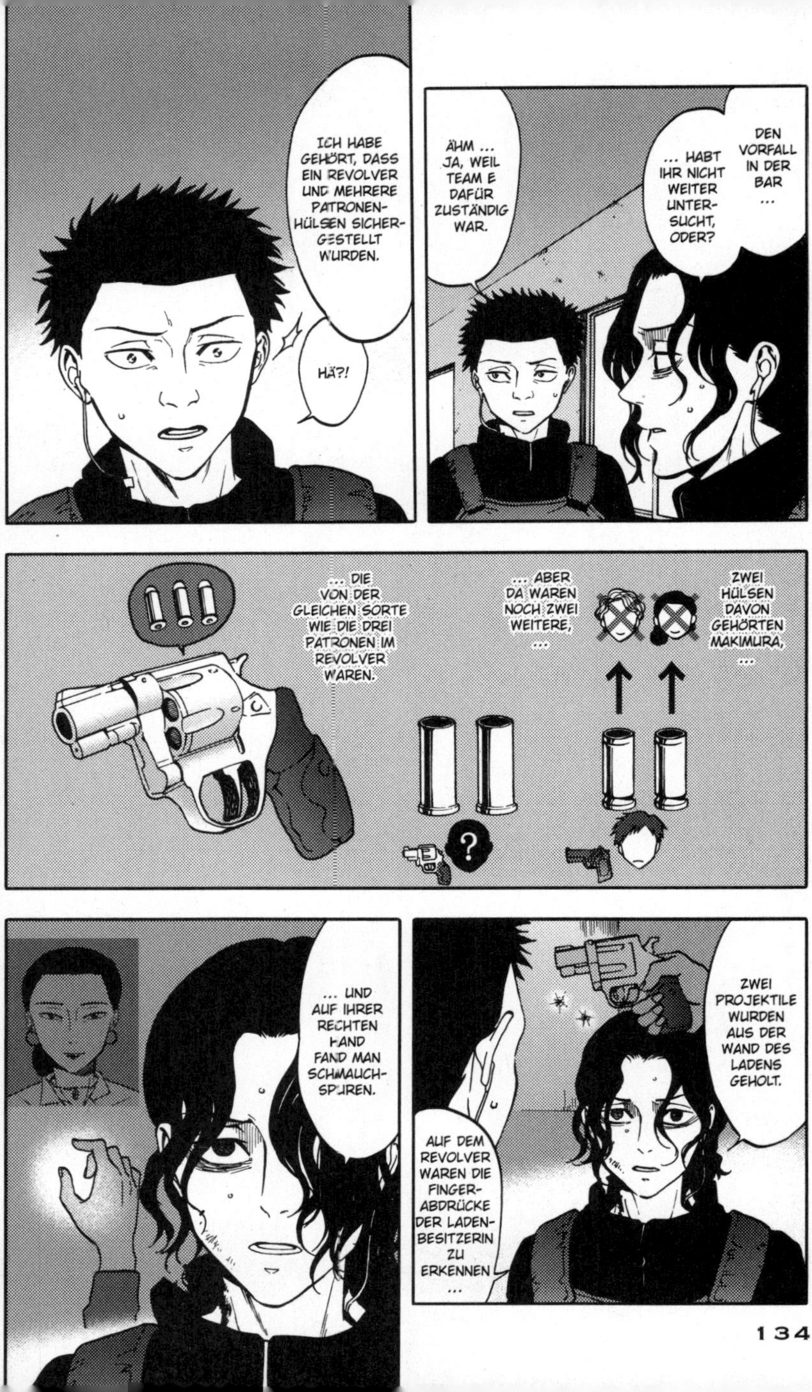
DEN VORFALL IN DER BAR ...
... HABT IHR NICHT WEITER UNTERSUCHT, ODER?
ÄHM ... JA, WEIL TEAM E DAFÜR ZUSTÄNDIG WAR.
ICH HABE GEHÖRT, DASS EIN REVOLVER UND MEHRERE PATRONENHÜLSEN SICHERGESTELLT WURDEN.
HÄ?!
ZWEI HÜLSEN DAVON GEHÖRTEN MAKIMURA, ...
... ABER DA WAREN NOCH ZWEI WEITERE, ...
... DIE VON DER GLEICHEN SORTE WIE DIE DREI PATRONEN IM REVOLVER WAREN.
ZWEI PROJEKTILE WURDEN AUS DER WAND DES LADENS GEHOLT.
AUF DEM REVOLVER WAREN DIE FINGERABDRÜCKE DER LADENBESITZERIN ZU ERKENNEN ...
... UND AUF IHRER RECHTEN HAND FAND MAN SCHMAUCHSPUREN.

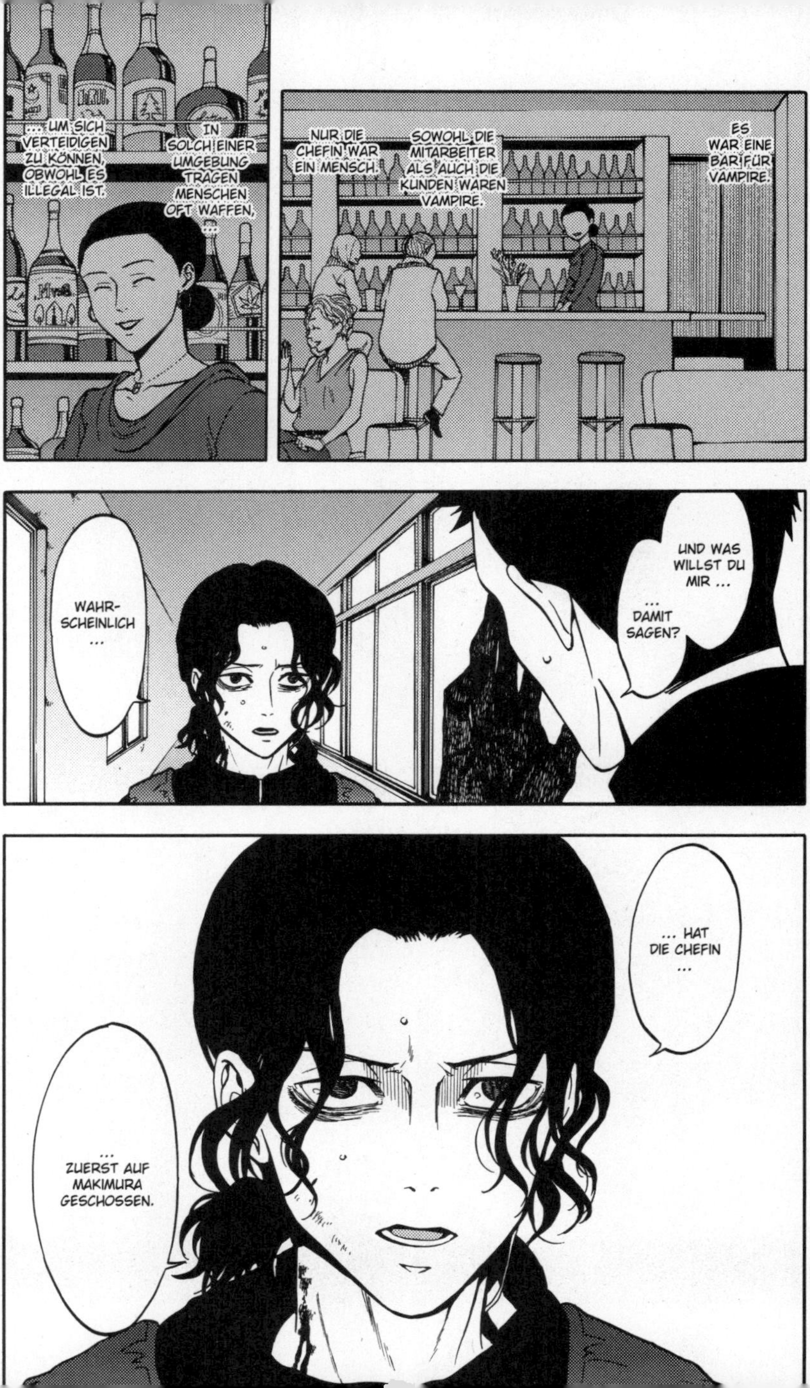
ES WAR EINE BAR FÜR VAMPIRE.
SOWOHL DIE MITARBEITER ALS AUCH DIE KUNDEN WAREN VAMPIRE.
NUR DIE CHEFIN WAR EIN MENSCH.
IN SOLCH EINER UMGEBUNG TRAGEN MENSCHEN OFT WAFFEN, ...
... UM SICH VERTEIDIGEN ZU KÖNNEN, OBWOHL ES ILLEGAL IST.
UND WAS WILLST DU MIR ... ... DAMIT SAGEN?
WAHR-SCHEINLICH ...
... HAT DIE CHEFIN ...
... ZUERST AUF MAKIMURA GESCHOSSEN.

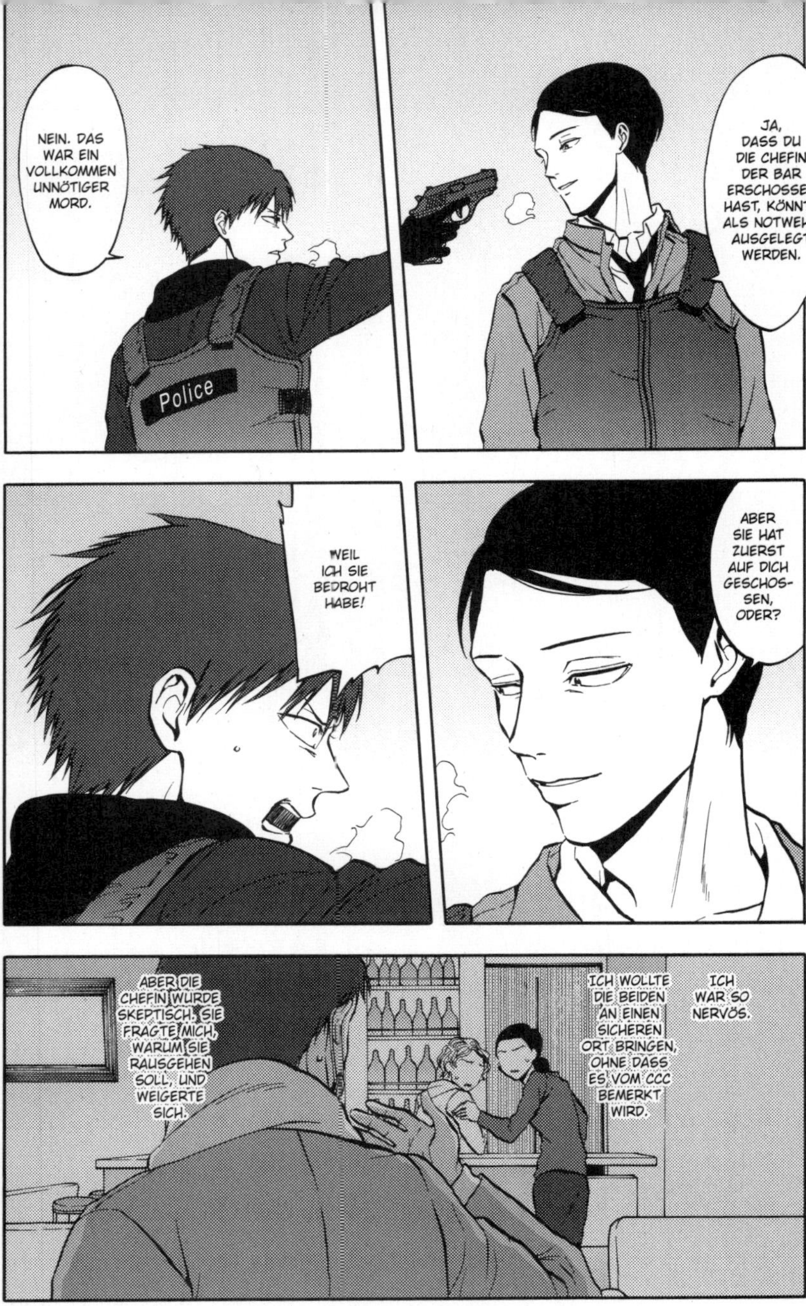
JA, DASS DU DIE CHEFIN DER BAR ERSCHOSSEN HAST, KÖNNTE ALS NOTWEHR AUSGELEGT WERDEN.
NEIN. DAS WAR EIN VOLLKOMMEN UNNÖTIGER MORD.
Police
ABER SIE HAT ZUERST AUF DICH GESCHOS-SEN, ODER?
WEIL ICH SIE BEDROHT HABE!
ICH WAR SO NERVÖS.
ICH WOLLTE DIE BEIDEN AN EINEN SICHEREN ORT BRINGEN, OHNE DASS ES VOM CCC BEMERKT WIRD.
ABER DIE CHEFIN WURDE SKEPTISCH. SIE FRAGTE MICH, WARUM SIE RAUSGEHEN SOLL, UND WEIGERTE SICH.

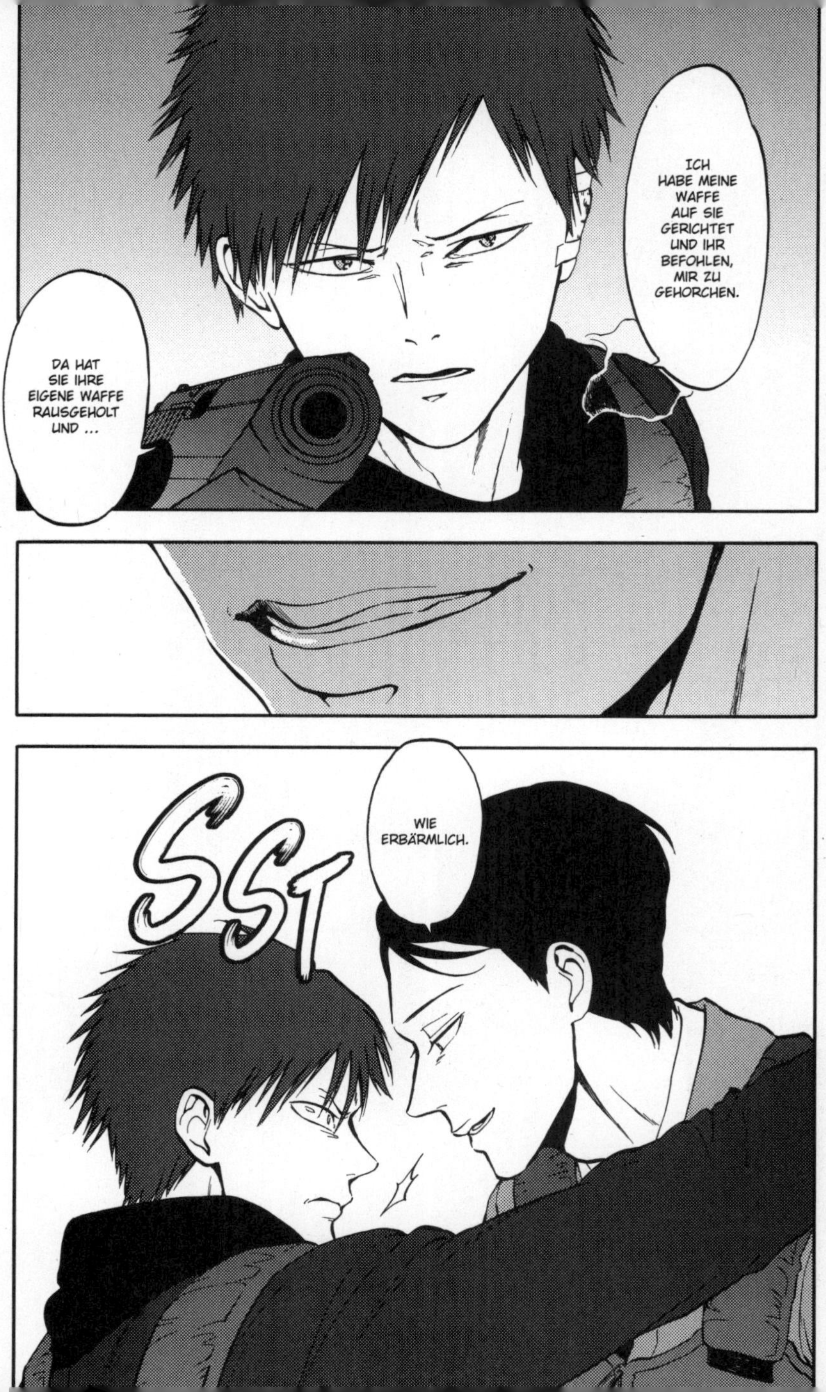
ICH HABE MEINE WAFFE AUF SIE GERICHTET UND IHR BEFOHLEN, MIR ZU GEHORCHEN.
DA HAT SIE IHRE EIGENE WAFFE RAUSGEHOLT UND …
WIE ERBÄRMLICH.
SST

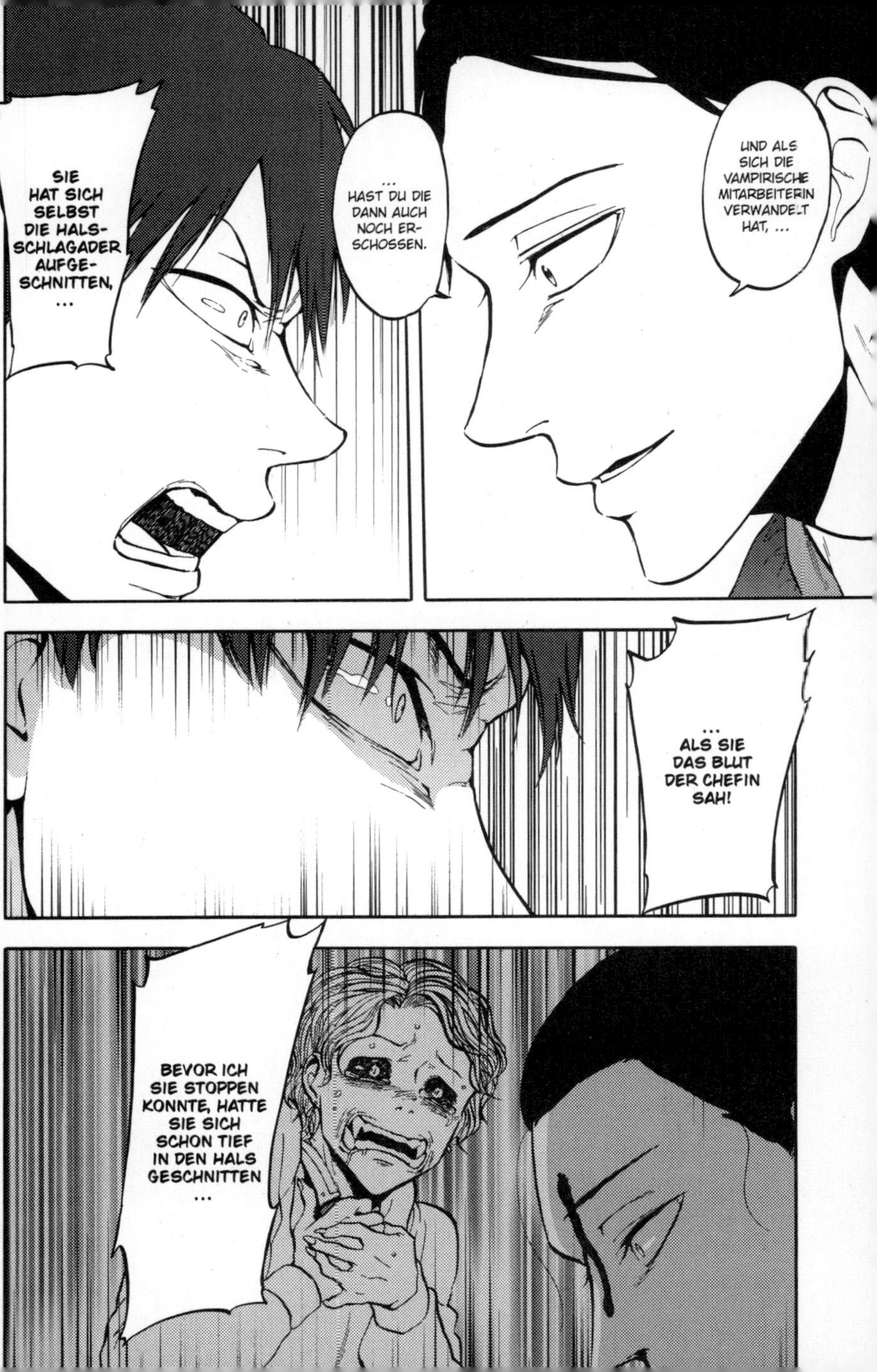
UND ALS SICH DIE VAMPIRISCHE MITARBEITERIN VERWANDELT HAT, ...
... HAST DU DIE DANN AUCH NOCH ER-SCHOSSEN.
SIE HAT SICH SELBST DIE HALS-SCHLAGADER AUFGE-SCHNITTEN, ...
... ALS SIE DAS BLUT DER CHEFIN SAH!
BEVOR ICH SIE STOPPEN KONNTE, HATTE SIE SICH SCHON TIEF IN DEN HALS GESCHNITTEN ...

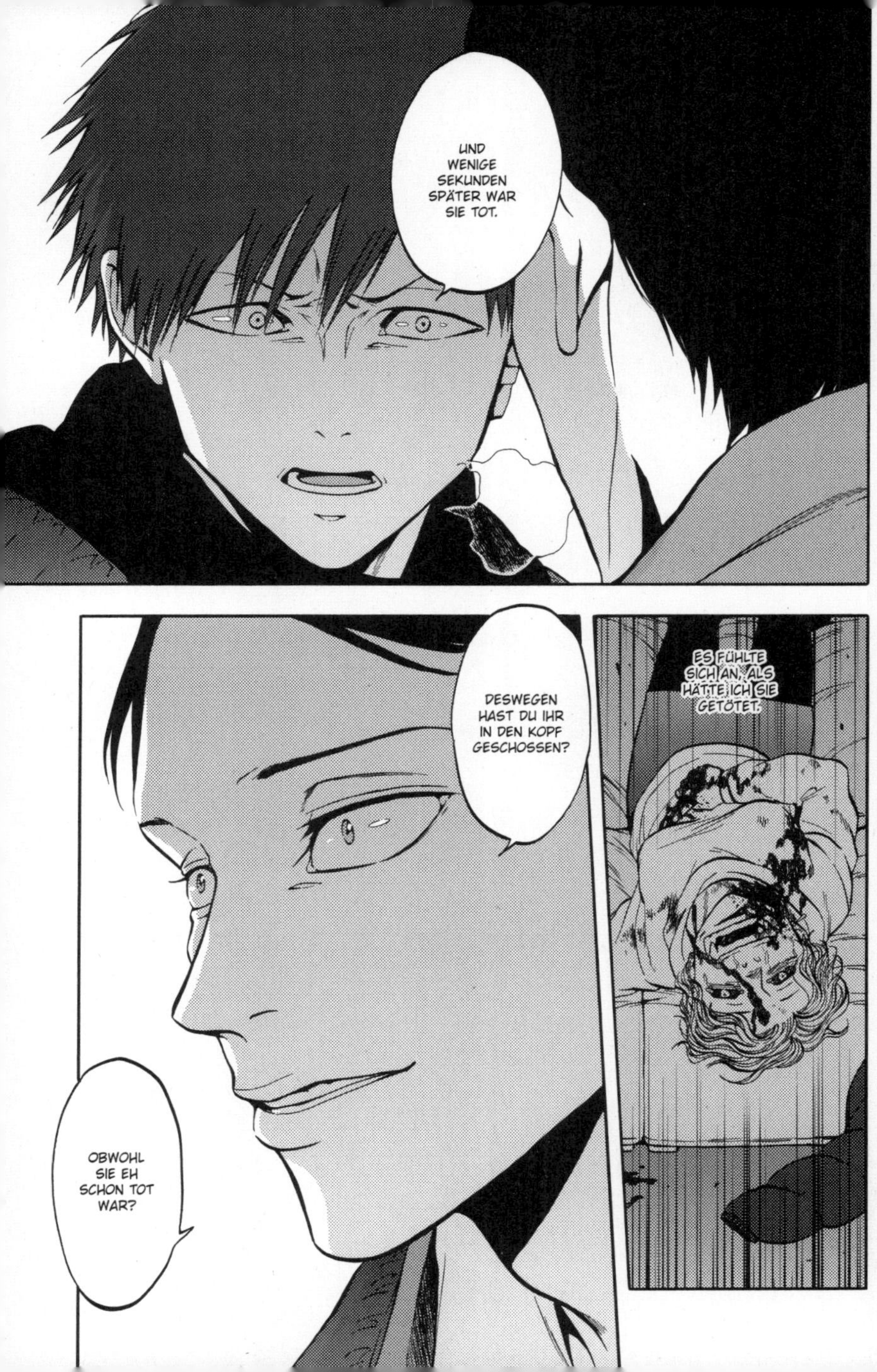
UND WENIGE SEKUNDEN SPÄTER WAR SIE TOT.
ES FÜHLTE SICH AN, ALS HÄTTE ICH SIE GETÖTET.
DESWEGEN HAST DU IHR IN DEN KOPF GESCHOSSEN?
OBWOHL SIE EH SCHON TOT WAR?

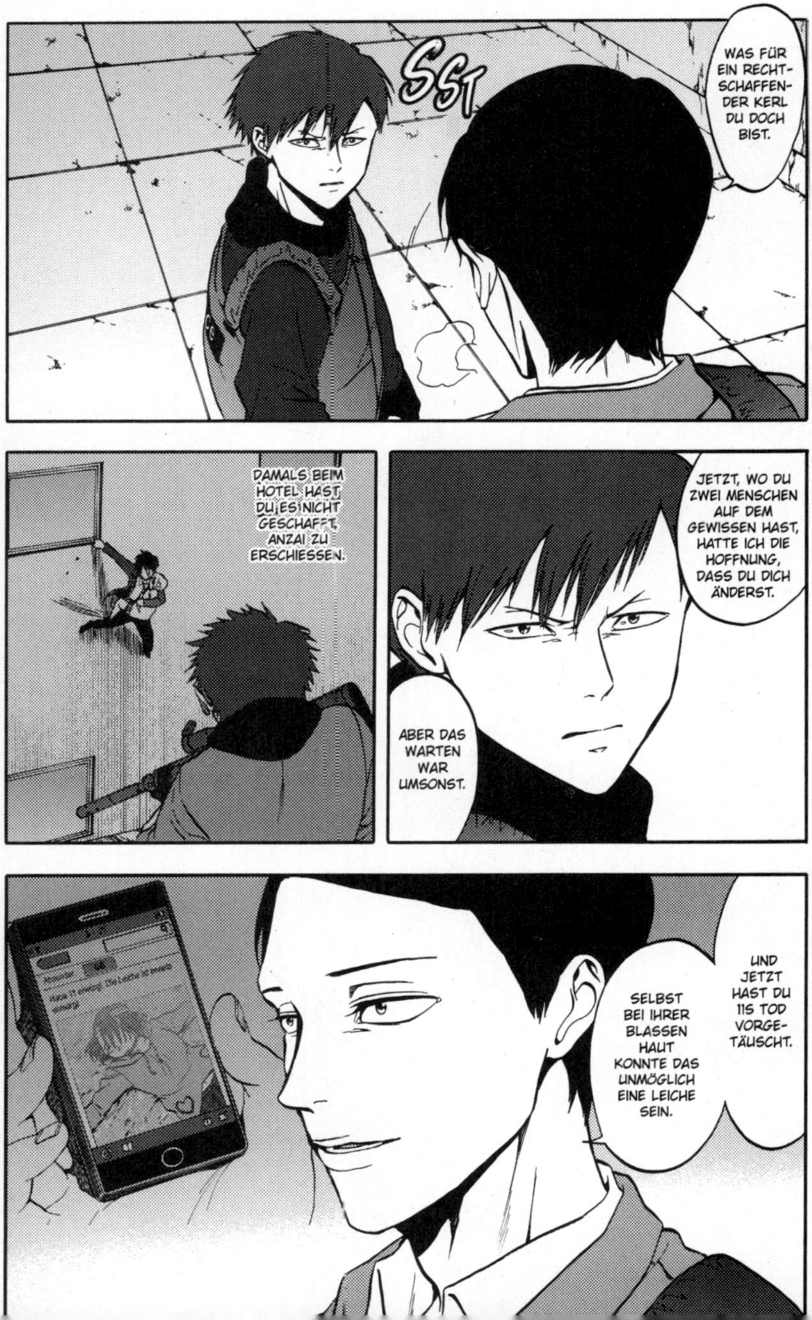
WAS FÜR EIN RECHT-SCHAFFENDER KERL DU DOCH BIST.
SST
JETZT, WO DU ZWEI MENSCHEN AUF DEM GEWISSEN HAST, HATTE ICH DIE HOFFNUNG, DASS DU DICH ÄNDERST.
ABER DAS WARTEN WAR UMSONST.
DAMALS BEIM HOTEL HAST DU ES NICHT GESCHAFFT, ANZAI ZU ERSCHIESSEN.
UND JETZT HAST DU 11S TOD VORGE-TÄUSCHT.
SELBST BEI IHRER BLASSEN HAUT KONNTE DAS UNMÖGLICH EINE LEICHE SEIN.

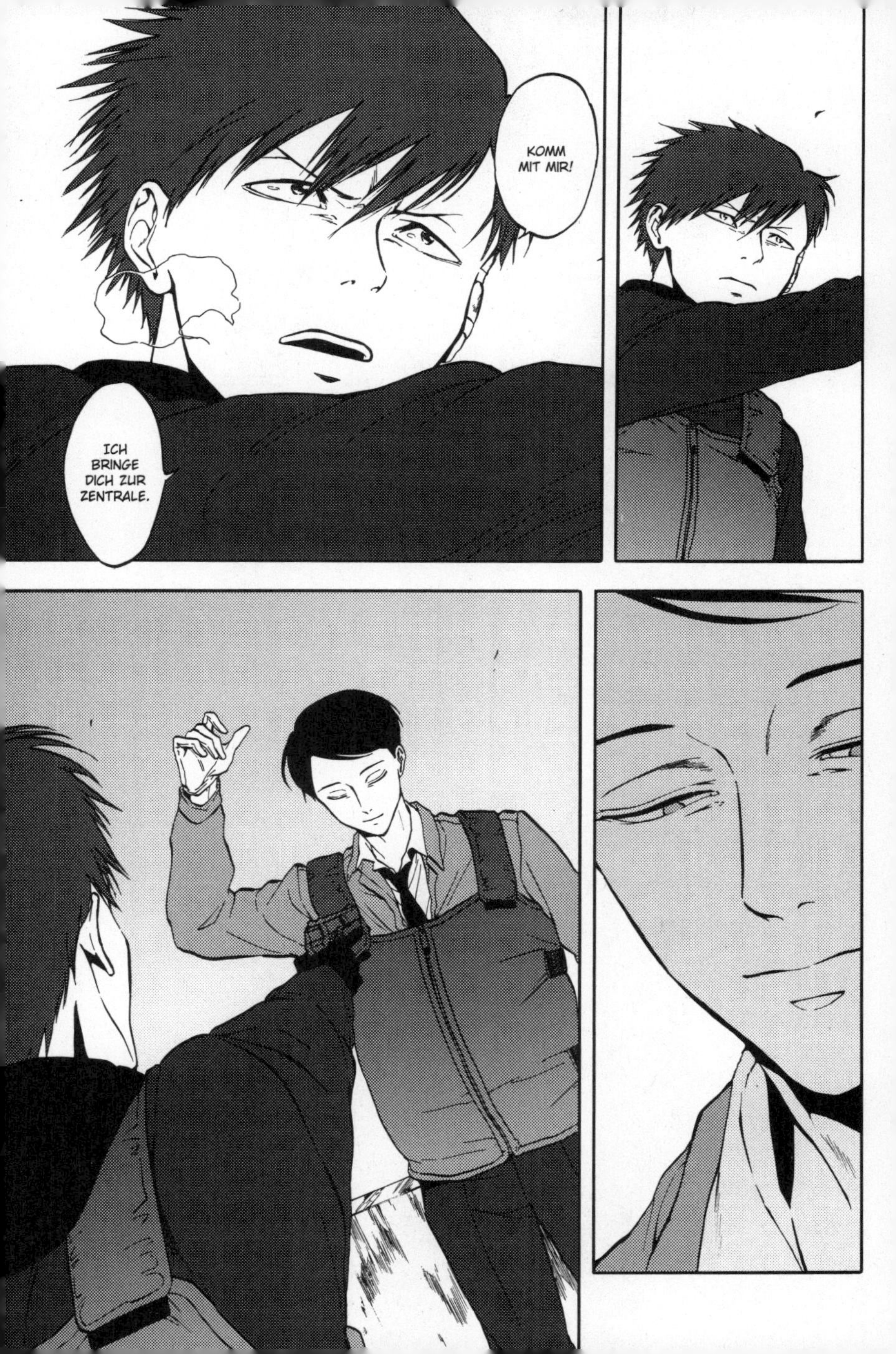
KOMM MIT MIR!
ICH BRINGE DICH ZUR ZENTRALE.

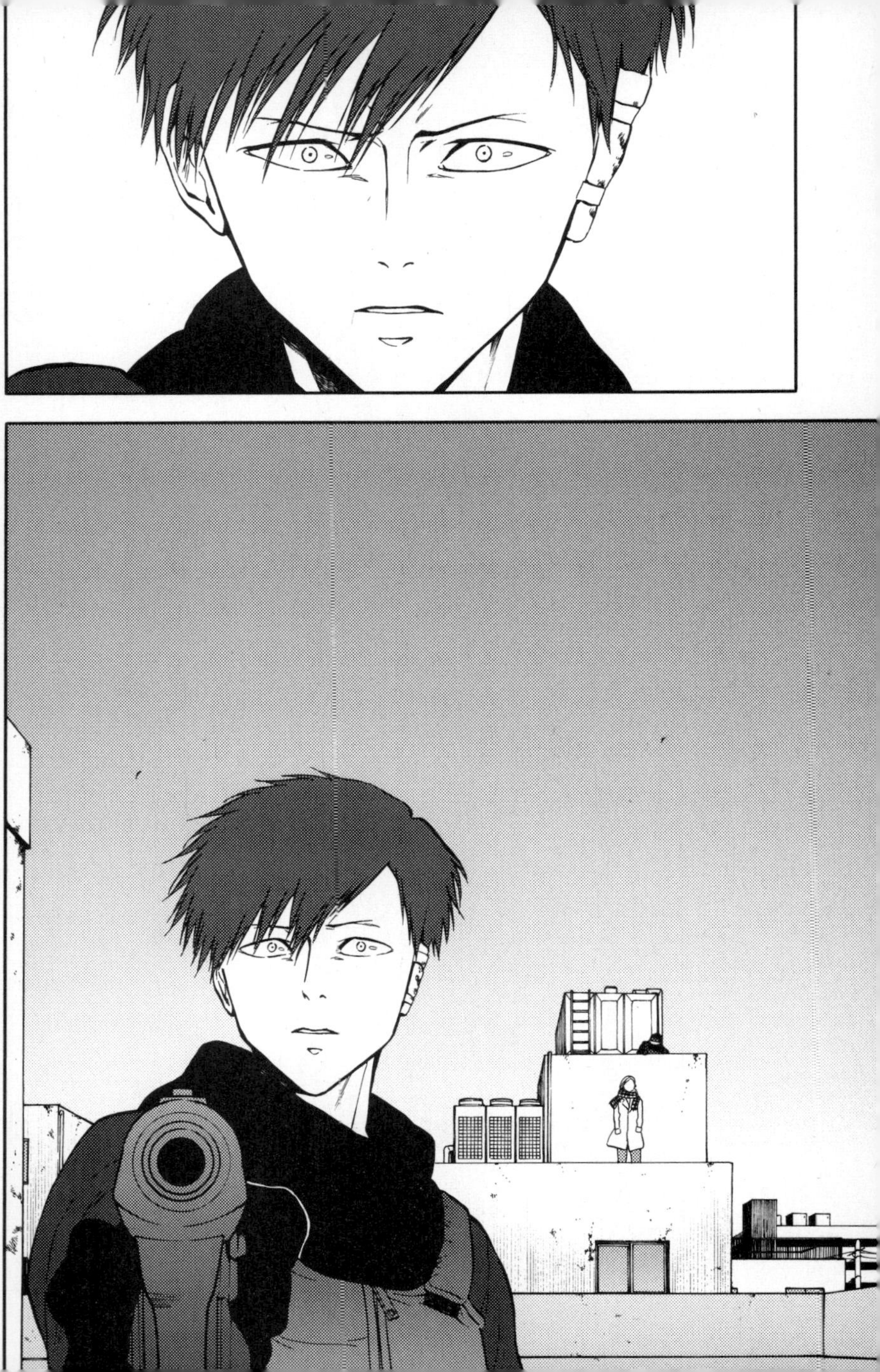

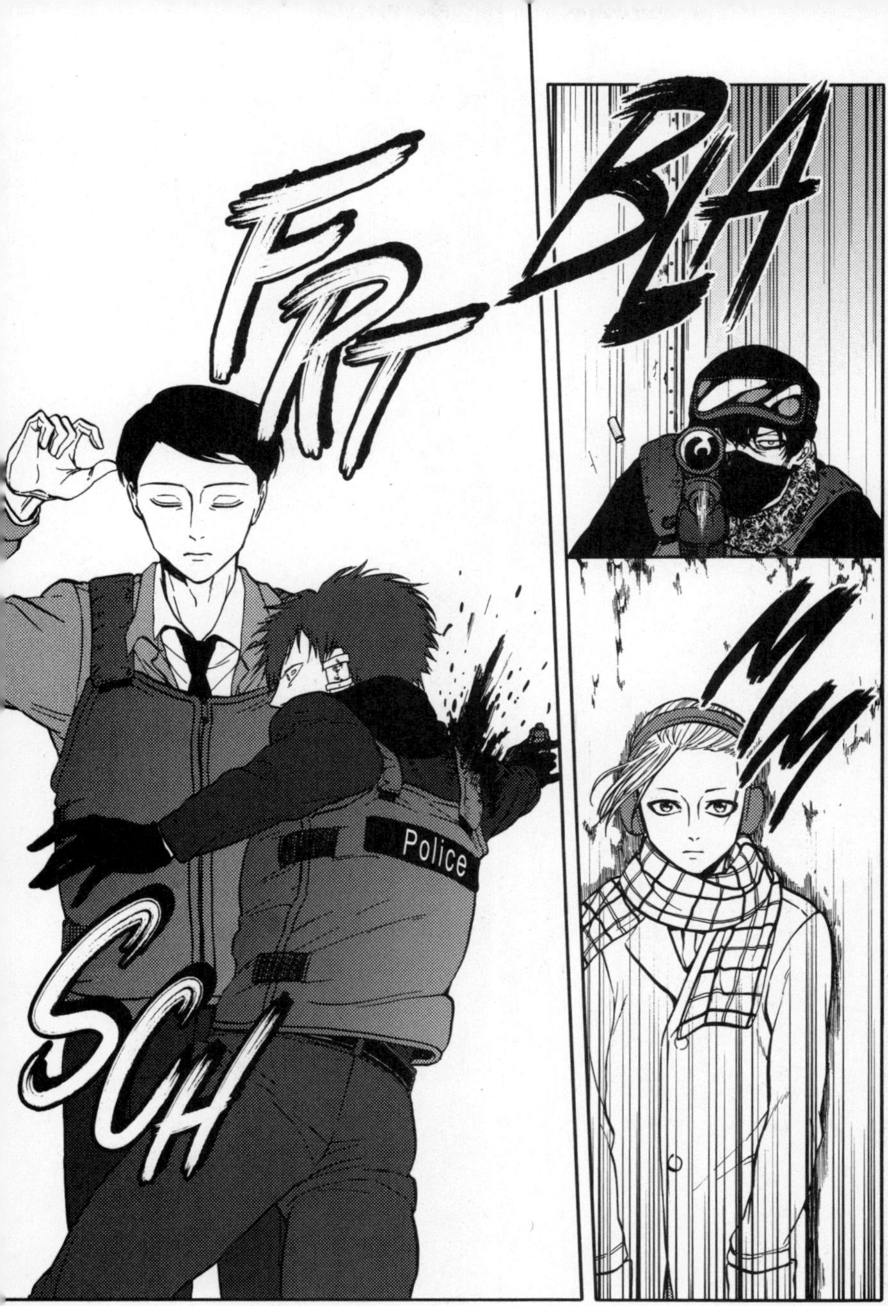
FRRT
BLAM
MMM
Police
SCH

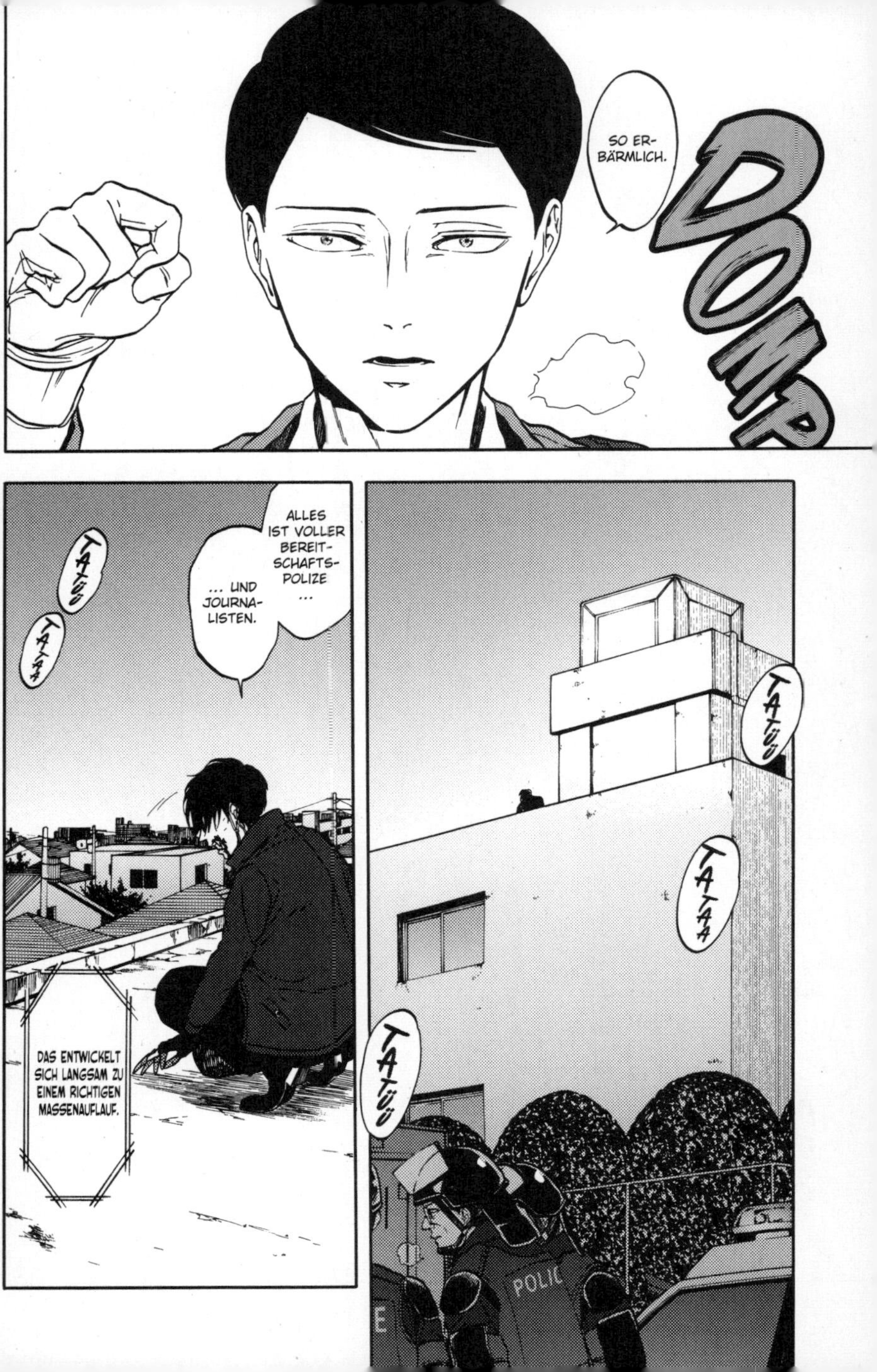
DOMP
SO ER-
BÄRMLICH.
ALLES
IST VOLLER
BEREIT-
SCHAFTS-
POLIZE
...
... UND
JOURNA-
LISTEN.
TATÜÜ
TATAA
TATÜÜ
TATAA
TATÜÜ
DAS ENTWICKELT
SICH LANGSAM ZU
EINEM RICHTIGEN
MASSENAUFLAUF.
POLIC

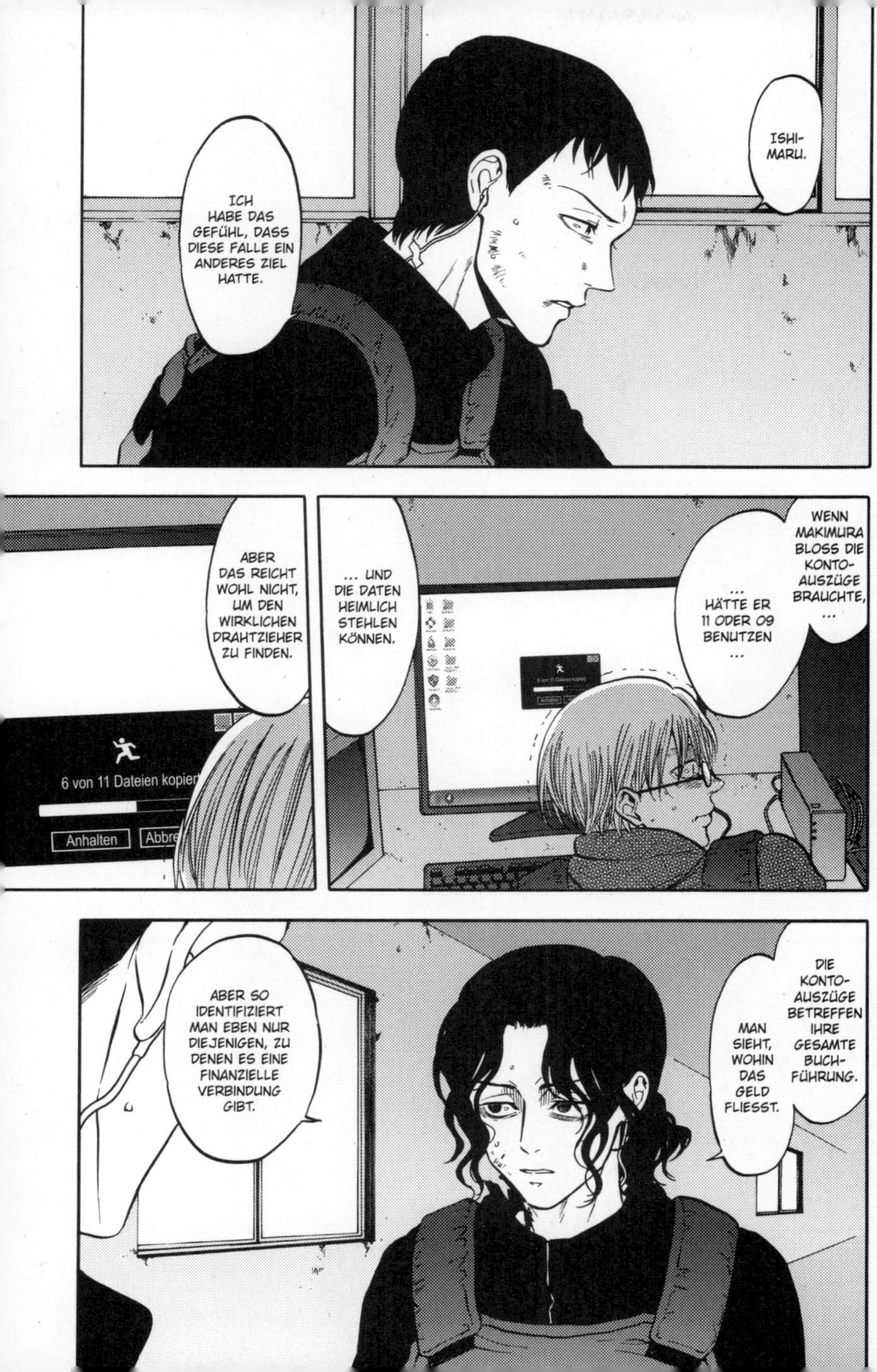
ISHI-MARU.
ICH HABE DAS GEFÜHL, DASS DIESE FALLE EIN ANDERES ZIEL HATTE.
WENN MAKIMURA BLOSS DIE KONTO-AUSZÜGE BRAUCHTE, …
… HÄTTE ER 11 ODER 09 BENUTZEN …
… UND DIE DATEN HEIMLICH STEHLEN KÖNNEN.
ABER DAS REICHT WOHL NICHT, UM DEN WIRKLICHEN DRAHTZIEHER ZU FINDEN.
6 von 11 Dateien kopiert
Anhalten
DIE KONTO-AUSZÜGE BETREFFEN IHRE GESAMTE BUCH-FÜHRUNG.
MAN SIEHT, WOHIN DAS GELD FLIESST.
ABER SO IDENTIFIZIERT MAN EBEN NUR DIEJENIGEN, ZU DENEN ES EINE FINANZIELLE VERBINDUNG GIBT.

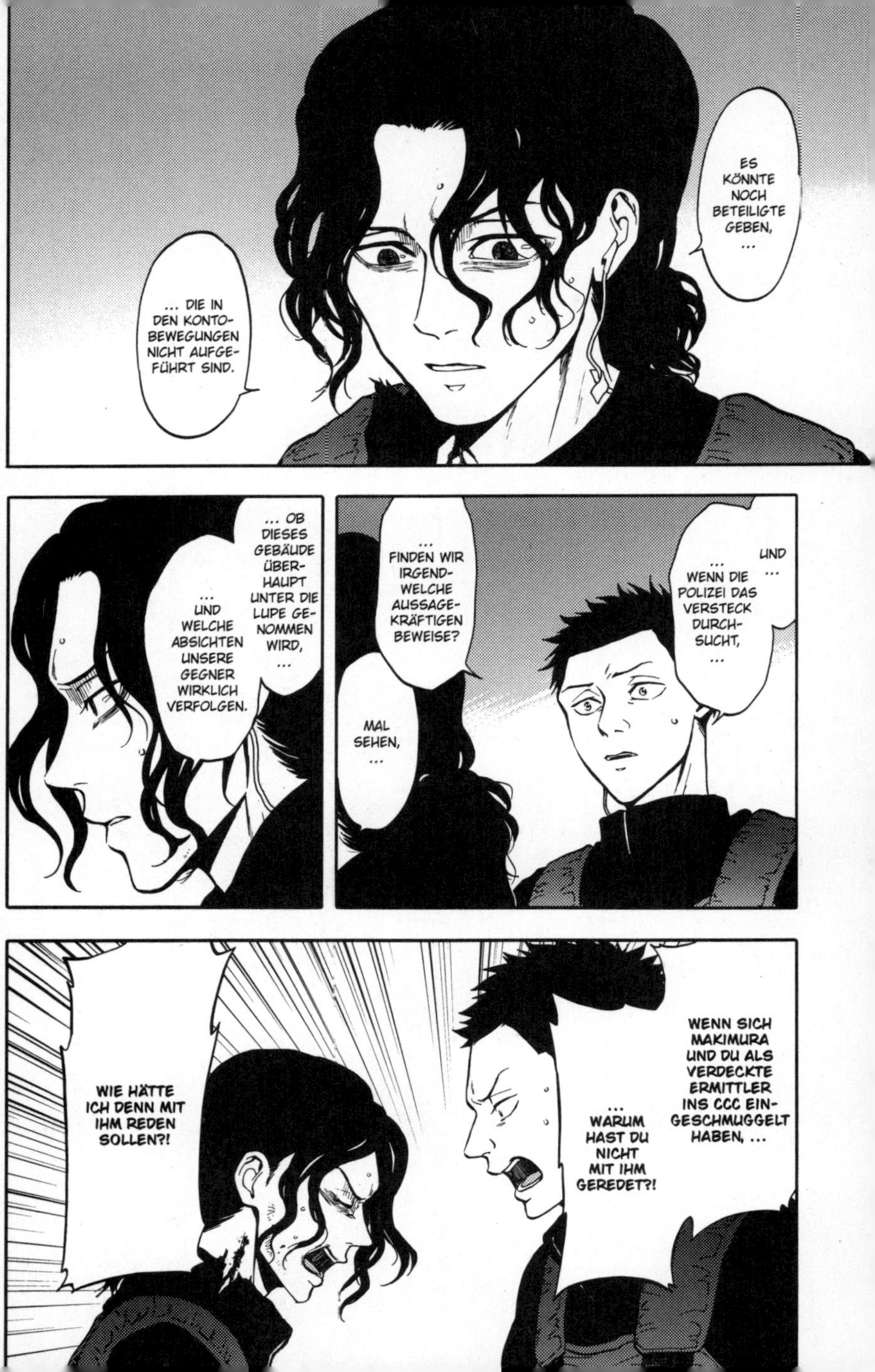
ES KÖNNTE NOCH BETEILIGTE GEBEN, …
… DIE IN DEN KONTO-BEWEGUNGEN NICHT AUFGE-FÜHRT SIND.
UND …
… WENN DIE POLIZEI DAS VERSTECK DURCH-SUCHT, …
… FINDEN WIR IRGEND-WELCHE AUSSAGE-KRÄFTIGEN BEWEISE?
MAL SEHEN, …
… OB DIESES GEBÄUDE ÜBER-HAUPT UNTER DIE LUPE GE-NOMMEN WIRD, …
… UND WELCHE ABSICHTEN UNSERE GEGNER WIRKLICH VERFOLGEN.
WENN SICH MAKIMURA UND DU ALS VERDECKTE ERMITTLER INS CCC EIN-GESCHMUGGELT HABEN, …
… WARUM HAST DU NICHT MIT IHM GEREDET?!
WIE HÄTTE ICH DENN MIT IHM REDEN SOLLEN?!

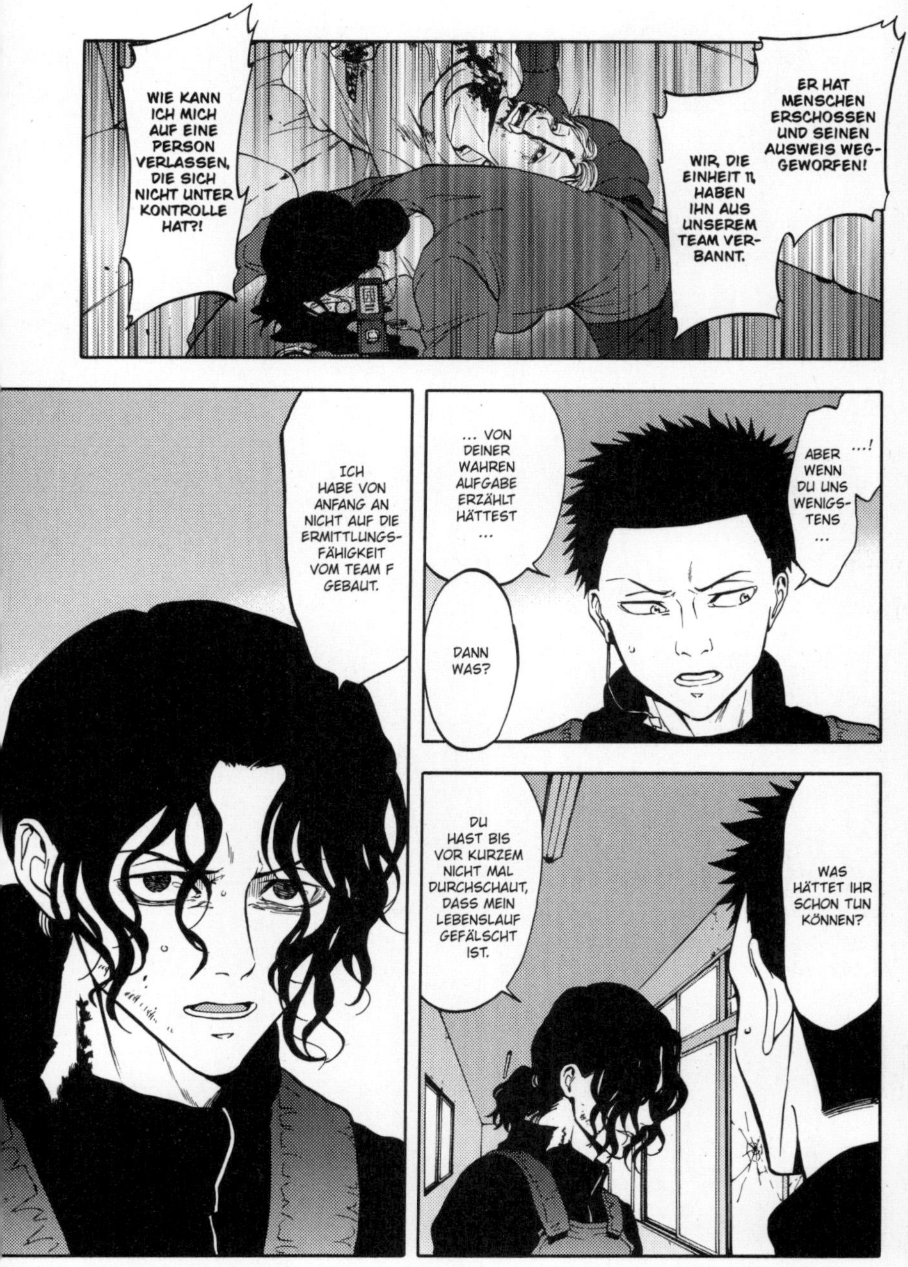
ER HAT MENSCHEN ERSCHOSSEN UND SEINEN AUSWEIS WEG-GEWORFEN!
WIR, DIE EINHEIT 11, HABEN IHN AUS UNSEREM TEAM VER-BANNT.
WIE KANN ICH MICH AUF EINE PERSON VERLASSEN, DIE SICH NICHT UNTER KONTROLLE HAT?!
...!
ABER WENN DU UNS WENIGS-TENS ...
... VON DEINER WAHREN AUFGABE ERZÄHLT HÄTTEST ...
DANN WAS?
ICH HABE VON ANFANG AN NICHT AUF DIE ERMITTLUNGS-FÄHIGKEIT VOM TEAM F GEBAUT.
WAS HÄTTET IHR SCHON TUN KÖNNEN?
DU HAST BIS VOR KURZEM NICHT MAL DURCHSCHAUT, DASS MEIN LEBENSLAUF GEFÄLSCHT IST.

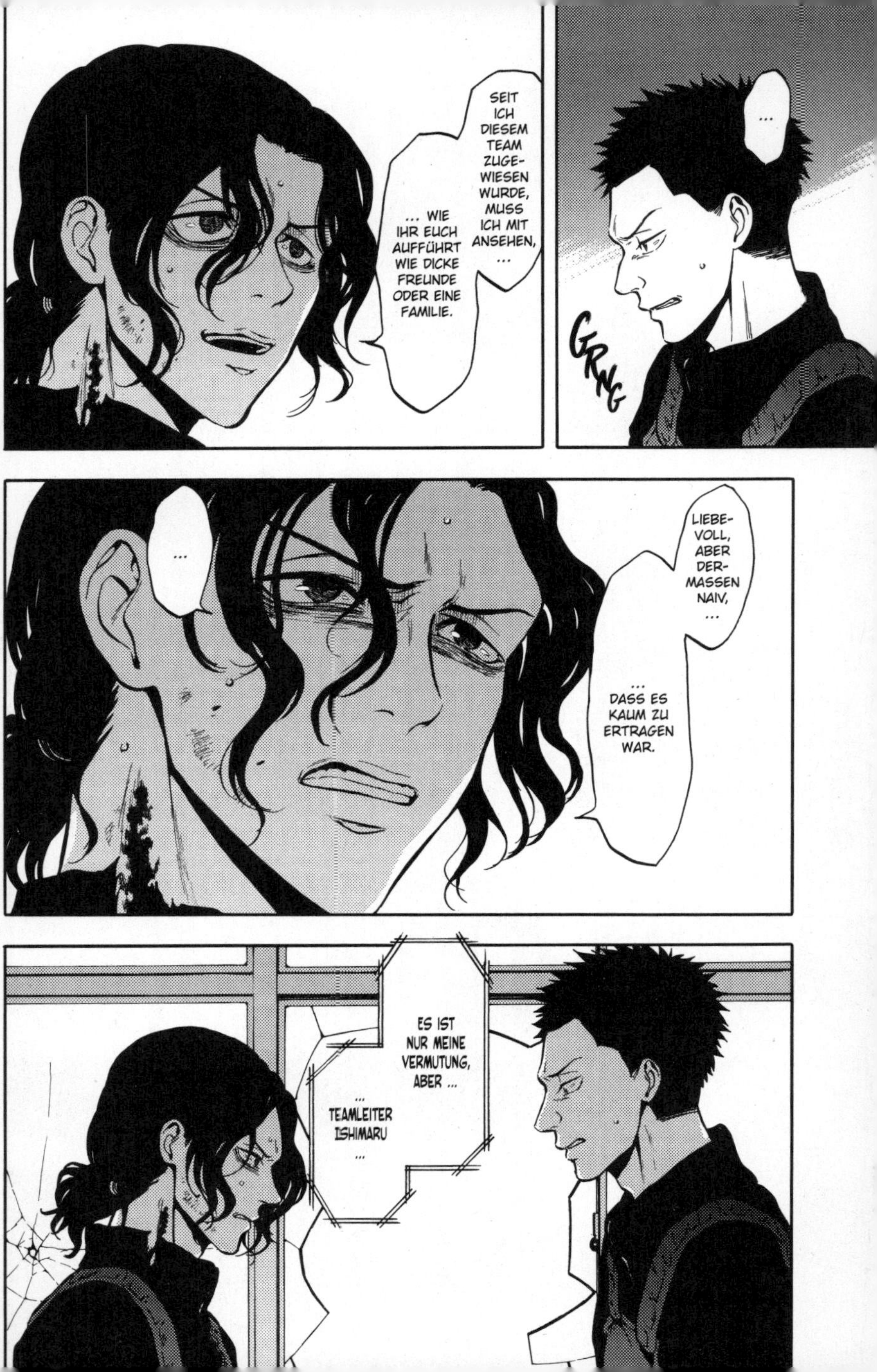
...
GRNG
SEIT ICH DIESEM TEAM ZUGE-WIESEN WURDE, MUSS ICH MIT ANSEHEN, ...
... WIE IHR EUCH AUFFÜHRT WIE DICKE FREUNDE ODER EINE FAMILIE.
LIEBE-VOLL, ABER DER-MASSEN NAIV, ...
... DASS ES KAUM ZU ERTRAGEN WAR.
...
ES IST NUR MEINE VERMUTUNG, ABER ...
... TEAMLEITER ISHIMARU ...

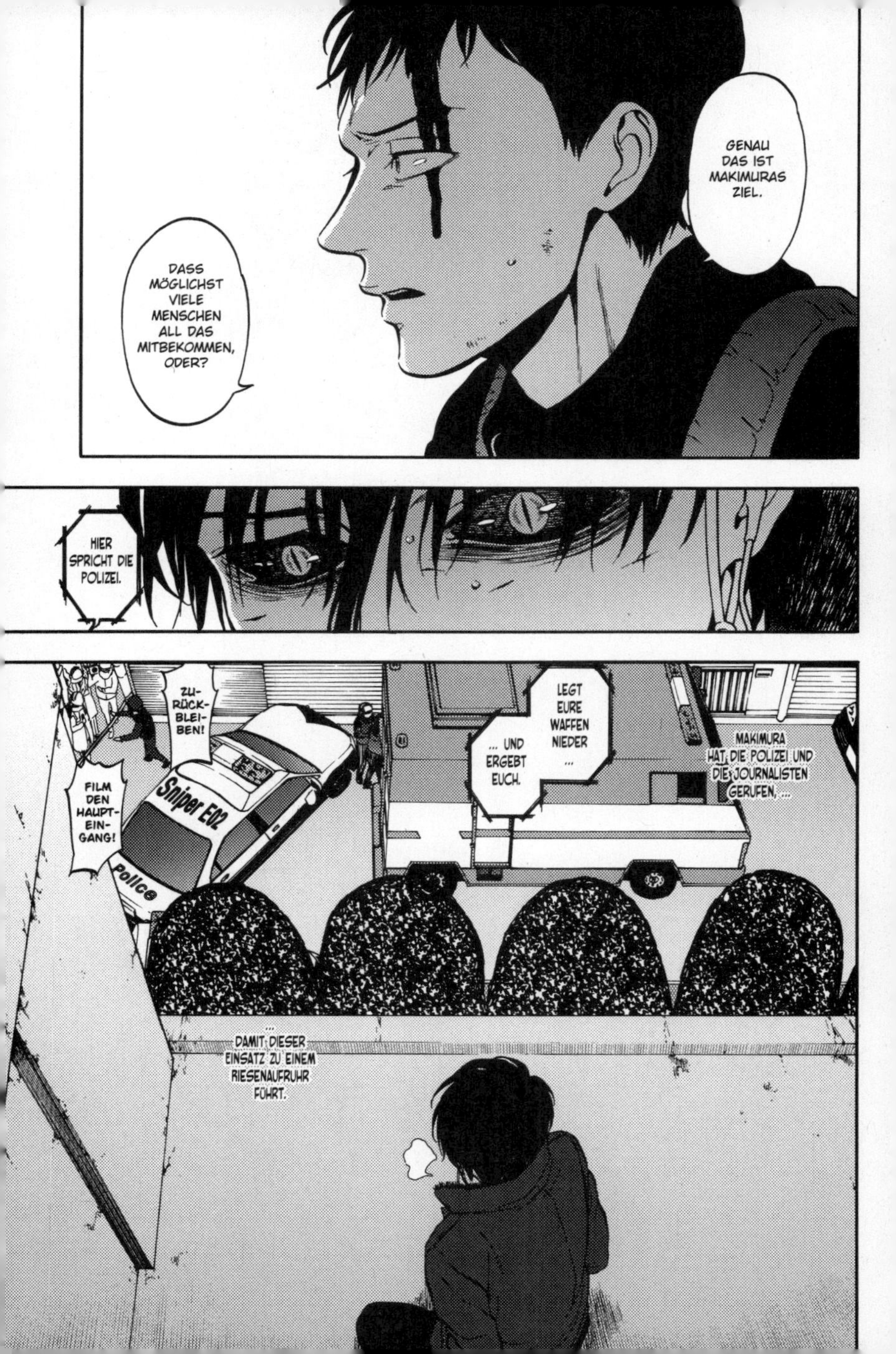
GENAU DAS IST MAKIMURAS ZIEL.
DASS MÖGLICHST VIELE MENSCHEN ALL DAS MITBEKOMMEN, ODER?
HIER SPRICHT DIE POLIZEI.
MAKIMURA HAT DIE POLIZEI UND DIE JOURNALISTEN GERUFEN, ...
LEGT EURE WAFFEN NIEDER ...
... UND ERGEBT EUCH.
ZURÜCK-BLEIBEN!
FILM DEN HAUPT-EINGANG!
Sniper E02
Police
... DAMIT DIESER EINSATZ ZU EINEM RIESENAUFRUHR FÜHRT.

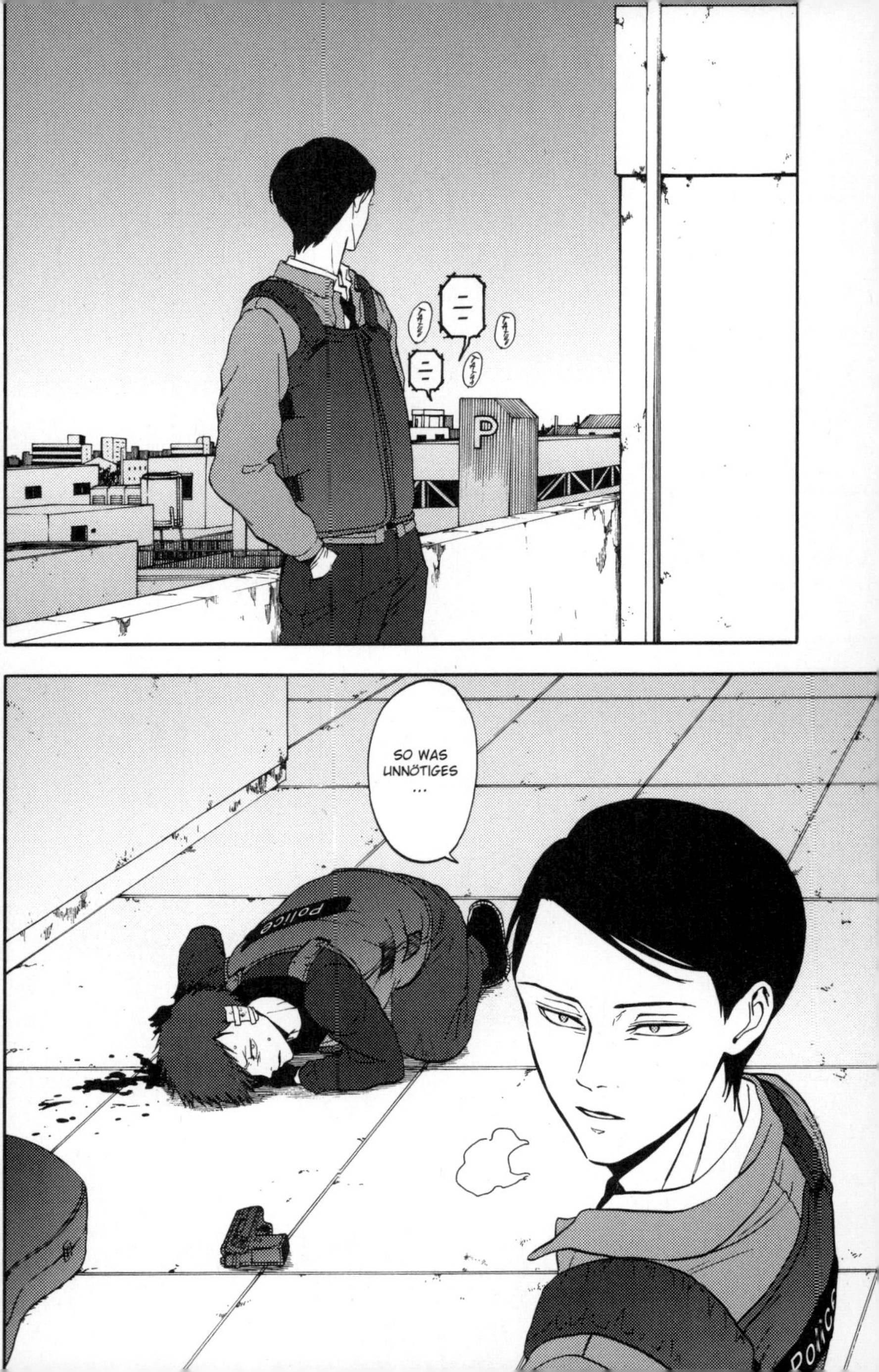
SO WAS UNNÖTIGES ...

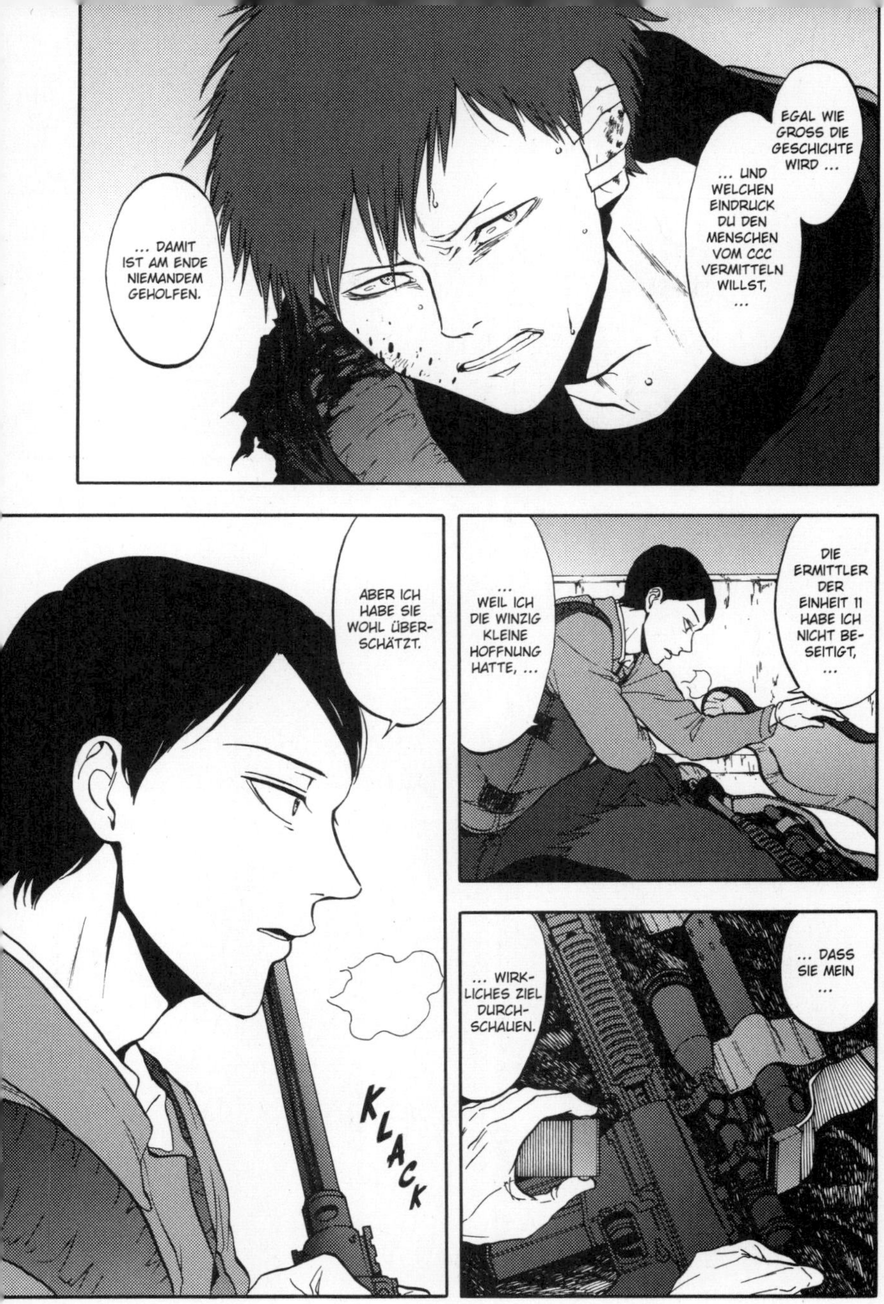
EGAL WIE GROSS DIE GESCHICHTE WIRD ...
... UND WELCHEN EINDRUCK DU DEN MENSCHEN VOM CCC VERMITTELN WILLST, ...
... DAMIT IST AM ENDE NIEMANDEM GEHOLFEN.
DIE ERMITTLER DER EINHEIT 11 HABE ICH NICHT BE-SEITIGT, ...
... WEIL ICH DIE WINZIG KLEINE HOFFNUNG HATTE, ...
... DASS SIE MEIN ...
... WIRK-LICHES ZIEL DURCH-SCHAUEN.
ABER ICH HABE SIE WOHL ÜBER-SCHÄTZT.
KLACK

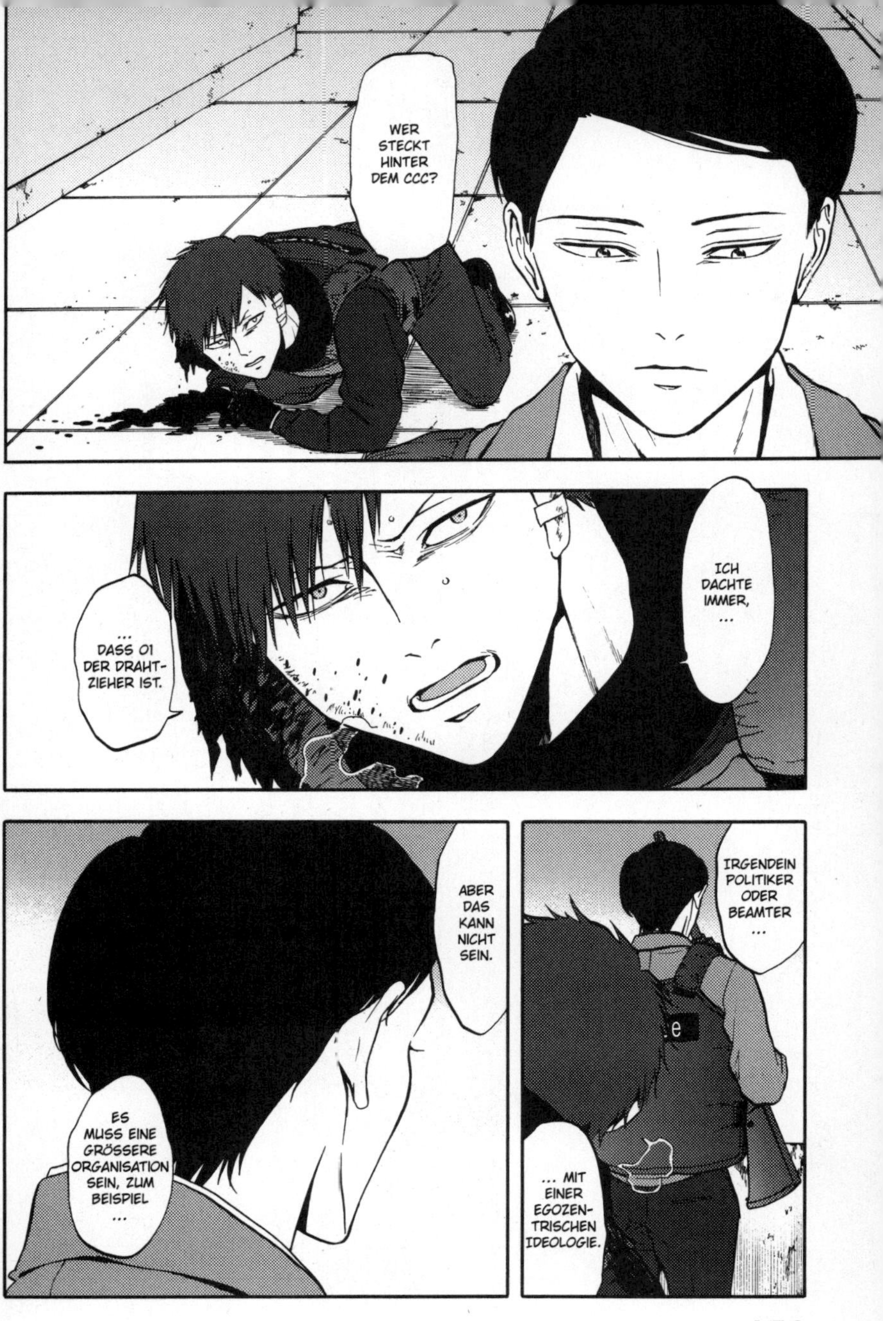
WER STECKT HINTER DEM CCC?
ICH DACHTE IMMER, ...
... DASS 01 DER DRAHT-ZIEHER IST.
ABER DAS KANN NICHT SEIN.
ES MUSS EINE GRÖSSERE ORGANISATION SEIN, ZUM BEISPIEL ...
IRGENDEIN POLITIKER ODER BEAMTER ...
... MIT EINER EGOZEN-TRISCHEN IDEOLOGIE.

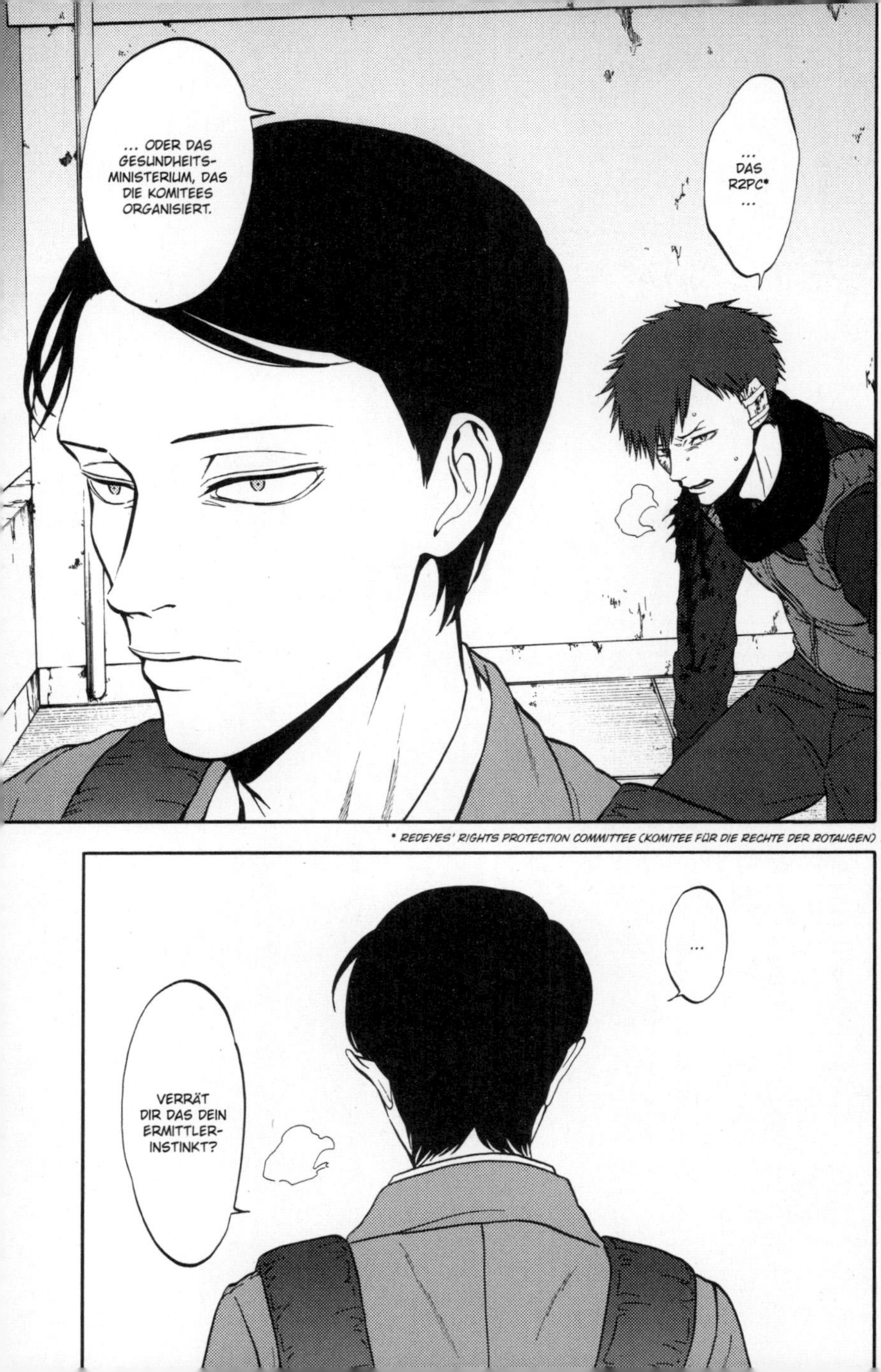

... DAS R2PC* ...
... ODER DAS GESUNDHEITS-MINISTERIUM, DAS DIE KOMITEES ORGANISIERT.
* REDEYES' RIGHTS PROTECTION COMMITTEE (KOMITEE FÜR DIE RECHTE DER ROTAUGEN)
...
VERRÄT DIR DAS DEIN ERMITTLER-INSTINKT?

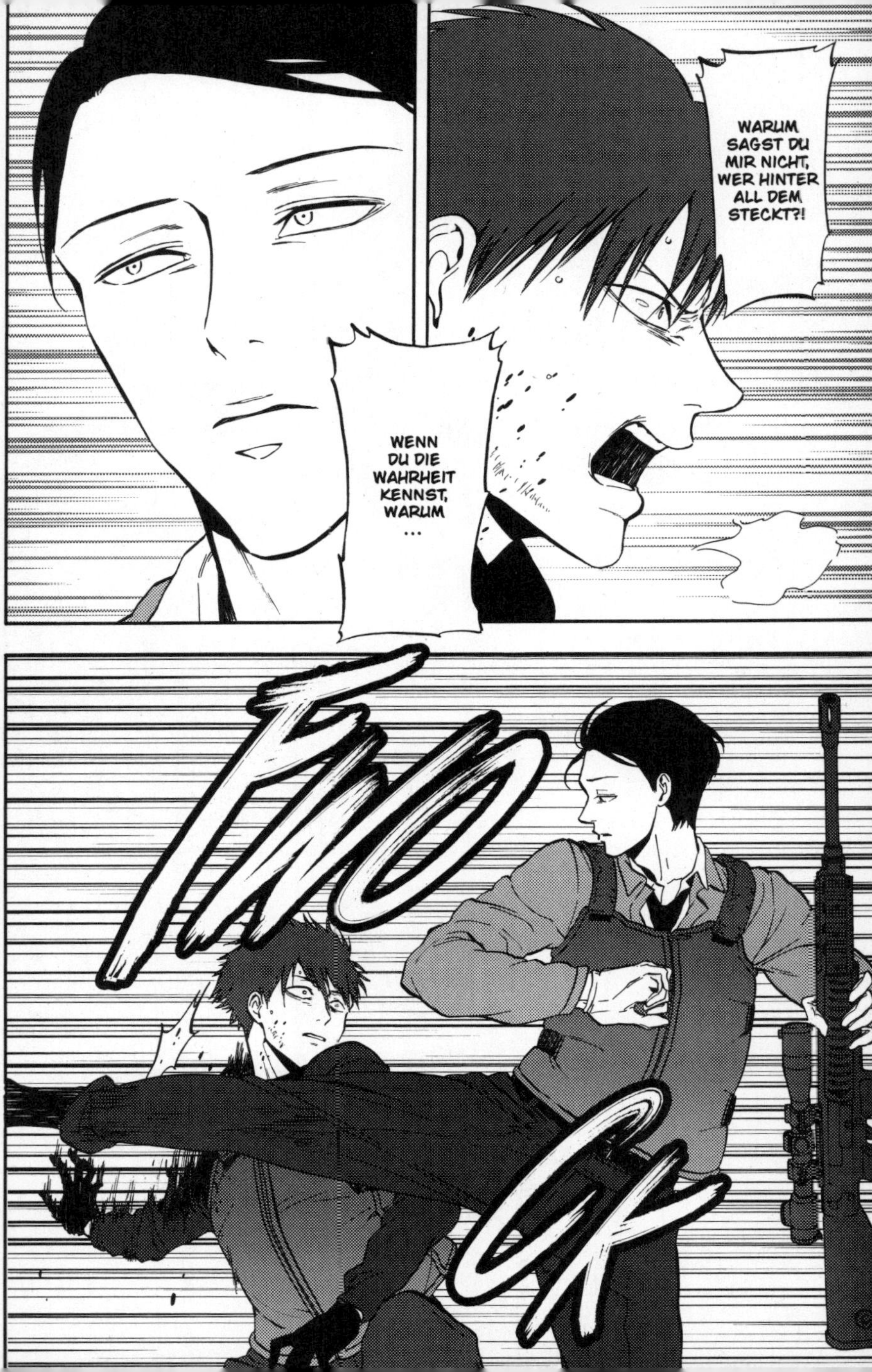
WARUM SAGST DU MIR NICHT, WER HINTER ALL DEM STECKT?!
WENN DU DIE WAHRHEIT KENNST, WARUM ...

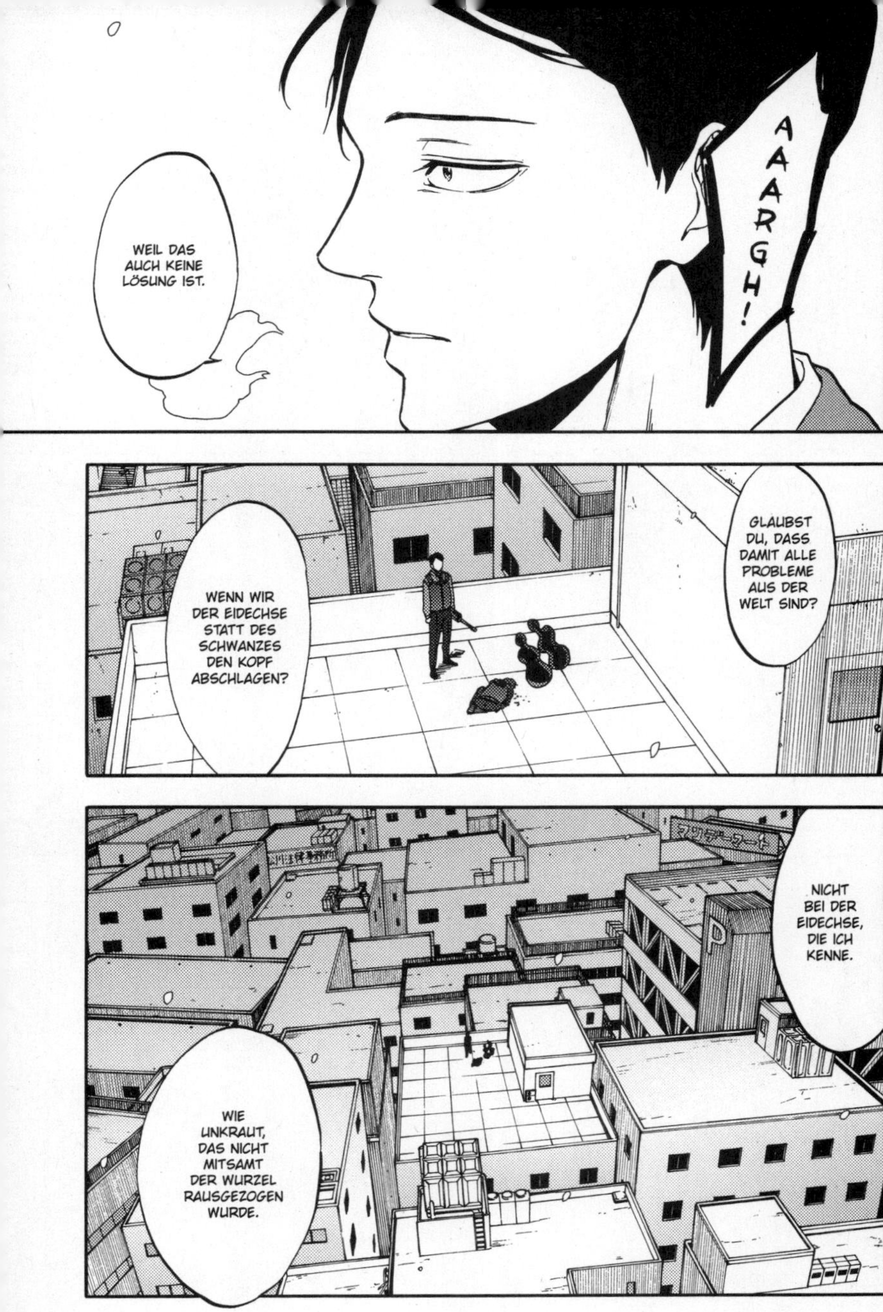
AAARGH!
WEIL DAS AUCH KEINE LÖSUNG IST.
GLAUBST DU, DASS DAMIT ALLE PROBLEME AUS DER WELT SIND?
WENN WIR DER EIDECHSE STATT DES SCHWANZES DEN KOPF ABSCHLAGEN?
NICHT BEI DER EIDECHSE, DIE ICH KENNE.
WIE UNKRAUT, DAS NICHT MITSAMT DER WURZEL RAUSGEZOGEN WURDE.

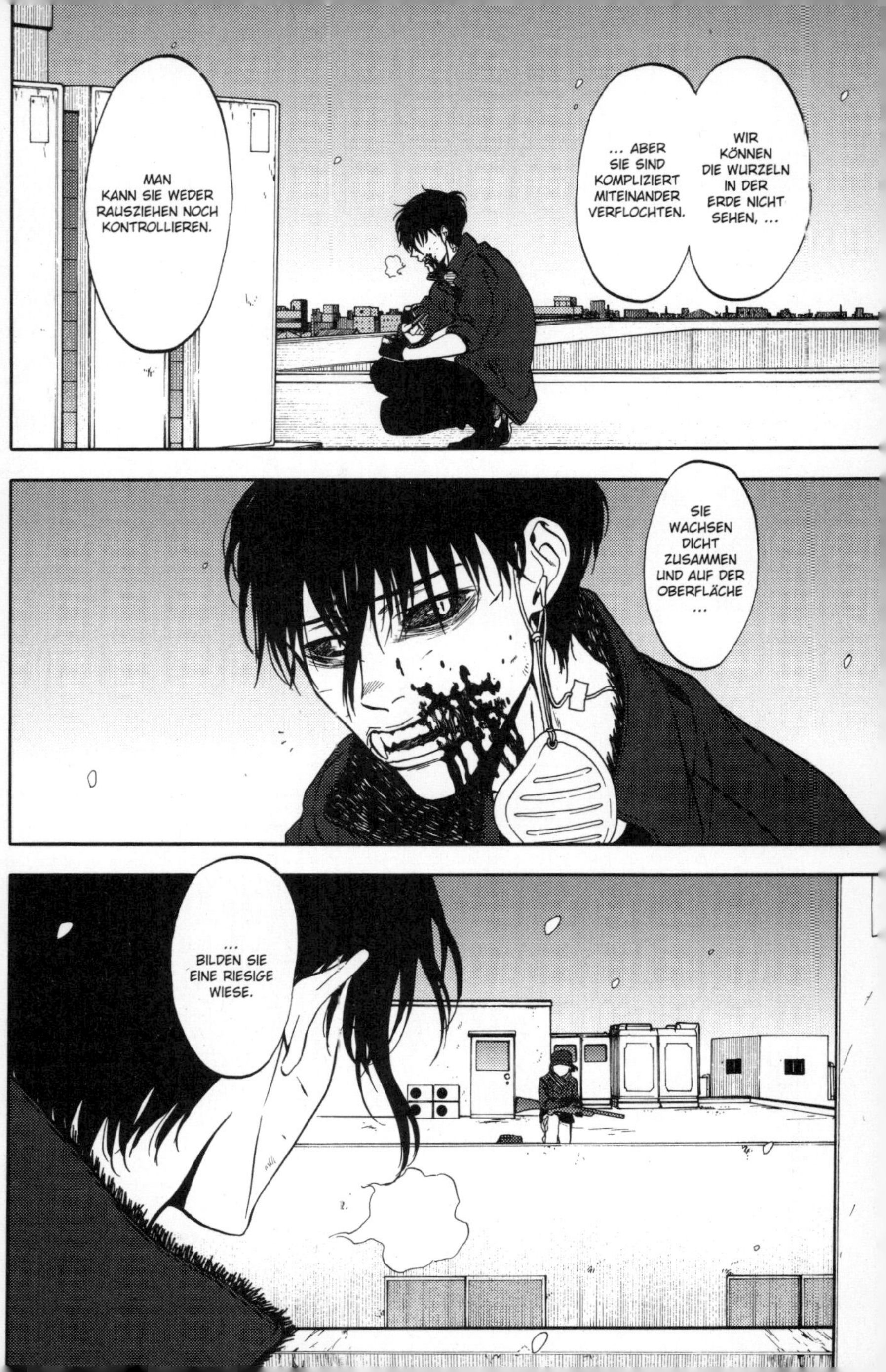
WIR KÖNNEN DIE WURZELN IN DER ERDE NICHT SEHEN, …
… ABER SIE SIND KOMPLIZIERT MITEINANDER VERFLOCHTEN.
MAN KANN SIE WEDER RAUSZIEHEN NOCH KONTROLLIEREN.
SIE WACHSEN DICHT ZUSAMMEN UND AUF DER OBERFLÄCHE …
… BILDEN SIE EINE RIESIGE WIESE.

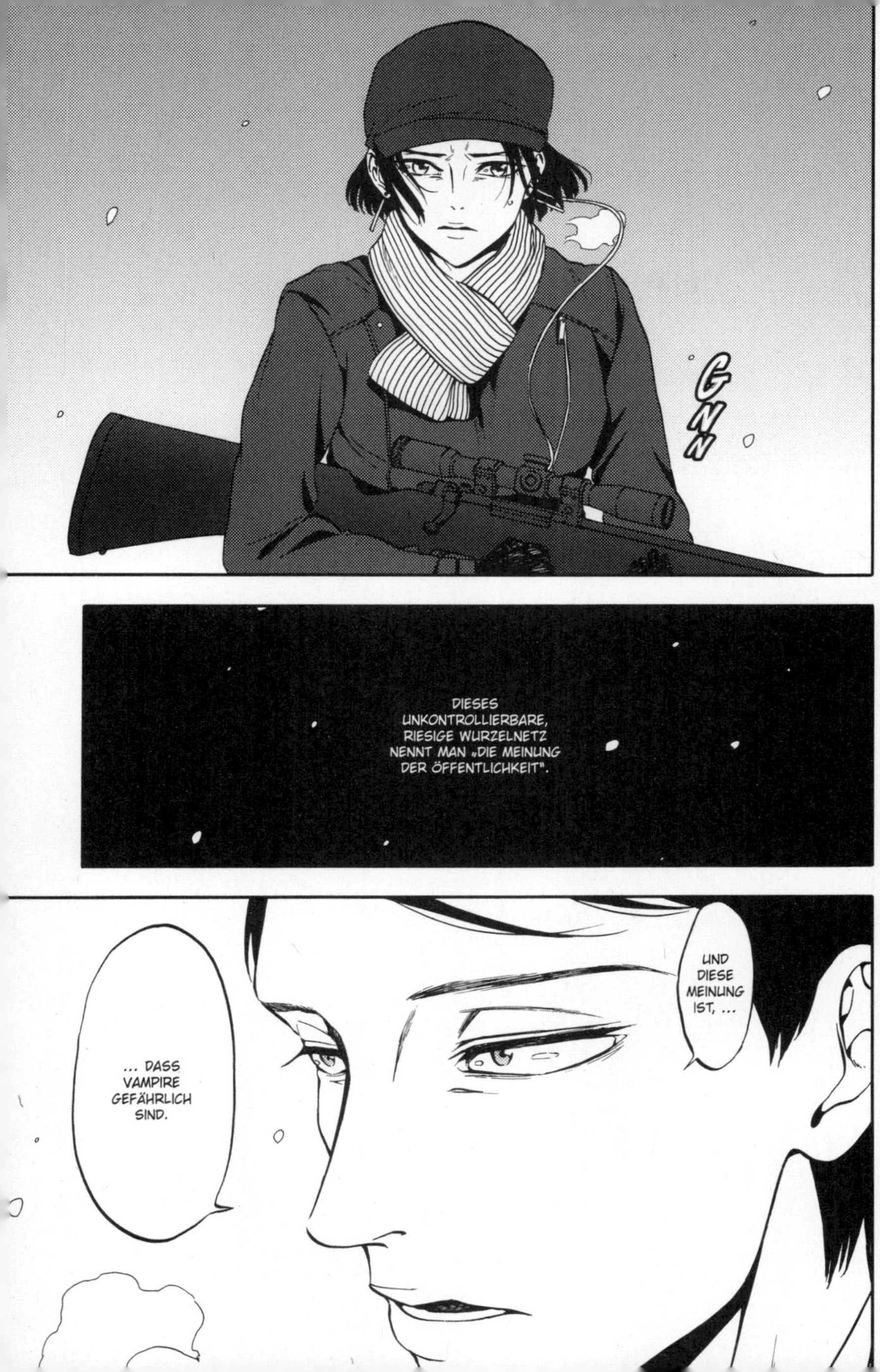
GNN
DIESES UNKONTROLLIERBARE, RIESIGE WURZELNETZ NENNT MAN „DIE MEINUNG DER ÖFFENTLICHKEIT".
UND DIESE MEINUNG IST, ...
... DASS VAMPIRE GEFÄHRLICH SIND.

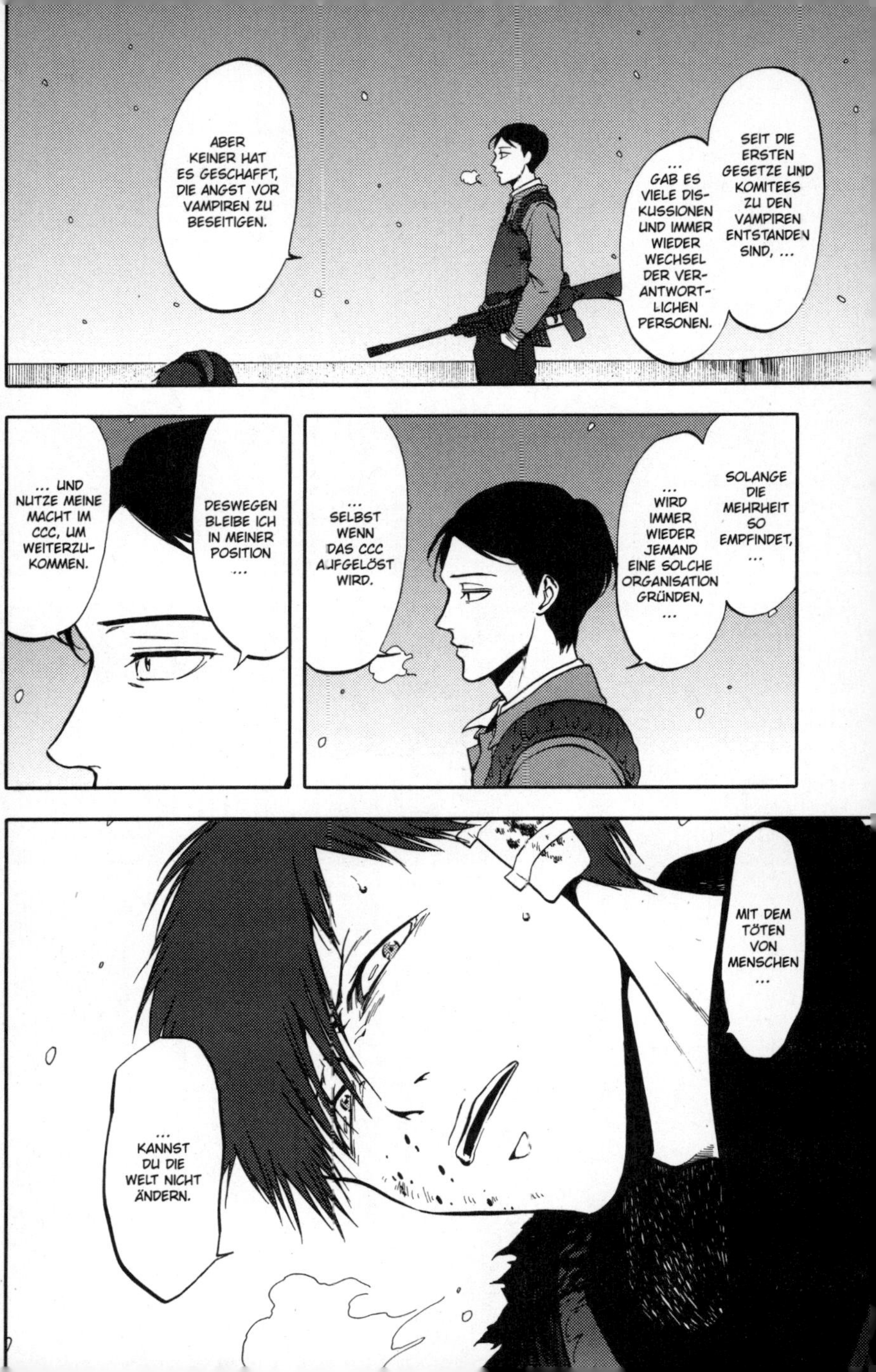
SEIT DIE ERSTEN GESETZE UND KOMITEES ZU DEN VAMPIREN ENTSTANDEN SIND, ...
... GAB ES VIELE DISKUSSIONEN UND IMMER WIEDER WECHSEL DER VERANTWORTLICHEN PERSONEN.
ABER KEINER HAT ES GESCHAFFT, DIE ANGST VOR VAMPIREN ZU BESEITIGEN.
SOLANGE DIE MEHRHEIT SO EMPFINDET, ...
... WIRD IMMER WIEDER JEMAND EINE SOLCHE ORGANISATION GRÜNDEN, ...
... SELBST WENN DAS CCC AUFGELÖST WIRD.
DESWEGEN BLEIBE ICH IN MEINER POSITION ...
... UND NUTZE MEINE MACHT IM CCC, UM WEITERZUKOMMEN.
MIT DEM TÖTEN VON MENSCHEN ...
... KANNST DU DIE WELT NICHT ÄNDERN.

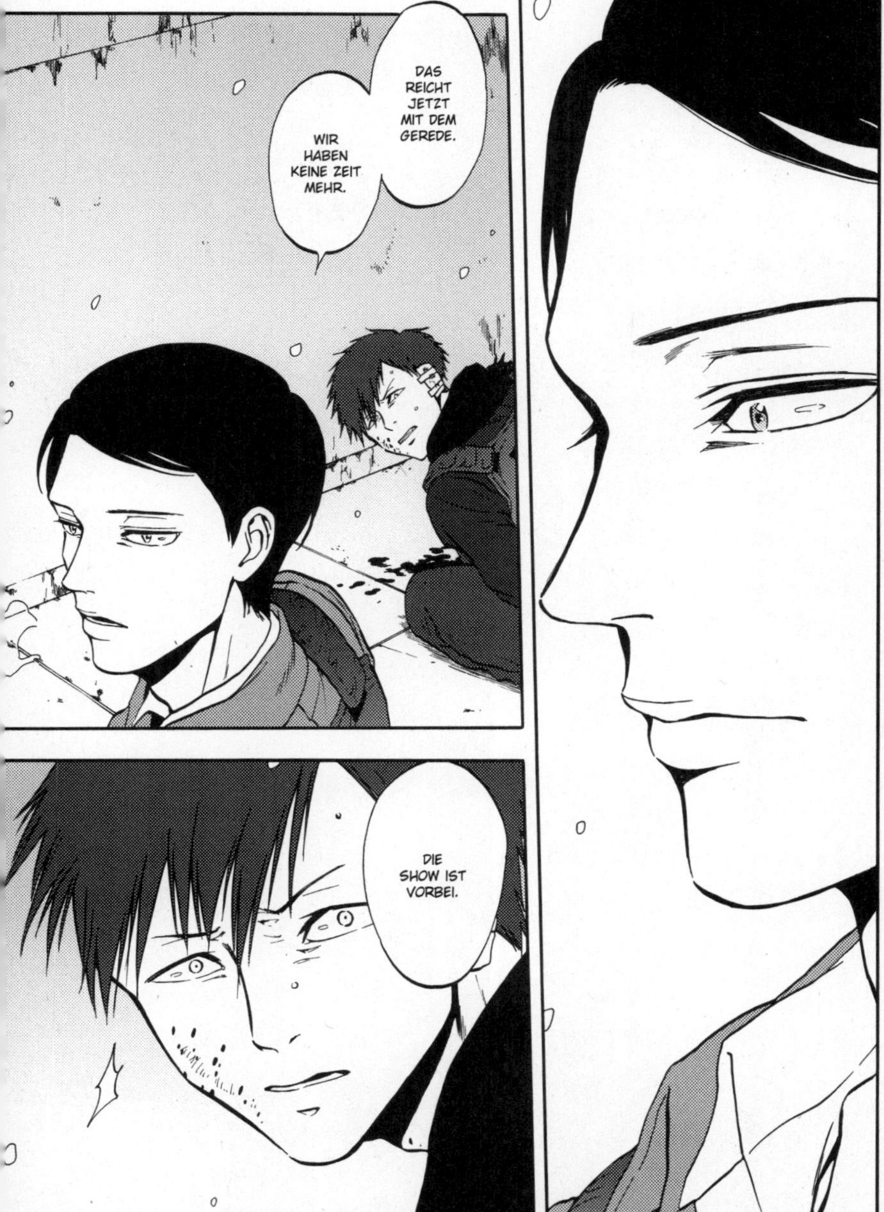
DAS REICHT JETZT MIT DEM GEREDE.
WIR HABEN KEINE ZEIT MEHR.
DIE SHOW IST VORBEI.

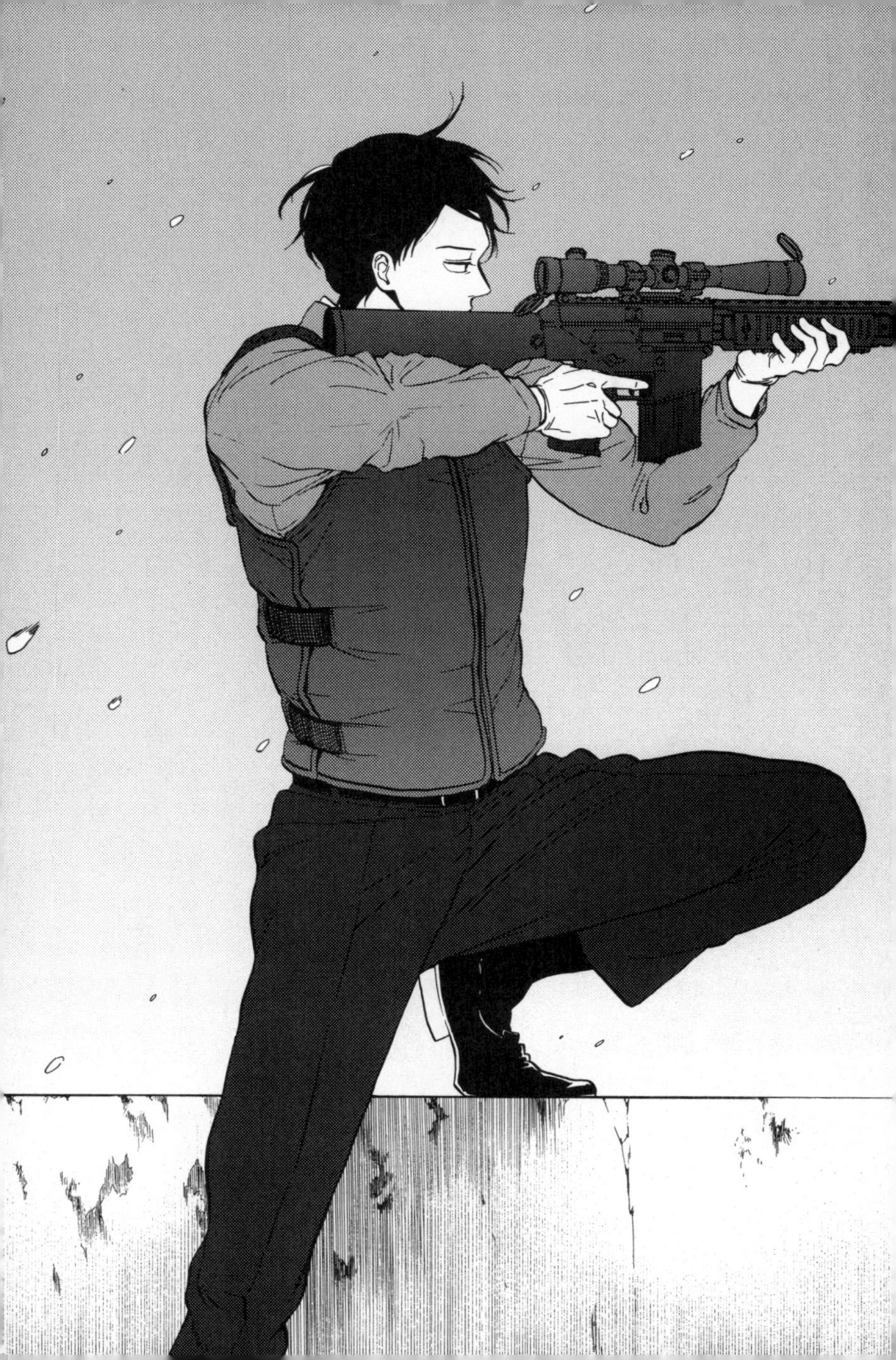

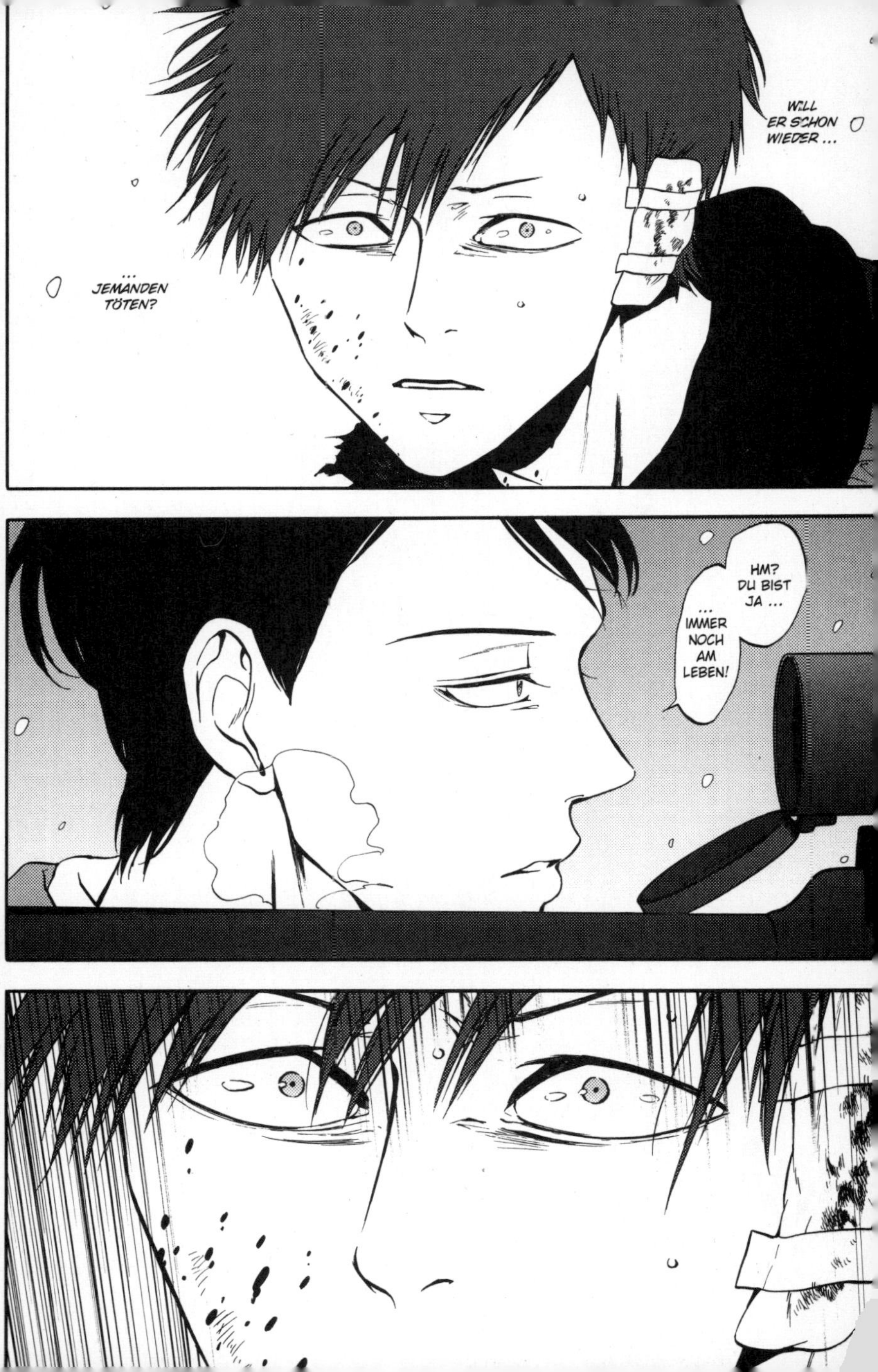
WILL ER SCHON WIEDER …
… JEMANDEN TÖTEN?
HM? DU BIST JA …
… IMMER NOCH AM LEBEN!

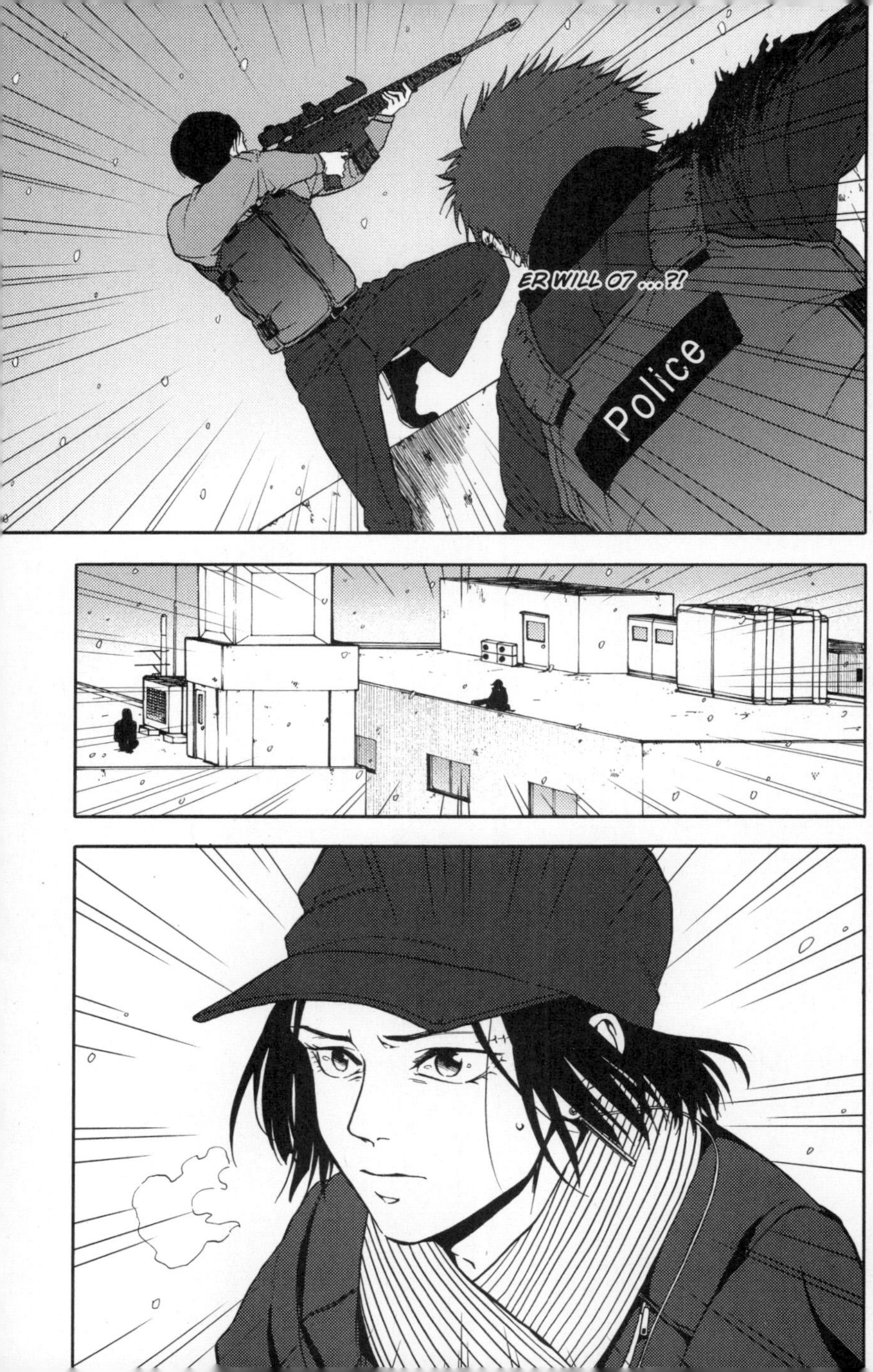
ER WILL 07 ...?!
Police

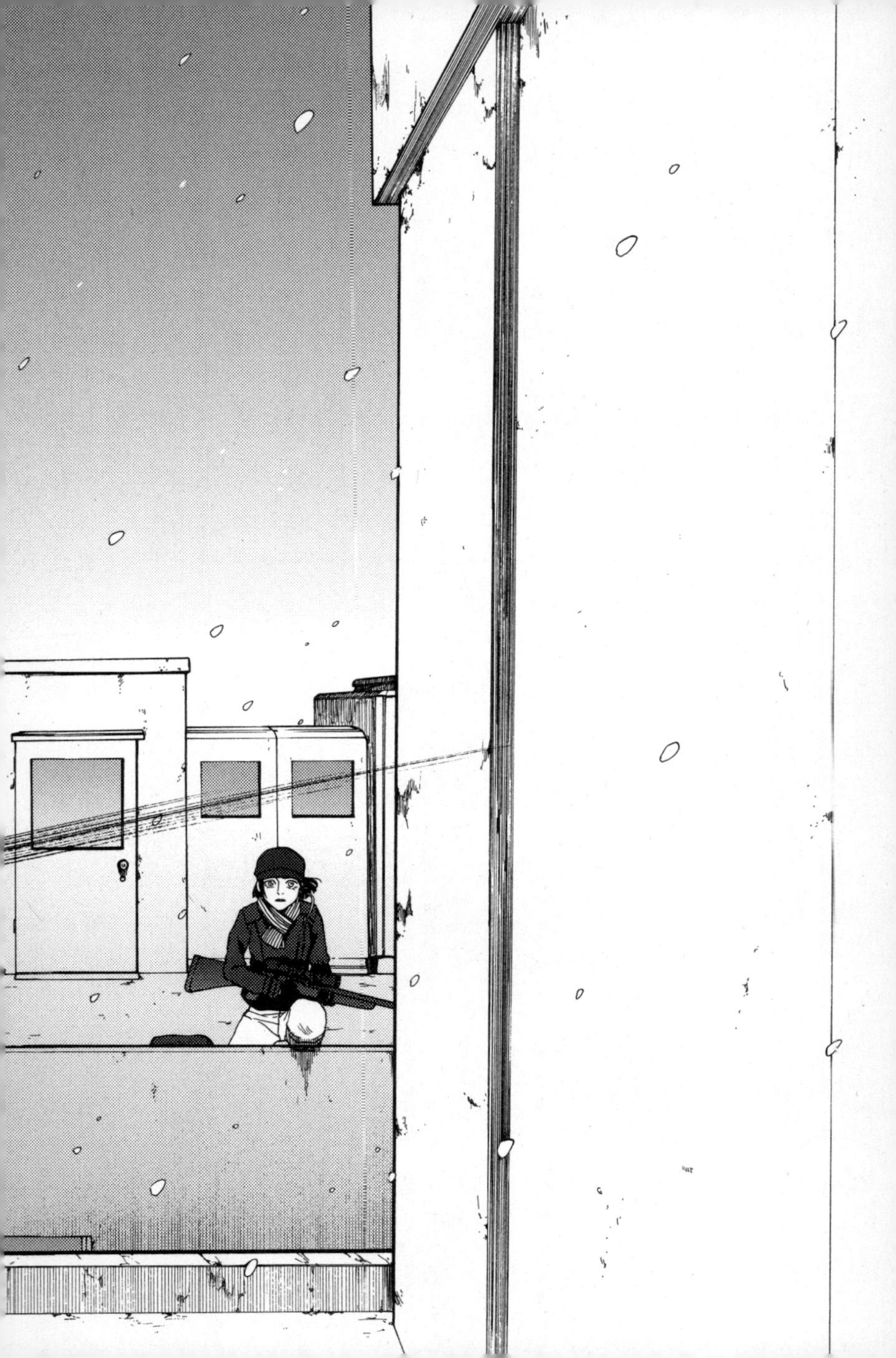

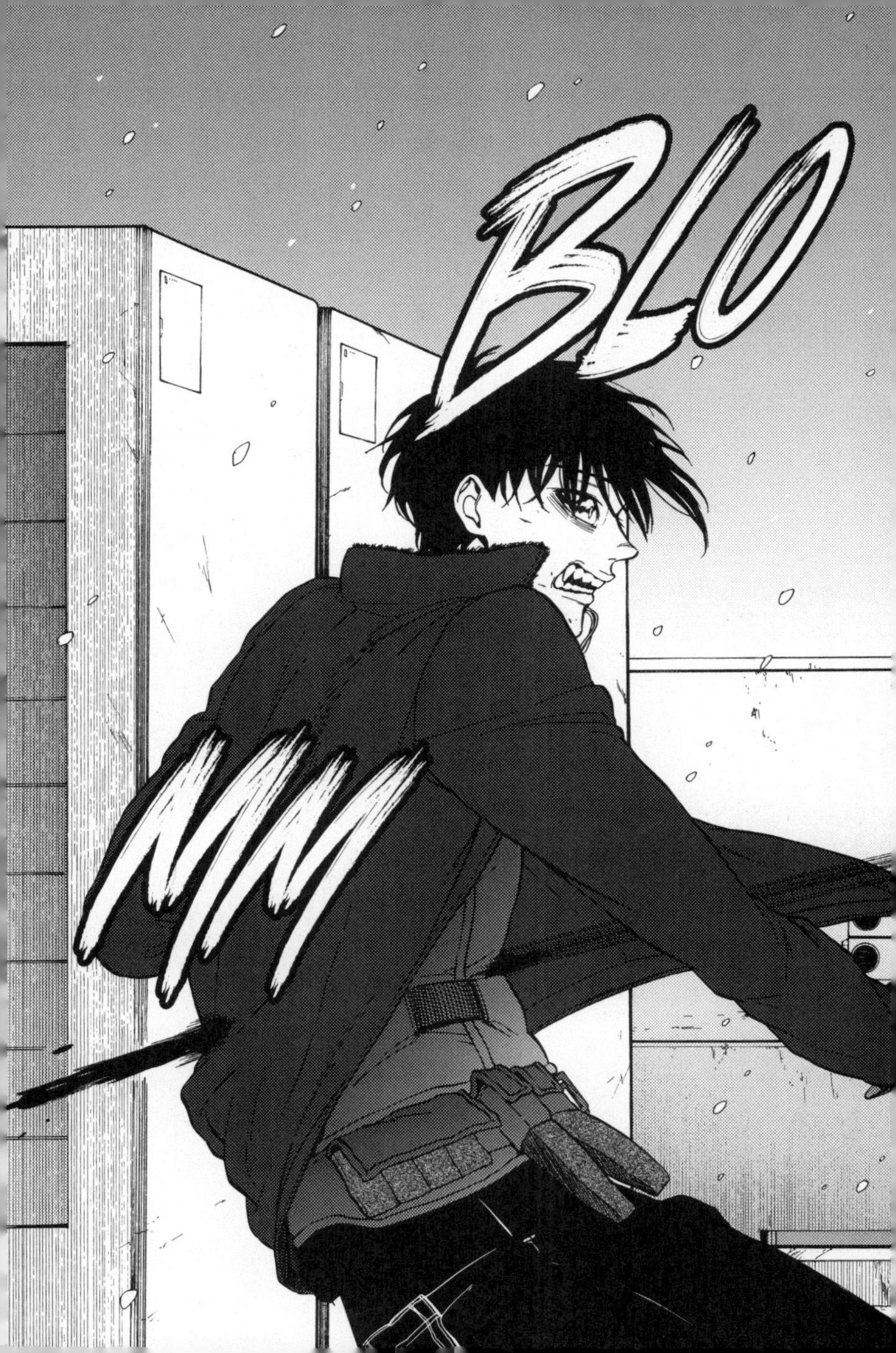
BLO
MMM

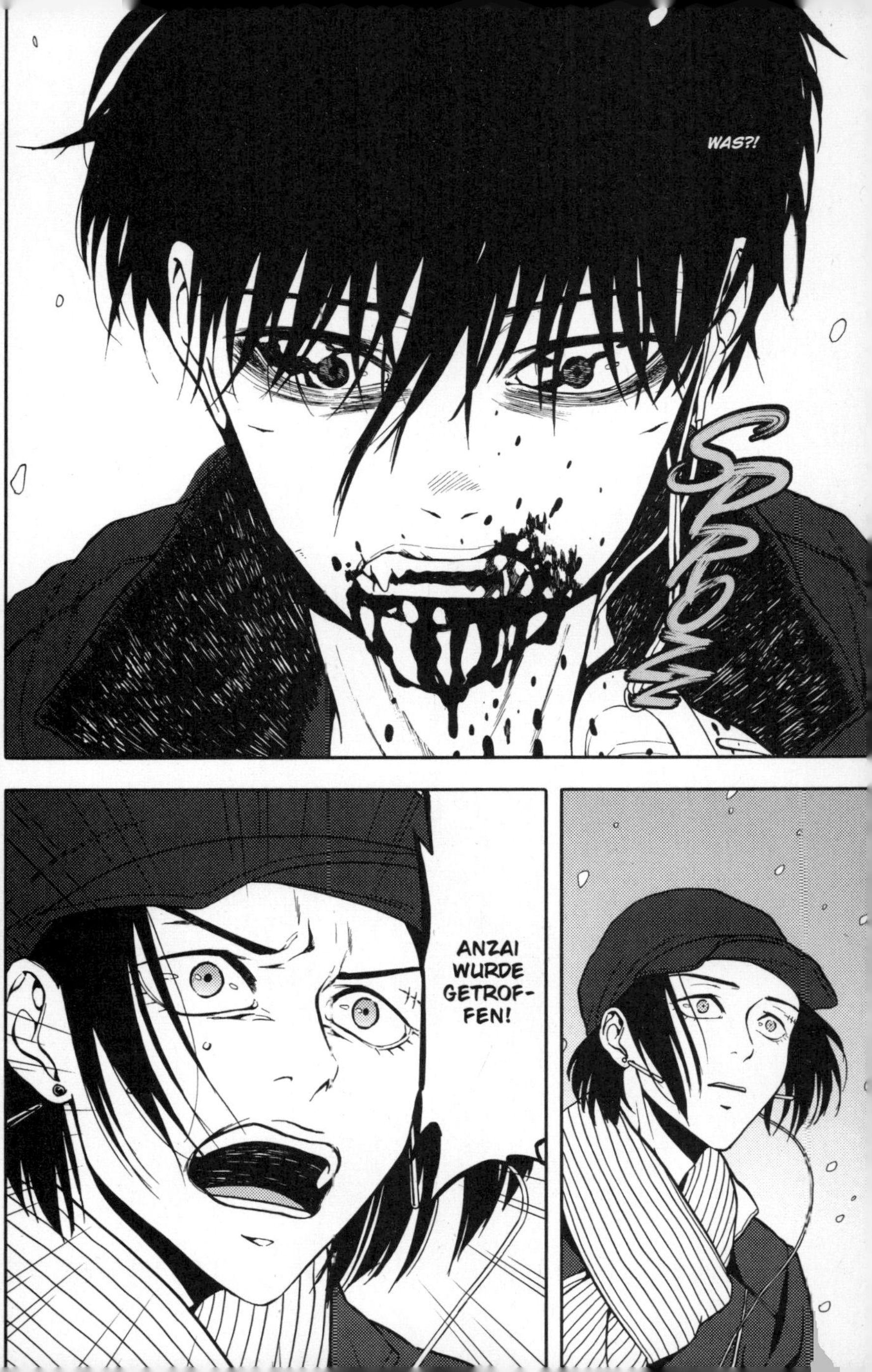
WAS?!
SPROM
ANZAI WURDE GETROF-FEN!

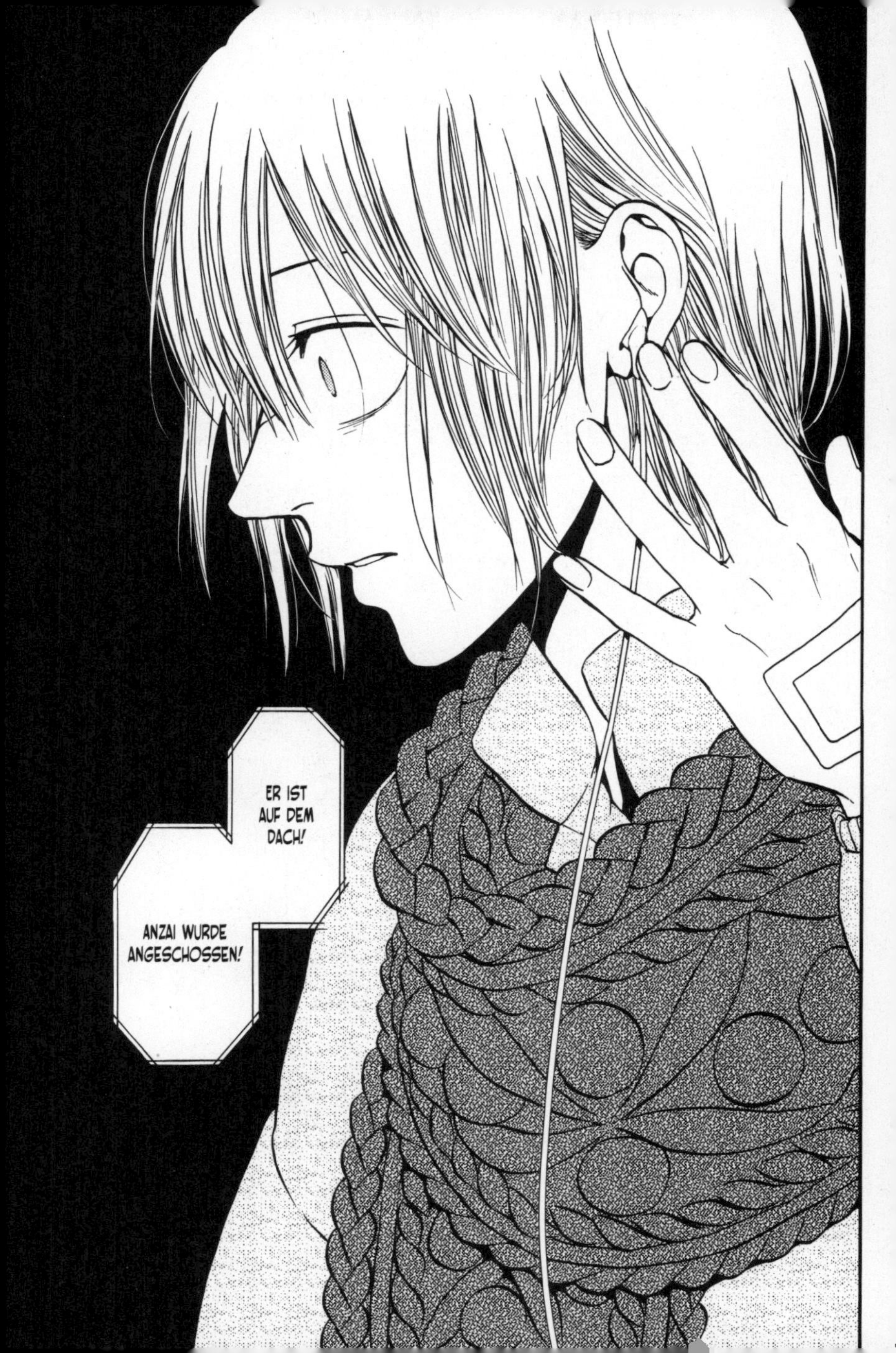
ER IST AUF DEM DACH!
ANZAI WURDE ANGESCHOSSEN!

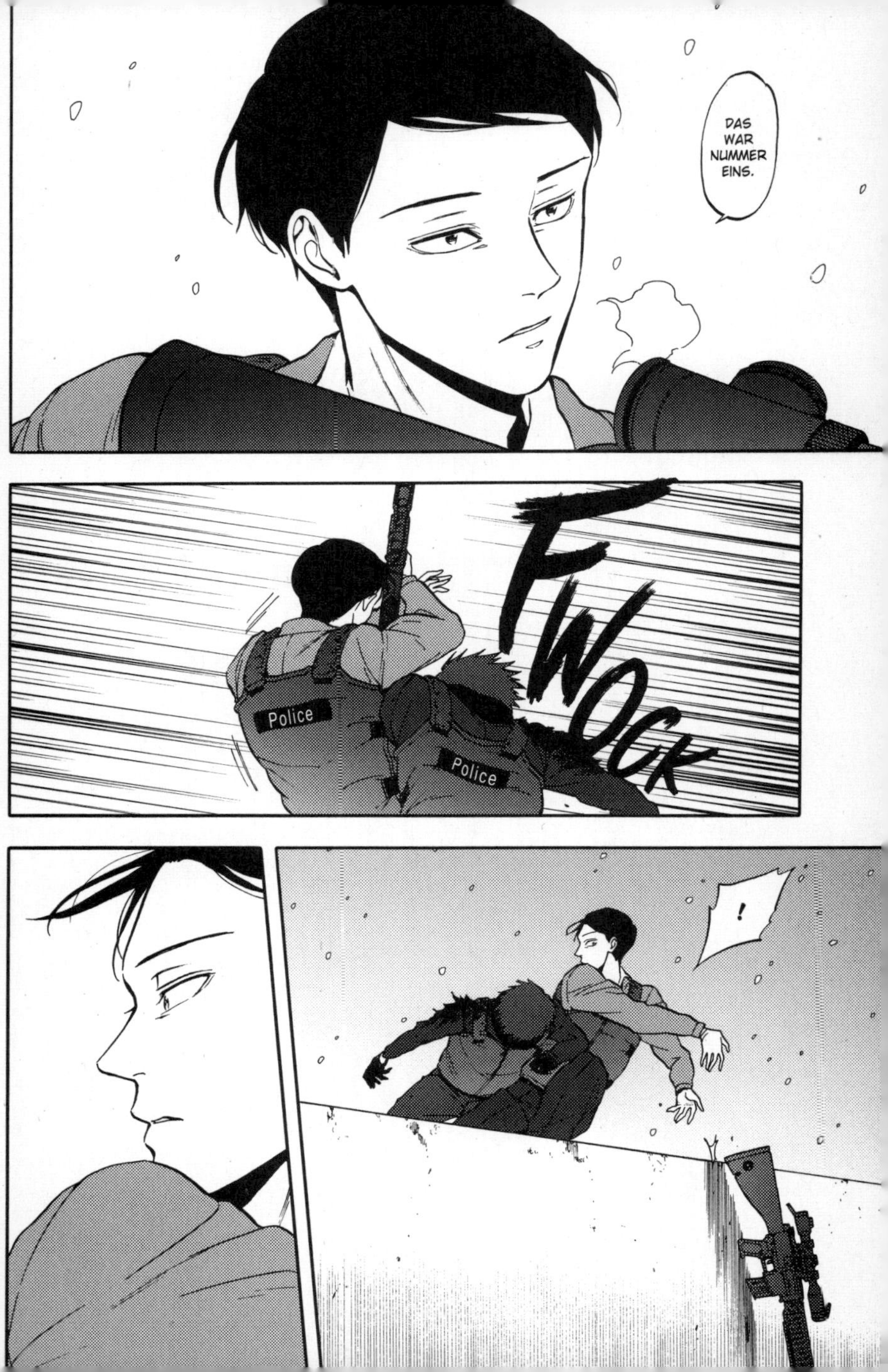
DAS WAR NUMMER EINS.
FWOCK
Police
Police
!

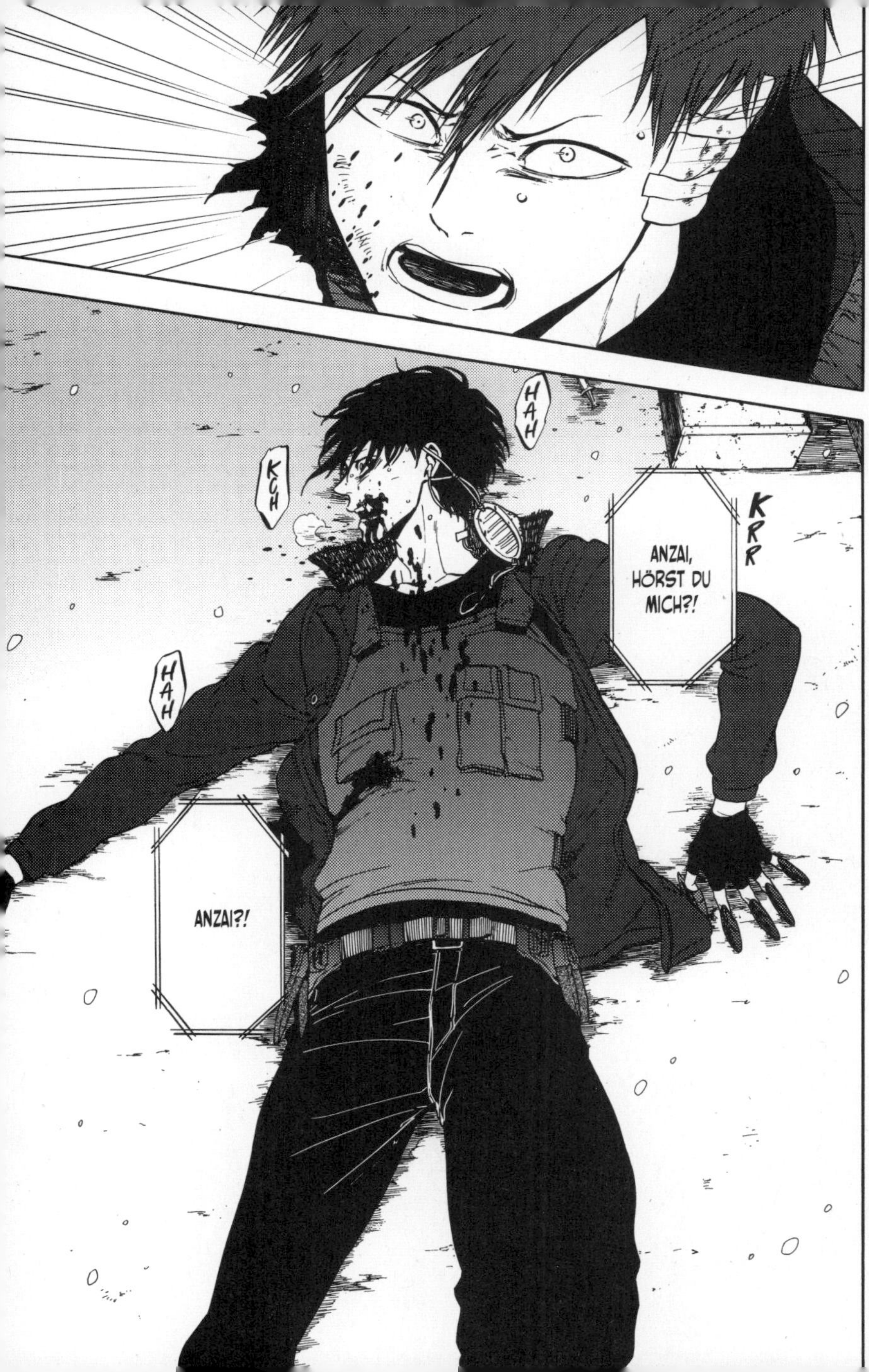
KRR
ANZAI, HÖRST DU MICH?!
HAH
KCH
HAH
ANZAI?!

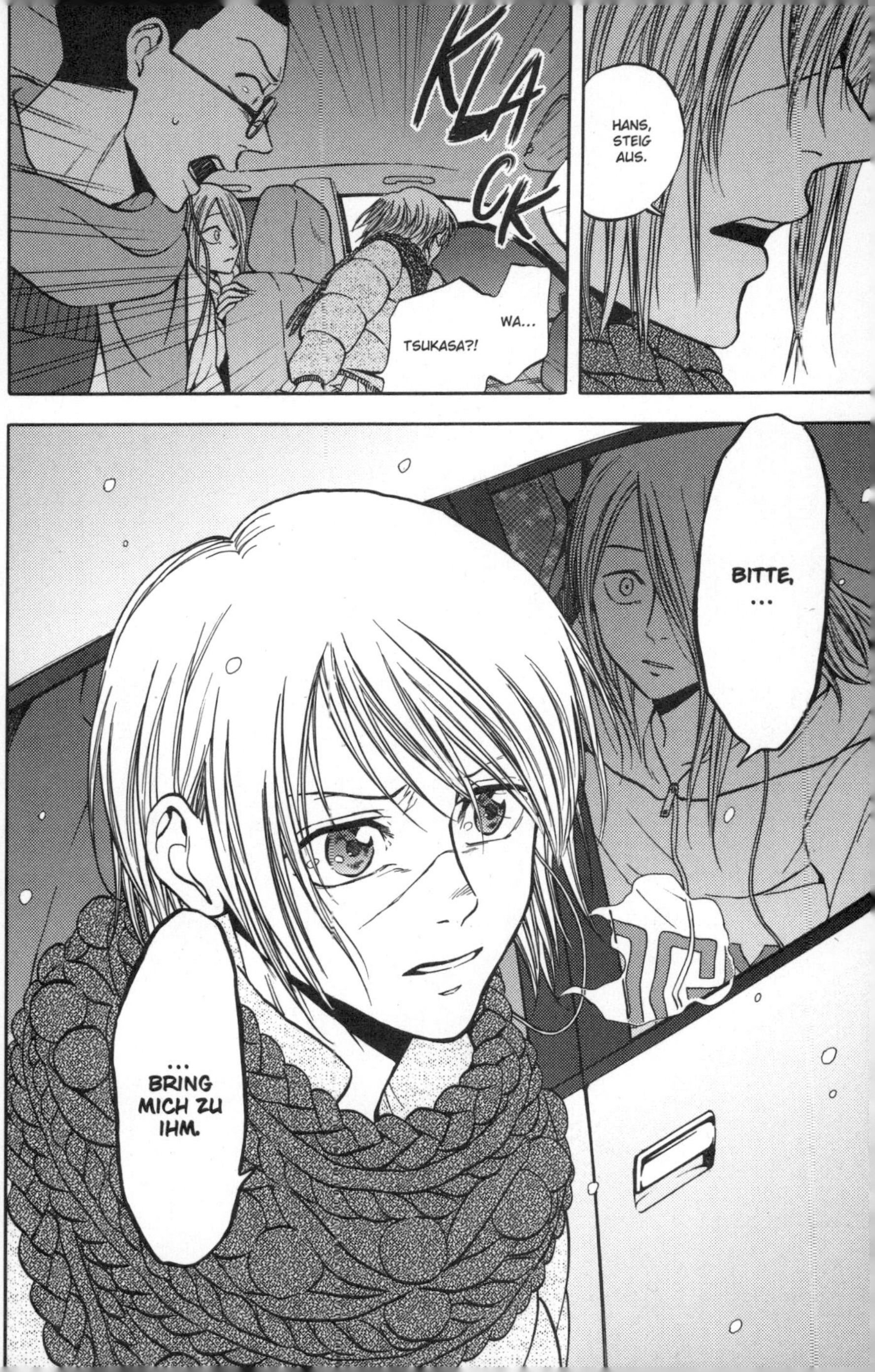
HANS, STEIG AUS.
KLACK
WA...
TSUKASA?!
BITTE, ...
... BRING MICH ZU IHM.

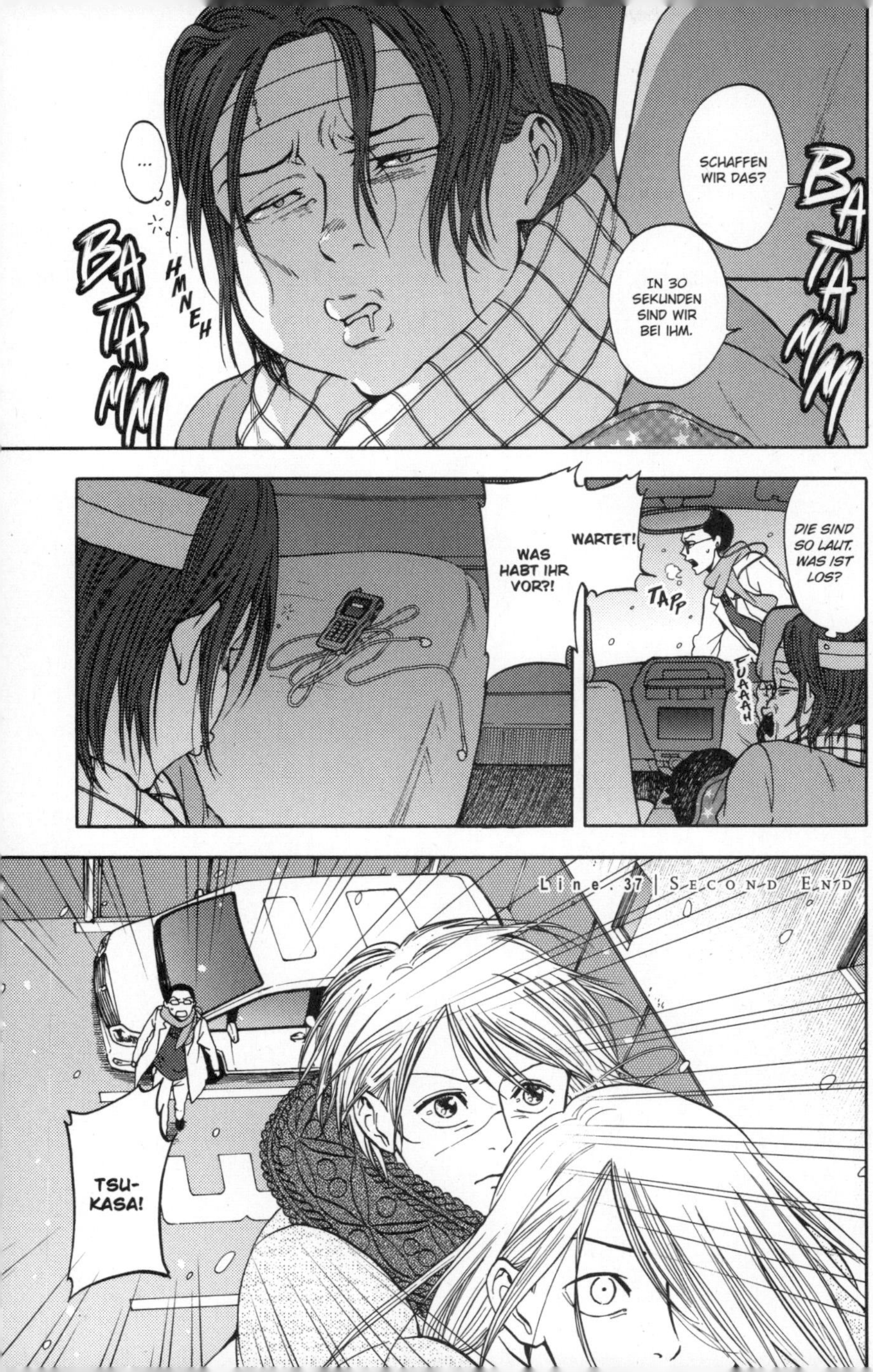

SCHAFFEN WIR DAS?
BATAMM
IN 30 SEKUNDEN SIND WIR BEI IHM.
...
HMNEH
BATAMM
DIE SIND SO LAUT. WAS IST LOS?
FUAAAH
WARTET!
TAPP
WAS HABT IHR VOR?!
Line. 37 | SECOND END
TSU-KASA!

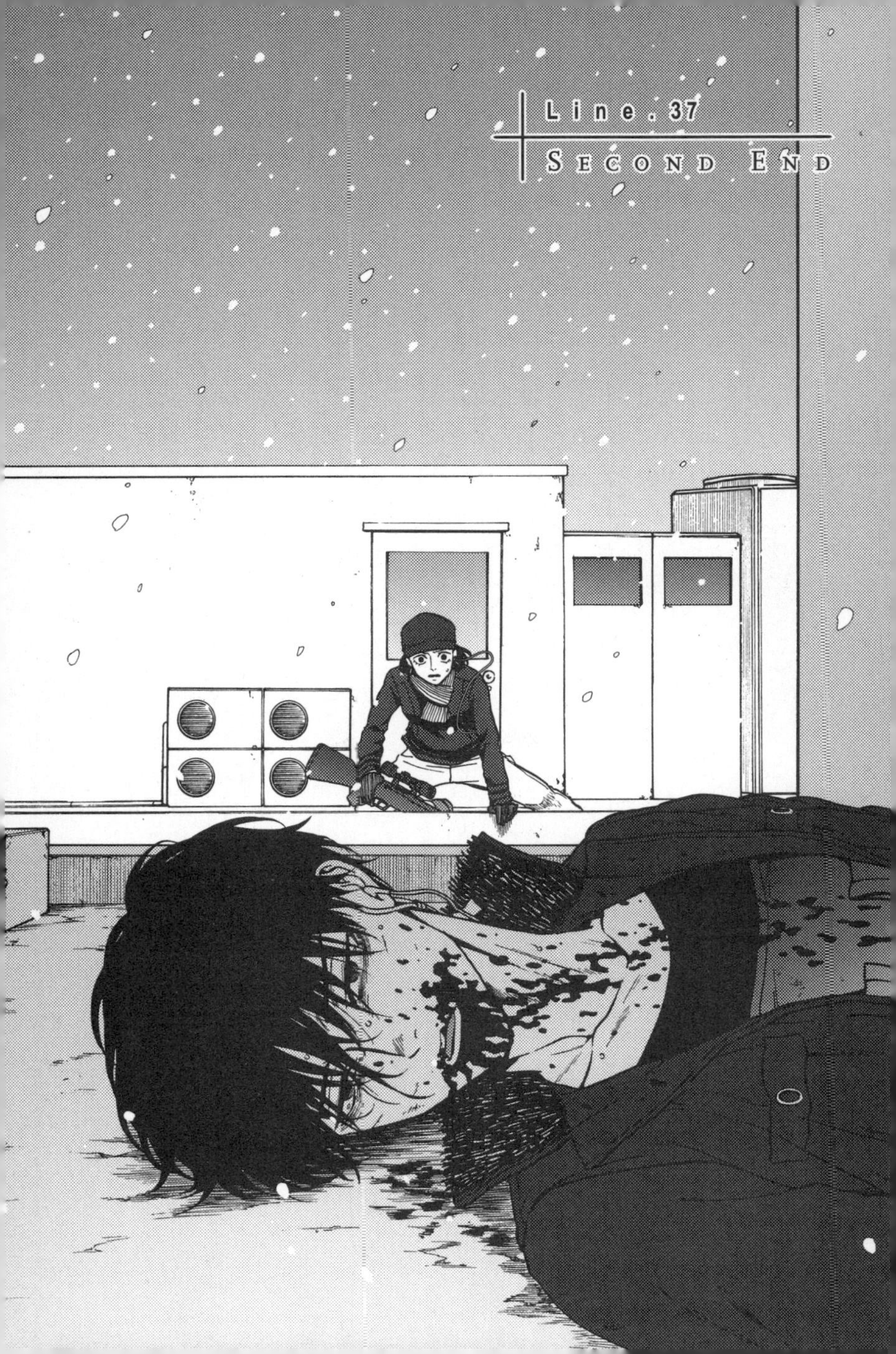
Line. 37
SECOND END

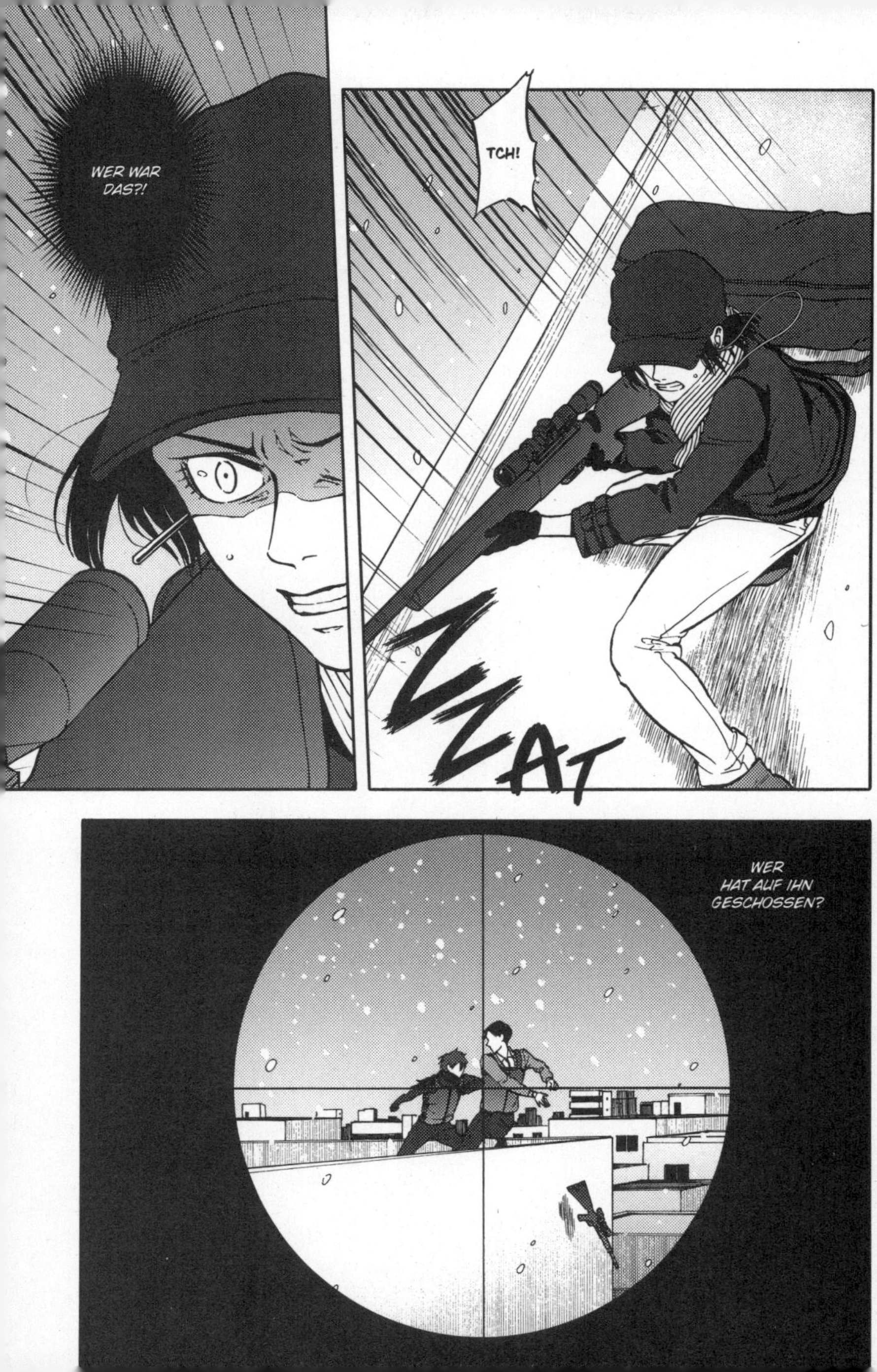
TCH!
ZZAT
WER WAR DAS?!
WER HAT AUF IHN GESCHOSSEN?

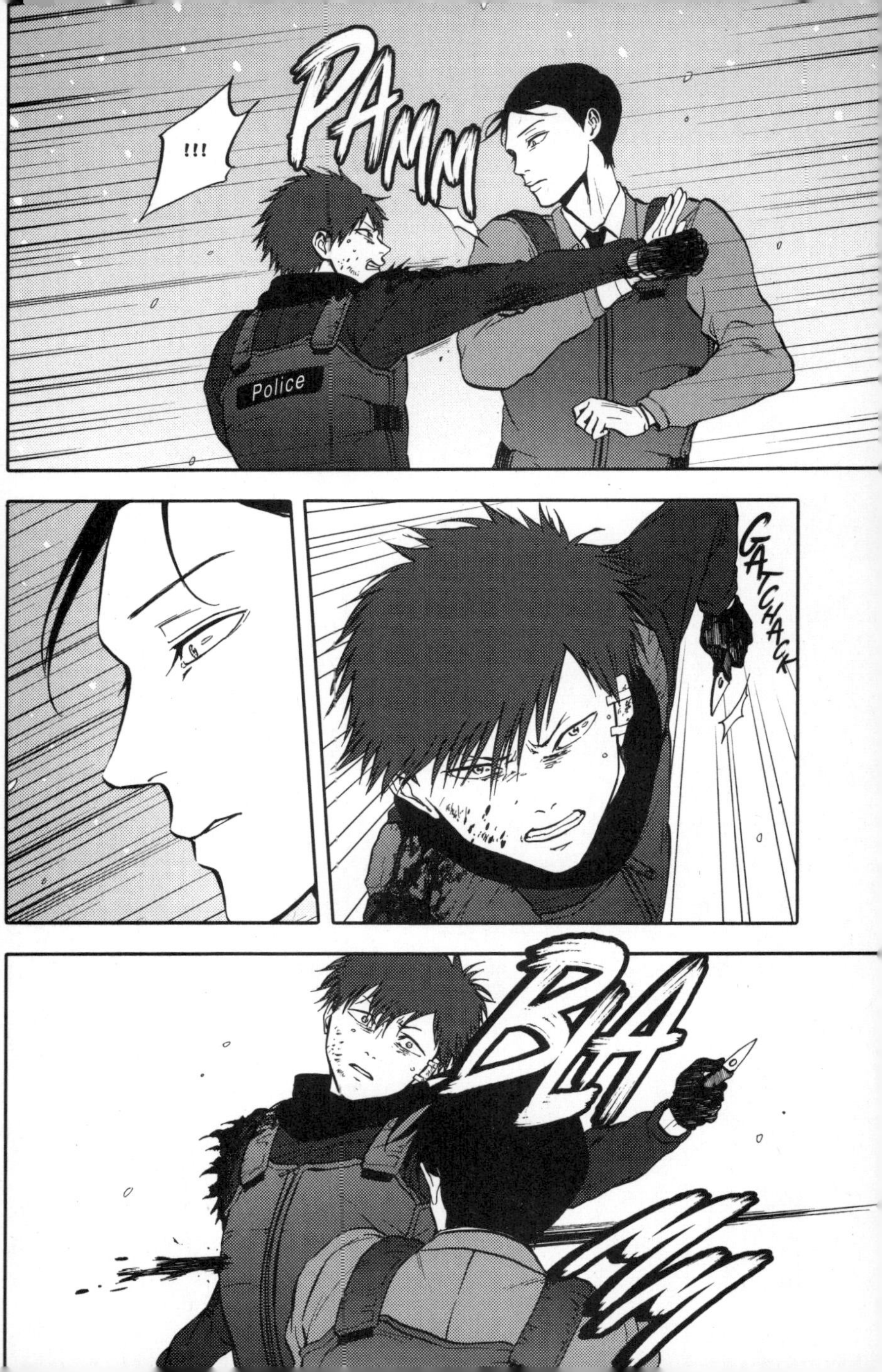

!!!
PAMM
Police
GATCHACK
BAM

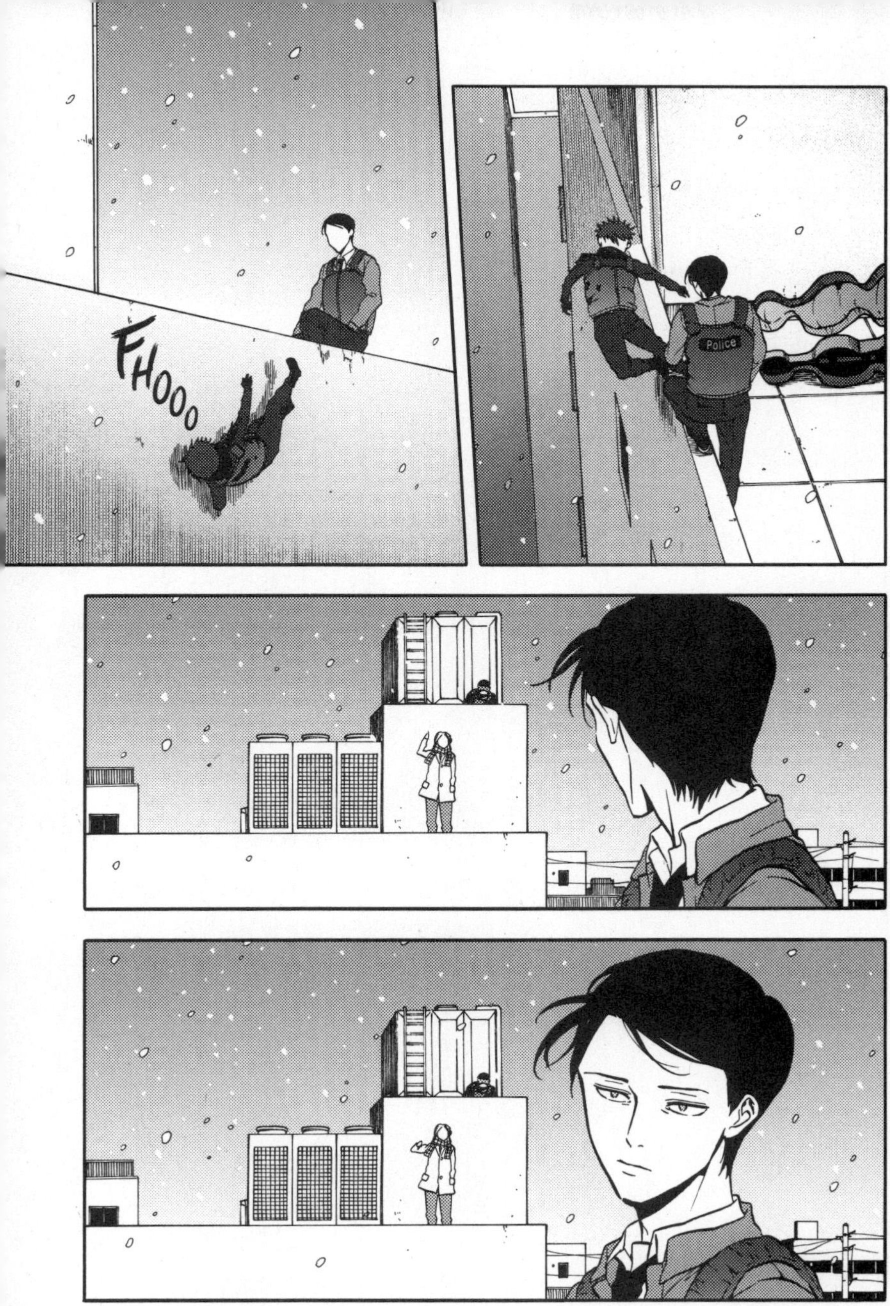
FHOOO
Police

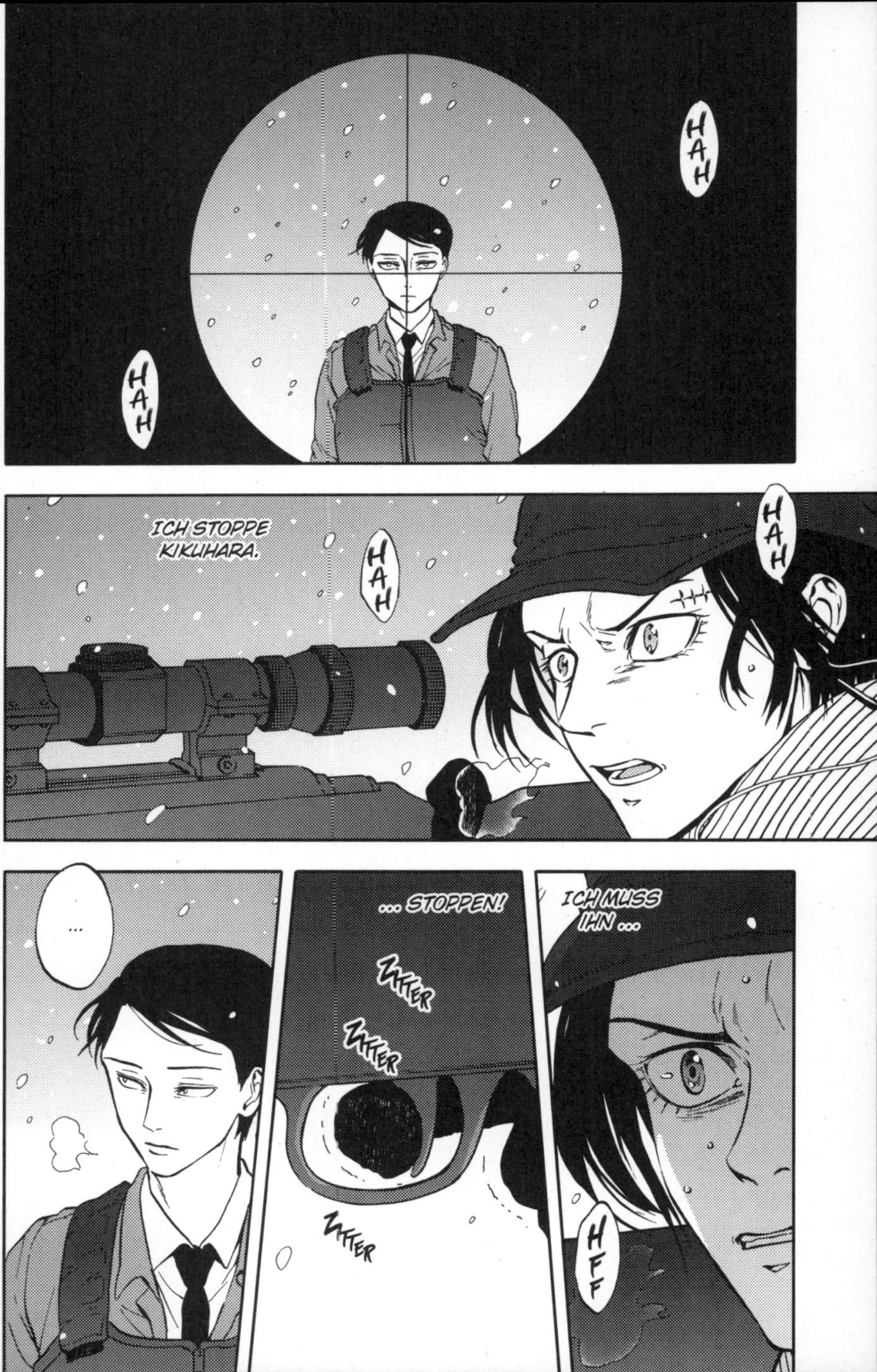

HAH
HAH
HAH
HAH
ICH STOPPE KIKUHARA.
ICH MUSS IHN ...
HFF
... STOPPEN!
ZITTER
ZITTER
ZITTER
...

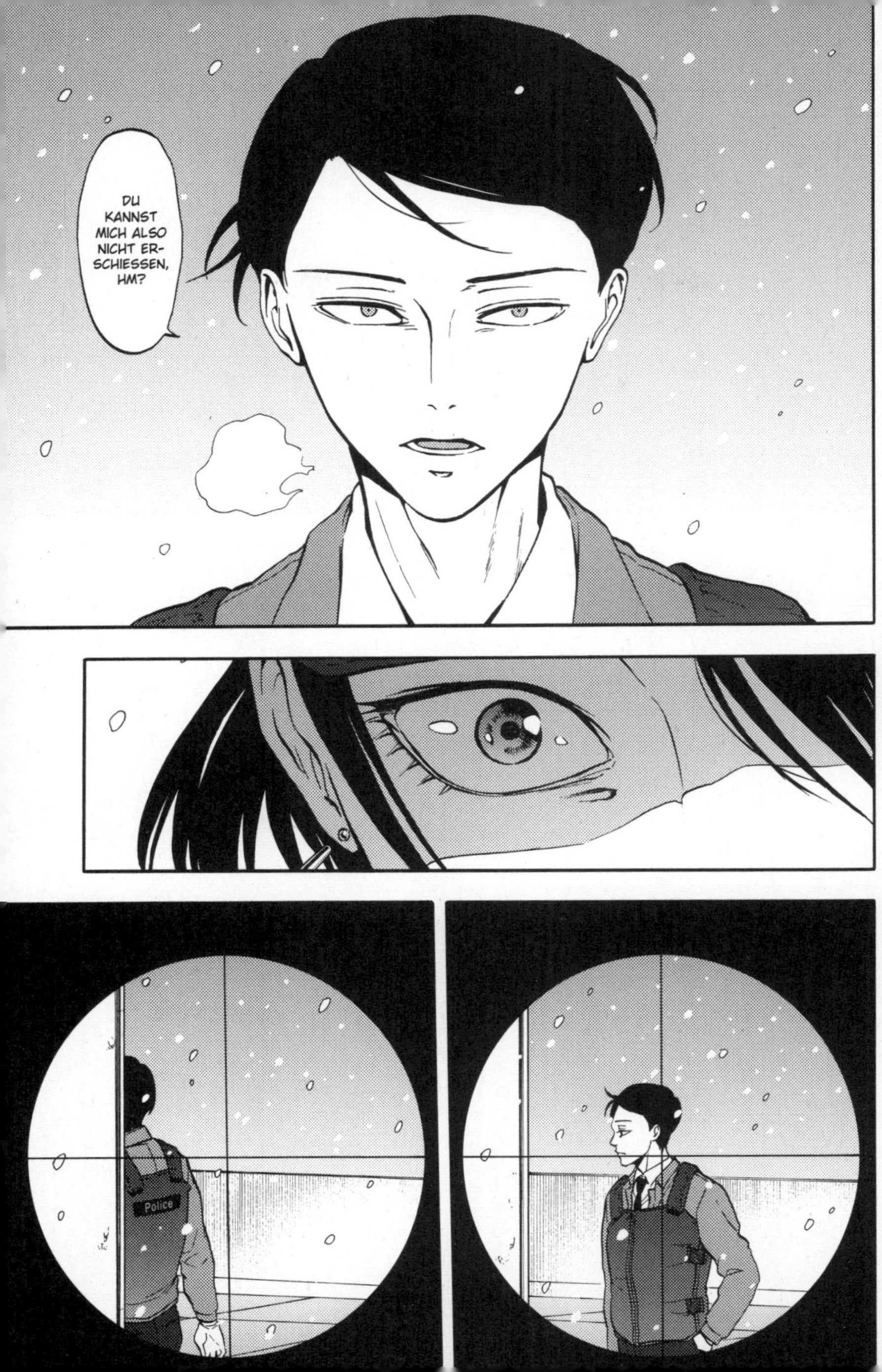
DU KANNST MICH ALSO NICHT ER-SCHIESSEN, HM?
Police

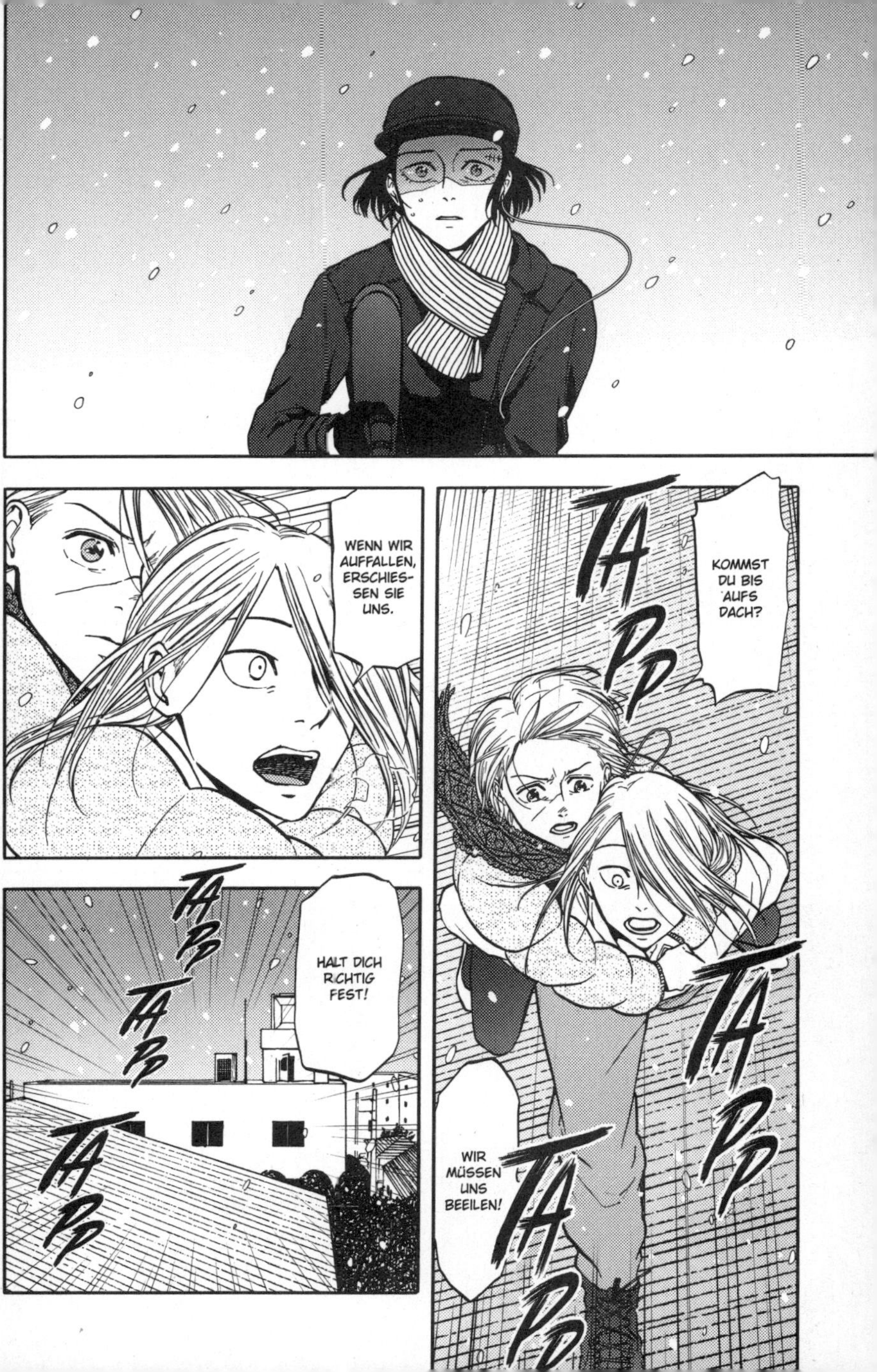
KOMMST DU BIS AUFS DACH?
TAPP
WENN WIR AUFFALLEN, ERSCHIESSEN SIE UNS.
TAPP TAPP TAPP
HALT DICH RICHTIG FEST!
TAPP TAPP
WIR MÜSSEN UNS BEEILEN!

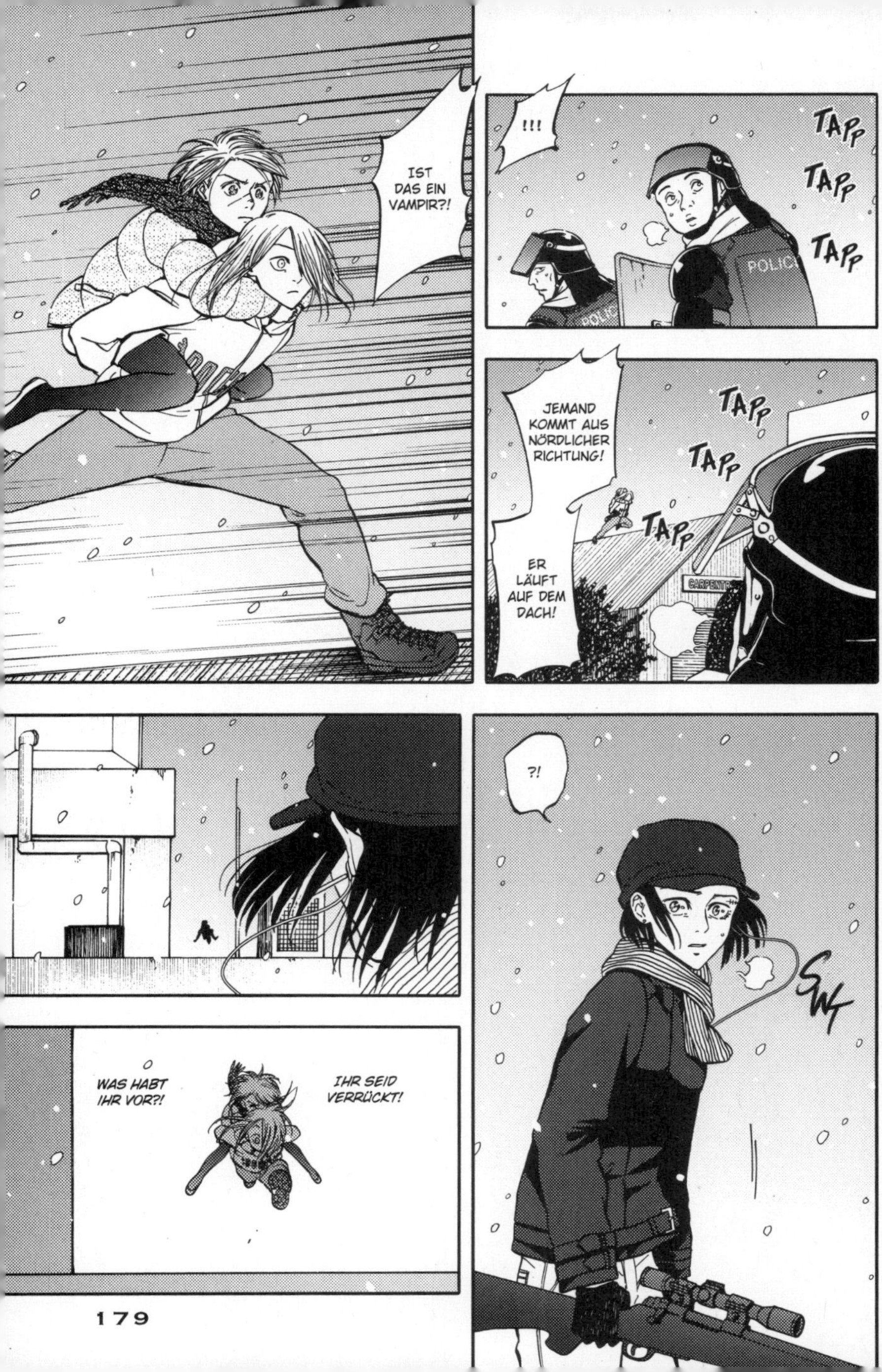
!!!
TAPP
TAPP
TAPP
JEMAND KOMMT AUS NÖRDLICHER RICHTUNG!
ER LÄUFT AUF DEM DACH!
TAPP
TAPP
TAPP
POLICE
CARPENTR
IST DAS EIN VAMPIR?!
?!
SWT
IHR SEID VERRÜCKT!
WAS HABT IHR VOR?!

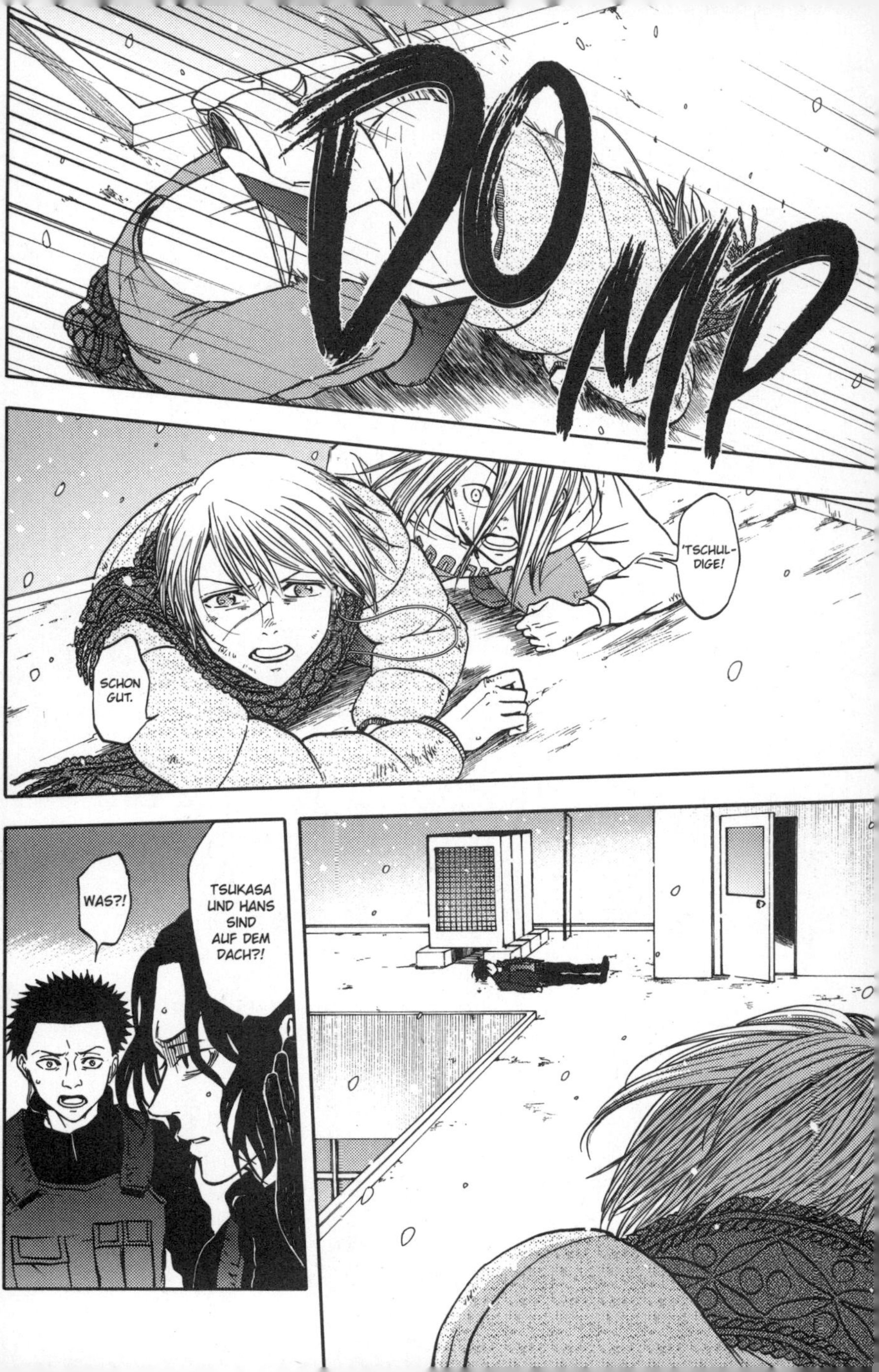
DOMP
'TSCHUL-DIGE!
SCHON GUT.
TSUKASA UND HANS SIND AUF DEM DACH?!
WAS?!

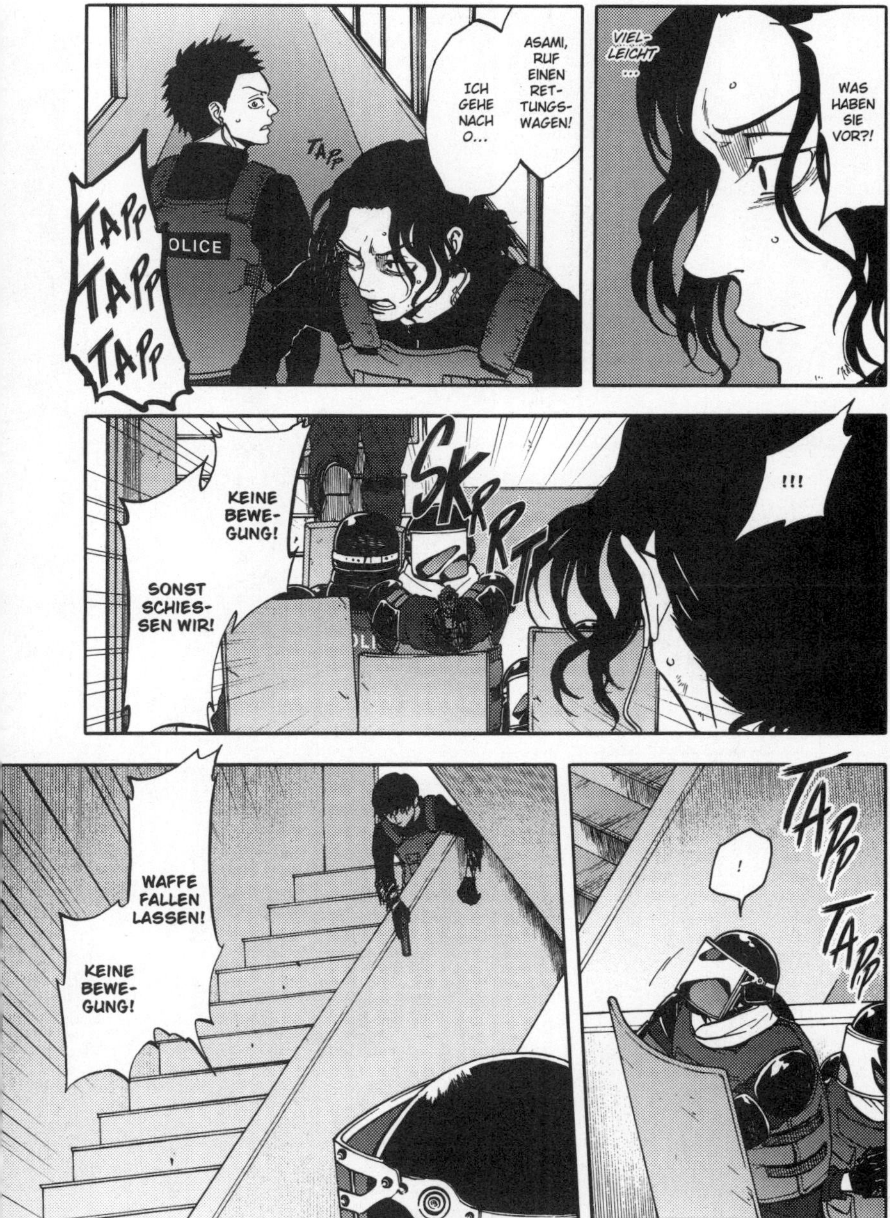
WAS HABEN SIE VOR?!
VIEL-LEICHT ...
ASAMI, RUF EINEN RET-TUNGS-WAGEN!
ICH GEHE NACH O...
TAPP
TAPP TAPP TAPP
OLICE
!!!
SKRRT
KEINE BEWE-GUNG!
SONST SCHIES-SEN WIR!
TAPP TAPP
!
WAFFE FALLEN LASSEN!
KEINE BEWE-GUNG!

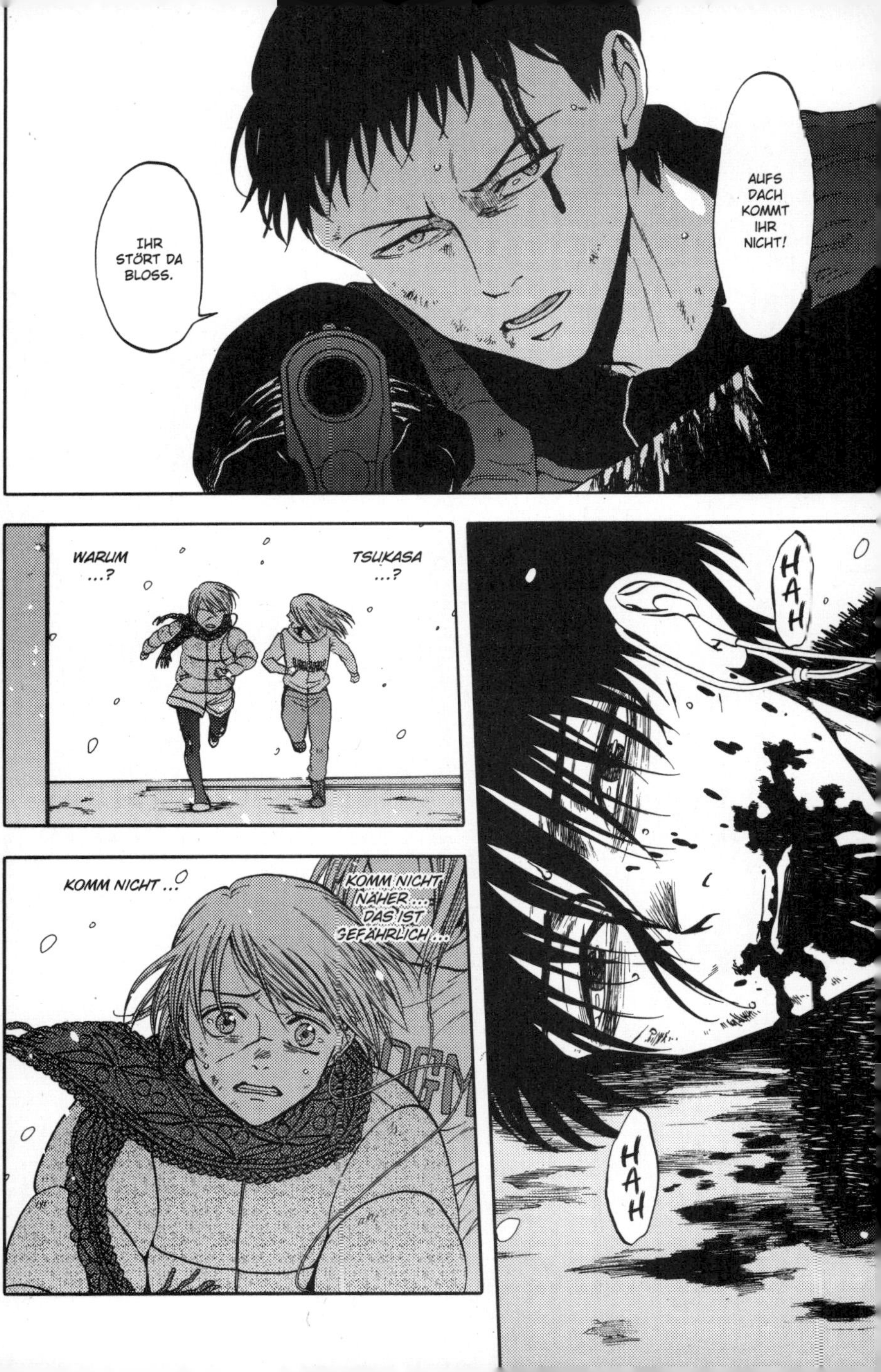

AUFS DACH KOMMT IHR NICHT!
IHR STÖRT DA BLOSS.
TSUKASA ...?
WARUM ...?
HAH HAH
HAH
KOMM NICHT NÄHER ... DAS IST GEFÄHRLICH ...
KOMM NICHT ...

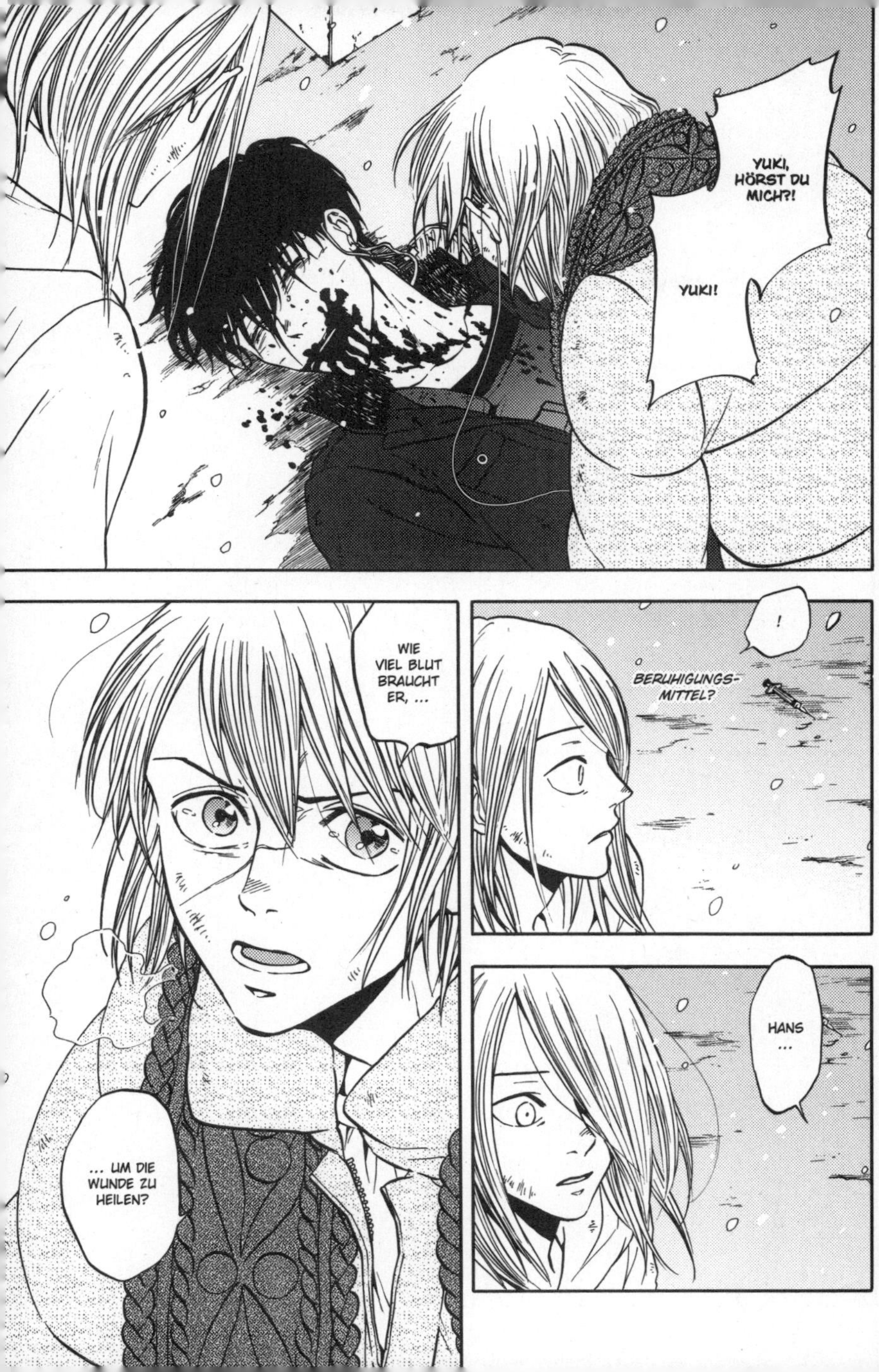
YUKI, HÖRST DU MICH?!
YUKI!
!
BERUHIGUNGS-MITTEL?
WIE VIEL BLUT BRAUCHT ER, …
… UM DIE WUNDE ZU HEILEN?
HANS …

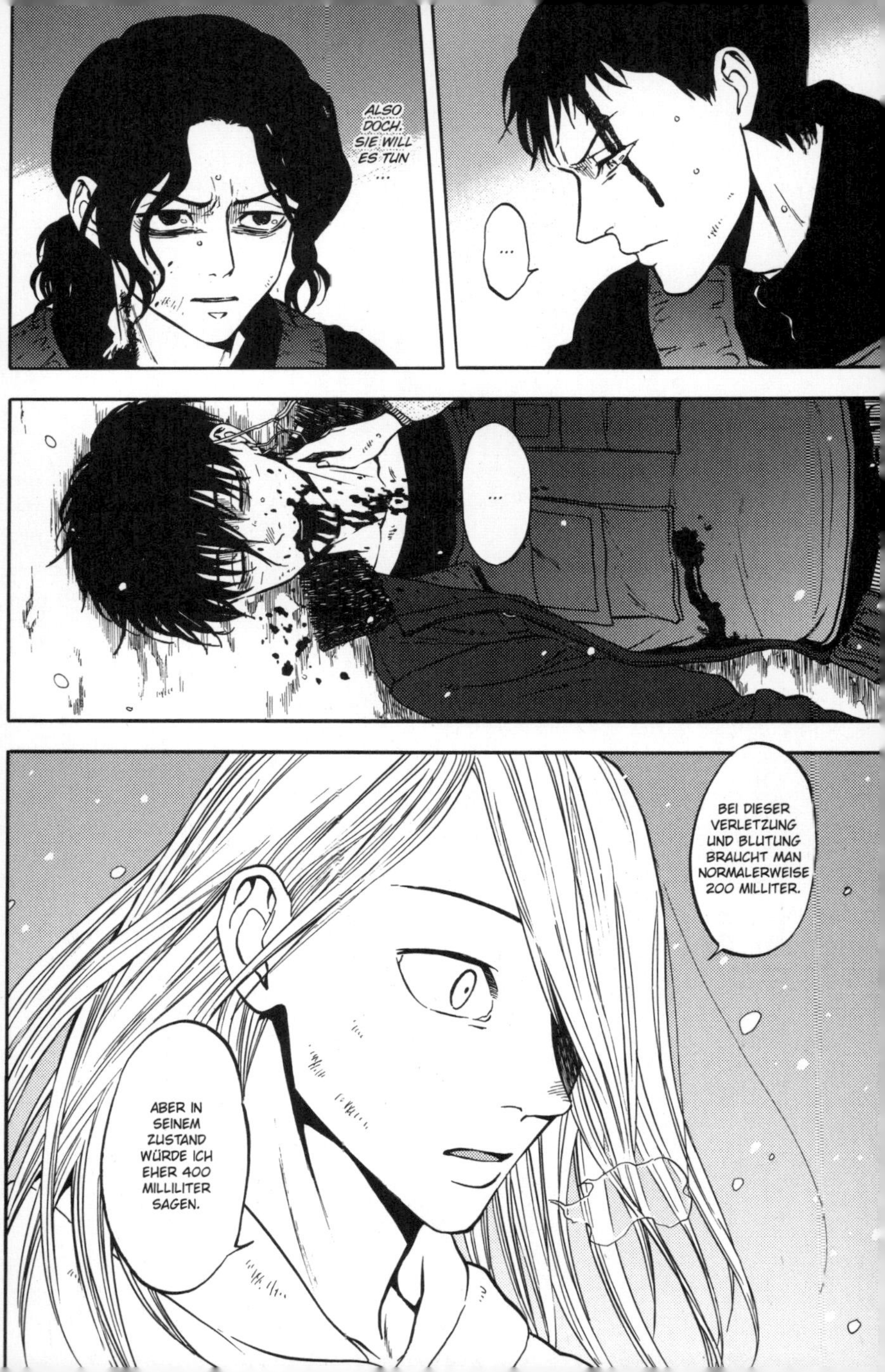
...
ALSO DOCH. SIE WILL ES TUN ...
...
BEI DIESER VERLETZUNG UND BLUTUNG BRAUCHT MAN NORMALERWEISE 200 MILLITER.
ABER IN SEINEM ZUSTAND WÜRDE ICH EHER 400 MILLILITER SAGEN.

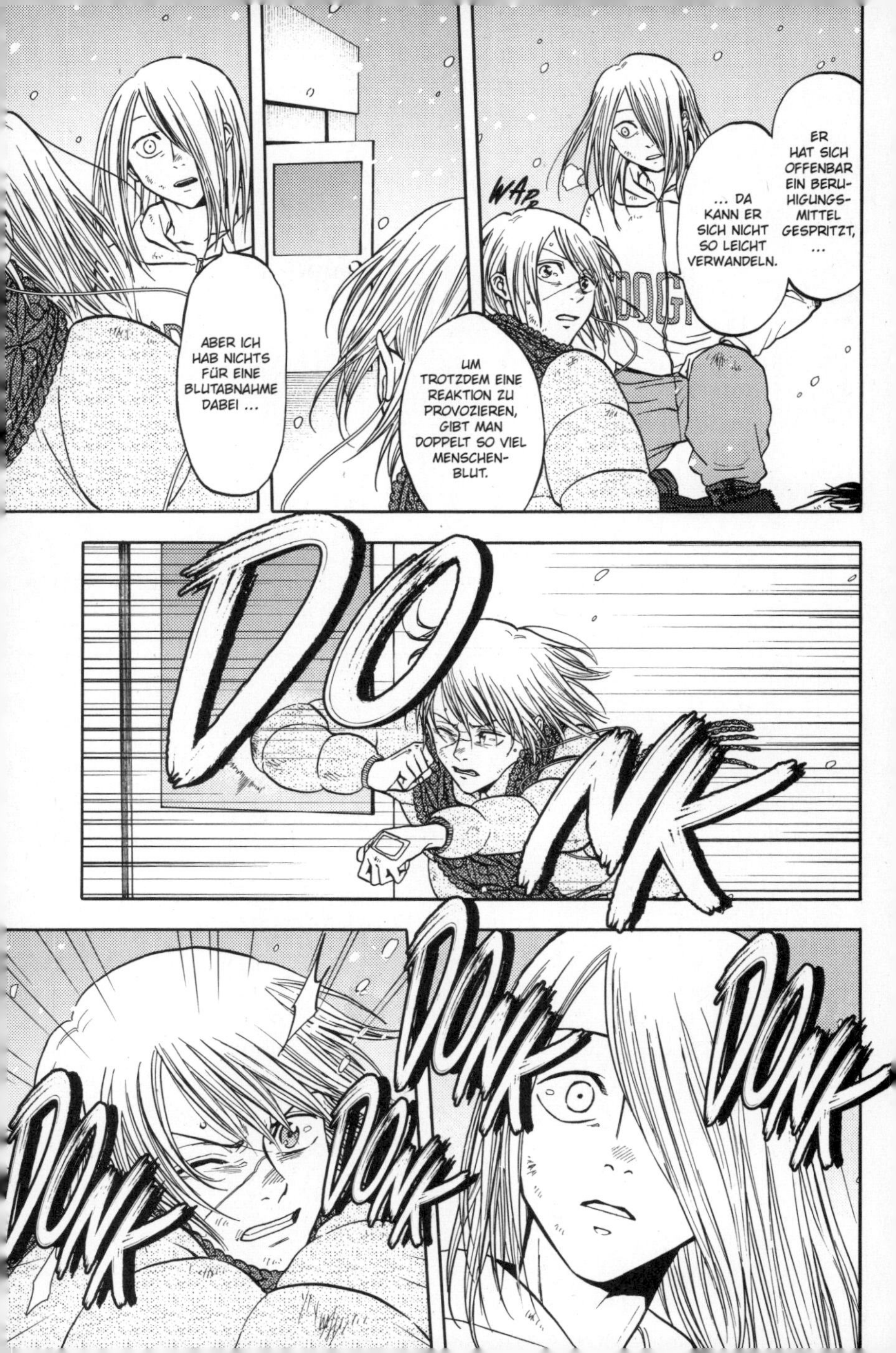
ER HAT SICH OFFENBAR EIN BERUHIGUNGSMITTEL GESPRITZT, …
… DA KANN ER SICH NICHT SO LEICHT VERWANDELN.
WAP
UM TROTZDEM EINE REAKTION ZU PROVOZIEREN, GIBT MAN DOPPELT SO VIEL MENSCHENBLUT.
ABER ICH HAB NICHTS FÜR EINE BLUTABNAHME DABEI …
DONK
DONK
DONK
DONK
DONK

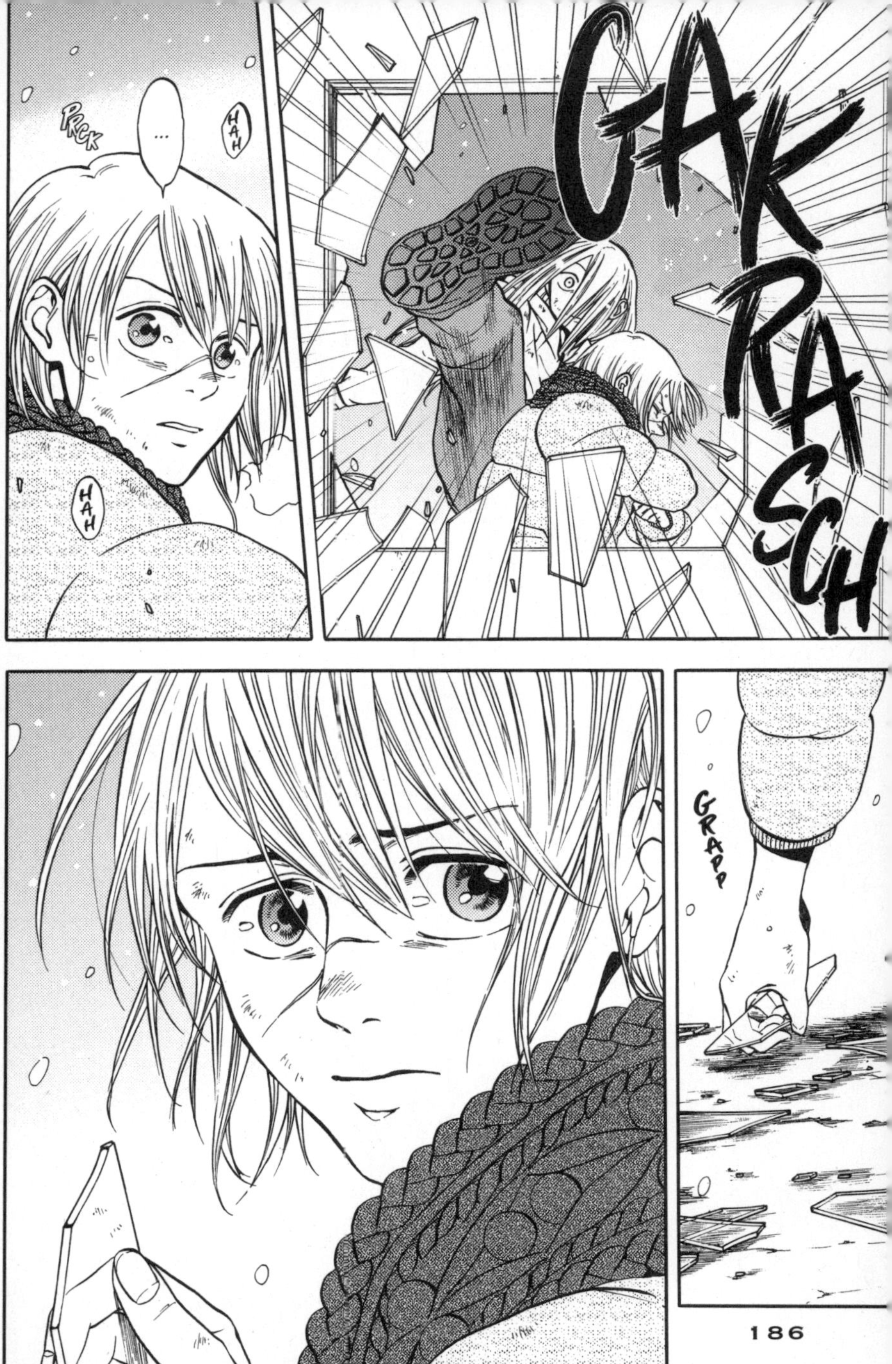

GAKRASCH
HAH
...
PRCK
HAH
GRAPP

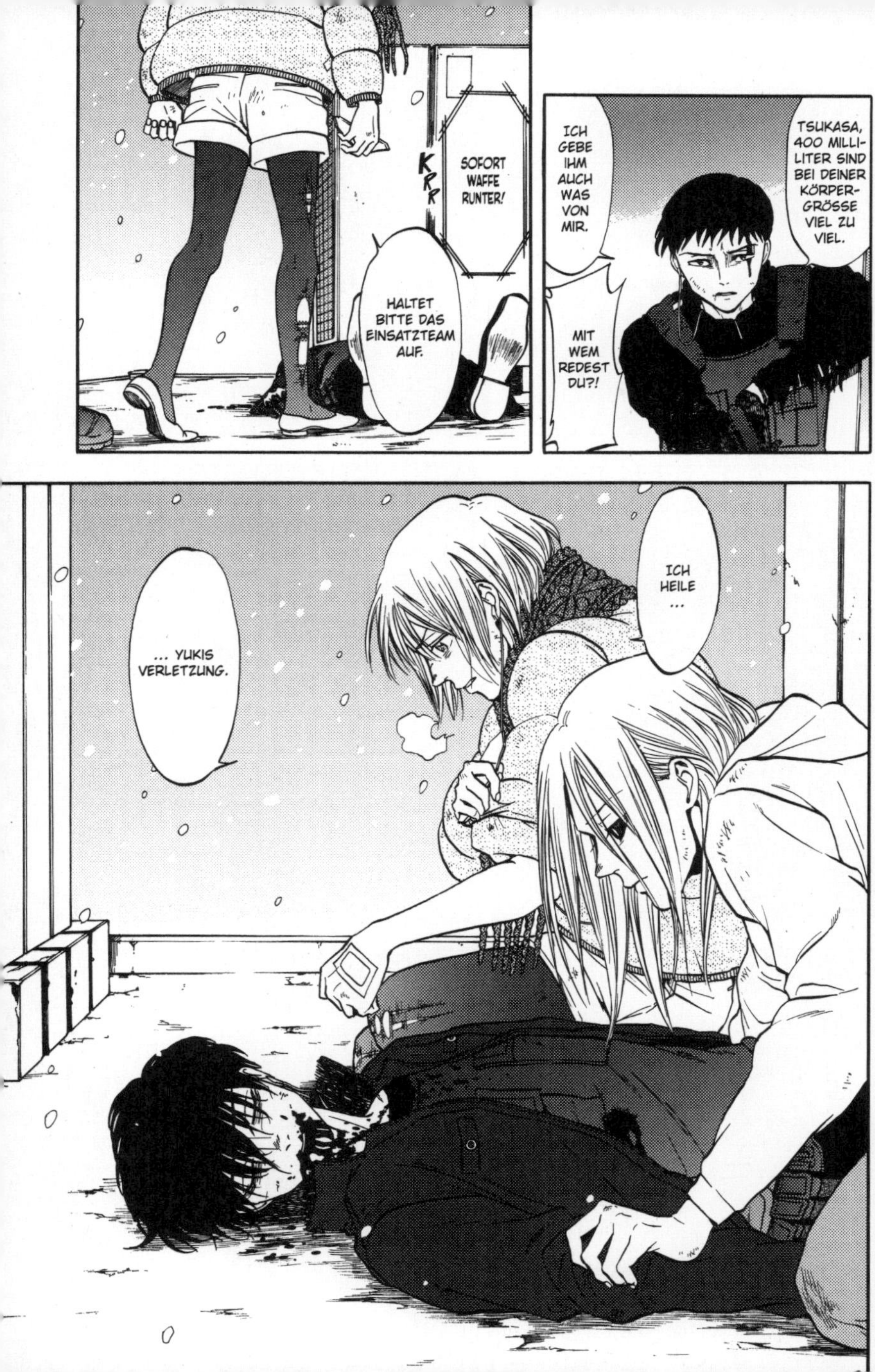
TSUKASA, 400 MILLILITER SIND BEI DEINER KÖRPERGRÖSSE VIEL ZU VIEL.
ICH GEBE IHM AUCH WAS VON MIR.
MIT WEM REDEST DU?!
SOFORT WAFFE RUNTER!
KRR
HALTET BITTE DAS EINSATZTEAM AUF.
ICH HEILE ...
... YUKIS VERLETZUNG.

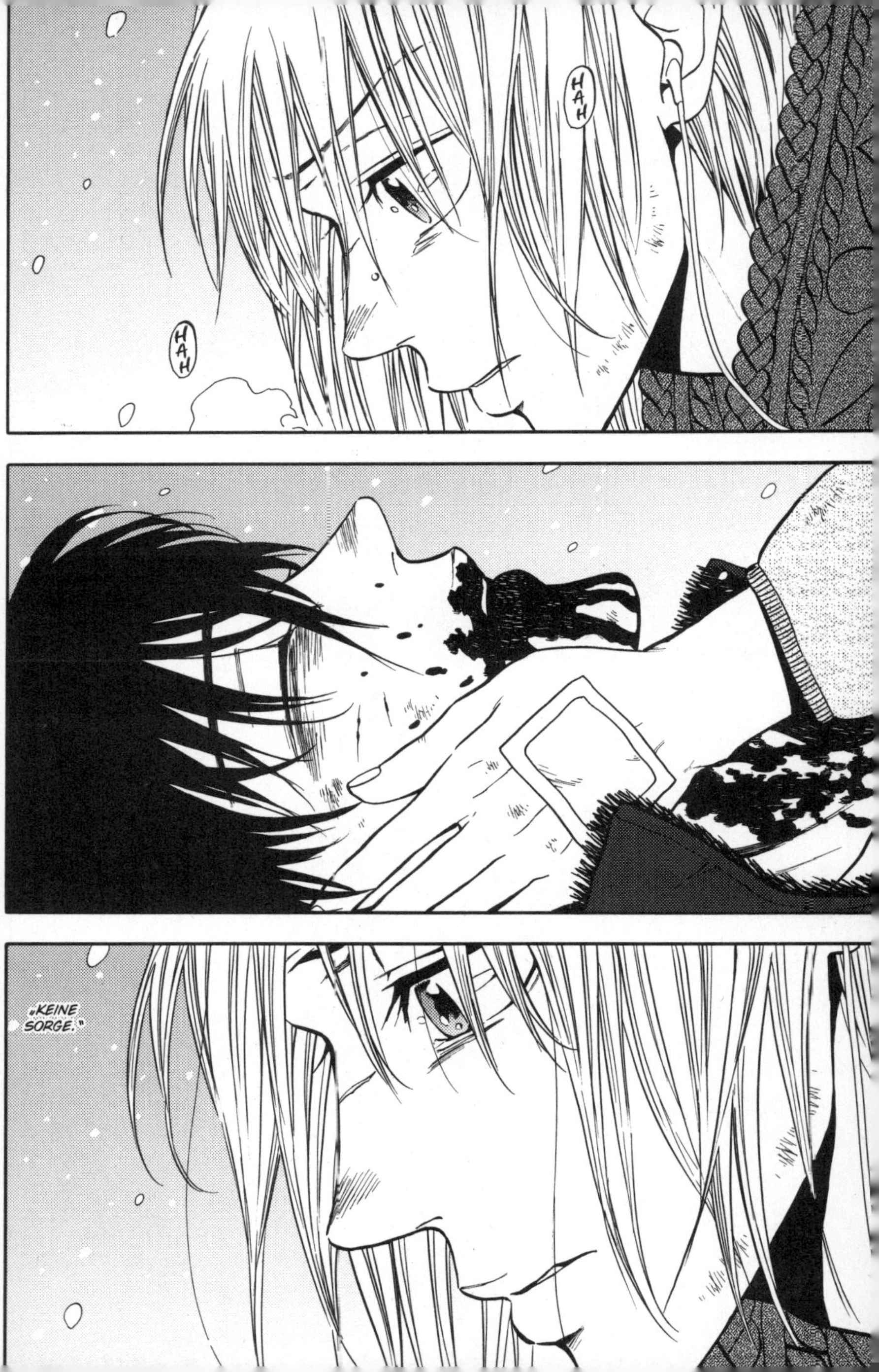
HAH
HAH
„KEINE SORGE."

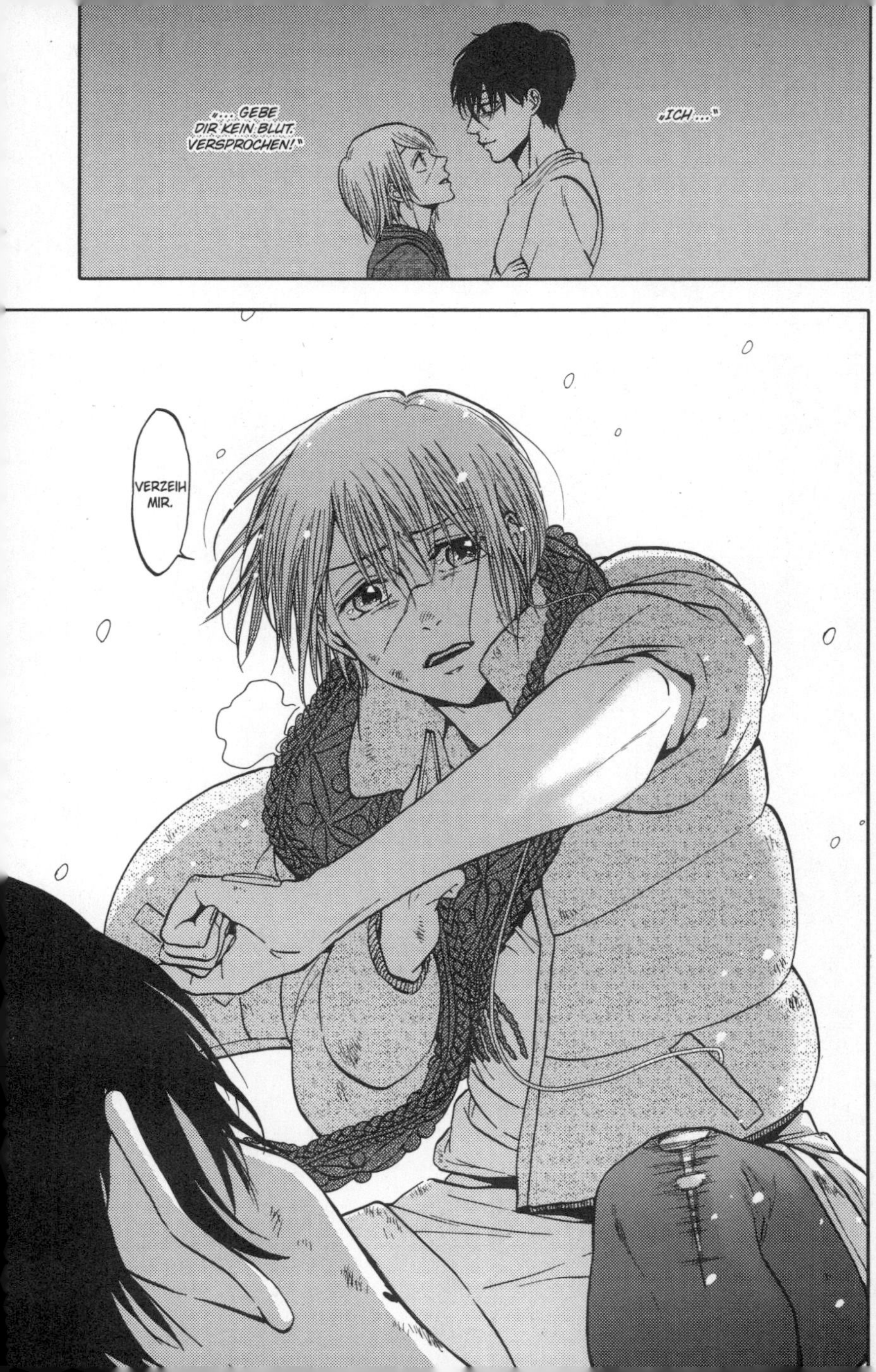
„ICH ..."
„... GEBE DIR KEIN BLUT. VERSPROCHEN!"
VERZEIH MIR.

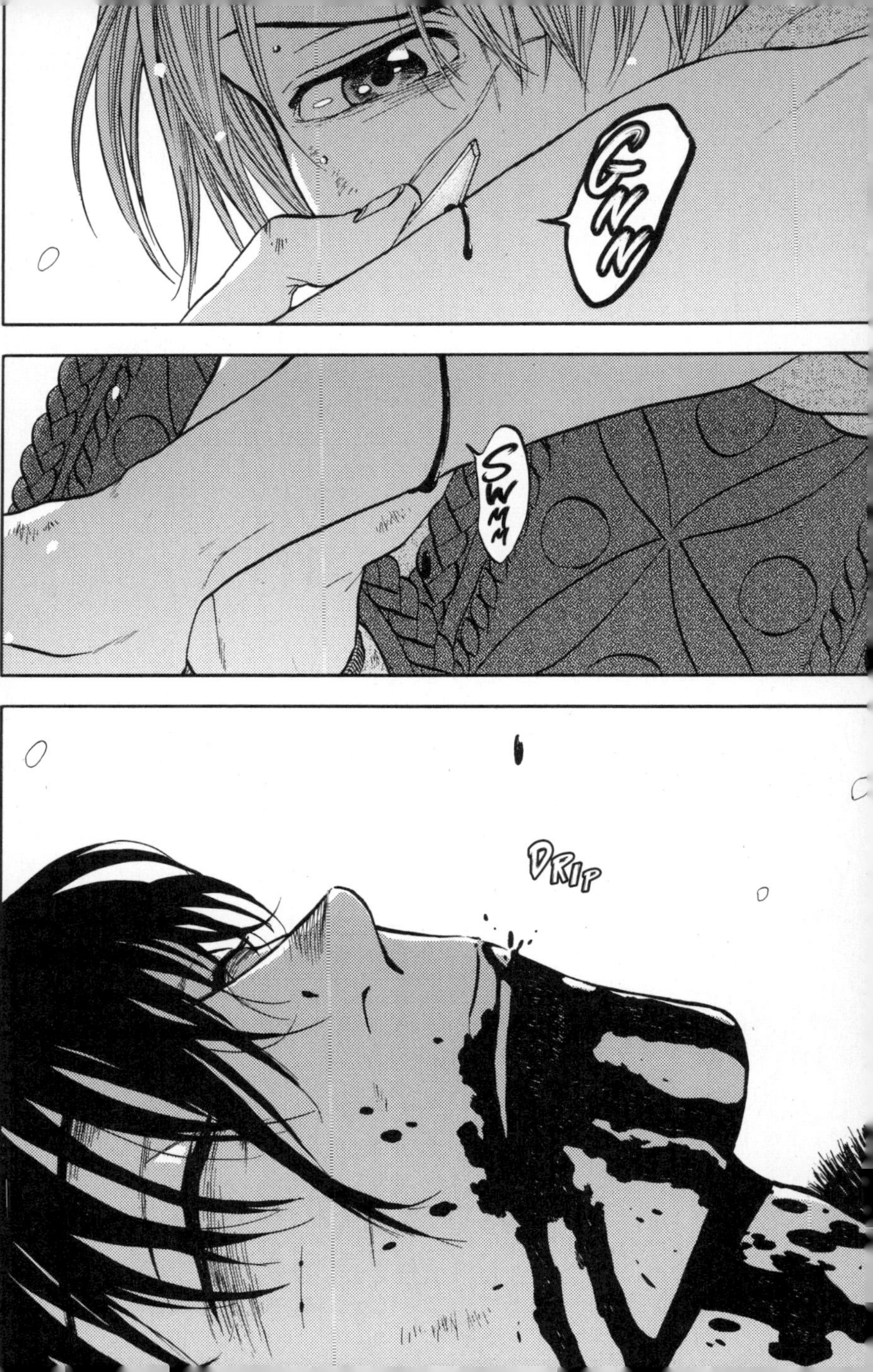
GNN
SWMM
DRIP

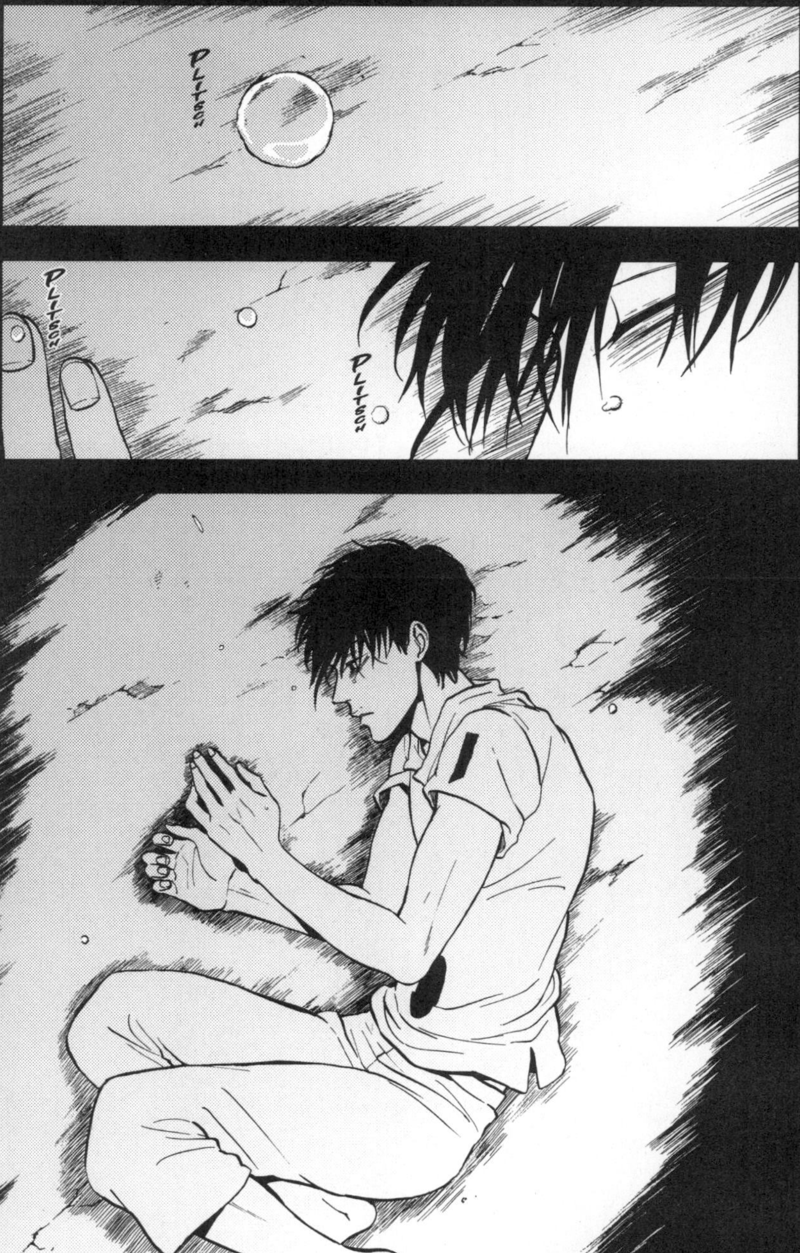
PLITSCH
PLITSCH
PLITSCH

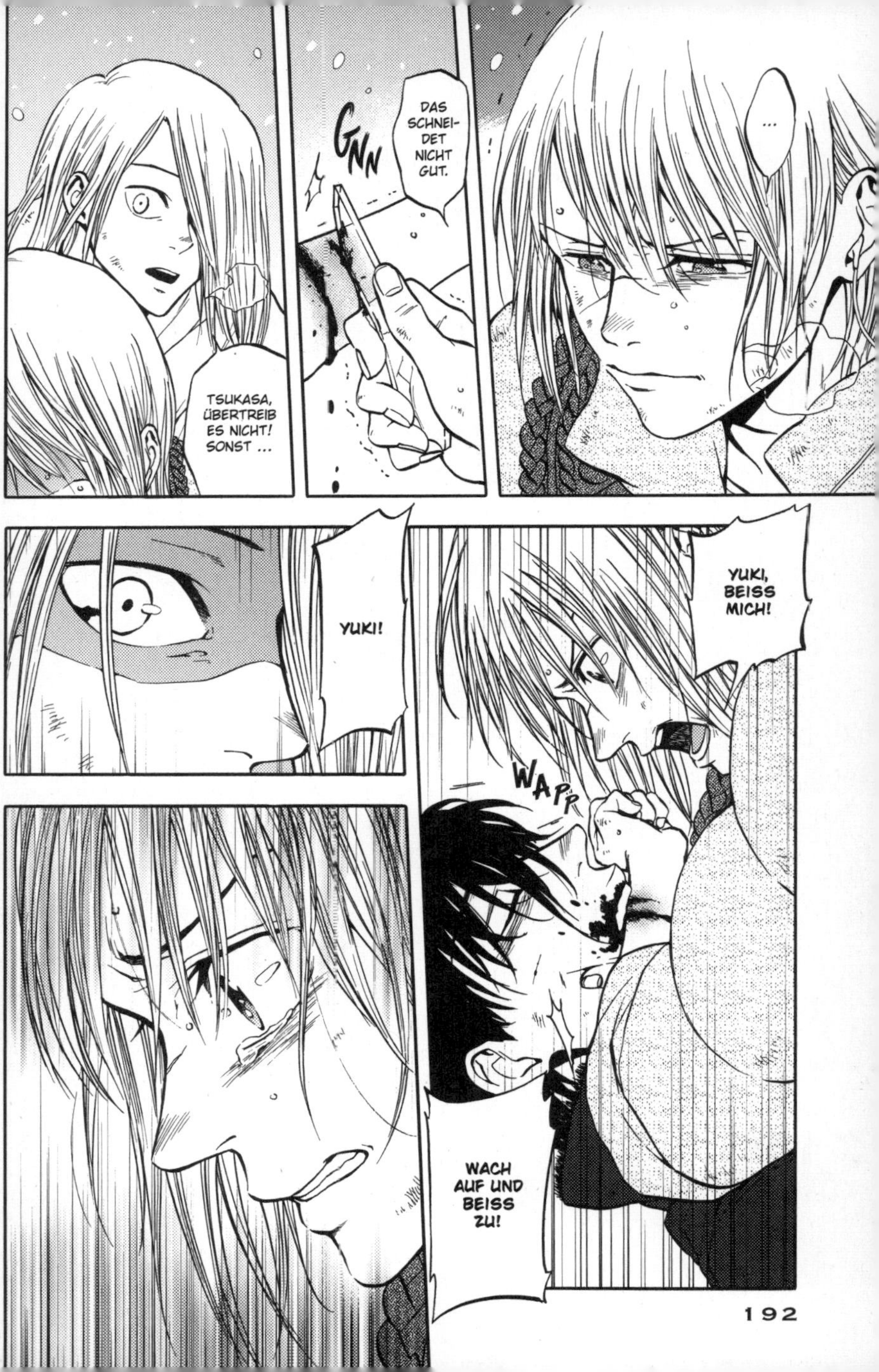
...
GNN
DAS SCHNEI-
DET
NICHT
GUT.
TSUKASA,
ÜBERTREIB
ES NICHT!
SONST ...
YUKI,
BEISS
MICH!
YUKI!
WAPP
WACH
AUF UND
BEISS
ZU!

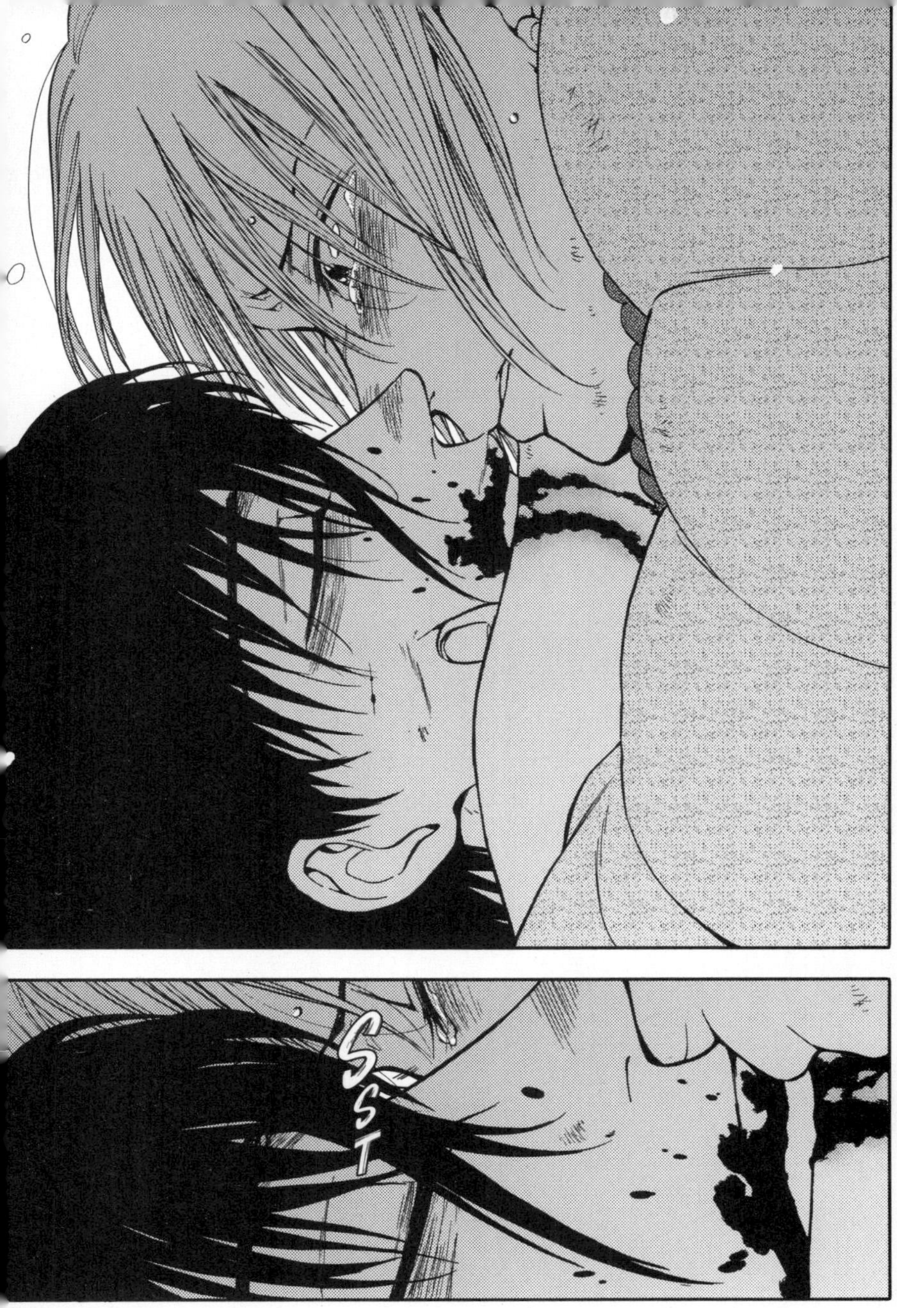
SST

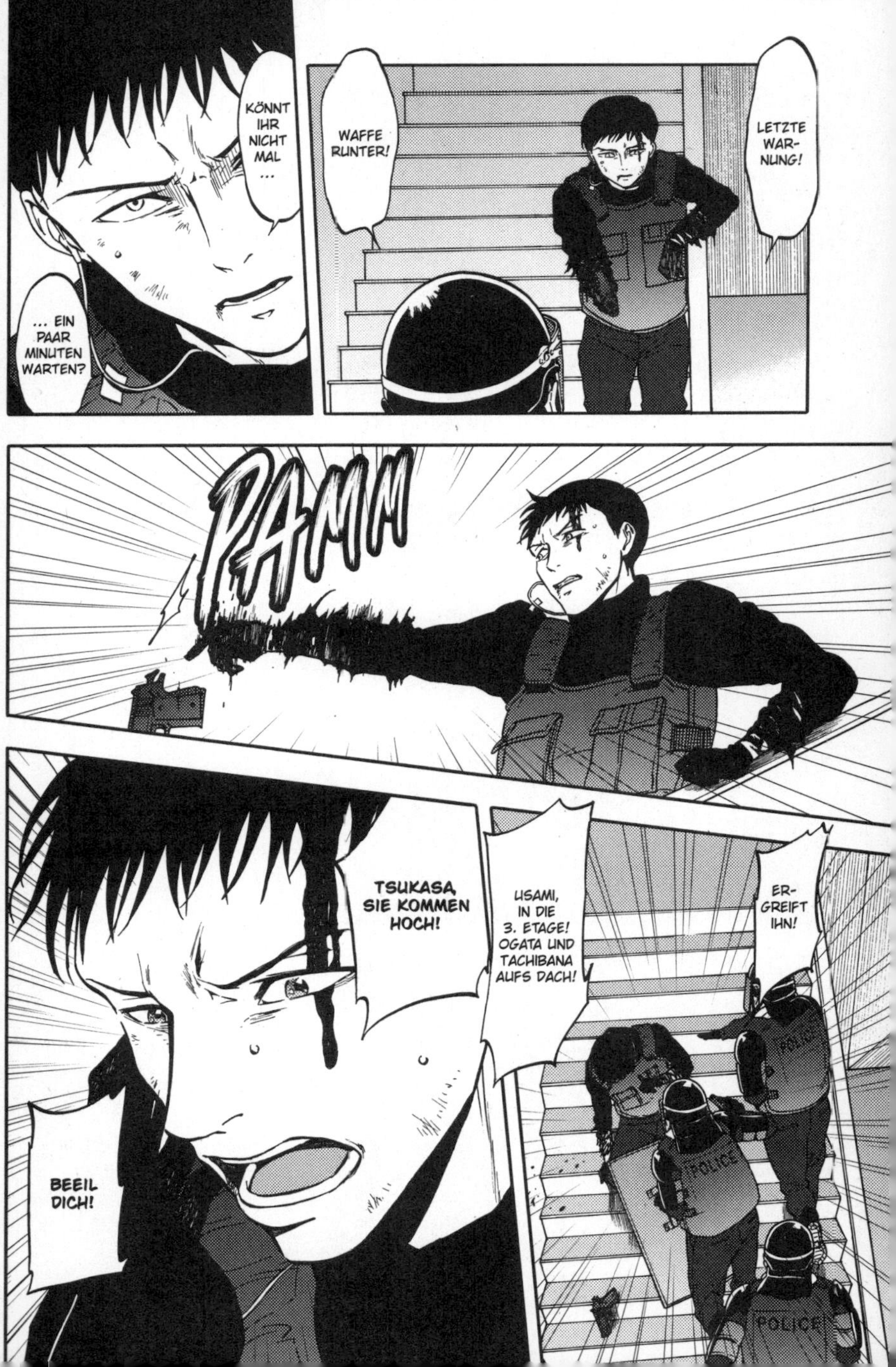

LETZTE WAR-NUNG!
WAFFE RUNTER!
KÖNNT IHR NICHT MAL ...
... EIN PAAR MINUTEN WARTEN?
PAMM
ER-GREIFT IHN!
USAMI, IN DIE 3. ETAGE! OGATA UND TACHIBANA AUFS DACH!
TSUKASA, SIE KOMMEN HOCH!
BEEIL DICH!

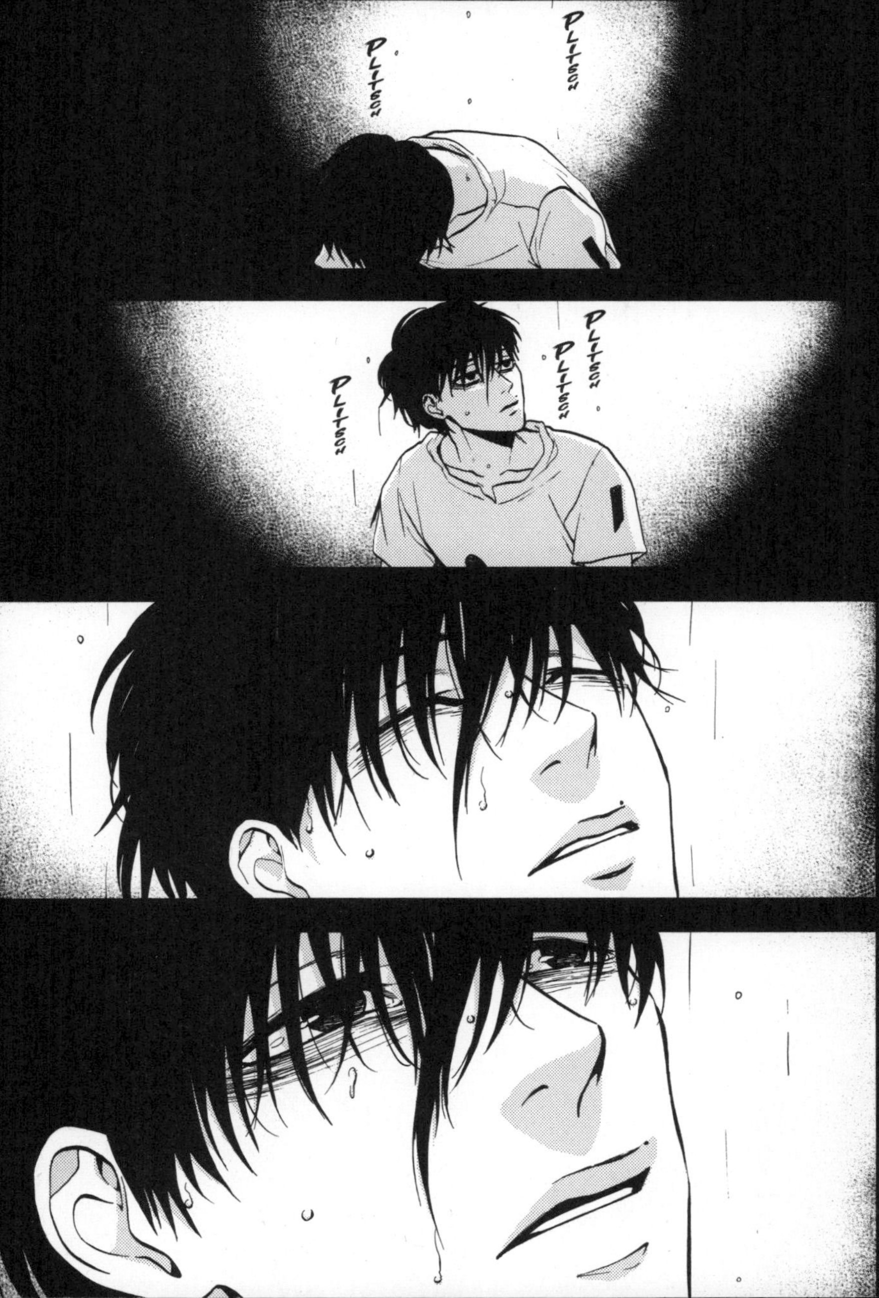
PLITSCH
PLITSCH
PLITSCH
PLITSCH
PLITSCH

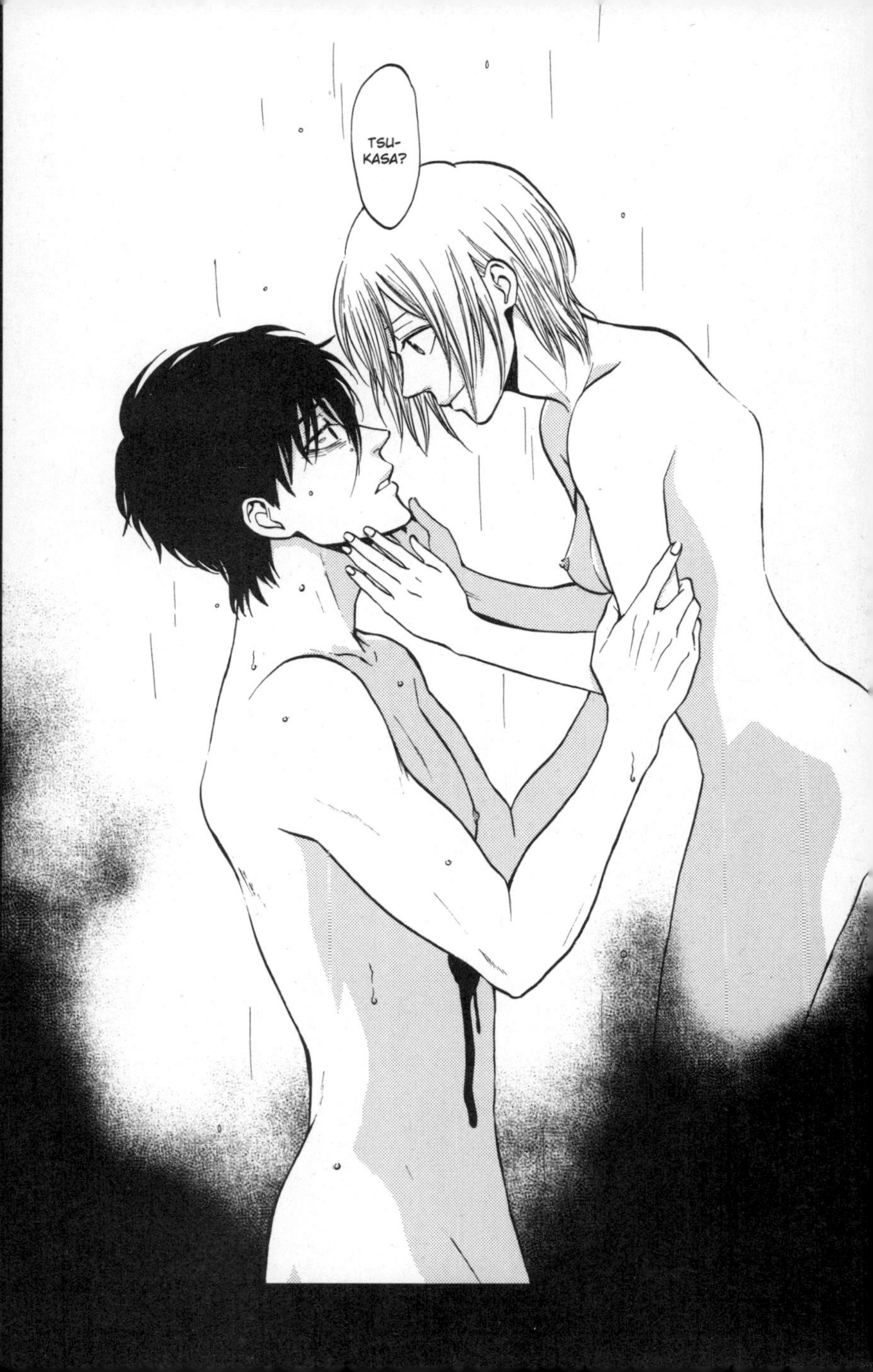
TSU-
KASA?

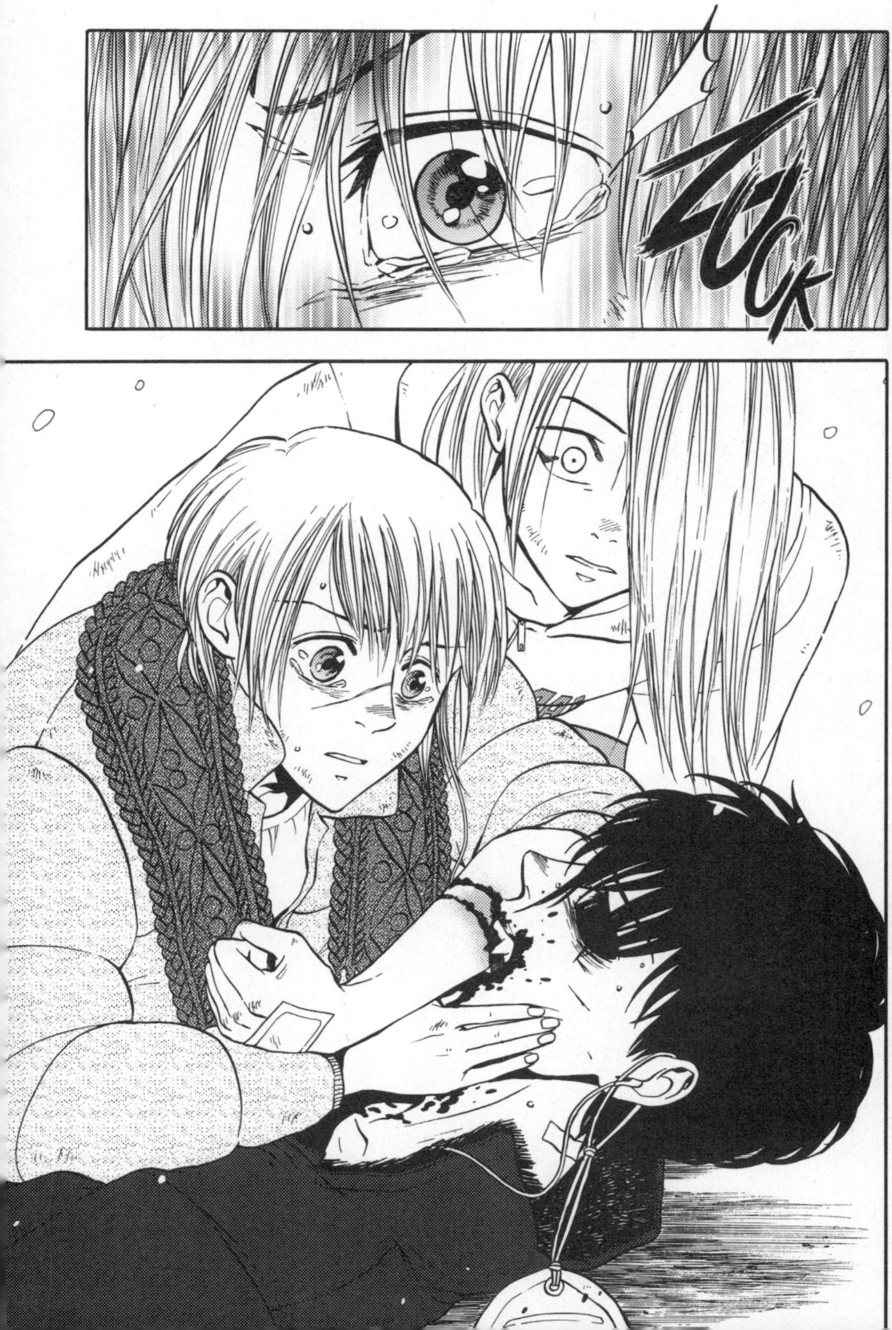
ZOCK

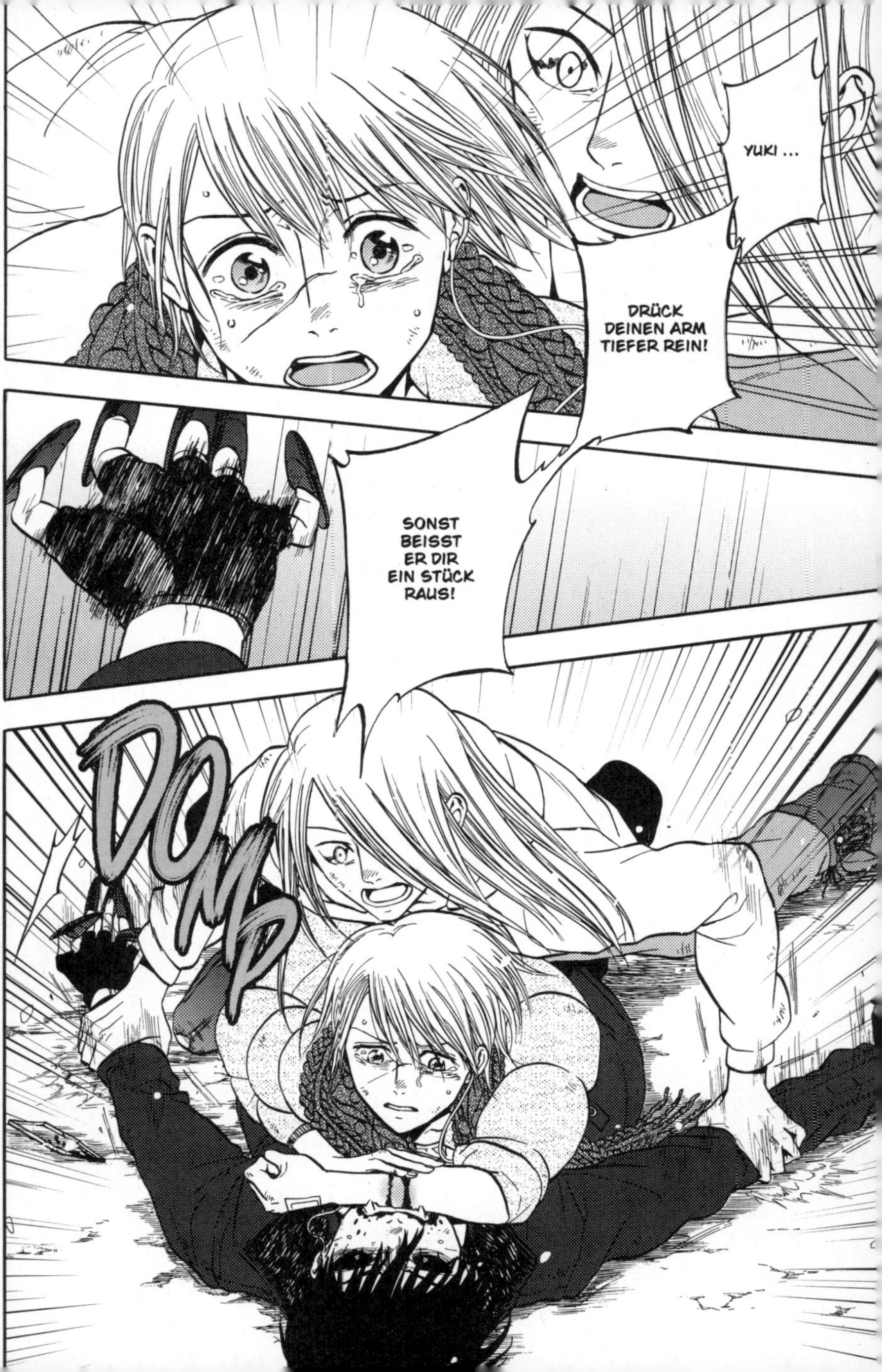
YUKI ...
DRÜCK DEINEN ARM TIEFER REIN!
SONST BEISST ER DIR EIN STÜCK RAUS!
DOMP

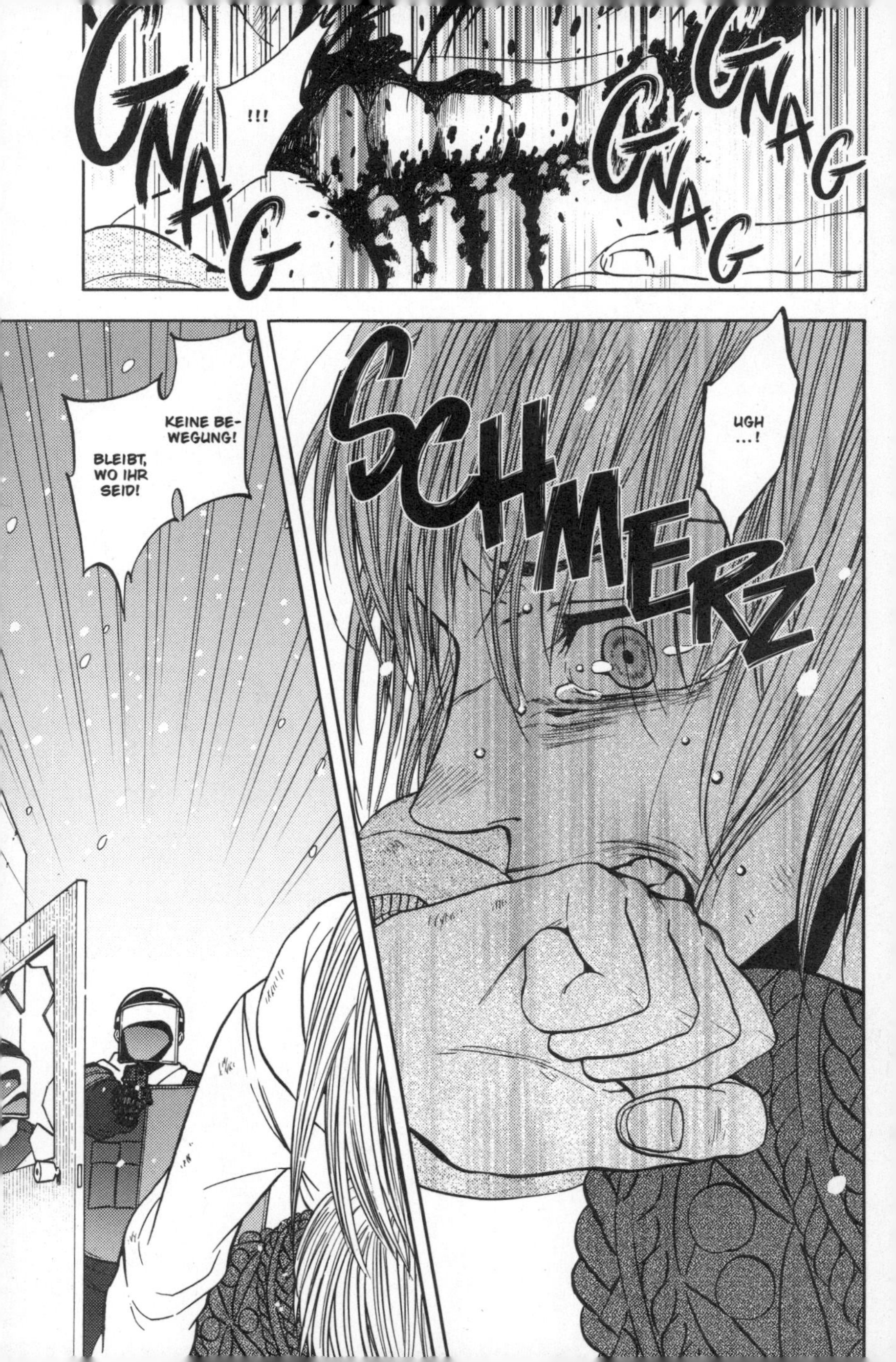
GNAG
GNAG
!!!
GNAG
UGH …!
SCHMERZ
KEINE BEWEGUNG!
BLEIBT, WO IHR SEID!

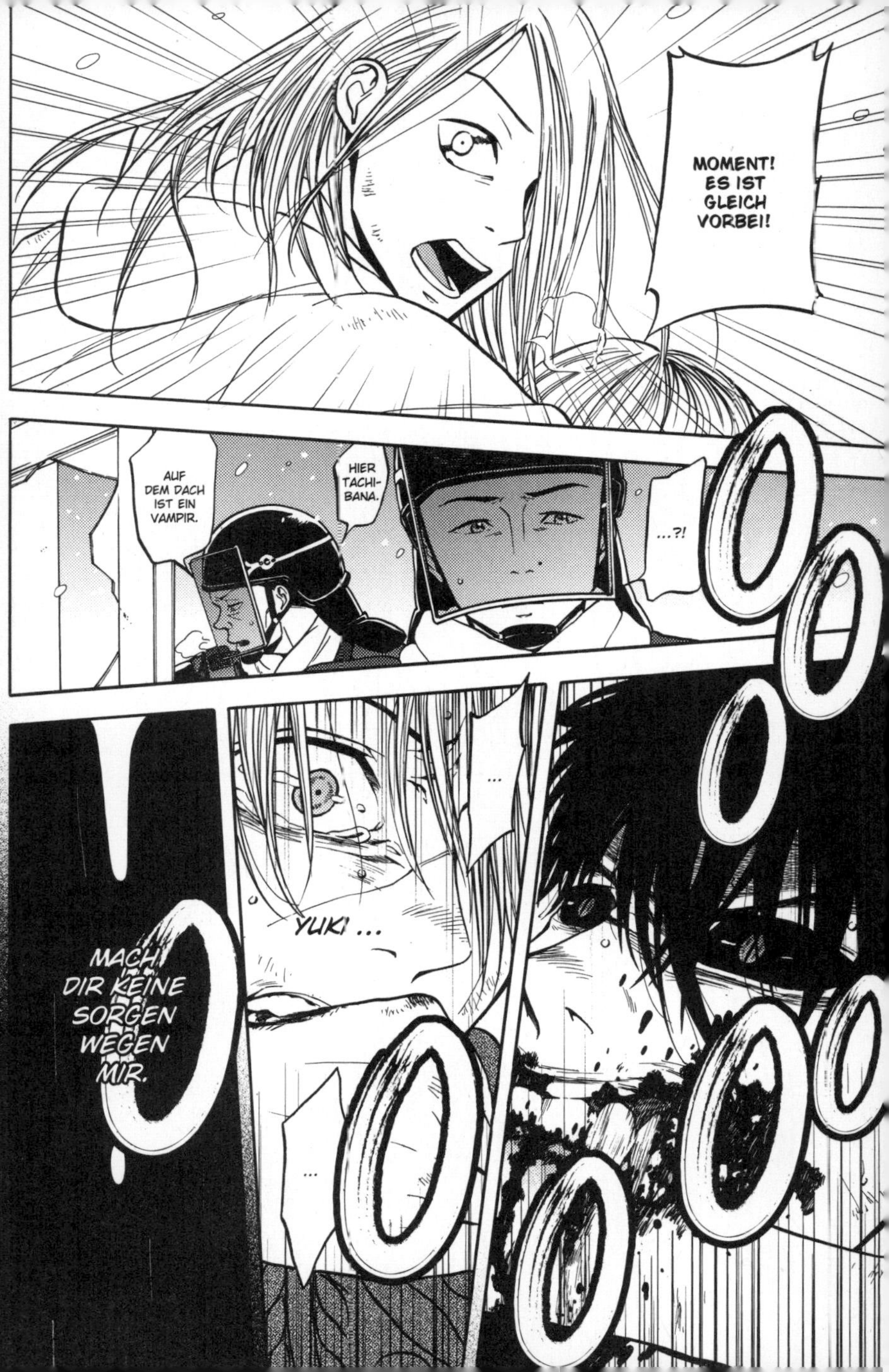
MOMENT! ES IST GLEICH VORBEI!
...?!
HIER TACHIBANA.
AUF DEM DACH IST EIN VAMPIR.
...
YUKI ...
MACH DIR KEINE SORGEN WEGEN MIR.
...

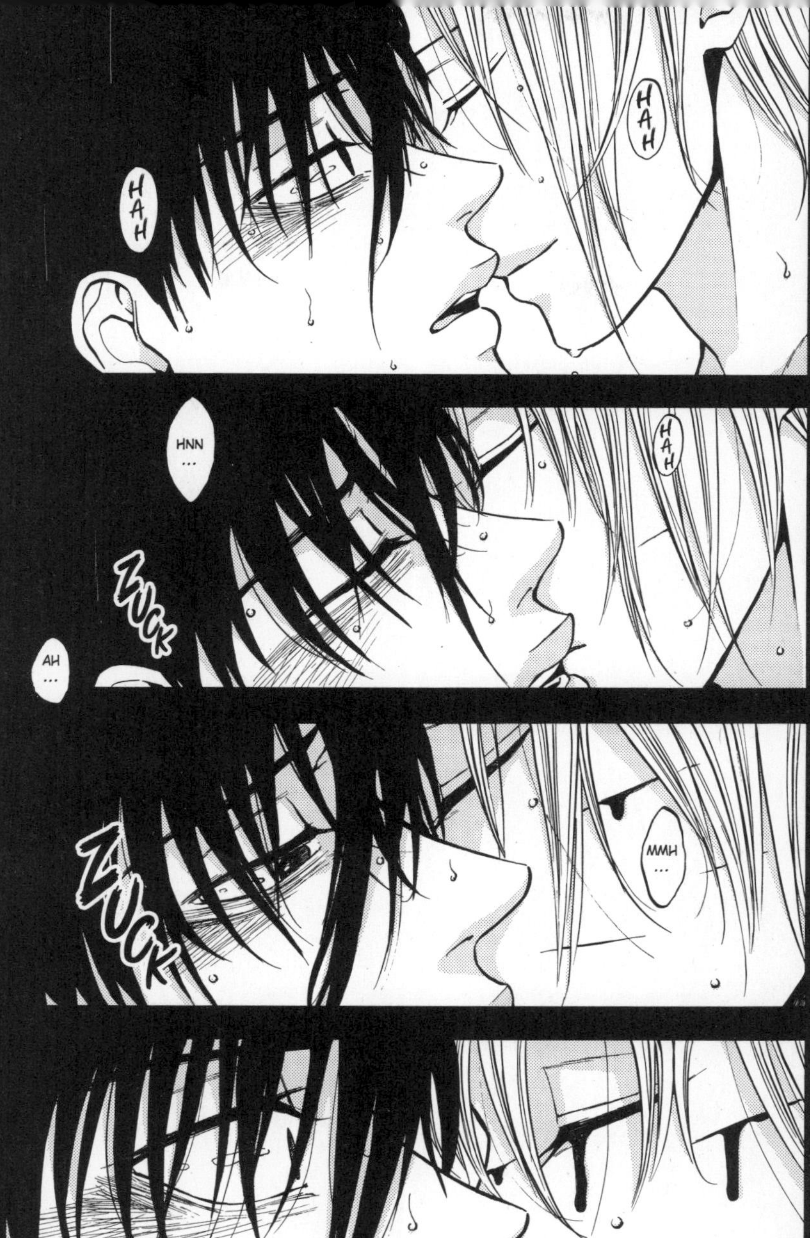
HAH
HAH
HAH
HNN...
ZUCK
AH...
MMH...
ZUCK

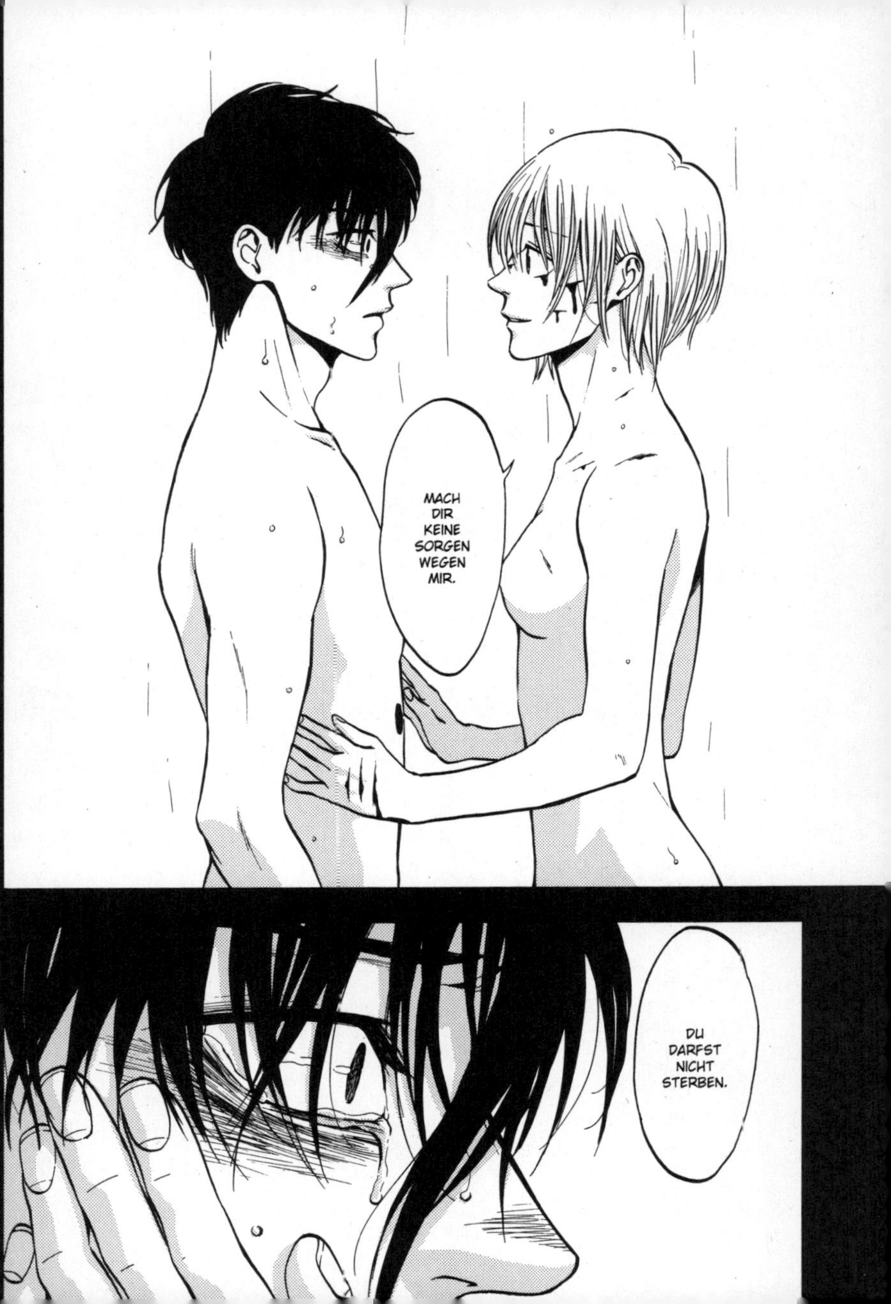
MACH DIR KEINE SORGEN WEGEN MIR.
DU DARFST NICHT STERBEN.

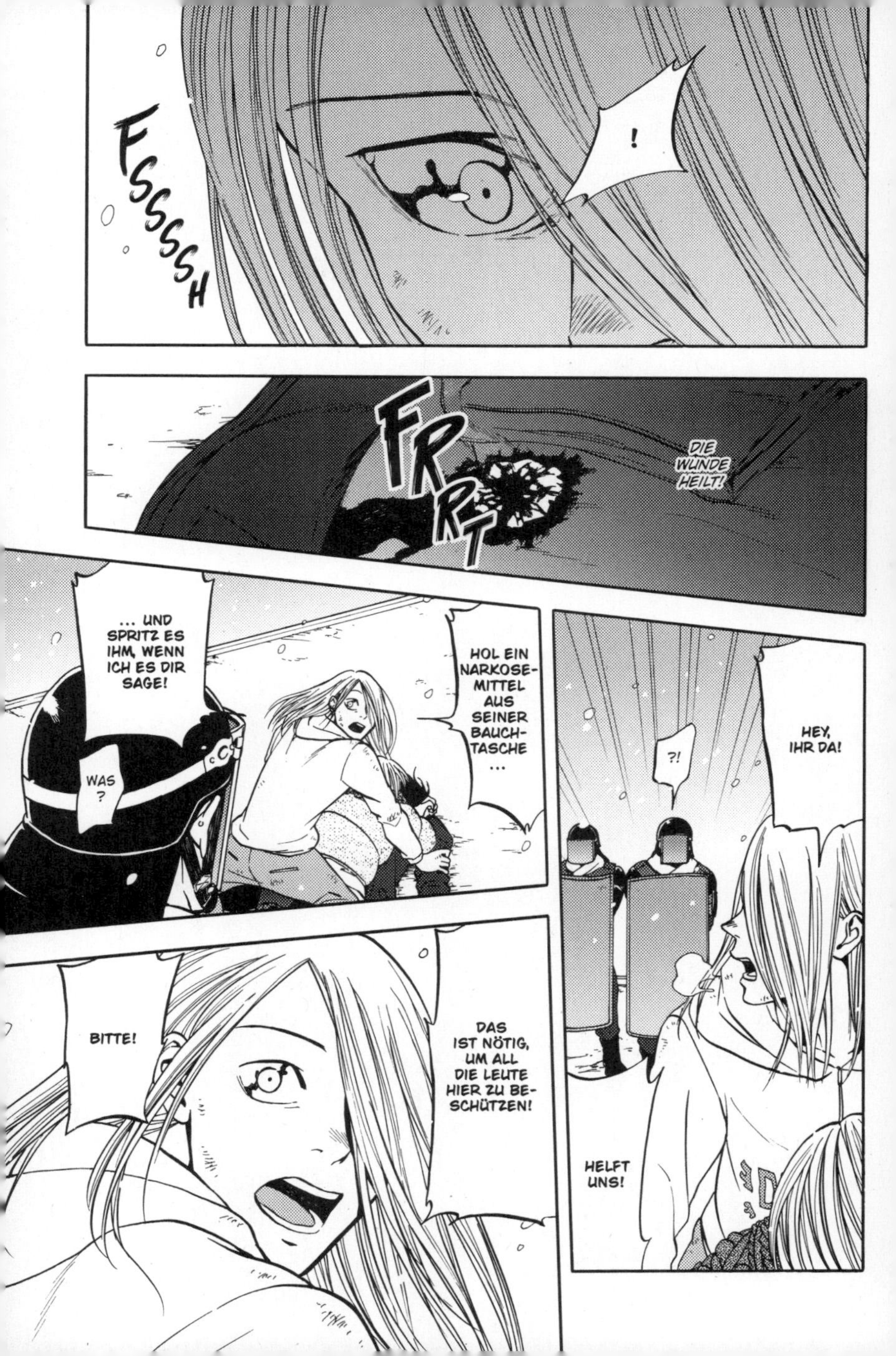
FSSSSH
!
FRRT
DIE WUNDE HEILT!
HEY, IHR DA!
?!
HELFT UNS!
HOL EIN NARKOSEMITTEL AUS SEINER BAUCHTASCHE …
… UND SPRITZ ES IHM, WENN ICH ES DIR SAGE!
WAS?
DAS IST NÖTIG, UM ALL DIE LEUTE HIER ZU BESCHÜTZEN!
BITTE!

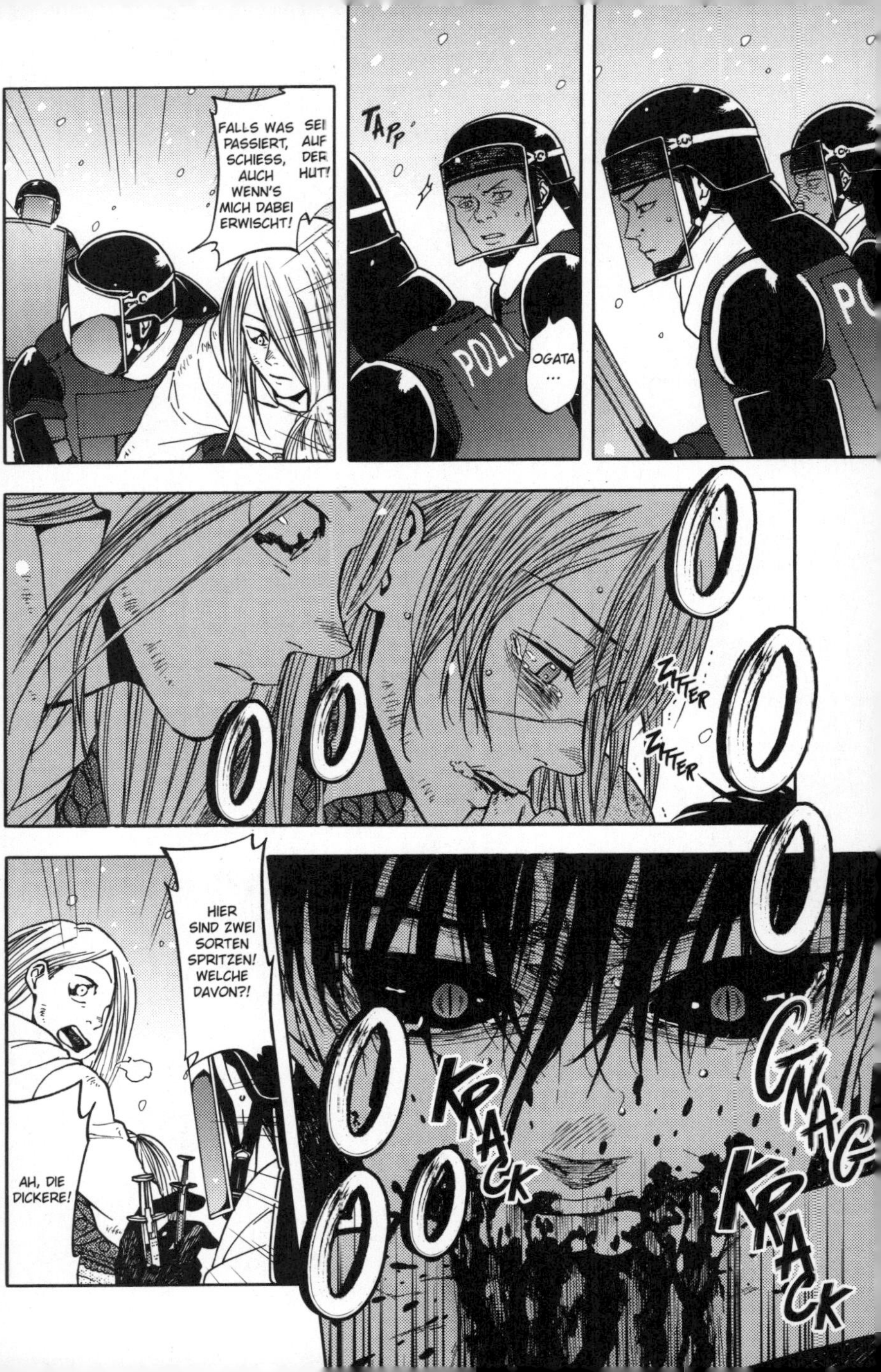

SEI AUF DER HUT!
FALLS WAS PASSIERT, SCHIESS, AUCH WENN'S MICH DABEI ERWISCHT!
TAPP
OGATA ...
POLI
ZITTER
ZITTER
HIER SIND ZWEI SORTEN SPRITZEN! WELCHE DAVON?!
AH, DIE DICKERE!
GNAG
KRACK
KRACK

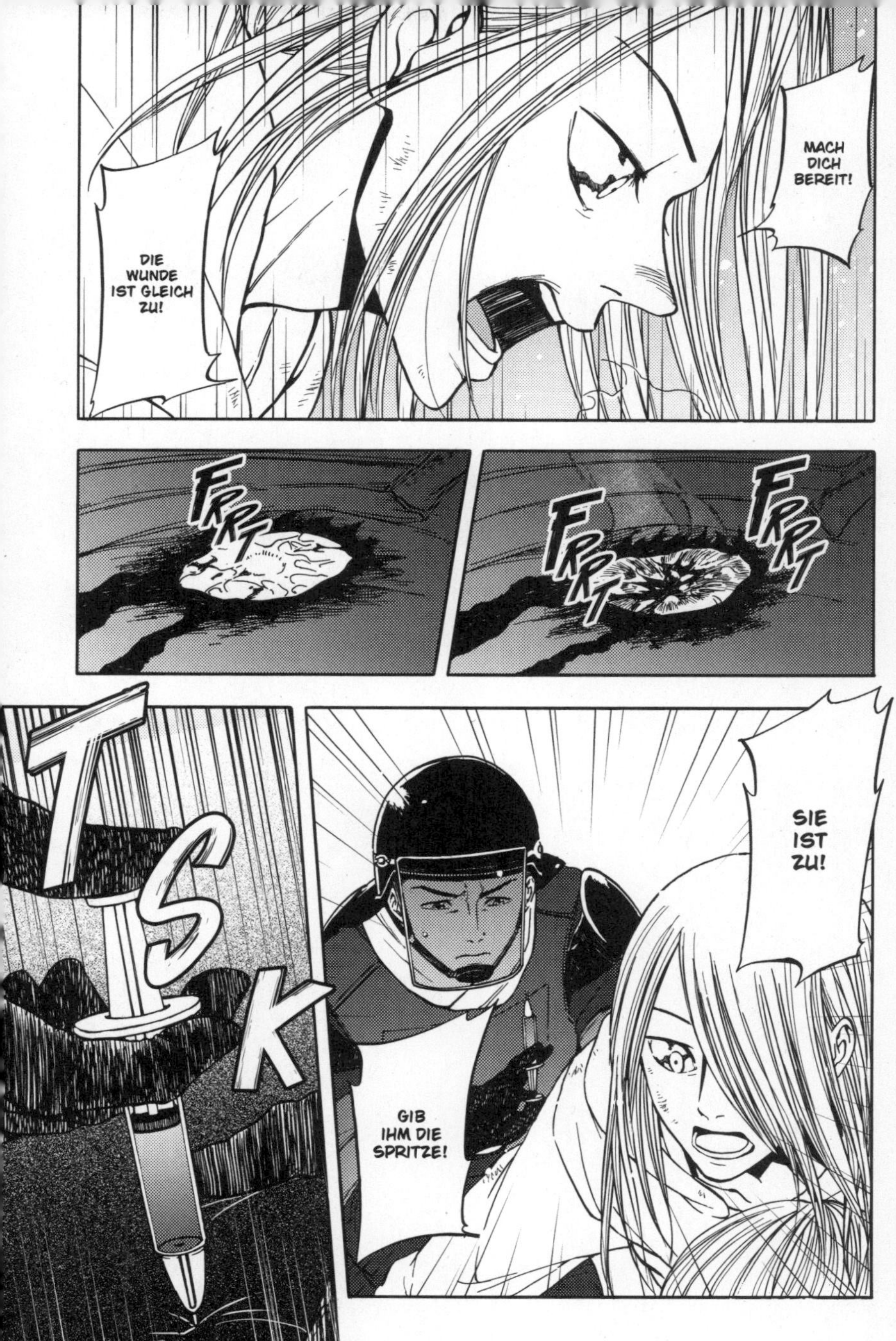

MACH DICH BEREIT!
DIE WUNDE IST GLEICH ZU!
FRRT
FRRT
FRRT
SIE IST ZU!
GIB IHM DIE SPRITZE!
TSK

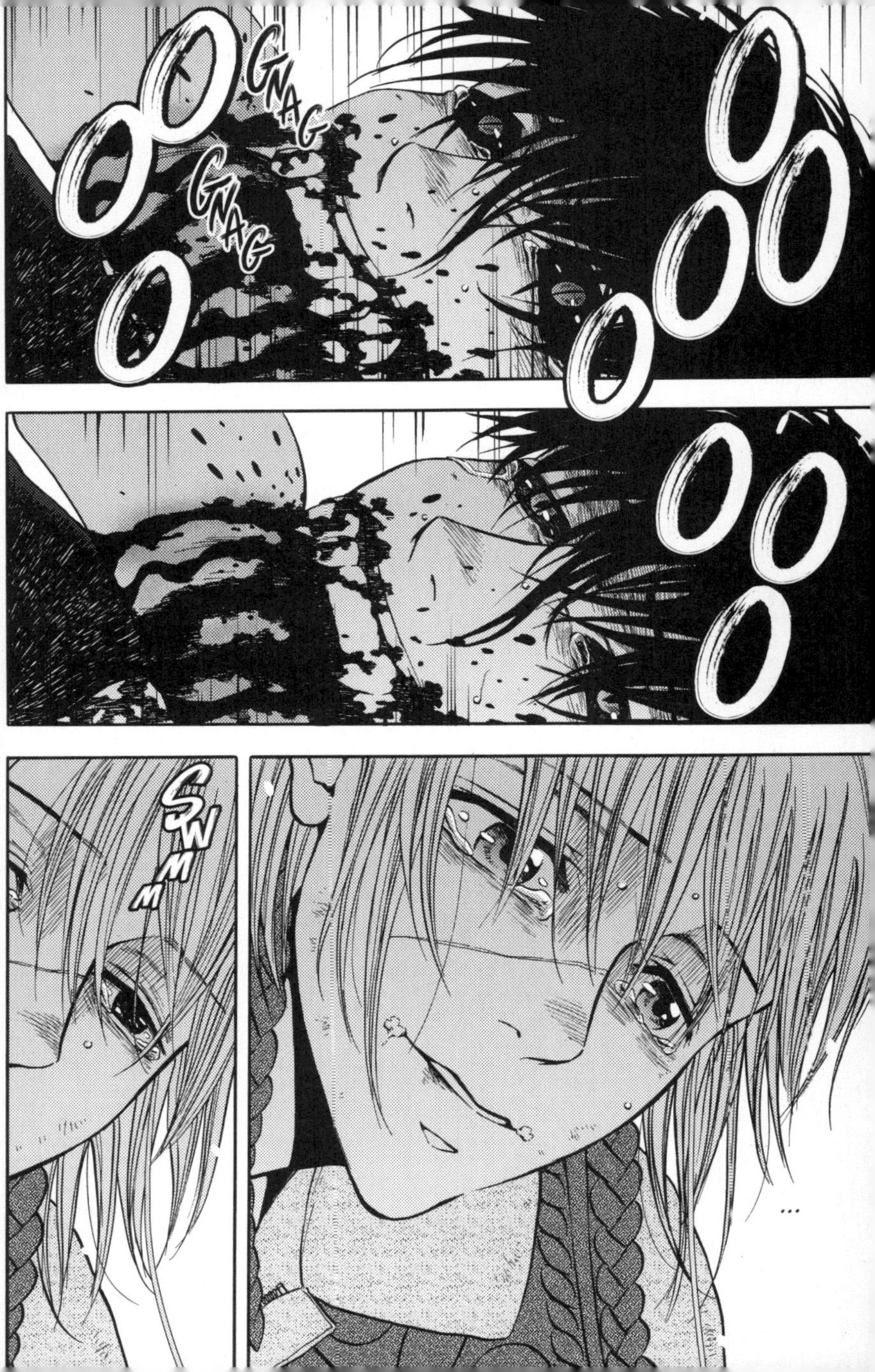
OOOOOOOO
GNAG
GNAG
OOOO
SWMM
...

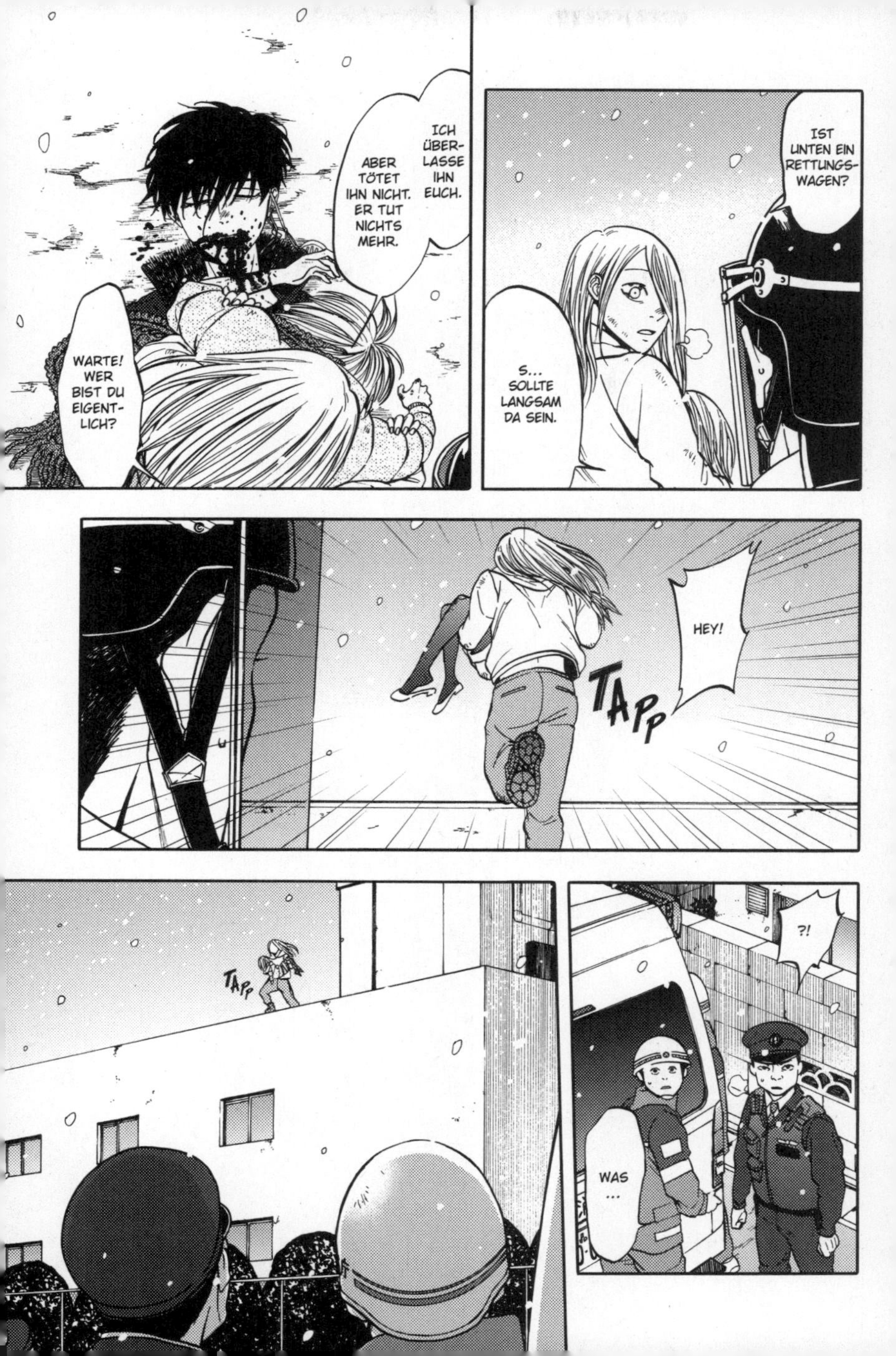

IST UNTEN EIN RETTUNGS-WAGEN?
S... SOLLTE LANGSAM DA SEIN.
ICH ÜBER-LASSE IHN EUCH.
ABER TÖTET IHN NICHT. ER TUT NICHTS MEHR.
WARTE! WER BIST DU EIGENT-LICH?
HEY!
TAPP
TAPP
?!
WAS ...

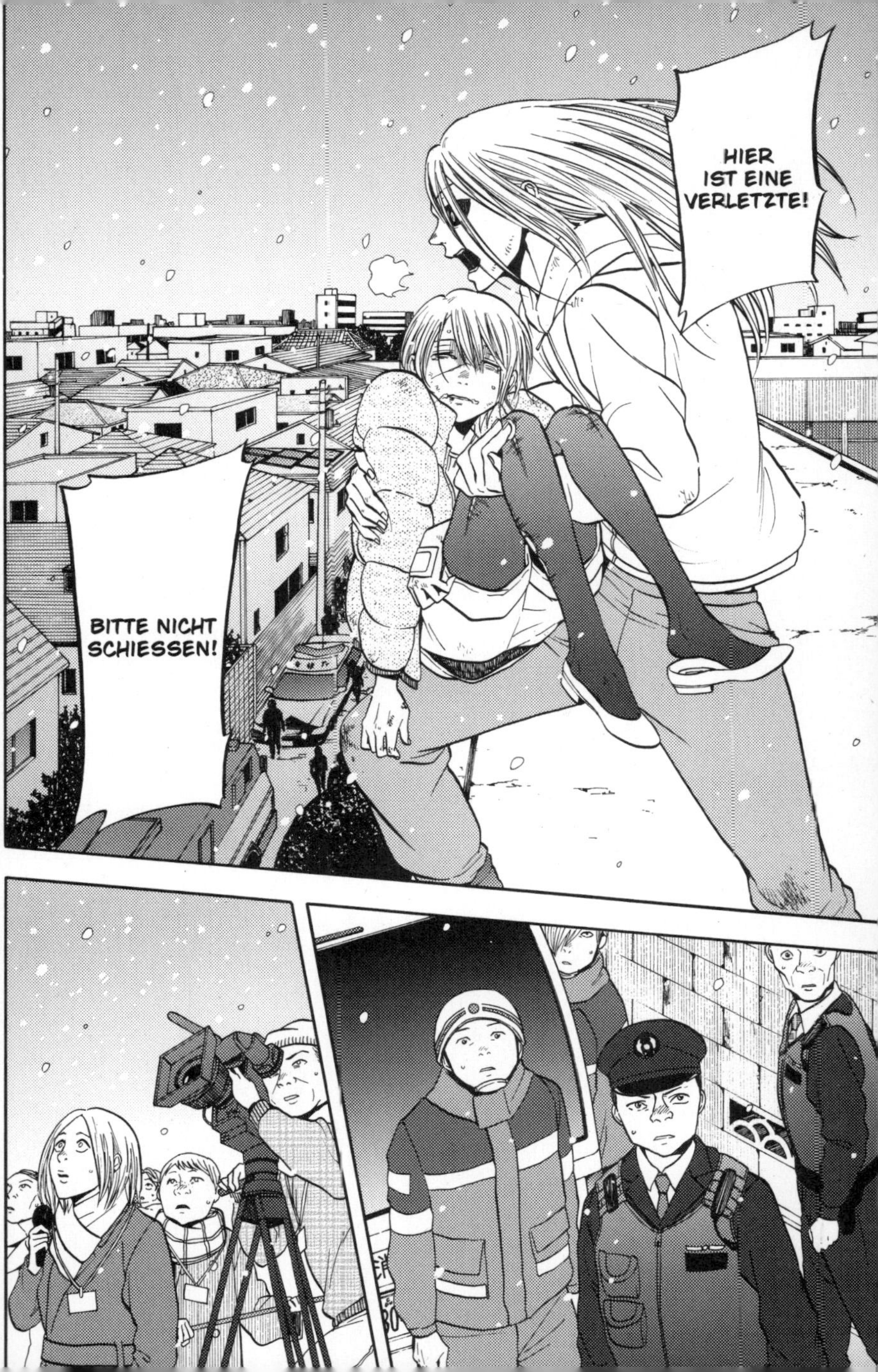
HIER IST EINE VERLETZTE!
BITTE NICHT SCHIESSEN!

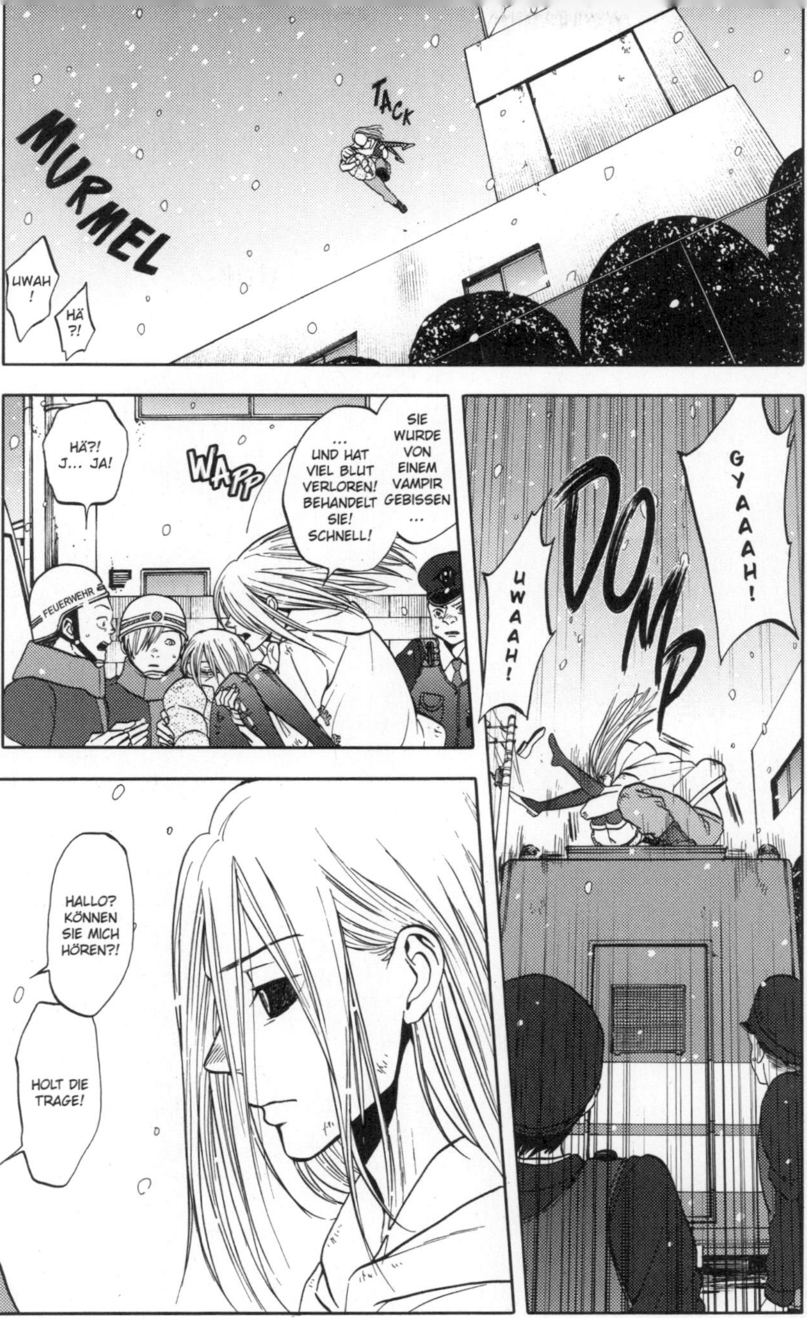
TACK
MURMEL
UWAH!
HÄ?!
SIE WURDE VON EINEM VAMPIR GEBISSEN ...
... UND HAT VIEL BLUT VERLOREN! BEHANDELT SIE! SCHNELL!
WAPP
HÄ?! J... JA!
FEUERWEHR
GYAAAAH!
DOMP
UWAAAH!
HALLO? KÖNNEN SIE MICH HÖREN?!
HOLT DIE TRAGE!

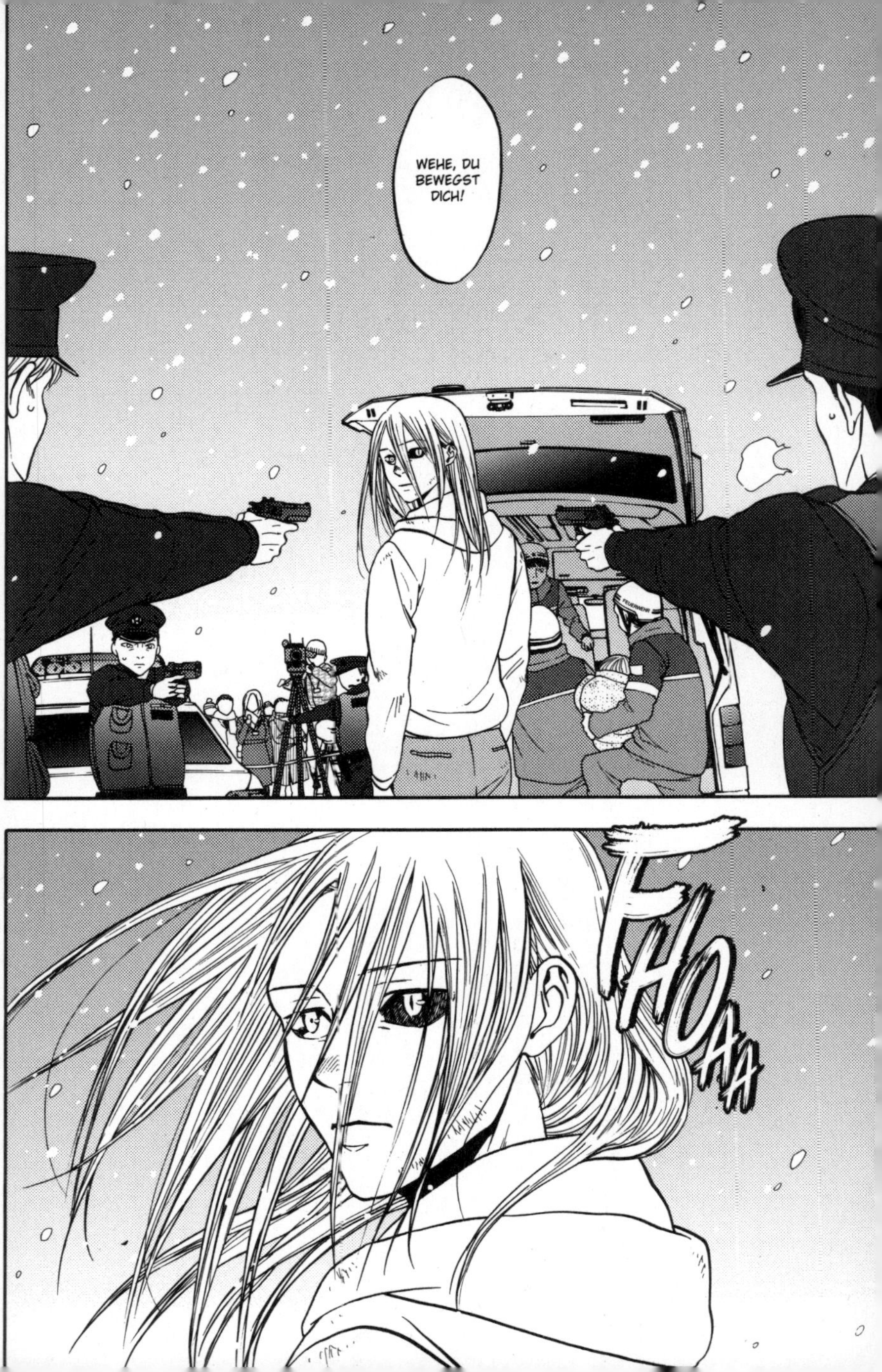
WEHE, DU BEWEGST DICH!
FHOAA

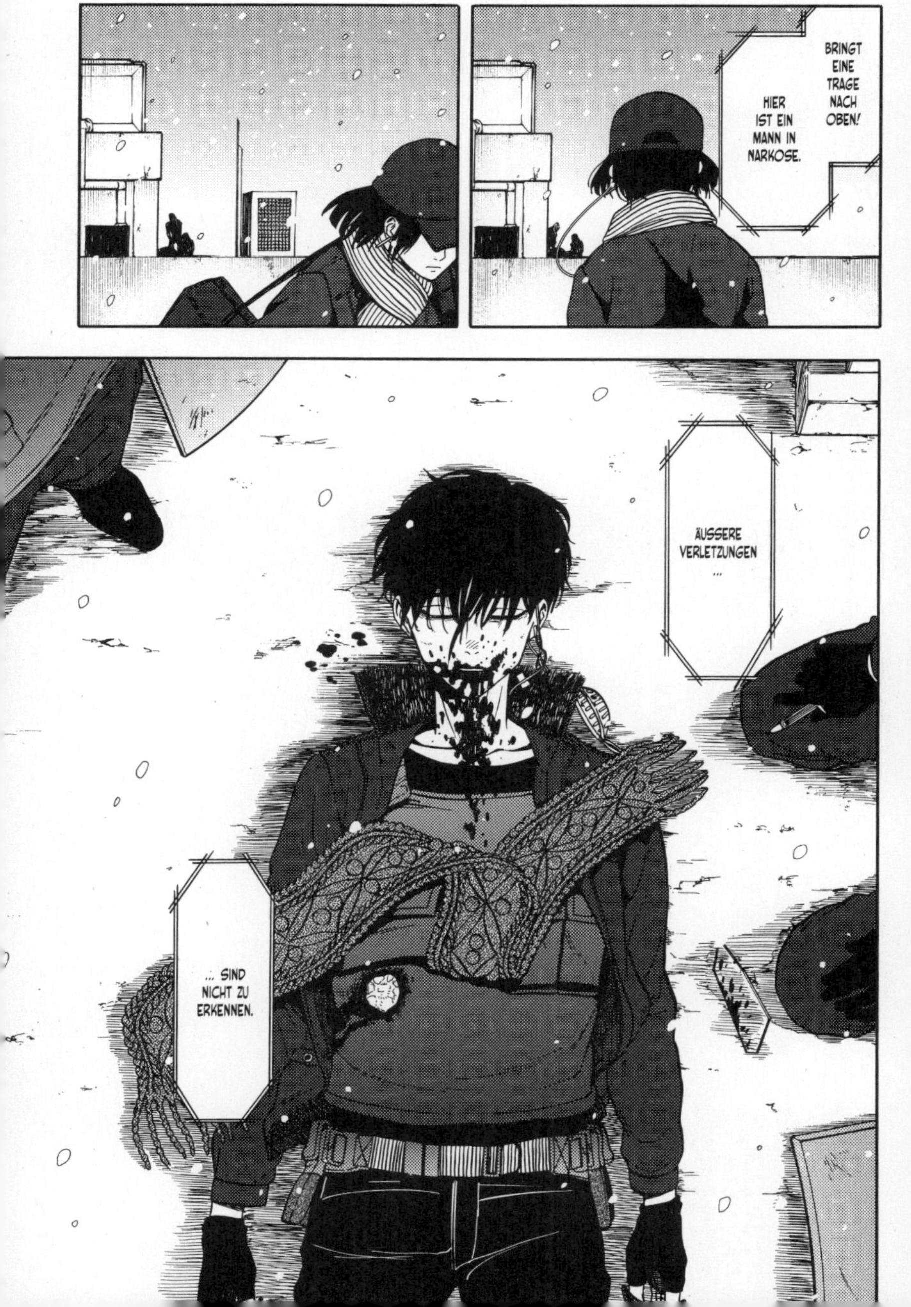
BRINGT EINE TRAGE NACH OBEN!
HIER IST EIN MANN IN NARKOSE.
ÄUSSERE VERLETZUNGEN ...
... SIND NICHT ZU ERKENNEN.

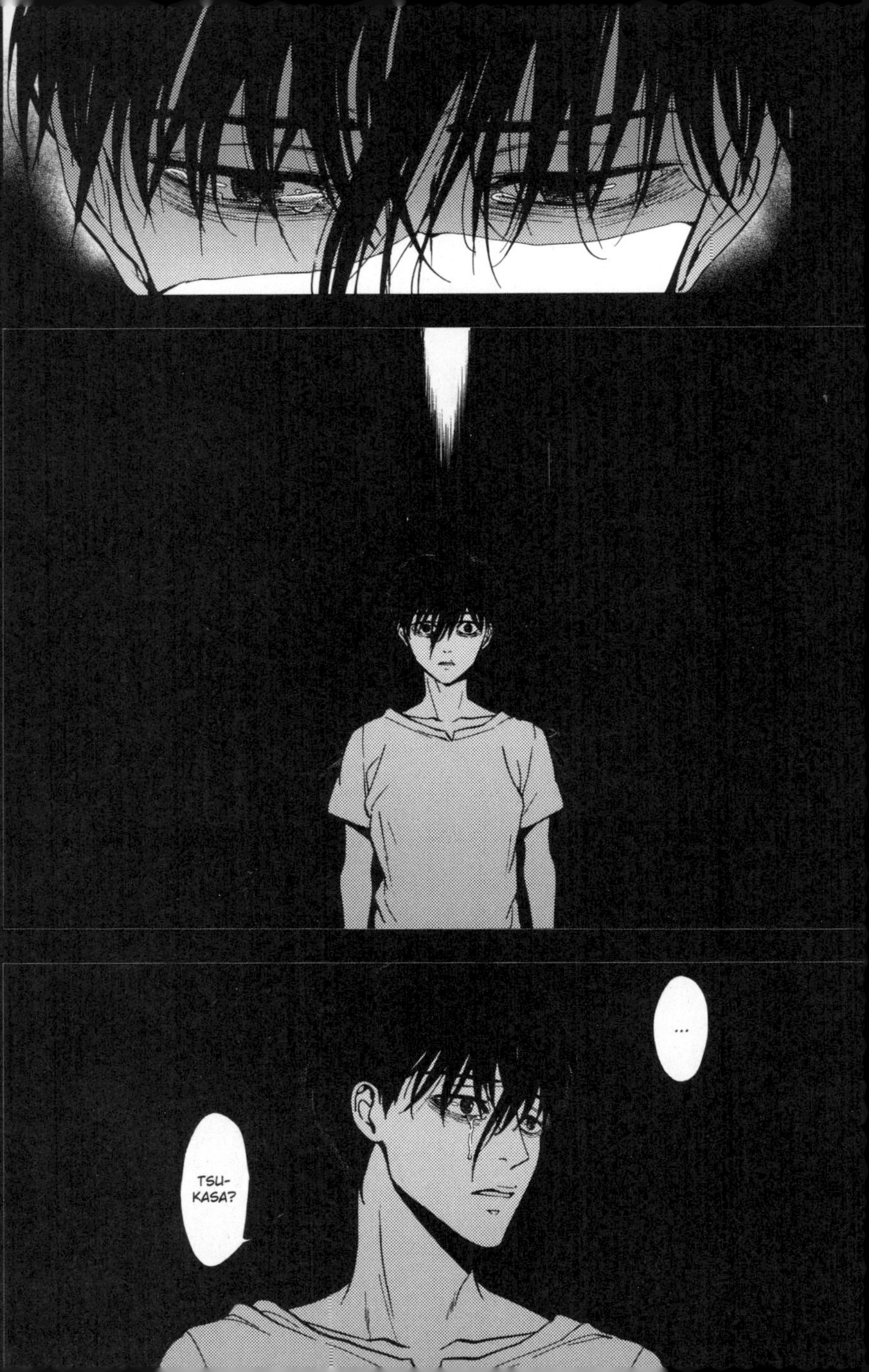
...
TSU-
KASA?

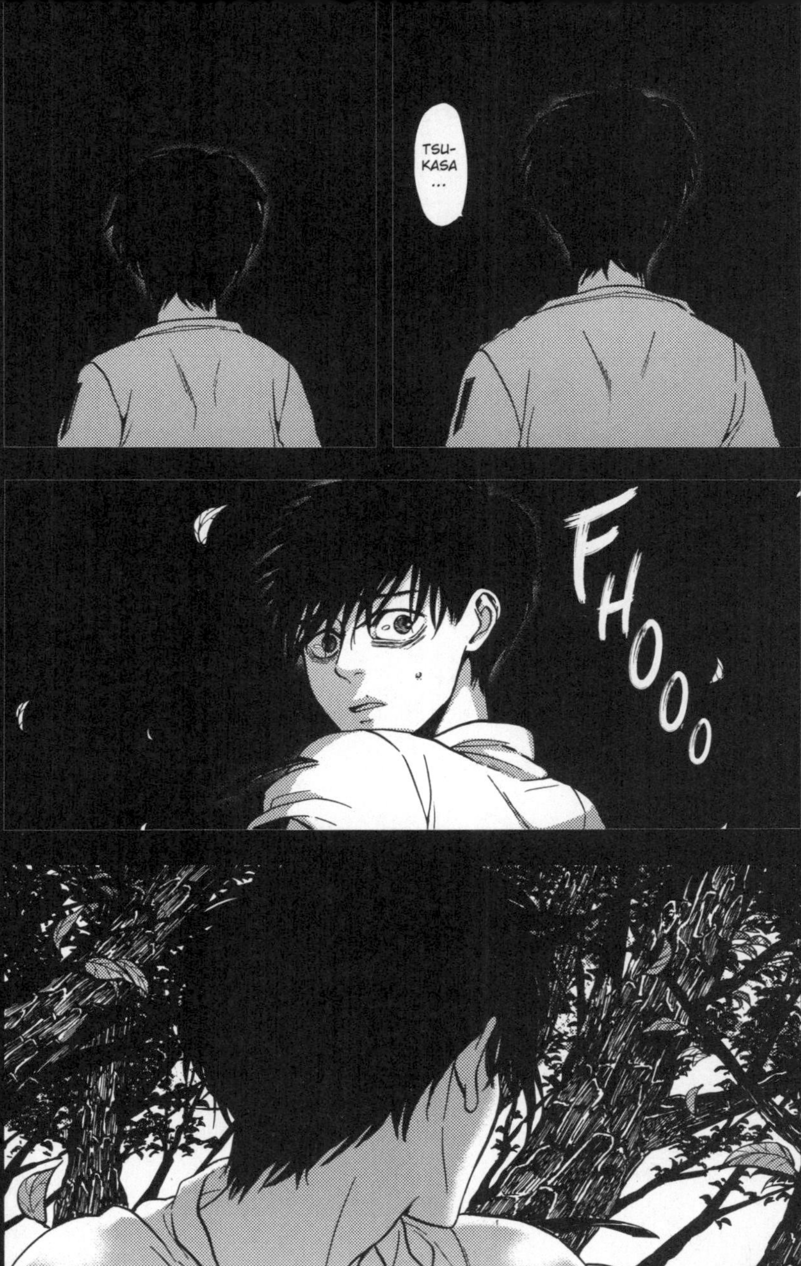
TSU-
KASA
...
FHOOO

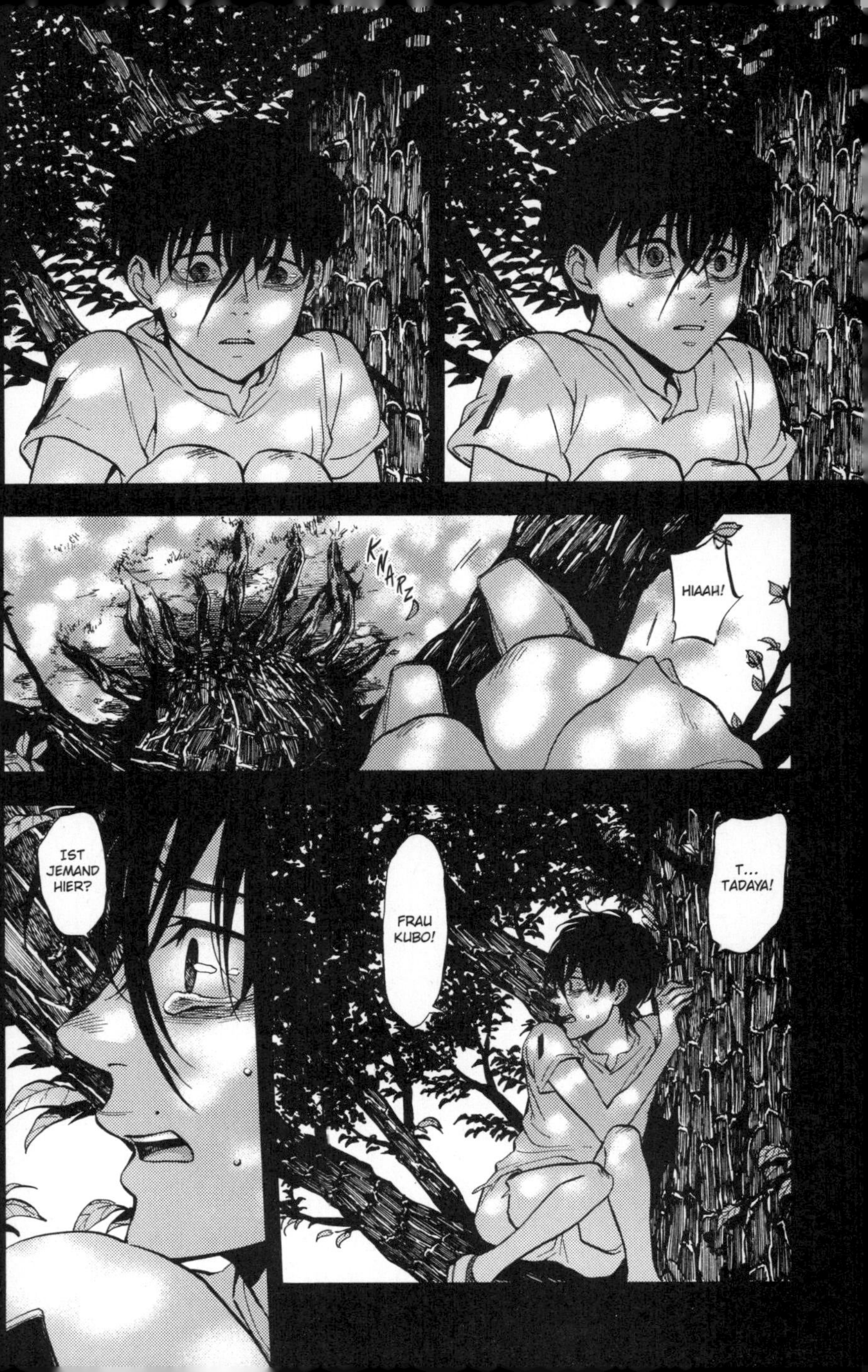
KNARZ
HIAAH!
T... TADAYA!
FRAU KUBO!
IST JEMAND HIER?

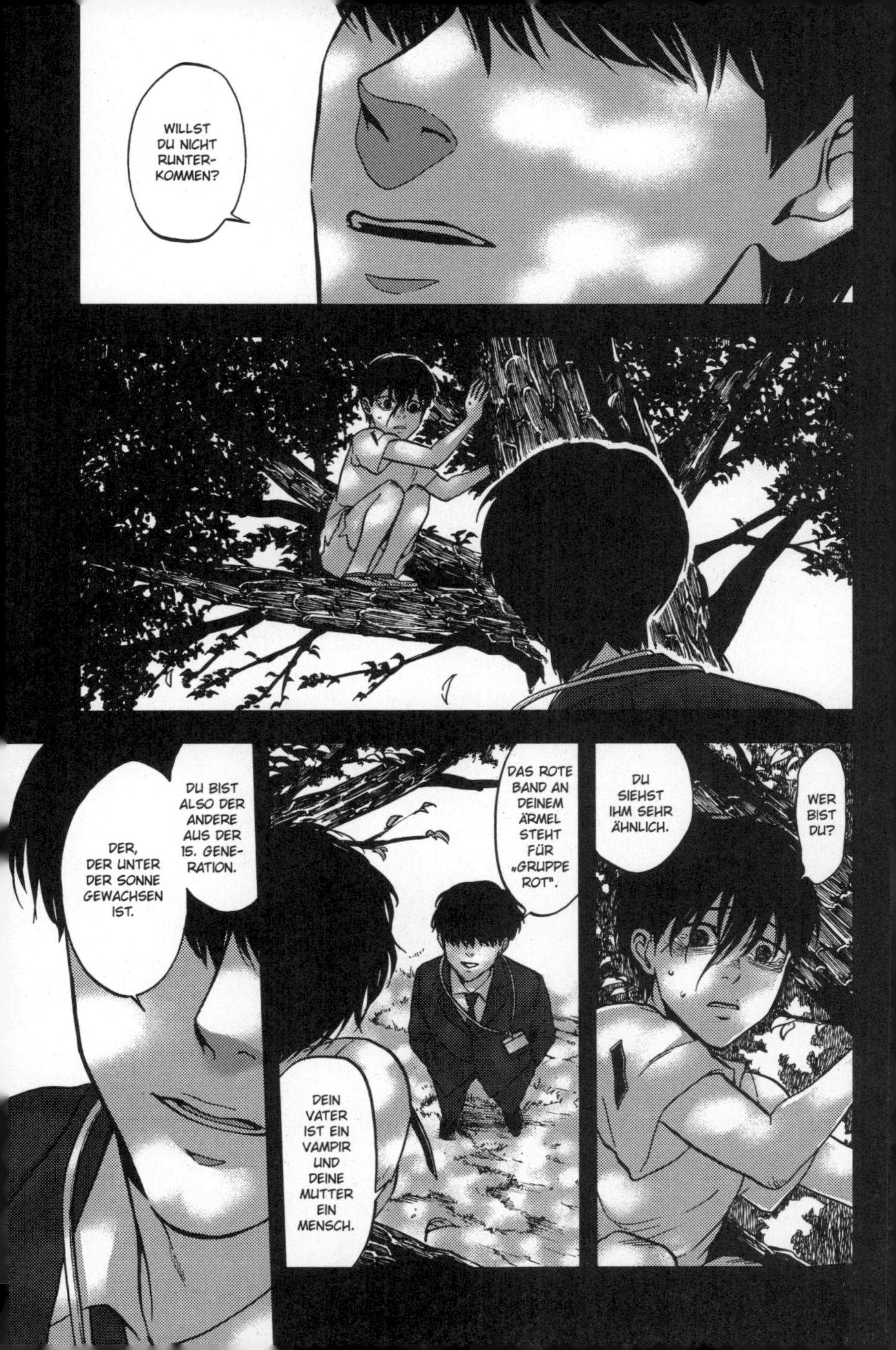
WILLST DU NICHT RUNTER-KOMMEN?
WER BIST DU?
DU SIEHST IHM SEHR ÄHNLICH.
DAS ROTE BAND AN DEINEM ÄRMEL STEHT FÜR „GRUPPE ROT“.
DEIN VATER IST EIN VAMPIR UND DEINE MUTTER EIN MENSCH.
DU BIST ALSO DER ANDERE AUS DER 15. GENERATION.
DER, DER UNTER DER SONNE GEWACHSEN IST.

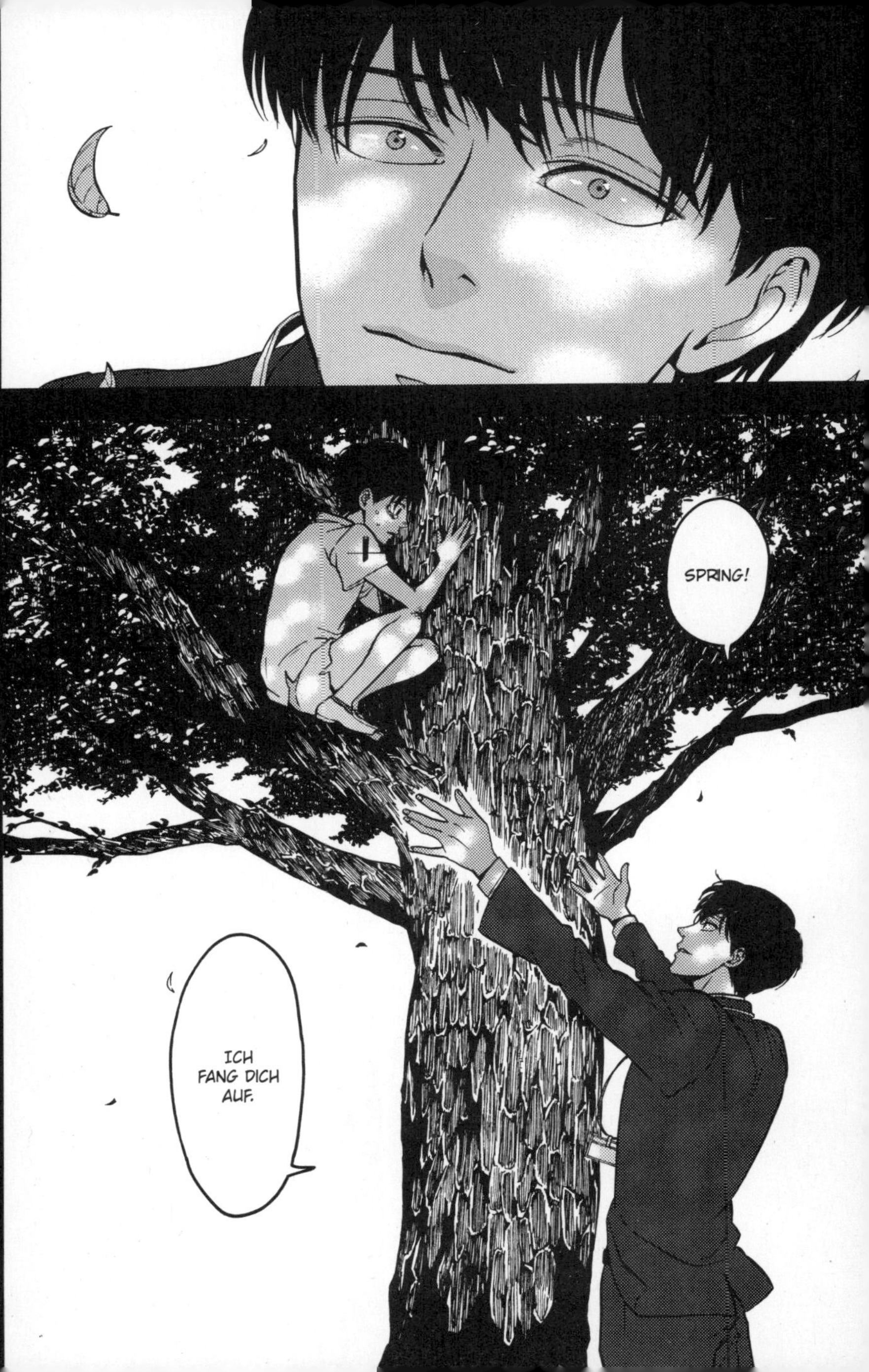
SPRING!
ICH FANG DICH AUF.

Line. 3.5
Cut

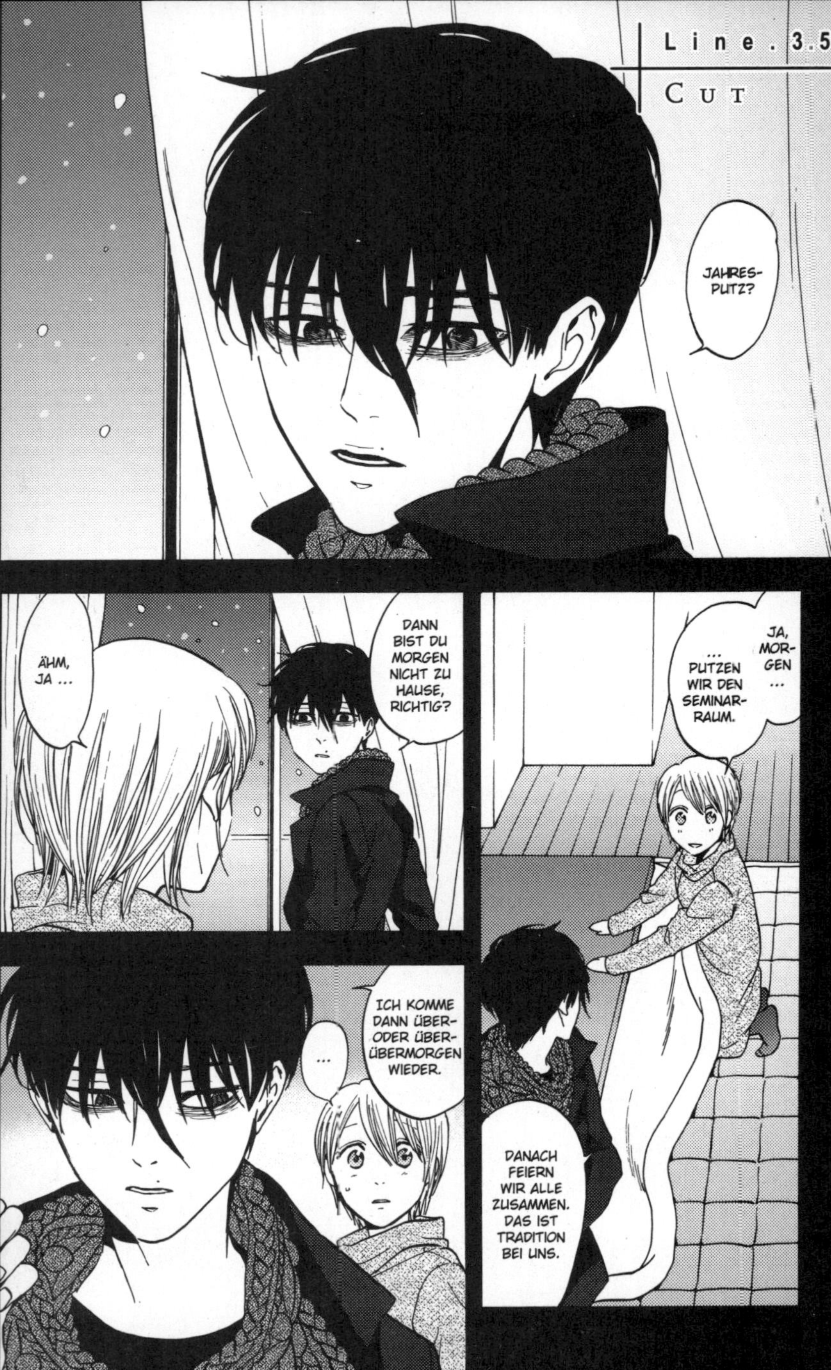
JAHRES-PUTZ?
JA, MORGEN …
… PUTZEN WIR DEN SEMINARRAUM.
DANACH FEIERN WIR ALLE ZUSAMMEN. DAS IST TRADITION BEI UNS.
DANN BIST DU MORGEN NICHT ZU HAUSE, RICHTIG?
ÄHM, JA …
ICH KOMME DANN ÜBER- ODER ÜBER-ÜBERMORGEN WIEDER.
…

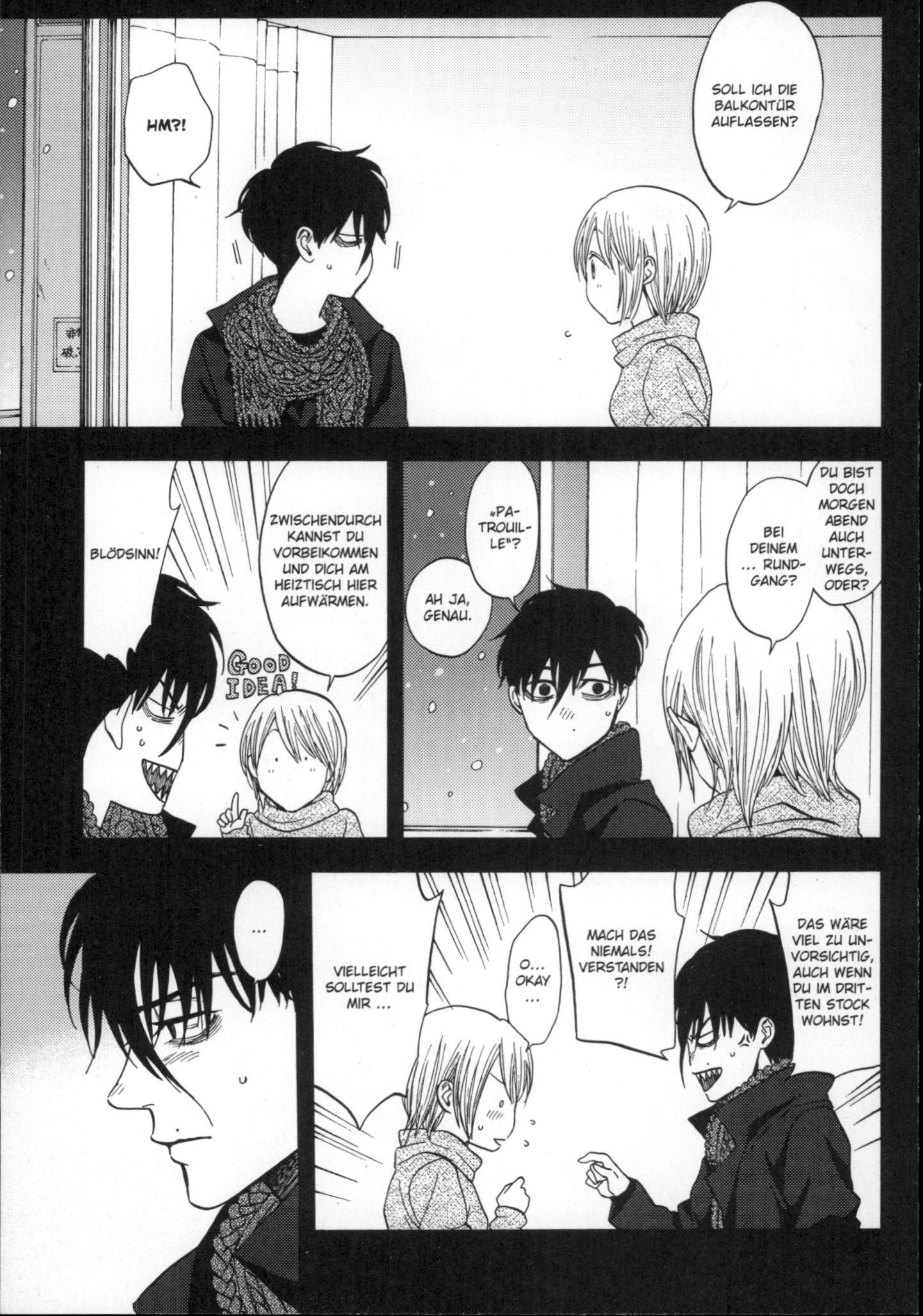
SOLL ICH DIE BALKONTÜR AUFLASSEN?
HM?!
DU BIST DOCH MORGEN ABEND AUCH UNTERWEGS, ODER?
BEI DEINEM ... RUNDGANG?
„PATROUILLE"?
AH JA, GENAU.
ZWISCHENDURCH KANNST DU VORBEIKOMMEN UND DICH AM HEIZTISCH HIER AUFWÄRMEN.
GOOD IDEA!
BLÖDSINN!
DAS WÄRE VIEL ZU UNVORSICHTIG, AUCH WENN DU IM DRITTEN STOCK WOHNST!
MACH DAS NIEMALS! VERSTANDEN ?!
O... OKAY ...
VIELLEICHT SOLLTEST DU MIR ...
...

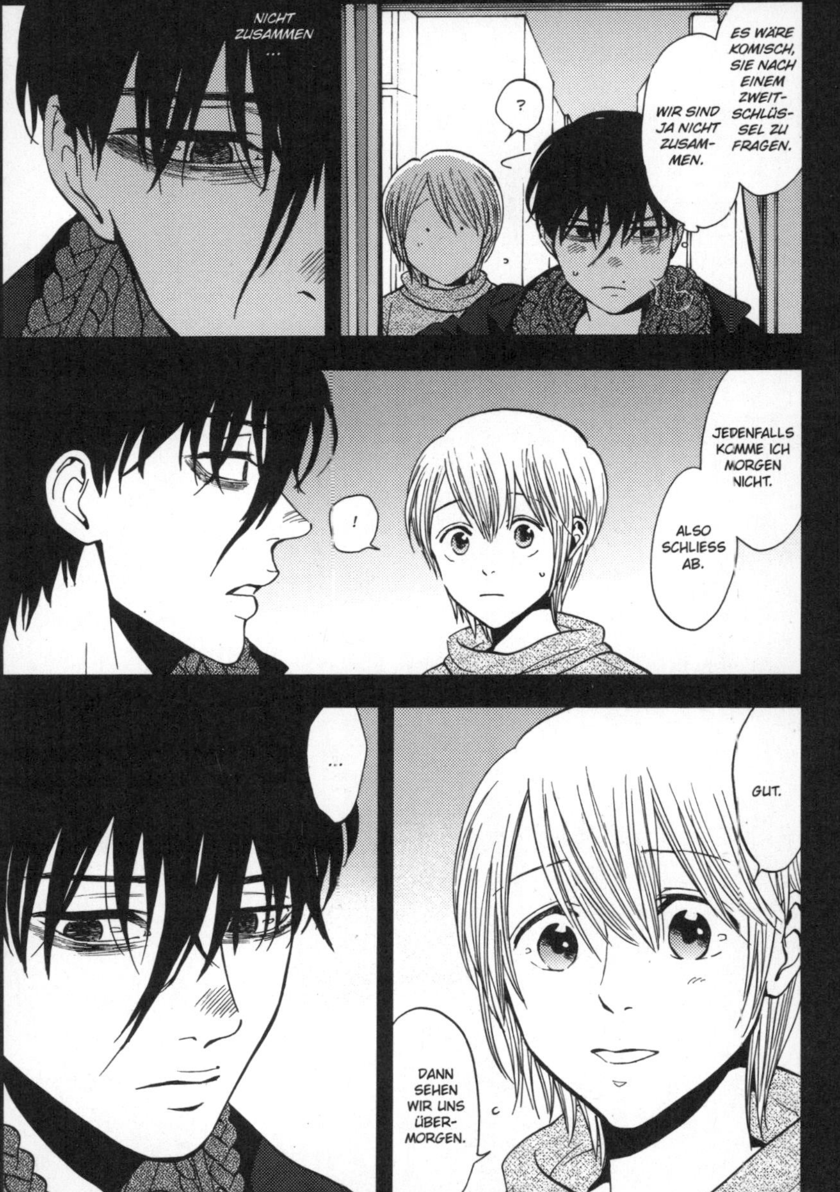

ES WÄRE KOMISCH, SIE NACH EINEM ZWEIT-SCHLÜS-SEL ZU FRAGEN.
WIR SIND JA NICHT ZUSAM-MEN.
?
NICHT ZUSAMMEN ...
JEDENFALLS KOMME ICH MORGEN NICHT.
ALSO SCHLIESS AB.
!
GUT.
DANN SEHEN WIR UNS ÜBER-MORGEN.
...

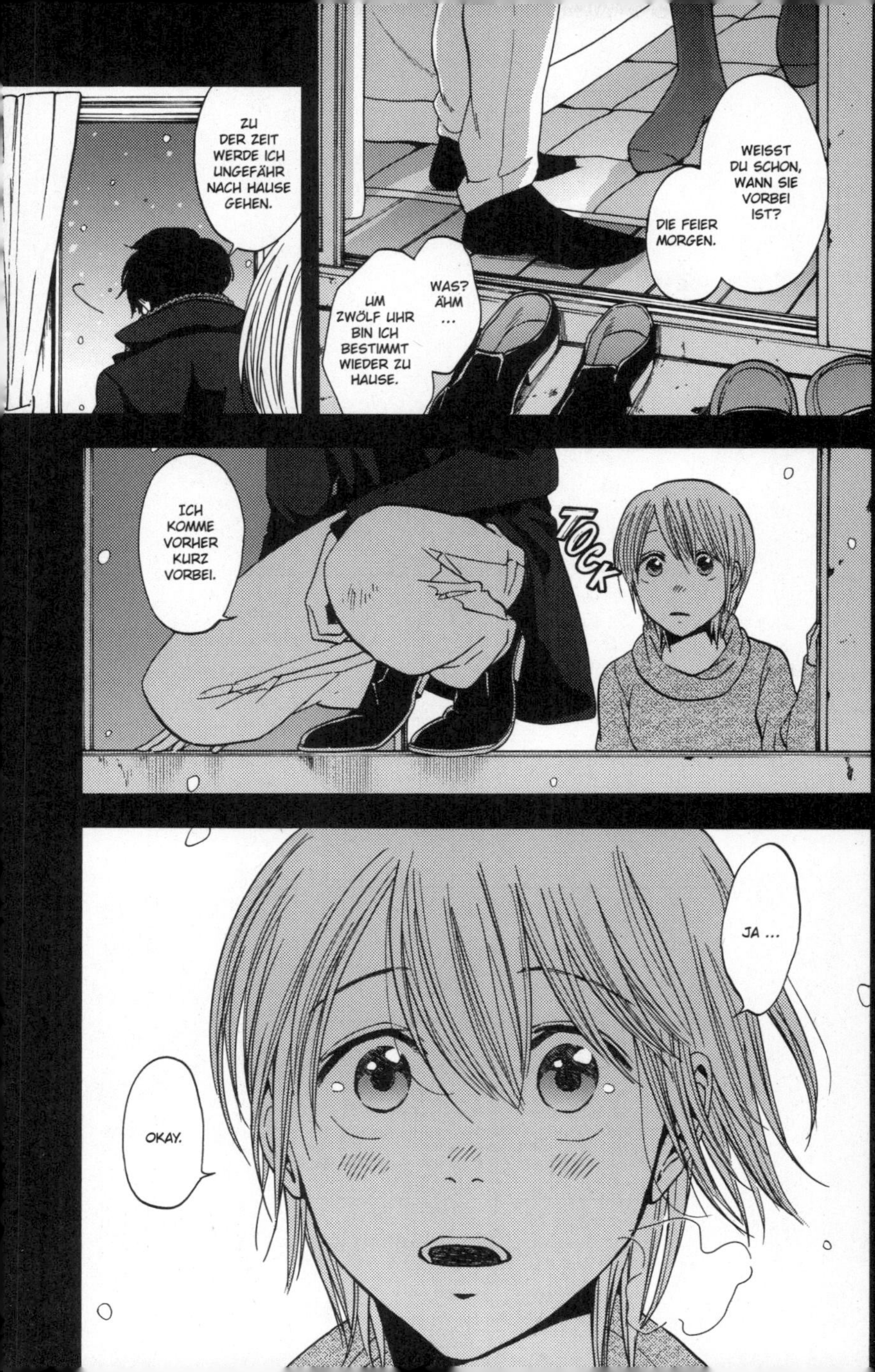

WEISST DU SCHON, WANN SIE VORBEI IST?
DIE FEIER MORGEN.
WAS? ÄHM …
UM ZWÖLF UHR BIN ICH BESTIMMT WIEDER ZU HAUSE.
ZU DER ZEIT WERDE ICH UNGEFÄHR NACH HAUSE GEHEN.
TOCK
ICH KOMME VORHER KURZ VORBEI.
JA …
OKAY.

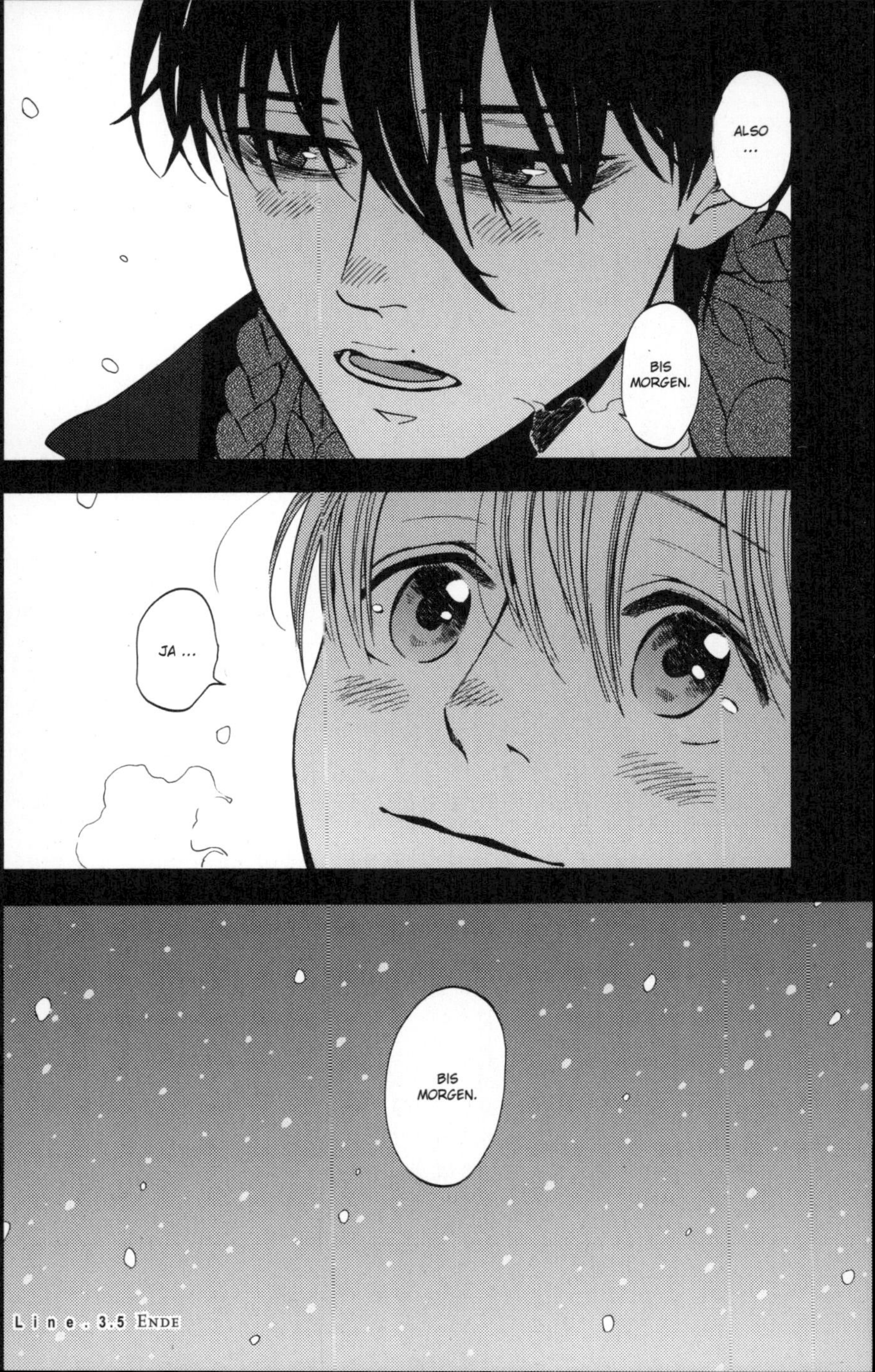
ALSO ...
BIS MORGEN.
JA ...
BIS MORGEN.
Line. 3.5 ENDE

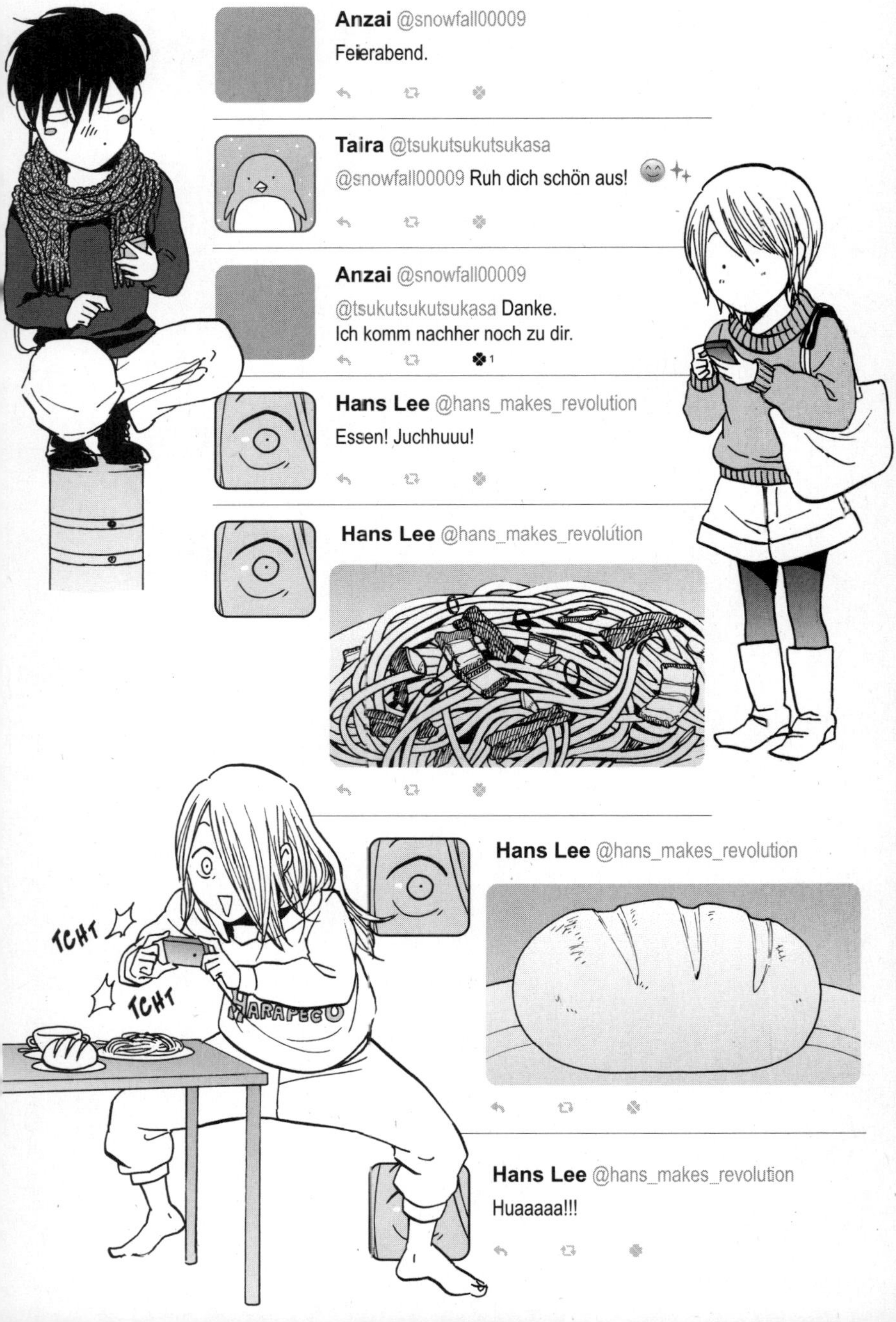
Anzai @snowfall00009
Feierabend.
Taira @tsukutsukutsukasa
@snowfall00009 Ruh dich schön aus!
Anzai @snowfall00009
@tsukutsukutsukasa Danke.
Ich komm nachher noch zu dir.
1
Hans Lee @hans_makes_revolution
Essen! Juchhuuu!
Hans Lee @hans_makes_revolution
Hans Lee @hans_makes_revolution
TCHT
TCHT
HARAPECO
Hans Lee @hans_makes_revolution
Huaaaaa!!!

Q @support_tech_gardens_09
Mein GPS hat immer zwei Minuten Zeitverzögerung.

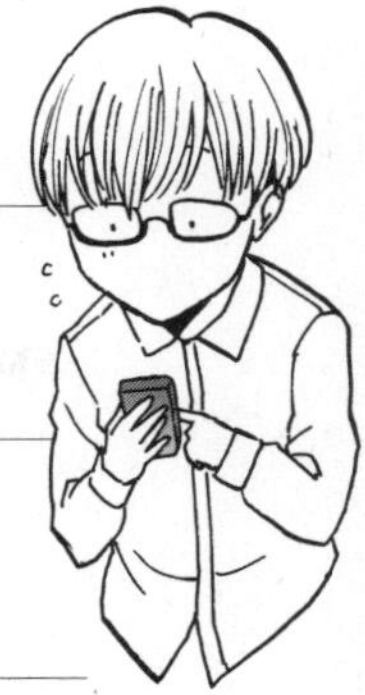

mayu @flowerstarlovedream
Haah … langweilig.

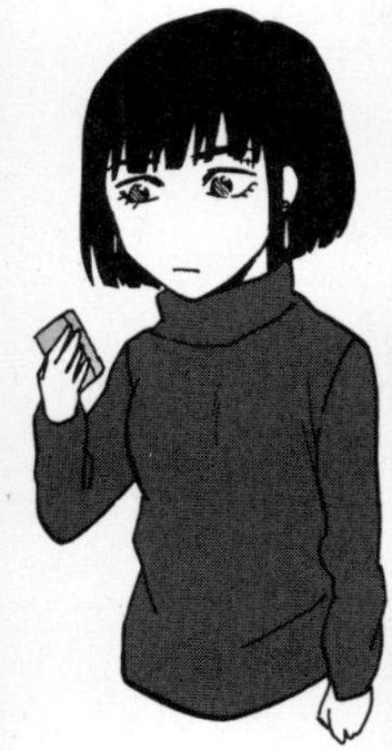

07 @guns_R700
Drüben am Ufer blühen die Kirschbäume.
1

Q @support_tech_gardens_09
@guns_R700 Stimmt! Der Frühling ist da. Wollen wir nachher mal rübergehen? Ich bin übrigens gerade erst aufgestanden, weil ich gestern die Nacht durchgemacht habe. Aber in zehn Minuten kann ich bei dir sein.

07 @guns_R700
@support_tech_gardens_09 Okay. Lass dir Zeit.
1

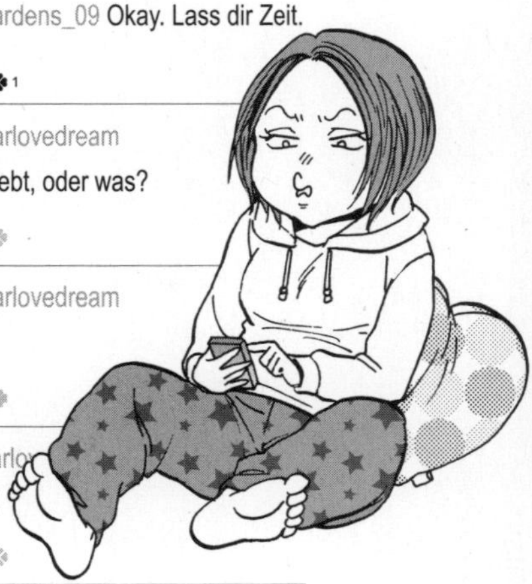

mayu @flowerstarlovedream
Hää? Seid ihr verliebt, oder was?

mayu @flowerstarlovedream
Is ja ätzend.

mayu @flowerstarlovedream
Will auch ein Date!

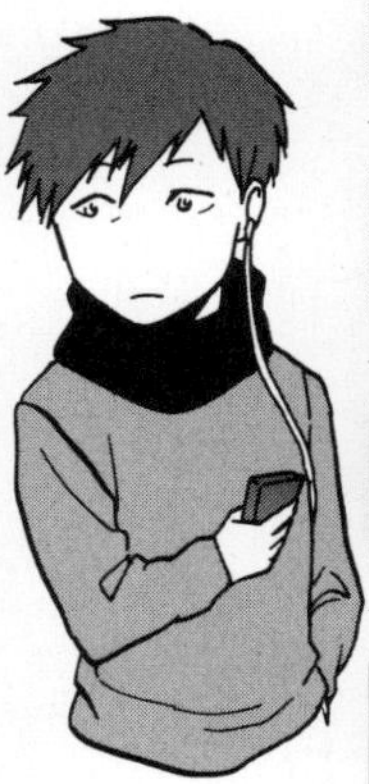

6 @corvuscorax06
@flowerstarlovedream Bist du schon fertig mit der Recherche, um die ich dich gestern gebeten habe?
1

Hans Lee @hans_makes_revolution

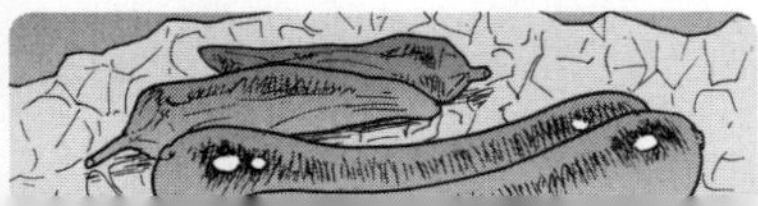

DEVILS' LINE

First published in Japan in 2016 by Kodansha Ltd., Tokyo.
Publication rights for this German edition arranged through
Kodansha Ltd., Tokyo.

Deutschsprachige Ausgabe / German Edition
© 2022 Crunchyroll SA
CH-1007 LAUSANNE
2. Auflage

Verlegt unter dem Label KAZÉ MANGA
durch Crunchyroll SA

Aus dem Japanischen von Yuko Keller

Redaktion: Frederike Demarczyk

Herstellung: Sonja Lesch

Lettering: Paolo Gattone, Chiara Antonelli,
Alessio Ravazzani

Druck und Bindung: GGP Media GmbH, Pössneck

ISBN 978-2-88951-173-0